소프트웨어 유지개선 관리

소프트웨어 유지개선 관리

초판 1쇄 | 2018년 7월 10일

지은이 | 알랭 아프릴 · 알랭 아브랑
옮긴이 | 뱅크웨어글로벌

펴낸이 | 설웅도
펴낸곳 | 라의눈

디자인 | 박성진

출판등록 | 2004년 5월 6일(제16-3336호)
주소 | 서울시 서초구 서초중앙로29길 26 (반포동) 낙강빌딩 2층
전화번호 | 02-466-1207
팩스번호 | 02-466-1301

전자우편 | 편집 editor@eyeofra.co.kr   마케팅 marketing@eyeofra.co.kr
          경영지원 management@eyeofra.co.kr

ISBN : 978-89-94543-81-9 93000

※ 고려원북스는 라의눈 출판그룹의 브랜드입니다.
※ 잘못 만들어진 책은 구입처에서 교환해 드립니다.
※ 책값은 뒤표지에 있습니다.

Software
Maintenance
Management

소프트웨어
유지개선 관리

알랭 아프릴 · 알랭 아브랑 지음 | 뱅크웨어글로벌 옮김

고려원북스

차 례

Chapter 01 소프트웨어 유지개선 이슈와 관리 접근법

Chapter 02 소프트웨어 엔지니어링에서의 성숙도 모델

Chapter 03 S3m 프로세스 모델의 기초

Chapter 04 프로세스 관리 도메인

Chapter 05 이벤트/요청 관리 도메인

Chapter 06 진화 엔지니어링 도메인

Chapter 07 진화 엔지니어링 지원 도메인

Chapter 08 예시 프랙티스 – 프로세스 관리 도메인

Chapter 09 예시 프랙티스 – 이벤트/요청 관리 도메인

Chapter 10 예시 프랙티스 – 진화 엔지니어링 도메인

Chapter 11 예시 프랙티스 – 진화 엔지니어링 지원 도메인

Chapter 12 평가 프로세스, 평가 툴, S3m을 사용한 사례 연구들

추천사

급변하는 비즈니스 환경에서 오늘날과 같이 포괄적인 소프트웨어 유지개선의 필요성이 높았던 적은 없었다. 현 시장은 소프트웨어 제공자 모두에게 수십년간 풀리지 않는 질문을 던지며 혼란에 빠뜨리고 있다. "우리가 어떻게 해야 소프트웨어를 주어진 예산 내에서 경쟁력을 잃지 않으면서도 비용 효율적으로, 빠른 시간 안에, 그리고 정확하게 유지개선할 수 있을 것인가?"

이 문제의 핵심은 하나의 주제로 집약된다. 많은 소프트웨어 조직들은 자신들의 소프트웨어 유지개선 활동을 위해 정의된 프로세스를 제대로 갖추고 있지 않다. 지난 40여 년 동안, 몇 개의 모델이 제안되었지만 널리 받아들여진 것은 하나도 없었다.

최근에 나는 아프릴(April) 박사와 아브랑(Abran) 박사의 소프트웨어 유지개선 성숙도 모델(Software Maintenance Maturity Model, S3m)을 접하게 되었다. 그것은 소프트웨어 유지개선을 혁명적으로 개선하는 방법이었다.

역량 성숙도 모델(Capability Maturity Models, CMM)은 새로운 것이 아니며 1990년대 초부터 있었던 개념이다. 가장 많이 알려진 두 개의 모델, 즉 소프트웨어를 위한 역량 성숙도 모델(CMM)과 그것을 계승한 역량 성숙도 통합모델(CMMi)은 모두 카네기 멜론(Carnegie Mellon) 대학의 소프트웨어 엔지니어링 연구소(Software Engineering Institute, SEI)가 개발했다. 후자인 CMMi 버전 1.1이 이번에 새롭게 제안된, 소프트웨어 유지개선에 특화된 통합적인 성숙도 모델의 기초가 되었다. 그리고 이것이 S3m을 성공하게 만들 것이다.

SEI는 생산성, 비용, 품질, 고객만족도, 투자 수익률 등의 향상에 있어 프로세스 개선의 효과를 명백하게 보여주는 엄청난 양의 실증적인 데이터를 정리해 냈다. SEI 공인 강사와 CMMi 심사원으로서, 나는 적극적으로 CMMi를 도입해서 쓰는 조직이 이루어내는 성과를 직접 봐왔고, 그 경험은 나를 성숙도 모델의 굳건한 지원자로 만들었다.

저자인 아프릴 박사와 아브랑 박사가 S3m을 만드는 데 철저한 연구를 했음을 이 책을 통해 명확히 알 수 있다.

그들은 30여 년 동안 출판된 책들을 다시 읽어가며 과거에 제안되었던 모델들을 정밀하게 분석했고, 소프트웨어 유지개선의 선구자인 가즈코-매트슨(Kajko-Mattsson)의 획기적인 작업과 소프트웨어 유지개선에서 일어날 수 있는 모든 상황을 종합적으로 정리했다. 현직 소프트웨어 유지개선 담당자들 및 관리자들과의 인터뷰를 통해 오늘날 그들이 필요로 하는 것과 원하는 것을 감안한 후 소프트웨어 유지개선 성숙도 모델을 보강했다. 그 결과 만들어진 모델은 네 개의 영역으로 이루어져 있다. 소프트웨어 유지개선 프로세스 관리, 소프트웨어 유지개선 요청 관리, 소프트웨어 진화 엔지니어링과 소프트웨어 진화 엔지니어링 지원이 그것이다.

소프트웨어 유지개선 분야에서 일하면서 자신들이 하고 있는 작업들을 비교 평가해보고 싶은 사람들은 이 책에 포함되어 있는 모델들을 직접 구현해보는 것을 심각하게 고려해야 한다. 아프릴 박사와 아브랑 박사는 전 세계에서 최고의 결과를 모아 펼쳐 보였고 사람들이 일하는 방식에 혁신을 일으킬 로드맵을 만들었다.

토마스 피고스키(Thomas Pigoski)
TECHSOFT 대표

추천사

    최고 정보통신 책임자(CIO)나 최고 기술 책임자(CTO)들은 대부분 소프트웨어 유지개선을 상대적으로 그다지 중요하지 않은 프로젝트로 여긴다. 일반적으로 이런 프로젝트들은 불과 몇 시간에서 길게는 몇 개월의 시간을 필요로 하지만, 어떤 경우에는 보유하고 있는 프로그래머와 분석가의 절반 이상을 필요로 할 때도 있다. 보통 이런 프로젝트들은 조직 내에서 현재 사용되고 있는 소프트웨어 운영 시스템의 수정 혹은 소규모 업그레이드를 위한 것이다. 시스템 사용자를 위해, 이런 소프트웨어의 유지개선은 시스템을 원래 생각했던 방향으로 작동하게 하고 조직이 번창하게 하기 위해선 필수적이다. 이런 소프트웨어 유지개선 작업은 조직의 소프트웨어 시스템 사용자를 위해 매우 중요하기 때문에 일선의 가장 노련한 리더가 관리한다.

    이 책은 신중하게 엄선된 전 세계 수많은 유지개선 담당자들의 경험을 토대로 소프트웨어 유지개선을 위한 최상의 자료들을 엮어내고 있다. 저자는 전 세계 소프트웨어 유지개선 담당자들과 관리자들이 사용할 수 있도록 국제적인 관점에서 현실적인 경험들을 요약해서 이 책을 썼다. 이 책은 S3m(소프트웨어 유지개선 성숙도 모델)을 기반으로 작성되었다. 전 세계 담당자들이 소프트웨어 유지개선을 관리하는 과정에서 얻어낸 결과를 반영했기 때문에 S3m은 성숙도 모델이다. 성숙도가 높을수록 생산성 면에서 보다 나은 원가 대비 이익률을 보이고, 보다 효율적으로 정보 시스템 유지에 필요한 인력을 활용할 수 있으며,

조직의 소프트웨어 시스템 사용자의 만족감이 상승한다.

이 책을 읽는 모든 소프트웨어 유지개선 담당자와 관리자들에게 순서대로 각 장을 읽어가면서 필요할 때는 자유롭게 부록 C에서 정리한 용어의 의미를 참고하며 공부할 것을 권한다. 또한 가장 효율적이라고 보고된 사례의 맥락에 각별히 주의를 기울이며 저자가 짚고 넘어가는 핵심 사례에 특별히 집중해줄 것을 권한다. 마지막으로, 이 책의 독자들은 세부적인 것에 너무 몰두하지 말고 큰 그림을 볼 수 있는 시야를 유지하기 바란다.

그렇게 하면, 보통의 소규모 소프트웨어 유지개선 프로젝트들을 관리하는 데 있어서 가장 훌륭한 사례들의 모델을 이해함으로써 당신에게 실질적인 도움이 될 것이다.

네드 채핀(Ned Chapin)
정보시스템 컨설턴트

서문

    소프트웨어의 개발과 유지개선에서 나오는 수익에 의존하는 조직들은 점점 커져가는 세계적인 시장 환경 속에서 고객들의 요구에 반응해야 한다. 전 세계 여러 회사에서 어떤 서비스나 상품이든 구할 수 있는 현 시장에서 고객들은 자신의 소프트웨어 시스템이 제일 좋고 제일 저렴하며 양질의 서비스가 제공되기를 기대한다. 이러한 수요를 충족시키기 위해 역동적인 조직은 두 가지의 역량이 필요하다. 고객의 니즈를 충족시킬 수 있는 소프트웨어의 개발과 유지개선 능력을 반드시 갖추고 있어야 하며, 고객의 비즈니스 프로세스를 지원하는 소프트웨어에 접근하여 편집할 수 있는 능력이 있어야 한다. 외부뿐만 아니라 내부의 소프트웨어를 모두 신뢰할 수 있어야 하고 잘 관리해야 한다. 임무 수행에 필수적인 조직의 소프트웨어를 관리하는 것은 쉬운 일이 아니며 소프트웨어 관리 시스템 또한 필요하다. 게다가 소프트웨어 관리를 위한 충분한 양의 시스템 자원이 서비스를 기다리는 고객의 수를 감당할 수 있어야 할 뿐만 아니라 전략적 영향을 극대화하며 소프트웨어 유지개선 활동의 비용을 최소화해야 한다. 이것은 조직의 열성적이며 지속적인 소프트웨어 유지개선 프로세스의 발전 없이는 불가능하다.

    국제적인 합의에 의해 공인된 소프트웨어 엔지니어링 기술 규율은 Guide to the Software Engineering Body of Knowledge(ISO TR 19759)나 SWEBOK에 문서화되어 있다. 소프트웨어 관리는 이 새로운 직종에서 필요로 하는 지식의 핵심 분야 중 하나로 알려져 있다. 고객들의 요구에 부응하기 위해서 소프트웨어 조직들은 반드시 유지개선 프로세스의 중요성과 요구되는 서비스의 품질을 인식해야 하고, 소프트웨어 유지개선 담당자들은 이런 프로세스를 시행하는 데 필요한 기술들을 완벽히 익혀야 한다.

유지개선과 관련된 모델은 반드시 소프트웨어 유지개선 담당자의 현실, 즉 신속한 개발, 페일세이프(failsafe)¹, 문서화가 잘된 소규모 기능개선들을 구현하기에 적합하게 만들어져야 한다.

이 책은 이 새로운 프로세스가 경쟁적이고 글로벌한 서비스 환경에서 점점 더 관건이 되고 있음을 말하고 있다. 이 책을 통해 우리는 현장에서 사용될 수 있도록 소프트웨어 유지개선에 관한 수년간의 유용한 경험과 소프트웨어 유지개선 성숙도 모델(S3m) 개발과정을 공유할 것이다. 이것은 실무자를 위한 모델이기 때문에 소프트웨어 유지개선 담당자와 소프트웨어 프로세스 개선 그룹은 이 책에서 다수의 구체적인 사례를 통해 소프트웨어 유지개선의 발전을 위한 효과적인 전략을 찾을 수 있을 것이다. 이 유지개선 모델에서 서술하는 가장 적합한 사례를 적용한다면 분명히 유지개선팀 직원은 가장 많은 노력을 기울여야 하는 고객에게도 바로 대응할 수 있도록 준비될 것이고 경영진으로부터 지원을 받고 있다고 느낄 것이며 유지개선팀의 일원이라는 것을 자랑스러워하게 될 것이다.

게다가 이 책은 소프트웨어 유지개선 프로세스의 식별 및 평가에 대한 근본적인 이해를 돕기 위해 전문가, 관리자, 학생들이 필요로 하는 수많은 이론적인 개념들과 참고 자료들을 소개하고 있다.

S3m은 소프트웨어 유지개선 담당자가 다른 소프트웨어 유지개선 담당자들

---

1 시스템이나 이것을 구성하는 기기의 일부에서 사고, 고장, 오동작 등이 생겼을 경우 그 피해가 확대되거나 다른 곳에 나쁜 영향을 미치지 않도록 하는 것이다. 시스템에 있어서는 2개 이상의 서브시스템으로 구성하여 하나의 서브시스템에 장애가 발생하여도 다른 서브시스템에 의해 종전의 기능이 속행되는 방식이 있으며, 듀얼(dual) 시스템이 그 일례이다(출처: 정보통신용어사전)

을 위해 만들었다. 이 모델은 여러 자료에 문서화되어 있는 최고의 소프트웨어 엔지니어링 유지개선 사례들을 통합하여 만들어졌다. 또한 소프트웨어 엔지니어링 연구소(SEI)에서 출판한 Capability Maturity Model Integration (CMMi)에 기록되어 있는 수많은 좋은 사례들을 적용했다. 이런 사례들은 잘 계획되고 프로젝트 관리 기법이 널리 적용되는 '대규모 소프트웨어의 개발 또는 유지 관리' 프로젝트와 달리 '무작위로 들어오는 유지개선 서비스 요청의 대기열(queue) 관리'라는 독특한 특징에 맞게 조정되었다. S3m 모델은 비교적 작은 유지개선 작업을 수행하는 소규모 팀의 관점을 반영했다.

이 책은 보통 단기간에 마무리되는 소프트웨어 유지개선과 다수의 작은 변경 요청을 수행하는 사람들을 위해 쓰여졌다. S3m 모델은 소규모 유지개선 서비스를 이행하는 소프트웨어 업체/하도급 업체를 평가하는 목적으로 사용할 수 있고, 나중에 그들이 실제로 소프트웨어 유지개선 관리를 위한 최상의 작업을 구현했는지 모니터링 할 때도 사용할 수 있다.

소프트웨어 유지개선의 실무 경험이 많은 독자는 제1장을 건너 뛰어도 되고, 성숙도 모델에 광범위한 지식을 가진 독자는 제2장을 건너 뛰어도 된다. 각 장의 끝부분에 있는 관련 질문들을 이용하여 소프트웨어 유지개선 관리에 대한 학습 교재로도 활용할 수 있다.

이 책의 구조와 구성은 개략적으로 다음과 같다.

이 책은 총 13장으로 구성되어 있다. 제1장은 소프트웨어 유지개선의 기초, 즉 소프트웨어 유지개선을 담당하는 소프트웨어 엔지니어가 필요로 하는 개념에 대해 설명한다. 이 장에는 문헌에서 설명하는 소프트웨어 유지개선 프로세스 및 활동의 목록이 포함된다. 이 책에서 사용되는 용어의 정의 및 개념도 소개되어 있다. 많은 참조가 제공되며 중요한 소프트웨어 유지개선 프로세스와 관점에 대해 배울 수 있다.

소프트웨어 성숙도 모델은 광범위한 시장의 관심과 인정을 받고 있다. 제2장은 프로세스 개선과 유지개선 담당자에게 도움이 될만한 모델 식별에 초점을 맞추고 있다. 다양한 모델의 목록이 제공될 것이고 우리는 소프트웨어 유지개선 담당자에게 중요할 만한 모델들을 특히 강조할 것이다. 또한 소프트웨어 유지개선 프로그램을 시작하는 이유를 설명할 것이다. 프로세스 개선 및 평가 방법의 용어도 자세히 설명되어 있다.

제3장은 S3m의 개요에 대하여 설명한다. S3m의 아키텍처 설명과 개발 과정뿐만 아니라 모델의 상위 수준의 개념(high-level concepts), 공통된 다섯 레벨의 구조, 모델의 범위와 목적을 포함하고 있다. 또한 4장부터 7장까지에서 소개할 네 개의 소프트웨어 유지개선 "프로세스 도메인"을 소개할 것이다. 이들 "프로세스 도메인"의 각 세부적인 프랙티스는 8장에서 11장까지에서 설명할 것이다.

소프트웨어 유지개선 베스트 프랙티스의 첫 번째 세트가 프로세스 관리 도메인으로 제 4장에 그룹화 되어 있다. 5가지 핵심 프로세스 영역(프로세스의 초점, 프로세스/서비스의 정의, 교육, 프로세스 성과, 혁신/전파)이 제시되고, 각각의 영역과 상세한 프랙티스가 설명된다. 소프트웨어 유지개선 교육 프랙티스는 가즈코-매트슨(Mira Kajko-Mattson)의 작업과 밀접하게 연결된다.

제5장에서는 소프트웨어 유지개선 베스트 프랙티스의 두 번째 세트가 '관리, 계획수립, 문제 보고 및 변경 요청의 통제'와 관련한 모든 프랙티스들을 한데 묶는다. 또한 4가지 주요 핵심 프로세스 영역이 소개된다: 이벤트/서비스의 요청, 계획수립, 모니터링 및 이벤트/서비스 요청의 감시와 통제, 서비스 수준 협약(SLAs) 및 공급 계약.

제6장에서 소개되는 유지개선 베스트 프랙티스의 세 번째 세트는 운영 과정의 4가지 핵심 프로세스 영역을 한데 묶는다. 소프트웨어 유지개선 담당자 및 소프트웨어 개발 직원이 공유하는 일상적인 운영 프랙티스뿐만 아니라 소프트웨어 이행, 운영지원, 진화/수정 및 확인/검증을 다룬다.

제7장에서 소개되는 유지개선 베스트 프랙티스의 네 번째 세트는 종종 유지개선 담당자와 개발자가 공유하는 모든 지원 프로세스를 한데 묶는다. 5가지 핵심 프로세스 영역(형상관리, 프로세스/제품의 품질보증, 측정/분석, 원인 분석과 문제해결, 소프트웨어의 회춘)을 포함한다. 회춘(rejuvenation)은 재문서화, 리스트럭처링, 리버스 엔지니어링, 리엔지니어링을 다룬다. 또한 이 마지막 핵심 프로세스 영역에는 소프트웨어의 마이그레이션 및 폐기가 포함된다.

제8장부터 11장까지는 S3m의 네 가지 프로세스 도메인의 레벨 0, 1, 2 모범 프랙티스를 제시한다(레벨 3, 4, 5에 대한 개요설명이 일부 추가되었다). 산업 환경에서 다양하게 적용되는 것을 보여주기 위해 S3m 사용의 네 가지 사례 연구가 12장에서 제시된다. 또한 몇 가지 평가 지원 도구와 성숙도 모델을 이해하고 사용하는 데 도움이 될 지식 기반 시스템을 소개한다.

제13장은 이 책에서 제시하는 질문, 주요 결과, 시사점에 대해 간략하게 요약해준다.

이 책에는 세 개의 부록이 포함되어 있다. 부록 A는 소프트웨어 유지개선 표준 모델을 제시할 뿐만 아니라 기존의 표준에 개선을 제안한다. 부록 B는 소프트웨어 유지개선에 관한 교과 수업을 듣는 학생들을 위해 몇 개의 학기 과제를 제안한다. 마지막으로 부록 C는 약어와 용어의 목록을 제시한다. 이 책에 포함된 정보를 보충하기 위한 추가적인 자료는 웹사이트(http://www.s3m.org/

en/)에서 찾아 볼 수 있다.

이 책은 성숙도 모델의 기본적인 프랙티스(레벨 0, 1, 2)에 대하여 설명을 제공한다. 레벨 3 이상의 고급 프랙티스에 대한 연구는 앞으로도 계속되어야 하고, 실전에서 검증과 확인을 거쳐야 하므로 개요 설명으로 대신한다.

S3m 성숙도 모델은 저작권과 상표에 의해 보호된다. 오직 인증을 받은 컨설턴트 만이 그들의 조직에서 이 모델을 상업적으로 사용할 수 있으며 저자의 지원을 받게 될 것이다. 인증의 유효성을 확인하려면 우리에게 연락하거나 웹사이트를 확인하기 바란다.

뱅크웨어글로벌(http://bankwareglobal.com/wp/)은 대한민국에서 S3m 서비스를 제공하는 회사로서, 2010년 이후로 S3m 저자들과 긴밀한 관계를 유지하고 있으며 훈련을 받은 컨설턴트를 다수 보유하고 있다.

한국어판 서문

한국어판 발간에 맞춰 저자인 알랭 아브랑 박사와 알랭 아프릴 박사가 서문을 보내주었다. 아래에 원문을 그대로 싣는다.

Failures of software-dependent operations, as in the air and rail industries, have led to total operational paralysis and huge income losses. To prevent such software failures, well managed software maintenance is now critical to support the income streams and smooth operations of most organizations, both private and public ones and from the smallest ones to the largest ones.

And the increased development of software in artificial intelligence, Internet of Things and Big Data, will obviously increase and complexify the software maintenance challenges.

Gaining control of software maintenance has become a critical organizational success factor. The set of management practices presented in this book cover the basis for your software maintenance organization, including a roadmap for progressing from the essential base practices essential to a sound foundation to the more advanced ones that provide a competitive edge.

This translation in Korean by Dr. Lee KyungJo of Bankware Global is a testimony to his vision that the S3m is essential in particular to the financial sector as well as to the government and public sectors. He feels strongly that CIOs need to look closely at their software maintenance practices and develop continuous improvement goals to implement S3m best practices.

알랭 아브랑(Alain Abran), 알랭 아프릴(Alain April)

감사의 말

긴급 유지개선 요청에 시달리고 있는 모든 현역 유지개선 담당자와 보다 가치 있는 서비스를 위해 늘 앞으로 나아가려는 이들에게 이 책을 바친다.

Nazeem Abdullatief, Ali Al-Jalahma, Dhiya Al-Shurougi, M. Arpino, Ganesh Ayyer, Rene Bertand, Denis Bistodeau, Jacques Bouman, Rhee Byung-Do, Luc Chaput, Gilles Chauvin, Robert Clark, Francois Coallier, Andy Crowhurst, M. De Sousa, Sujay Deb, David Dery, Alex Dobkowsi, Claude Dupont, Mario Ferreira, John Flint, Bernard Fournier, J. Gagnon, Garth George, John Gartin, Mohd Ali Ghuloom, Pierre Giroux, Paul Goodwin, S. Grenier, Nic Grobbelar, Gerrie Haasbroek, Jane Huffman Hayes, Taha Hussain, Ravi Kalyanasundaram, Peter Keeys, Normand Lachance, Bruno Lague, Andre Lariviere, Orma Lyttle, Jean Mayrand, Mac McNeil, Ettore Merlo, Helene Michaud, Caroline Milam, Luis Molinie, James W. Moore, Sophie Moutardier, Vanrerlei Vilhanova Ortencio, Al Pecz, Bruno Potvin, R.Purcell, Ian Robinson, Humberto Roca, Talib Salman, John Shaughnessy, Dave Stapley, Don Stewart, Phil Trice, Frank Trifiro, Laxman N. Vasan, Roxanne White, and Mohammed Zitouni에게 감사함을 전한다.

2006년 사례 연구에 힘써준 David-Alexandre Paquette에게 특별한 감사를 전한다.

역자 서문

　IT업계에서 소프트웨어 메인티넌스(Maintenance) 업무란 기획이나 개발에 비해서 상대적으로 저평가되고 있는 것이 현실이다. 일례로, 보수유지 용역 단가도 일반 개발자보다 20% 이상 낮다. 이는 메인티넌스는 '유지보수'라는 인식이 강하기 때문이다. 하드웨어의 유지보수는 좀 더 단순한 업무일지 몰라도, 소프트웨어 유지보수는 그저 하자를 보수하는 것이 아니라, 새로운 기능을 추가하고, 소스코드의 품질을 향상시키는 경우가 더 많으며, 이는 앞선 수많은 사례를 통해서도 확인되고 있다. 그래서 단순히 유지보수로 치부할 수 없다. 또한 소프트웨어 개발자에게 요구되는 기술 세트와 유지보수 담당자의 기술 세트는 크게 다르지 않다. 그럼에도 유지보수란 용어를 계속 사용하는 것이 이 분야의 발전에 도움이 되지 않는다고 생각해서 본서에서는 유지보수란 용어 대신에 "유지개선"이란 용어를 채택했다.

　우리나라는 특히 개발을 중요시하고 유지보수를 소홀히 하는 바람에 시스템의 수명이 짧아져서 시스템을 전면적으로 새로 개발하는 빅뱅식 개발, 이른바 차세대 개발을 많이 하고 있다. 모바일 디지털화, 빅데이터, 클라우드, 인공지능, 블록체인 등 새로운 기술의 도래는 물론 새로운 비즈니스 모델의 출현에 맞서 시간을 다투어 시장에서 경쟁해야 하는 세상이다. 10년에 한 번씩 2~3년간의 대규모 프로젝트를 되풀이한다는 것은 비용 효율적인 면에서 재고의 여지가 필요하다고 보여지며, 보다 현명한 방법을 모색하는 것이 좋을 것이다. 그러기 위해서는 개발된 시스템의 유지보수(개선)를 효과적으로, 또 효율적으로 할 줄 알아야 한다.

우리 회사는 2010년도에 창립한 이래 금융시스템의 수명을 연장하는 방법이 반드시 정립되어야 한다는 생각으로, 소프트웨어 유지보수의 글로벌 베스트 프랙티스가 무엇인지 탐문했다. 소프트웨어의 개발 부문에 CMMi가 있는 것처럼 메인터넌스 부문에는 S3m이란 프랙티스가 있는 것을 발견하고, 프랙티스 소유자인 알랭 아프릴(Alain April) 교수를 만나게 되었다. 몇 해 전에 번역을 시작했지만, 창립한 지 얼마 안 되는 회사의 경영 사정상 번역을 마무리하지 못하다가, 수년이 경과한 지금 번역을 마치고 출판하게 되어 감개가 무량하다.

본서의 초판이 출판되고 시간이 경과되어 IT기술적으로는 그 동안 많은 변화가 있어서 본서에서 다루는 사례가 최신이라고 보기에는 다소 아쉬움이 있다. 그래서 DevOps 등 새로운 기술 환경에서의 경험을 반영해서 번역본을 보완할 생각도 없지 않았으나, 유지개선의 핵심은 기술이 아니라 관리원칙이란 관점에서 원판의 내용을 충실하게 번역해서 출판하는 것이 IT업계에 더 도움을 줄 수 있다고 생각했다. 우선 유지개선의 관리원칙을 정립하고 그 관리원칙 아래서 새로운 기술과 업무를 취급하며 성숙도를 높여가면 될 것이다.

뱅크웨어글로벌은 S3m의 한국 내 서비스 권리를 보유한 회사로서, 국내외 고객사에서의 경험을 반영해서 S3m 프랙티스의 점진적 개선에 계속 이바지할 계획이다.

아무쪼록 본서의 출판을 계기로 유지보수에 대한 인식이 바뀌어서 유지개선 담당자가 전문가로 인정받고, 전문가에 합당한 대우를 받게 되기 바란다. 무엇보다도 우리나라 대형 시스템들의 수명이 연장되고 새로운 기술과 업무를 유연하게 수용해서 비즈니스 경쟁력이 크게 향상되기 바란다.

본서의 번역은 뱅크웨어글로벌 직원들에 의해 이루어졌고, 특히 홍성창 이사, 정옥남 상무, 이묵진 이사, 우혜진 사원의 기여가 컸다. 마지막으로 훌륭한 책으로 만들어 주신 설웅도 대표님을 비롯한 출판사 임직원 여러분께 감사드린다.

(주)뱅크웨어글로벌 대표이사

공학박사 이경조

Software

Maintenance

Management

CHAPTER

01

소프트웨어 유지개선 이슈와 관리 접근법

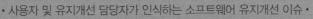

1.1 개요

소프트웨어 개발 프로세스를 성공적으로 완료하면, 본래 의도했던 고객 요건을 충족시킨 소프트웨어 제품을 인도하게 된다. 일단 소프트웨어가 가동에 들어가면 사용하는 중에 결함이 발견되기도 하고, 운영 환경의 변화, 또는 새로운 사용자 요건의 추가 등으로 인해서 소프트웨어 제품을 수정하거나 개선해야 하는 상황이 발생한다.

이 장에서는 소프트웨어 유지개선(maintenance)3의 기본 개념을 소개한다. 예를 들어, 일단 소프트웨어가 가동을 시작한 이후에 장애(failures)가 발생했다고 가정하자. 참고로, 여기서 언급하는 장애란 개발자의 테스트 노력에도 불구하고 걸러지지 않았다가 소프트웨어 가동 중에 발견된 결함(defects)을 의미한다. 사용자가 이런 장애를 발견하여 보고하면, 이미 작성되어 있는 소프트웨어 품질보증 정책 또는 절차에 따라 수정하거나 가동후-유지개선 활동(post-implementation delivery maintenance activity)을 통해 소프트웨어를 수정하는 것이 일반적이다. 소프트웨어를 가동하기 시작한 이후에 발생하는 소프트웨어의 오류를 수정하는 일 이외에도 사용자들이 새로운 요건을 공식적으로 요구하면 소프트웨어를 변경하게 된다.

일반적으로 새로운 소프트웨어를 설치한 첫날부터 소프트웨어 유지개선 사이클이 시작된다고 생각하지만 소프트웨어 개발 프로세스를 진행하는 동안에도 수많은 소프트웨어 배포 전 공정(pre-delivery) 활동들이 계속되고 있다는 것이 여러 문헌상에 나타나고 있다. 이러한 많은 활동들은 소프트웨어 유지개

---

3 다른 책에서는 Maintenance를 유지보수로 번역하는 경우가 많은데, 본서에서는 결함 해결 및 오류수정뿐만 아니라 기능 개선에 초점을 맞추는 고유의 특징을 강조하여 유지개선으로 기술한다.

선 담당자가 반드시 알아야 할 내용이며 동시에 유지개선 담당자의 책임이다.

1.2 소프트웨어 유지개선 이슈

　많은 전문가들이 유지개선 자원 관리 및 프로세스, 유지개선에서 사용하는 툴/기법 등을 조사해서 다양한 유지개선 관련 이슈들을 식별해냈다. 문헌들을 통해 보고된 이슈들은 전문가들의 관점에 따라서 몇 가지 종류로 정리되어 있다. 이런 이슈들은 다음과 같은 두 가지 관점(viewpoints)으로 분류된다.

1. 외부관점: (소프트웨어) 고객4의 인식(예를 들면 사용자와 이해당사자)
2. 내부관점: 소프트웨어 유지개선 담당자(엔지니어) 및 관리자의 인식

　고객의 관점(외부)에서 보면, 지금까지 보고된 중요한 이슈들은 고비용, 느린 서비스, 그리고 애매한 우선순위〈IS/IT부서(Information system and Information Technology: 정보시스템부) 내부의 우선순위 vs. 사용자들의 우선순위〉 등이다[Pigoski 1997]. 유지개선 담당자의 관점(내부)에서 본 중요한 유지개선 이슈들은 형편없이 설계되고 코딩된 소프트웨어 및 소프트웨어 문

---

4 이 책에서 고객이란 소프트웨어의 가격을 지불하는 사람이나 조직을 말하고, 사용자란 소프트웨어를 사용해서 업무를 수행하는 사람이나 조직을 말한다. 보통의 경우에는 고객이 사용자가 된다. 회사 내부에 Charge-back 체계가 정립되지 않은 경우에는 현업부서가 고객이지만 비용부담을 하지 않는 경우도 있다.

서화의 절대 부족 등과 같은 문제들을 포함하고 있다[Glass 1992]. 또한 소프트웨어 유지개선의 가장 큰 문제점은 기술적(technical)인 것이 아니라 관리(management)에 있다는 사실이 자주 관찰되고 있다. 이런 두 가지 관점을 좀 더 자세히 검토해보자.

1.2.1 소프트웨어 사용자의 인식

소프트웨어 수명주기(life cycle) 비용의 가장 큰 부분은(약 50%에서 최대 90%까지) 소프트웨어 유지개선이 차지한다는 보고가 있다. 뵘(Boehm)은 개발 비용으로 1달러를 사용하면, 유지개선 비용으로는 2달러를 사용하게 될 것이라고 언급했다[Boehm 1987].

또한 다른 논문에 의하면 사용자들이 유지개선 비용이 너무 높다고 생각하게 되는 이유 중 하나는 고객(사용자)을 위해 수행하는 유지개선 작업의 종류에 대해 유지개선 관리자들이 사용자들에게 적절하게 설명하지 못하기 때문이라고 한다. 유지개선 관리자들은 개선작업(enhancement)과 오류수정작업(corrective work)을 같이 묶어서 유지개선 관리보고서 및 각종 통계표를 작성하고, 또한 IT 예산에 포함시키기 때문에, 그것이 유지개선 비용 규모를 왜곡시킨다는 것이다. 이런 식으로 집계한 결과 고객들은 유지개선 서비스에 대해서 오해하게 되었고 소프트웨어 유지개선이란 주로 결함 있는 소프트웨어를 수정하는 작업이란 잘못된 인식이 고착화되었다.

소프트웨어 유지개선은 다른 분야의 유지개선에 비해 몇 가지 독특한 면(peculiarities)을 가지고 있다. 하드웨어나 기계 부품은 유지개선을 하지 않았을 때 망가지는 반면, 소프트웨어는 대조적으로 다양한 유지개선 작업을 함으로써 망가질 수 있다[Glass 1992]. 소프트웨어 프랙티스(공정, 기술, 도구 등)는 하드웨어 프랙티스만큼 발전하지 못했기 때문에 유지개선 작업은 보통 하나 이상의 컴포넌트(구성요소)의 내용을 파악하고 수정하는 방법으로 진행된다. 소프트웨어 유지개선의 경우, 종종 전부까지는 아니더라도 소프트웨어의 상당히 많은 부분을 재작업(재개발)해야 하는 상황이 발생한다. 다양한 유지개선 활동으로 인해 소프트웨어의 내부 구조는 헝클어지고 향후 유지개선 활동은 점점 더 어려워진다. 만약 이런 문제점들을 통제하기 위해 어떤 전략도 사용하지 않는다면 소프트웨어의 구조와 품질은 지속적으로 퇴화(deteriorate)하게 된다. 이런 상태에 있는 소프트웨어를 레거시(legacy) 소프트웨어라고 부른다.

또한 소프트웨어 유지개선은 노동 집약적이며 대부분의 비용은 프로그래머의 인건비에서 발생한다. 하드웨어 비용은 더 이상 IS/IT 비용에서 가장 큰 부분을 차지하지 않는다. 오히려 이제는 전문 프로그래머를 고용하는 비용이 가장 큰 부분을 차지하고 있다(예를 들어, ERP 소프트웨어 언어를 전문으로 하는 프로그래머에게 컨설팅 서비스를 받는다면, 하루에 1,500달러 이상의 비용을 지불해야 한다).

반면에 비용에 대한 사용자들의 인식은 불만족스러운 서비스에 의해서도 영향을 받는데, 그것은 때때로 서비스의 품질과 비용 모두에 상당한 영향력을 미칠 수 있다. 예를 들어, 가동중인 시스템의 장애, 소프트웨어가 지원하는 업무에서 발생하는 에러, 사소한 기능상의 변경을 구현하는 데 들어가는 높은 비용과 시간 지체, 이런 것들이 종종 소프트웨어 유지개선에서 문제 영역으로 인용되고 있다.

더 나아가서 유지개선 단계에 있는 소프트웨어를 보면, 실제 업무가 가동중인 시스템에서 장애가 산발적으로 발생하고 사용자의 변경 요청은 불규칙하게 밀려 들어온다. 상세한 서비스수준 협약(SLA: Service-Level Agreements)과 성숙도가 높은 대기열(Queue) 관리기법이 없다면, 사용자들은 그들의 현실적인 우선순위는 물론 문서에 명시된 우선순위를 충족하는 서비스조차 받지 못할 수도 있다. 형편없는 유지개선 서비스를 받게 되면 일부 사용자들은 과민반

응을 일으켜서 자기들의 요청을 가장 높은 우선순위라고 주장하고 모든 문제들과 변경요청을 동시에 처리해 줄 것을 요구한다. 가동 중인 시스템에서 장애는 산발적으로 발생하고, 그 장애들은 모두 발생 즉시 해결해야 하므로, 이로 인해 사용자들은 자신들의 변경 요청이 기대하는 것만큼 빨리 진행되고 있지 않다고 생각한다. 더딘 서비스에 실망하게 되면 일부 사용자는 자신들의 문제를 해결하기 위해서 자체적으로 별도의 시스템 개발을 고려하거나, 유지개선 작업을 직접 하청 주거나, 유지개선 업무 전체를 아웃소싱하는 것을 검토할 수도 있다.

일부 사용자들이 서비스가 느리다고 느끼는 이유는 부분적으로는 하드웨어 유지개선 영역과 소프트웨어 유지개선 영역 사이에 근본적인 차이가 존재함을 이해하지 못하기 때문이다. 예를 들어, 소프트웨어 사용자는 소프트웨어 유지개선 활동에 대해 정확히 알지 못하는 경우가 많다. 이를테면 고장난 프린터나 컴퓨터 부품의 수리처럼 '조립식 부품만 교체하면 되지 않느냐'라고 반문하기도 한다. 또한 그런 사용자는 하드웨어의 설계는 소프트웨어의 설계보다 훨씬 성숙한 단계에 있기 때문에 부품들을 철저하게 "모듈화"해서 유지개선 작업 중에 부작용을 만들어내지 않는다고 말할지도 모른다. 그뿐만 아니라, 완벽하게 설계된 하드웨어에서는 버튼 하나만으로 하드웨어 전체를 테스트하고 모든 부품을 진단할 수 있다! 많은 소프트웨어 사용자들은 소프트웨어 도메인에 익숙하지 않아서 소프트웨어도 하드웨어와 유사한 방법으로 유지개선될 것이라고 생각한다. 불행하게도 소프트웨어는 아직 이 단계까진 성숙하지 못했다. 소프트웨어는 아직 미성숙한 단계에 있기 때문에 소프트웨어를 완벽하게 모듈화하고 테스트를 자동화하기까지 넘어야 할 과제가 많다. 게다가 현재 사용 중인 소프트웨어는 대부분 10년 이상 되었기 때문에 이런 종류의 아키텍처 기술을 포함하고 있지도 않다.

이런 사용자의 인식이 유지개선 담당자의 실제 작업량을 정확하게 반영하고 있는가? 유지개선 담당자는 소프트웨어 버그를 수정하는 데 대부분의 시간을 소비하고 있는가? 아니면 다른 부가가치 서비스를 제공하고 있는가? 우리는 이 같은 질문들을 진지하게 살펴봐야 한다.

1980년대로 거슬러 올라가보면, 이미 린츠(Lientz)와 스완슨(Swanson) [1980]이 유지개선 조직에 전달되는 요청의 55%가 오류 수정보다 새로운 기능을 추가해달라는 요구와 관련이 있다는 사실을 처음으로 지적했다. 이 책에서 제안하고 있는 S3m 모델에서는 오류의 수정과 새로운 기능의 추가뿐만 아니라 다른 수많은 유지개선 활동을 다루고 있다. 이런 사실은 다른 연구에서도 재확인되었는데, 그 연구는 각 유지개선 활동 유형별로 수년간에 걸쳐서 수집된 데이터를 바탕으로 이루어진 것이었다[Abran 1991]. 이와 비슷하게, 프레스맨(Pressman)[2004]도 유지개선 담당자들로부터 수집한 피드백을 바탕으로, 유지개선 담당자들이 노력의 50%에서 80% 정도를 문제(problems)를 해결하는 데 사용하는 것이 아니라 오히려 소프트웨어 개선, 사용자가 요청한 기능의 추가, 애플리케이션 소프트웨어에 구현되어 있는 업무 규칙과 관련된 다양한 질문에 대한 응답에 사용하고 있다는 사실을 언급했다. 하지만 유감스럽게도 이러한 부가가치 활동들은 홍보가 거의 되지 않을 뿐만 아니라 월간 유지개선 작업 성과로서 고객(경영진 및 현업 부서장)에게 자세히 보고되지도 않는다. 프레스맨의 주장을 요약하면 사용자의 인식과 실제 유지개선 담당자의 작업량은 반드시 일치하지는 않는다는 것이다. "유지개선 활동 중에서 계속 변화하는 사용자 요건에 부합하도록 소프트웨어에 필요한 기능을 추가하는 데 훨씬 더 많은 비용이 사용된다. 그리고 데이터를 검토한 결과, 우리는 구조적으로 잘 설계된 소프트웨어를 사용한 시스템에서는 사용자 요건의 변화를 더 잘 수용할 수 있다는 사실을 발견했다". 유지개선 요청들은 실시간으로 빠르게 처리해야 하는 것들이다. 따라서 구현하는 데 수년이 걸릴 수도 있는 대규모 개선 요청들은 유지개선에 포함되지 않는다. 이것들은 프로젝트 관리 기법을 사용해서 별도의 프로젝트로 추진되어야 한다.

그러므로 소프트웨어 유지개선 관리는 다양한 유지개선 활동, 특히 부가가치를 더해주는 활동들에 대해 고객과의 소통을 지금보다 더 잘해야 한다. 소통을 잘하려면, 관리자들이 유지개선 담당자가 수행하는 프로세스와 서비스뿐만 아니라 그들의 수많은 어려움을 이해하는 것이 매우 중요하다.

소프트웨어 유지개선 담당자는 각각의 유지개선 요청/이벤트들의 상태를 관리하고 감시하는 대기열(queue) 및 우선순위 처리 프로세스가 확립되어 있으며 공정하고 효율적으로 운영되고 있다는 것을 더 적극적으로 홍보해야 한다. 소프트웨어 유지개선에서 사용하는 이런 대기열(queue) 관리 프로세스는 처리해야 할 요청들이 많을 뿐만 아니라, 중간에 처리를 중단해야 하는 경우도 많다. 예를 들면 (1) 시스템 장애를 긴급하게 보고하는 시스템운영자, (2) 서비스의 품질 저하를 감지한 사용자, (3) 리엔지니어링(reengineering) 작업을 수행하느라 현재 가동 중인 소프트웨어에 관한 정보 및 입력 자료를 요구하는 개발 프로젝트의 관리자, (4) 긴급한 정보를 요구하는 고객 등이 그런 경우들이다. 고객의 서비스 요청들 간에 경합이 발생하게 되면, 소프트웨어 유지개선 담당자는 반드시 SLA를 확인하고, 합의된 서비스 기준에 따른 우선순위 관리를 위해 고객에게 적용 중인 유지개선 프로세스를 정확히 알려주어야 한다.

1.2.2 소프트웨어 유지개선 담당자의 인식

유지개선 담당자들은 다른 개발자가 작성한 수만 줄의 소스코드와 마주하게 된다. 그들은 그것에 신속하게 익숙해져야 하며 가동 중인 서비스를 방해하지 않으면서 긴급한 변경작업을 처리해야 한다. 유지개선 작업을 더욱 어렵게 하는 것들 중 한 가지는, 새로 개발된 소프트웨어들은 개발자들이 마감일의 압박으로 인하여 개발 당시에는 포함시키지 못하고 보류했던 긴급 변경 사항들을 많이 갖고 있다는 것이다. 프로젝트 재원이 한정되어 있는 상황에서 소프트웨어 개발 프로젝트의 분석 단계, 설계 단계, 그리고 테스트 단계는 모두 심한 중압감에 시달리기 때문에 각 단계별로 완성도가 낮아지는 상황이 자주 발생한다. 이런 누락은 필연적으로 소프트웨어 유지개선에 대단히 심각한 결과로 이어진다. 유지개선 담당자들은 이런 레거시 소프트웨어 코드의 품질을 거의 또는 전혀 통제할 수 없다고 느낀다.

미숙한 소프트웨어 개발 프로세스 때문에 고객과 유지개선 조직에 인도된 최종 소프트웨어 제품에 수많은 문제들이 생긴다는 것은 오래전부터 알려져 왔다. 반면에 요건과 사양을 정확하게 포착하고 관리하는 성숙한 개발 프로세스는 안정적인 설계로 이어지고 궁극적으로 유지개선 비용을 낮출 것이란 것도 오랫동안 인정되고 있는 사실이다. 미숙한 소프트웨어 개발 프로세스를 수행하면, 새로운 소프트웨어가 가동에 들어가고 나서 처음 몇 달이나 첫해에 반드시 수용해야 할 우선순위가 높은 유지개선 백로그(backlog)가 발생한다(이 기간을 통상 SI 프로젝트에서는 안정화 기간이라고 한다). 업계에서 관찰된 바에 의하면, 이 초기 백로그를 처리하는 작업 때문에 소프트웨어를 유지개선하는 처음 3년 동안 프로그램의 코딩 라인이 엄청나게 증가하고 있다. 이것이 유지개선 비용의 증가와 고객의 초기 불만의 주요 원인이다.

소프트웨어의 연식(나이)도 소프트웨어 유지개선 비용에 영향을 미친다. 오래된 소프트웨어는 현대적 아키텍처 개념이 고려되지 않은 옛날 기술들을 사용해서 만들어졌기 때문에 구조는 복잡하고, 코드는 표준화되지 않았고, 문서화는 형편없어서 유지개선 작업을 더욱 어렵게 만들고 있다. 유지개선의 대상인 소프트웨어의 구조는 시간이 지남에 따라 변경되는 부분이 많아지기 때문에 점점 복잡해진다. 소프트웨어의 규모가 커지고 복잡해짐에 따라서 유지개선 작업을 수행할 인원도 늘어나게 된다.

소프트웨어 유지개선과 관련된 문제는 세 가지로 구분할 수 있다. (1) 조직의 목표와 부합하는 문제, (2) 프로세스 문제, 그리고 (3) 기술적인 문제이다. 일련의 소프트웨어 유지개선 컨퍼런스(회의)에 참석한 참가자들을 대상으로 한 서베이에서 소프트웨어 유지개선 담당자들이 중요도에 따라 순위를 정한

19가지 주요 유지개선 문제들이 있다([그림 1.1]). 이 서베이에서 나타난 문제들 중 대다수는 유지개선 프로세스 및 관리 영역에 해당한다([그림 1.1]에서 3, 7, 8, 9, 10, 13, 14, 15, 16, 18, 19 항목).

순위	유지개선 문제점
1	우선순위 변경 관리 (M)
2	부적합한 테스트 기술 (T)
3	성능 측정의 어려움 (M)
4	소프트웨어 문서의 누락이나 미완성 (M)
5	사용자 조직의 급속한 변화에 대한 적응 (M)
6	과도하게 누적된 변경 요청 건수(백로그) (M)
7	유지개선 조직의 기여를 평가/입증하기 어려움 (M)
8	유지개선 담당자에 대한 인식과 존경의 부족으로 인한 사기 저하 (M)
9	해당 분야에 대한 전문가 부족, 특히 경력자 (M)
10	유지개선용으로 고안된 방법론, 표준, 절차, 도구 부족 (T)
11	기존 소프트웨어의 복잡하고 체계적이지 않은 소스코드 (T)
12	기존 시스템의 통합, 중복, 호환성 부족 (T)
13	유지개선 담당자에게 제공되는 교육 부족 (M)
14	유지개선을 위한 전략계획의 부재 (M)
15	사용자의 기대를 이해하고 충족시키는 일에 대한 어려움 (M)
16	IS/IT 관리자의 이해와 지원 부족 (M)
17	구식 시스템 및 기술에서 가동되는 소프트웨어의 유지개선 (T)
18	현재 사용 중인 소프트웨어를 재설계하겠다는 의지가 없거나 지원 부족 (M)
19	유지개선 담당자가 팀이나 회사를 떠날 때 발생하는 전문 지식의 손실 (M)
	(M): 관리 문제 (T): 기술적인 문제

[그림 1.1] 소프트웨어 유지개선 담당자들이 선정한 문제점[Dekleva 1992]

소프트웨어 개발 프로세스 자체에서 발생하는 것으로 식별되는 문제들을 두 번째 그룹으로 구분했다([그림 1.1]에서 4, 6, 11, 12 항목). 품질이 떨어져도 개발 완료된 소프트웨어는 개발자가 처리했어야 하는 문제와 함께 변경 요청 사항의 백로그가 되어 유지개선 조직으로 넘어온다. 그런데 이런 문제들은 소수의 유지개선 인력으로는 해결하기 힘든 일이다. 다음은 동일한 서베이에서 거론된 다른 유지개선 문제점들이다.

- 소프트웨어를 만든 프로세스와 완성품에 대한 추적성 부족(poor traceability)
- 문서화되지 않은 변경 사항
- 변경 관리 및 모니터링의 어려움
- 소프트웨어 변경의 파급 효과(ripple effects)

소프트웨어 개발 프로세스가 꾸준히 향상되면서 소프트웨어의 배포 전 공정(pre-delivery) 및 이행(transition) 프로세스의 개선에 새로운 관심이 대두되고 있다. 이 프로세스는 유지개선 담당자가 미완성 또는 낮은 품질의 소프트웨어를 인수받지 않도록 하기 위해 필요하다. 배포 전 공정 및 이행 활동을 통해 소프트웨어 개발 프로세스 중에 발견되는 유지개선 관련 이슈들을 사전에 해결하여 더 좋은 품질을 확보할 수 있다. 이런 과정을 통해서 유지개선 단계로 소프트웨어를 이행하는 것이 더 용이해질 것이다. 유지개선 담당자들은 가동 중에 오류가 실제로 발생하지 않도록, 거칠게 표현하자면 개발 프로젝트에서 결함들을 제거할 돈과 시간이 다 없어지기 전에 개발자들이 결함을 직접 제거하게 할 수 있다. 배포 전 공정 및 이행 프로세스는 품질 관리 프로세스라고 볼 수 있다. 이런 프로세스가 부족하면 유지개선 아웃소싱 계약에 많은 비용이 들게 된다(반대로, 유지개선 계약자의 입장에서 보면 수익성이 좋은 계약을 맺을 수 있다).[5]

많은 소프트웨어 유지개선 담당자들은 그들의 전문적인 지위(status)가 개

---

[5] 최근에 마이크로 서비스 아키텍처를 적용하는 개발 방법에서는 소규모 조직이 개발과 유지개선을 함께 진행하는 경우가 많다.

발자에 비해 열악(inferior)하다고 생각한다. 예를 들어, 그들은 선택의 여지없이 품질이야 어떻든 새로 개발된 소프트웨어를 인수받을 것을 강요받는 경우가 많다. 또한 유지개선 담당자들은 일주일 내내 24시간 동안 소프트웨어 기능의 정상적인 가동과 관리를 책임지고 있으며, 더 중요하게는 모든 고객 관련 이슈들을 지원할 책임을 지고 있으나, 정작 사용하는 장비는 형편없고, 그들에 대한 경영진의 지원과 이해는 부족한 것으로 보고되고 있다.

사용자들의 잦은 변경 요청([그림 1.1]의 1과 5 항목)은 유지개선을 어렵게 하는 중요한 요인이다. 그러나 이것은 소프트웨어뿐만 아니라 하드웨어의 빠른 변화에 힘입어서 비즈니스 세계와 기술이 모두 빠르게 진화하고 있기 때문이며 이러한 추세는 더욱 증가할 것이다. 마지막으로 사용자의 기대를 이해하고 충족시키는 일에 대한 어려움이 15위에 자리 잡고 있다.

또한 일부 조직에서 보고된 바로는, 소프트웨어 유지개선 비용을 높이는 주요 요소들로서 프로그래머 인원수와 경험, 기술 문서 및 사용자 문서의 품질, 유지개선 담당자를 지원하는 도구, 소프트웨어 구조 및 유지개선 용이성, 그리고 마지막으로 소프트웨어 제품의 유지개선을 좌우하는 계약상의 제약 등을 들고 있다.

그리고 작업 환경이 프로그래머 생산성에 영향을 주는 문제도 있다. 물리적 환경(소음과 방해) 때문에 프로그래머의 능률이 저하된다는 보고가 있다. 대학에서는 소프트웨어 유지개선 기술에 대한 교육이 부족할 뿐만 아니라 가르치는 내용도 현장의 소프트웨어 유지개선과 맞지 않는 경우가 다반사이다. 이러한 이유로 유지개선 관련 프로세스와 기술에 대한 지식이 부족한 인력이 배출된다.

그렇다면 소프트웨어 유지개선이 충분히 알려지지 않고 홍보되지 않은 이유는 무엇일까? 그 이유를 설명할 수 있는 문화적인 요소는 없을까? "소프트웨어를 개선함으로써 고객만족도를 지속적으로 높일 수 있을 것이다"라는 가설을 기반으로 수행한 일본에서의 연구에 따르면, 유럽이나 미국에 비해 일본

조직에서는 관리자가 '어떻게 인식하고 있느냐'가 더 중요한 의미를 갖고 있는 것 같다는 결과를 내놓았다[Bennett 2000]. 이 논문에서는 소프트웨어 유지개선을 잘 하지 않는다면 기업들이 시장 점유율을 빠르게 잃을 것이라고 보고하고 있다.

일본처럼 품질 문화(quality culture)가 강한 곳에서는 유지개선 활동들이 외부에 드러나서 더 많은 혜택과 인정을 받을 수 있다. 따라서 유지개선 관리는 경영진과 고객에게 더 가시화(visible)되고, 유지개선 담당자의 사기는 높아진다[Azuma 1994].

지금까지의 내용을 요약하면 다음과 같다.

- 유지개선 담당자들은 19가지의 문제점을 식별하여 제시했는데, 대부분의 문제점들은 관리(management)에 관한 것이다.
- 문헌에서 보고된 바에 의하면, 소프트웨어 유지개선의 프랙티스들은 소프트웨어 유지개선의 부가가치 활동을 중요하게 다루고 있지 않다.
- 유지개선 전문가들에 소요되는 인건비가 상당하며 점점 커지고 있는 추세이다.
- 아직도 소프트웨어 유지개선의 본질(nature)과 공헌(contribution)에 대한 이해가 부족하다.
- 소프트웨어 복잡도와 품질에 관련된 이슈를 해결하기 위해 구체적인 방안을 마련하지 않는다면, 계속되는 유지개선 활동으로 소프트웨어의 복잡도는 증가하고 품질은 낮아질 것이다.
- 낮은 품질의 프로그램 개발은 유지개선 비용에 직접적인 영향을 준다.
- 각국의 조직 문화의 특성과 유지개선의 공헌도에 관한 조직의 인식은 유지개선의 가시성뿐만 아니라 유지개선 담당자들의 사기에도 영향을 준다.

- 변경 요청 사항을 정확하게 구현하기 위한 테스트 자동화 도구와 진단 도구가 부족하다.
- 대학생들을 위한 소프트웨어 유지개선 교육이 부족하다.

1.3 소프트웨어 유지개선 지식 체계

모든 전문 분야는 일반적으로 인정받는 원리들로 구성된 지식 체계(body of knowledge)를 가지고 있다. 특정 전문 분야에 대한 구체적인 지식을 얻으려면, (a) 공인된 교육 과정을 수료하거나 (b) 해당 분야에서 경험을 쌓아야 한다. 소프트웨어 유지개선 담당자들은 다양한 조직에서 실전 경험을 통해 소프트웨어 유지개선과 관련된 전문 지식과 기술을 습득할 수 있다. 안타깝게도 이제까지 극소수의 대학에서만 소프트웨어 유지개선에 대한 전문적인 교육을 제공했다. 지금도 소프트웨어 유지개선 교육이나 교육 과정을 이수할 수 있는 곳은 거의 찾아볼 수 없는 형편이다.

소프트웨어 유지개선 담당자와 소프트웨어 유지개선 관리자는 자르자벡(Jarzabek)[2007], 칸과 장(Khan and Zhang)[2005], 그럽과 타칸(Grubb and Takang)[2003], 씨코드, 플라코시, 루이스(Seacord, Plakosh, and Lewis)[2003], 폴로, 피아티니, 루이즈(Polo, Piattini, and Ruiz)[2002] 등이 내놓은 저서들을 제외하고는 이용할 수 있는 도서와 연구논문, 교재가 상대적으로 매우 적은 상황이다. 소프트웨어 유지개선과 관련된 다른 서적들은 약 20~30년 전에 출간되었으며, 소프트웨어 엔지니어링과 관련된 일반 서적들은 소프트웨어 개발을 중심으로 쓰여졌기 때문에 유지개선을 수명주기의 한 단계로서만 간단하게 소개하고 있을 뿐이다.

SWEBOK(Software Engineering Body of Knowledge, 소프트웨어 엔지니어링의 지식 체계[Abran et al. 2005])과 SWEBOK 가이드는 모든 소프트웨어 엔지니어에게 필요한 기본 지식을 체계적으로 제시한 첫 번째 문헌으로서 세계적인 공감대를 이끌어냈다. 참고로 SWEBOK의 2004년도 버전은 http://www.swebok.org에서 구할 수 있다. SWEBOK에는 소프트웨어 유지개선을 중요한 주제로 다루고 있는 부분이 있다. 특히 이 부분에서는 "유지개선은 소프트웨어 엔지니어링 중에서도 특정(specific) 분야이기 때문에 유지개선의 특성을 고려한 프로세스와 방법론을 연구해야 한다[Basili 1996]"라고 강조하고 있다. 그리고 SWEBOK에서는 소프트웨어 엔지니어링의 특정 영역으로서 소프트웨어 유지개선 지식의 분류 체계를 소개하고 있다.

소프트웨어 유지개선 지식 체계([그림 1.2] 참고)의 첫 번째 항목은 "기본 원칙(fundamentals)"으로, 소프트웨어 유지개선의 역할과 범위에 대한 기반 개념과 용어를 소개하고 있다. 하위 항목에서는 정의를 제공하고 유지개선의 필요성에 대해 다루고 있다. 유지개선 작업 유형은 다양한 종류의 소프트웨어 유지개선에 대한 기본적인 의미를 이해하는 데 매우 중요하다.

두 번째 항목은 소프트웨어를 효과적으로 유지개선 하기 위해 반드시 처리해야 하는 "소프트웨어 유지개선의 핵심 이슈(key issues in software maintenance)"를 다루고 있다. 여기서는 소프트웨어 유지개선에서 엔지니어들에게 발생하는 기술적 문제와 관리 문제들을 소개한다. 유지개선 담당자가 직접 개발하지 않았거나 완벽하게 이해하지 못한 수백만 줄의 코딩 라인으로 구성된 시스템에서 결함을 찾아야 하는 문제를 예로 들 수 있다. 다른 사례로는, 소프트웨어 긴급 변경에 대처하면서도 후속 버전에 대한 계획 수립과 개발에 신경 써야 하는 상황을 들 수 있다. SWEBOK에서는 유지개선 이슈를 다음 네 가지 유형 중 하나로 분류한다.

1. 기술적(technical) 이슈

2. 관리적(management) 이슈

3. 유지개선 비용(cost)과 유지개선 비용 추정(estimation) 이슈

4. 소프트웨어 유지개선 측정(measurement) 이슈

SWBOK의 세 번째 항목은 소프트웨어 유지개선 프로세스에 대한 설명으로서, 유지개선 수명주기 모델과 활동을 포함하고, 유지개선을 개발과 구별하며, 다른 소프트웨어 엔지니어링 활동과의 관계를 보여주고 있다. "유지개선 프로세스"라고 부르는 이 항목에서는 유지개선 프로세스를 구현할 때 사용하는 각종 참조와 표준에 대해 소개하고 있다.

네 번째 항목에서는 소프트웨어 유지개선을 위한 프로그램 이해, 리엔지니어링, 리버스 엔지니어링(reverse engineering) 등과 같이 일반적으로 인정된 기술을 소개하고 있다.

마지막 항목에서는 소프트웨어 유지개선을 지원하는 도구(tools)를 다루고 있다.

다음 절에서는 소프트웨어 유지개선의 정의와 특징에 대해 알아보도록 하겠다.

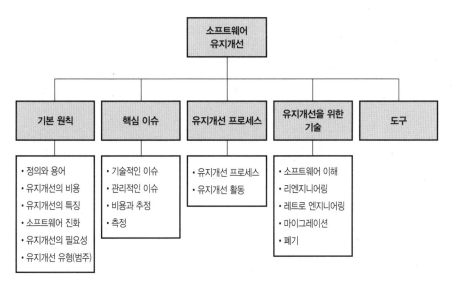

[그림 1.2] SWEBOK 가이드에서 분류한 소프트웨어 유지개선[Bourque and Fairley 2004]

1.4 소프트웨어 유지개선 정의

소프트웨어 수명주기는 다음과 같이 두 부분으로 나눌 수 있다.

1. 소프트웨어의 초기 개발
2. 소프트웨어의 유지개선과 사용

레만(Lehman)[1980]은 "불가피한 변경 때문에 애플리케이션 소프트웨어는 진화(evolve)하기 마련이다. 진화하지 못하는 애플리케이션 소프트웨어는 점차 쓸모 없어지기 때문에 결국 도태(obsolete)된다"라고 언급했다. 따라서 유지개선은 변화하는 조직에서 일하는 직원들이 매일 사용하는 애플리케이션 소프트웨어에 반드시 필요하다.

이 절에서는 소프트웨어 유지개선의 기본 개념과 정의에 대해 소개한다. 소프트웨어 유지개선은 조직에서 사용하는 애플리케이션 소프트웨어에 중점을 두고 있다. 예를 들면 애플리케이션 소프트웨어는 일상 업무를 수행하는 데 필요한 업무 규칙을 포함하고 있다. 이것은 업무 규칙을 포함하지 않거나 조직에서 직접 통제하지 않는 다른 유형의 소프트웨어(예: 운영체제와 데이터베이스 관리시스템 등)와 구별된다. 후자의 경우, 유지개선이 필요 없다고 말하는 것은 아니지만 일반적인 업무 조직에서는 이런 유형의 소프트웨어에 대해 유지개선을 직접 수행하지 않는다. [그림 1.3]은 소프트웨어 유지개선에서 자주 언급되는 정의를 연대순으로 나열한 것이다.

정의 – 설명	저자	연도
"사용자에게 배포된 이후에 소프트웨어에 대한 변경이 이뤄진다."	마틴&맥루어 [Martin 1983]	1983
"배포된 다음 소프트웨어를 지속적으로 사용하기 위해 필요한 모든 활동"	FIPS[FIPS 1984]	1984
"유지개선에는 구현에서부터 폐기까지의 소프트웨어 수명주기가 포함되어 있다."	본 마위르하우저 [Von Mayrhauser 1990]	1990
"…개선의 필요성이나 문제로 인해 관련 문서와 코드를 수정…. 무결성을 유지하면서 현재 사용 중인 소프트웨어 제품을 변경하는 것이 목적이다."	ISO 12207 [ISO 1995]	1995
"배포된 후에 결함을 수정하거나, 성능이나 다른 속성을 개선하거나, 혹은 변화된 환경에 맞춰 제품을 설치할 수 있도록 소프트웨어 제품을 수정…"	IEEE 1219 [IEEE 1998a]	1998
"최저 비용으로 소프트웨어를 지원하기 위해 필요한 모든 활동…. 일부 활동은 초기 개발 단계에서 시작하지만 대부분의 활동은 배포된 후에 시작한다."	SWEBOK [Abran 2005]	2005

[그림 1.3] 소프트웨어 유지개선의 일반적인 정의

1.5 운영, 개발, 유지개선의 차이점

일반적으로 자체적으로 개발한 애플리케이션 소프트웨어의 경우, IS/IT 조직 내에 있는 운영지원부서가 유지개선을 책임진다. 그리고 외부에서 구매한 소프트웨어의 경우에는 소프트웨어를 사용하는 조직에서 유지개선을 직접 책임지지 않는다. 따라서 누가 유지개선을 해야 하는지 그리고 유지개선 활동의 범위가 어디에서부터 어디까지인지 혼란스러운 상황이 발생할 수 있다.

컴퓨터운영 활동은 소프트웨어 유지개선 활동과 다르다. ISO 14764 국제 소프트웨어 유지개선 표준을 예로 들어보자. 이 표준에서는 컴퓨터운영팀에서 운영 활동(예: 백업, 복구, 시스템 관리)을 처리하고 있기 때문에, 운영 활동은 소프트웨어 유지개선의 기준 범위를 벗어난다고 명시하고 있다. 소프트웨어 유지개선의 기준 범위는 문헌에서 언급하는 내용들이 대동소이하며, 현실에서도 관리자나 고객은 소프트웨어 유지개선 활동과 컴퓨터운영을 명확하게 구분하고 있다.

그러나 소프트웨어를 지원하는 인프라스트럭처를 기능적이며 효율적으로 만들기 위해서는 컴퓨터운영과 소프트웨어 유지개선 사이에 중요한 인터페이스(접점) 활동이 있어야 한다(예를 들면 변경관리, 시스템 오류와 관련된 지원 요청, 재난 발생시 시스템 환경과 데이터 복구, 데이터 복구 및 업무 재개, 처리 시간 조사, 자동 스케줄링, 디스크 공간 및 테이프 라이브러리 관리)[ITIL 2007b].

소프트웨어 유지개선과 소프트웨어 개발 활동의 차이를 명확하게 구별하는 것은 어렵다. 소프트웨어 개발과 소프트웨어 유지개선 사이에는 접점(interfaces)이 존재하기 때문에 소프트웨어 개발을 애매하고 불분명하게 정의한 조직들도 있다. 게다가 소프트웨어 개발자가 소프트웨어 유지개선에 관여하고 있을 때 둘 사이의 차이점은 더욱 모호해진다(blurred). 이런 모호함 때문에 개발 과정에서의 활동과 비슷한 유지개선 활동이 발생한다(분석, 설계, 코딩, 형상관리, 테스트, 검토, 기술 문서화). 이론상으로 유사한 활동들도 있지만 이런 유지개선 활동은 반드시 유지개선 맥락(context)을 따라야 한다. 소규모 유지개선 작업을 예로 들어보자. 소규모 유지개선 작업은 짧은 기간 수행되기 때문에 장기 개발프로젝트 팀이 아닌 유지개선 프로그래머 한두 명이 작업한다. 물론 중요한 기능 개선과 관련된 작업의 경우에는 프로젝트 개발 방법을 사용하기 때문에 이런 방식은 거의 사용하지 않는다.

소프트웨어 개발과 유지개선 활동 사이의 차이점과 유사성에 대해 연구한 학자들이 많다. 연구에서 발견한 중요한 사실은 소프트웨어 개발은 프로젝트 형태를 취하며 프로젝트 팀을 구성하고 시작과 끝이 정해져 있으며 승인된 예산과 기간 안에 결과물을 내놓을 수 있도록 추진한다는 것이다. 소프트웨어 개발 프로젝트는 일반적으로 일정한 기간 동안 한시적으로 진행되며, 소프트웨어 배포 후에는 지속되지 않는다. 그리고 프로젝트 팀은 자원, 비용/이익, 인도할 산출물과 관련된 계획을 세우고, 프로젝트 기간 안에 제품을 완성시키는 것을 목표로 하고 있다.

그러나 유지개선 조직은 상시 조직으로서 소프트웨어에 대한 서비스를 지속적으로 제공하며, 갑자기 발생하는 이벤트와 사용자 요청과 같이 다양한 문제를 해결할 수 있도록 운영된다. 다음은 개발 활동과 비교했을 때 구별되는 소프트웨어 유지개선의 특성이다[Abran 1993a]:

- 유지개선 요청(MR, Maintenance Request)[6]은 불규칙적으로 발생하기 때문에 연간 예산 계획 프로세스에서 일일이 다 고려할 수 없다.
- 운영 단계에서 유지개선 요청(MR)을 검토한 후 우선순위를 정한다. 대부

---

6 최근에는 MR을 SR(Service request)로 통칭하고 있다.

분 MR에는 고위관리자가 개입할 필요가 없다.

- 프로젝트 관리 기법 대신 대기열(queue) 관리 기법으로 유지개선 업무량을 관리한다.
- 규모가 작은 유지개선 요청은 복잡하지 않기 때문에 유지개선 프로그래머 한두 명으로 처리한다.
- 유지개선 업무량은 사용자 서비스 영향도와 애플리케이션 중요도에 따라 배분한다(user-services oriented and application-responsibility oriented).
- 우선순위는 언제든지 바뀔 수 있으며, 애플리케이션 소프트웨어 오류에 대한 수정 요청은 다른 요청보다 우선적으로 처리해야 한다.

소프트웨어 유지개선에서 소프트웨어 장애를 일으키는 운영 이벤트는 PR(Problem Report, 장애보고서 또는 문제보고서)로 보고된다. 이런 PR은 예상 공수(Effort)가 얼마나 소요되든지, 유지개선 팀에서는 즉시 처리해야 한다. 왜냐하면 이 유지개선 서비스는 다른 어떤 서비스보다 우선권을 가지고 있기 때문이다.

사용자는 MR(Modification Request, 변경 요청)을 이용하여 소프트웨어에 대한 변경을 요청할 수 있다. MR은 몇 단계의 평가를 거쳐 접수된다. 유지개선 담당자는 먼저 MR을 평가해서 기존 소프트웨어를 수정하는 데 필요한 공수를 산정한다. 도프만과 세이어의 연구(Dorfman and Thayer's study)[1997]에 따르면, MR과 PR은 소프트웨어 유지개선 고유의 조사 및 영향도 분석 프로세스를 통과해야 한다. 영향도 분석(impact analysis)에서는 이 변경을 적용했을 때 현행 소프트웨어에 발생할 수 있는 영향을 철저하게 분석하는 방법에 대해 설명하고 있다[Koskinen 2005b, Visaggio 2000, Arnold and Bohner 1996]. 변경 요청에 대한 예상 공수가 너무 크면, 소프트웨어 개발 프로젝트로 처리될 수 있도록 변경요청을 다른 개발 팀으로 이관한다.

소프트웨어 유지개선은 [그림 1.4]에서처럼 MR에 대한 수용/거부와 작업 분류 프로세스를 따른다. 수용/거부와 분류 프로세스에서는 변경에 대한 공수 추정이 입력(input)된다[Maya et al. 1996]. 아프릴[April 2001]은 적응형 요청에 대한 허용 공수가 최대 5일인 케이블 & 와이어리스(Cable & Wireless) 회사에서 사용하는 프로세스를 소개한 바가 있다. 그리고 UKSMA(United Kingdom Software Metrics Association, 영국 소프트웨어 메트릭스 협회)에서도 5일이라는 기간 제한을 인정했다:

소규모 기능 개선에 대한 유지개선 활동과 대규모 기능 개선에 대한 개발 활동 사이를 구별하는 방법은 조직마다 다르다.7 영업일 기준으로 80일부터 최대 150일까지 필요한 활동을 유지개선으로 인정하는 조직이 있는 반면, 5일로 제한한 조직도 있다. 따라서 ISBSG와 UKSMA는 '영업일 5일 이내가 필요한 활동을 유지개선 활동'으로 인정하는 관례를 채택할 것을 최초로 제안했다 [ISBSG 2007].

---

7 국가 및 산업에 따라 유지개선 활동으로 인정하는 허용 공수의 차이가 있다. 한국에서는 20man/day를 기준으로 삼는 경우가 많다.

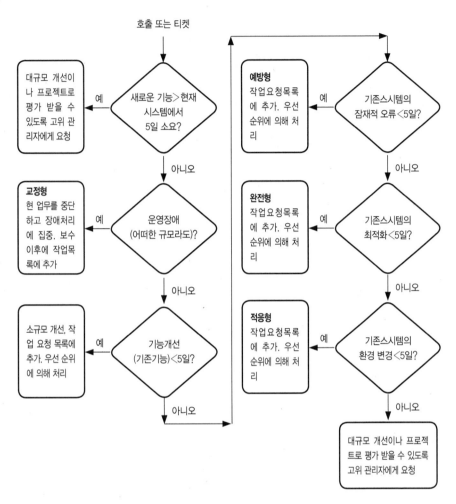

[그림 1.4] 유지개선 요청에 대한 수용/거부 프로세스의 예[April 2001]

군사, 핵, 우주 항공, 항공기 등과 같이 복잡한 소프트웨어 유지개선을 몇 달 또는 수년간 지속적으로 해야 하는 조직에서는 이런 제한 사항을 두지 않는다. 따라서 5일이라는 제한을 선택한 것은 이런 산업들을 고려하지 않은 기준이다.

이런 임계값(threshold)은 언제 소프트웨어 개발을 시작하고, 언제 소프트웨어 유지개선을 종료할 것인가를 결정하는 데 영향을 주기 때문에 IS/IT 조직에서 매우 중요하다.

참고로 이 책에서 소개할 성숙도 모델에서는 공수와 관련된 제한을 명시하고 있지 않다. 여기서 가장 중요하게 생각해야 할 내용은 공수 산정에 상관없이 유지개선 작업은 프로젝트 팀이 아니라 유지개선 프로그래머들이 확인하고 처리해야 한다는 것이다.

그리고 헬프데스크, 콜센터로부터의 지원 및 변경 요청, 변경 사항에 대한 영향을 평가하는 활동, 테스트 및 회귀테스트의 전문화 등과 같은 활동들도 소프트웨어 유지개선으로 간주된다.

[그림 1.5]에서는 소프트웨어 유지개선과 소프트웨어 개발 간의 차이점에 대해 추가적으로 설명하고 있다.

- 문제 관리
- 소프트웨어 인수(acceptance)
- 개발에서 유지개선팀으로 이행(transition) 관리
- 사용자, 운영팀, 유지개선 프로그래머의 역할
- 유지개선 관리
- 소프트웨어 관리(개선 및 성능)

유지개선 활동	소프트웨어 관리 (유지개선)	소프트웨어 개발(구축)
문제 관리(헬프데스크와 연계된 문제해결)	유	무
소프트웨어 인수	유	무
개발에서 유지개선으로의 이행 관리	유	무
SLA 확립	유	무
유지개선 활동 계획(버전, SLA, 영향 분석)	유	무
이벤트와 서비스 요청 관리	유	무
일상 업무지원	유	무
소프트웨어 회춘(rejuvenation)	유	무

[그림 1.5] 소프트웨어 유지개선 활동

Software Maintenance Management

소프트웨어 유지개선은 다음과 같은 특징을 갖춘 서비스로 설명될 수도 있다[Bouman 1999]:

- 사용자에게 직접 서비스를 제공함
- 사용자와 직접 그리고 자주 접촉
- 몇 달 후가 아닌, 즉시 제공되는 서비스
- 짧은 서비스 시간
- 산출물은 물리적인 제품(physical good)이 아닌 어떤 것
- 산출물은 보관이나 운반에 적합하지 않은 어떤 것
- 물리적인 제품이 아니라 전문적이고 기술적인 서비스

요약하면 소프트웨어 유지개선은 소프트웨어 개발그룹에서 처리하지 않는 프로세스와 활동으로 구성되어 있다. 소프트웨어 유지개선은 기존의 애플리케이션 소프트웨어를 변경할 때 소프트웨어 개발에 적용하는 프로세스와 활동도 사용한다[ISO 1995, s5.5.3]. 유지개선은 SWEBOK 가이드와 ISO 국제표준에서 소프트웨어 엔지니어링의 특정 분야로 인정받고 있다. 따라서 소프트웨어 엔지니어링의 특성을 고려한 프로세스와 방법론의 일부를 같이 검토해야 한다.

1.6 소프트웨어 유지개선 조직

ISO 12207에서는 소프트웨어 유지개선 담당자를 유지개선 활동을 수행하는 조직으로 정의하고 있다. 업계를 살펴보면, 소프트웨어 관련 조직은 소프트웨어 유지개선 기능의 위치에 따라 두 가지 구조로 대별된다. 첫 번째 조직 구조 모델에서는 소프트웨어를 개발한 개발자가 소프트웨어의 유지개선을 함께 처리한다. 그리고 두 번째 조직 구조 모델에서는 개발자 조직과 별도로 소프트웨어 유지개선 조직이 소프트웨어 유지개선을 담당한다. 참고로 아브랑과 동료 연구자들(Abran et al.)[2005] 그리고 피고스키(Pigoski)[1997]는 각 유지개선 모델의 장단점을 잘 설명하고 있다.

제품을 완성한 후 개발팀에게 소프트웨어 유지개선 작업을 시키면 다음과 같은 단점이 발생할 수 있다.

1. 개발자는 유지개선을 좋아하지 않기 때문에 흥미로운 업무를 찾아 이직할 가능성이 있다.
2. 개발팀에 새로 고용된 인력의 경우, 기존 소프트웨어의 유지개선을 해야 한다는 사실에 불만을 품을 수 있다.
3. 개발자는 개발 업무를 선호하기 때문에 다른 개발 프로젝트에 배치될 수 있다.
4. 소프트웨어를 개발했던 개발자가 떠나면, 해당 소프트웨어를 유지개선할 수 있는 능력을 갖춘 직원을 찾기 힘들다.

케이블 & 와이어리스 회사가 개최한 2003년도 경영자 회의에서는 유지개선을 수행하는 개발 조직의 투명성(transparency)이 부족했을 뿐만 아니라 제품의 품질도 상당히 떨어졌으며, 해당 제품에 대한 문서가 부족했고, 프로그래머 사이에 지식 공유가 이루어지지 않았다고 언급되었다. 마틴과 맥루어(Martin and McClure)[1983] 그리고 스완슨과 베스(Swanson and Beath)[1989]뿐만 아니라 피고스키(Pigoski)[1994]는 규모가 큰 조직의 이익을 위해서는 소프트웨어 유지개선 조직을 분리해야 품질과 독립성 측면에서 더 나은 결과를 얻을 수 있다고 언급했다(예를 들면 문서, 이행 절차, 유지개선 프로그래머의 전문화, 변경 요청에 대한 관리, 전반적인 직원 만족도). 하지만 어느 정도 규모에서, 유지개선을 개발에서 독립된 조직 모델로 전환하는 것이 좋은지는 아직 확실하지 않다.

1.7 소프트웨어 유지개선 표준

ISO 12207 국제 표준 소프트웨어 수명주기 프로세스에서는 소프트웨어 유지개선을 다섯 가지 기본 프로세스 중 하나로 언급하고 있다. 이 국제표준에서는 소프트웨어 엔지니어링 프로세스를 기본(Primary) 수명주기 프로세스, 지원(Supporting) 수명주기 프로세스, 조직(Organizational) 수명주기 프로세스 등 세 가지 큰 그룹으로 구분한다. 기본 수명주기 프로세스는 구매, 공급, 개발, 유지개선, 소프트웨어 운영 활동 등을 포함하고 있으며 지원 수명주기 프로세스는 문서화, 형상관리, 품질보증, 검증 및 확인, 검토, 감리, 소프트웨어 문제해결 등과 같은 활동들로 구성되어 있다. 마지막으로 조직 수명주기 프로세스는 조직 전반에 걸쳐 적용되는 것으로서 일반 교육, 인프라스트럭처, 프로세스 개선, 관리 활동을 포함하고 있다.

기본 수명주기 프로세스 내의 소프트웨어 유지개선 프로세스는 다음과 같이 6개의 하위 프로세스로 구분된다([그림 1.6]에서 5.5 항목 참고).

- 프로세스 구현
- 문제 및 변경 분석
- 변경 구현
- 유지개선 검토/승인
- 이행
- 소프트웨어 폐기

[그림 1.6] ISO/IEC 12207의 기본 프로세스인 소프트웨어 유지개선[ISO 1995]

유지개선 프로세스에서는 필요에 따라 기본 수명주기 프로세스나 지원 수명주기 프로세스, 혹은 조직 수명주기 프로세스를 호출할 수 있다. ISO 12207 표준에서는 개발자가 사용하는 프로세스 중에서 유지개선 담당자가 어떤 프로세스들을 사용해도 되는지 명확하게 언급하고 있다(예를 들면 문서화, 형상관리, 품질보증, 검증, 확인, 합동검토, 감리, 문제해결, 프로세스 개선, 인프라스트럭처 관리, 교육).

ISO 12207 표준에서는 아래의 6가지 프로세스에서 파생된 소프트웨어 엔지니어링 하위 프로세스를 사용하도록 유지개선 담당자에게 권유하고 있다.

- 개발 프로세스
- 관리 프로세스
- 인프라스트럭처 프로세스
- 개선 프로세스
- 교육 프로세스
- 공급 프로세스

하지만 ISO 12207 표준에서는 구체적인 방법에 대해서 별다른 언급을 하고 있지 않다. 대신 ISO 14764 국제 표준에서 소프트웨어 유지개선 담당자를 위해 보다 구체적으로 방법을 소개하고 있다.

그렇다면 ISO 14764에서는 유지개선과 개발 사이의 관계를 어떻게 설명하고 있을까(ISO 12207의 기본 프로세스)? 소프트웨어 유지개선 국제 표준인 ISO 14764에서는 유지개선 담당자가 유지개선의 구체적인 요구 사항을 서술할 때 개발에서의 표준을 사용할 것을 명시하고 있다[ISO 2006, s8.3]. ISO 14764와 ISO 12207에서 언급한 내용은 다음과 같다. "소프트웨어와 문서의 어떤 부분을 변경할지 결정할 때 사용하는 분석에서는 반드시 개발 프로세스를 사용하도록 ISO 12207 표준에 명시되어 있으며(s5.5.3.1), 특히 5.3절에서는 수행해야 하는 테스트, 테스트 결과, 테스트 검토 활동의 문서화와 관련된 개발 프로세스에 대해 설명하고 있다(s5.5.4.2)."

ISO 14764와 같은 ISO 소프트웨어 엔지니어링 표준에서는 "고전적인 (classic)" 활동을 지향하기 때문에 현재 업계에서 사용하고 있는 소프트웨어 유지개선 지원 프로세스의 모든 부분을 다 소개하고 있지는 않다. 사실 현장에서 소프트웨어 유지개선 담당자는 상당히 많은 표준을 사용한다. [그림 1.7]은 IEEE 표준과 ISO 표준의 상호 의존성뿐만 아니라 가장 관련성이 높은 IEEE 표준과 ISO 표준을 보여주고 있다.

제임스 무어(James Moore)는 그의 저서, 《소프트웨어 엔지니어링의 로드맵: 표준을 기반으로 한 가이드북(The Road Map to Software Engineering: A Standards Based Guide)》[Moore 2005]에서 서로 다른 표준 사이의 관계를 "일반적인 것부터 구체적인 것까지(from the general to the more specific)" 볼 수 있도록 직접 고안한 계층 다이어그램을 소개했다. 이 책에서 우리는 소프트웨어 유지개선 담당자의 관점을 표현할 수 있도록 동일한 기법을 적용했다.

이 표현에서 우리는 일상 활동을 처리하는 데 사용할 수 있는, 최소한 40개의 표준에서 언급된 소프트웨어 엔지니어링 프로세스를 유지개선에서 활용할 수 있다는 사실을 확인했다. 그럼에도 불구하고, 대다수의 유지개선 담당자들이 소프트웨어 유지개선 구성요소 표준뿐만 아니라 다른 참조 표준 프로세스도 사용하고 있지 않는 현실을 어떻게 설명할 수 있을까? 확실하지는 않지만 유지개선 담당자가 레거시 코드뿐만 아니라 레거시 프로세스를 사용하기 때문이라고 추측할 수 있다. 이런 이유라면 유지개선 담당자는 레거시 코드에서 사용된 "표준"을 따를 수밖에 없을 것이다. 또 다른 가능성은 대부분의 유지개선 조직들이 낮은 조직 성숙도의 모든 특성을 보여주고 있다는 점이다. 이런 경우에는 소프트웨어 유지개선의 관리를 능동적(proactive)으로 대처하기보다는 수동적(reactive)으로 대처할 수밖에 없을 것이다.

반면에 CMMi의 최상위 단계를 획득한 조직에서는 표준을 광범위하게 사용

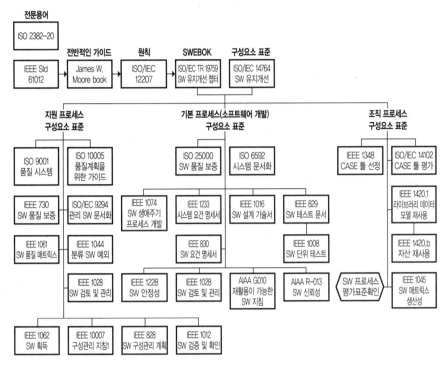

[그림 1.7] 소프트웨어 유지개선에서 사용할 수 있는 소프트웨어 표준

하는데, 대표적인 사례가 팀원이 오랫동안 함께 일하고 기술 변화가 많지 않은 우주 왕복선 프로젝트 팀이다.

하지만 슈미트(Schmidt)는 그의 저서, 《IEEE 소프트웨어 엔지니어링 표준 실행(Implementing the IEEE software Engineering Standards)》[Schmidt 2000]에서 표준이 지나치게 많다고 언급한 바 있다. 아울러 그는 소프트웨어 조직에서 공식 프로세스를 실행할 때 가능한 표준을 모두 고려하는 것은 현실성이 없다고 주장했다. 또한 조직의 성숙도와 표준의 사용 간에는 직접적인 관계가 있을 수 있음을 제안하면서, 조직은 소프트웨어 엔지니어링 표준을 점진적으로 채택할 것이라고 말했다. 그리고 슈미트는 (1) 애플리케이션의 중요도, (2) 팀 규모, (3) 기존 프로세스의 성숙도, (4) 외부 프로세스 요건([그림 1.8]

참고) 등 4가지 요소에 기반한 표준의 점진적인 사용을 서술하는 피라미드 표현을 제안한다. 이 책에서는 이 표현을 사용하여 소프트웨어 유지개선 담당자의 관점을 반영한 피라미드 유형을 소개하고 있다.

이 피라미드 모델에서는 소프트웨어의 중요도가 증가할수록 프로세스가 더 엄격(rigorous)해진다. 마찬가지로, 조직 규모가 커지면 중요한 프로세스와 내부 의사소통의 증가에 맞춰 적절한 지원을 확보하기 위해 더 많은 표준이 필요하게 된다. 그리고 조직의 성숙도는 기존의 직원 운영 프로세스에 현실적으로 무리없이 통합될 수 있는 수많은 표준들에 영향을 줄 것이다. 마지막으로 핵, 의료, 항공, 방위 산업처럼 제품이 어떤 특정한 규정에 적합하지 않은 경우에는 외부 요건들이 표준의 사용을 강요할 수 있다.

레벨 0에서는 거시적인 수준의 프로세스 채택을 언급하지만, 공식 표준이

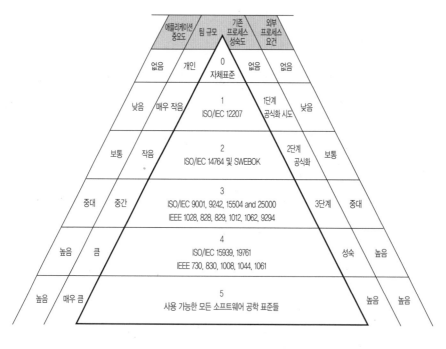

[그림 1.8] 표준 피라미드 - 성숙도 모델의 예

없는 점이 특징이다. 소프트웨어의 중요도가 낮고 외부 프로세스 요건이 없는 경우에만 레벨 0에 적합하다. 이 수준에서는 소프트웨어 활동의 일반적인 모델을 표현하는 ISO 12207 표준을 사용하여 대부분의 유지개선 작업을 설명할 수 있다. 하지만 ISO 12207 표준은 특정 조직에서 소프트웨어 활동들이 어떻게 달성되는지를 자세히 다루지 않는다. 표준 피라미드의 나머지 레벨은 다음과 같다.

레벨 1: 요건을 검토하고 테스트를 문서화하기 위해 표준을 사용한다.
레벨 2: 지속적으로 작업 계획을 세우고, 개념을 문서화하며, 검토를 위한 체계적인 접근 방법을 사용하여 공식화한다.
레벨 3: 품질보증, 검증 및 확인, 형상관리, 보안 이슈를 위한 표준을 사용한다.
레벨 4: 소프트웨어 품질을 평가하기 위한 두 개의 중요한 표준, 단위테스트, 형상관리, 수명주기에 대한 추가적인 표준을 소개한다.
레벨 5: 현재 등록되어 있는 모든 IEEE 표준을 사용한다.

소프트웨어 유지개선은 ISO 12207의 개발 프로세스를 위한 활동을 직접적으로 참조하기 때문에 슈미트 모델([그림 1.8] 표준 피라미드 – 성숙도 모델의 예)은 소프트웨어 유지개선에 적용될 수 있다. 그러나 적용 사례(실험 또는 구현)가 없다는 점에서 슈미트 모델은 이론적인 제안일 뿐이다. 그럼에도 불구하고 이 모델은 많은 소프트웨어 엔지니어링 표준에서 다루는 성숙도 모델 개념을 전문가의 입장에서 옹호하고 있다.

어떤 전문가는 국제 표준에 반영되어 있는 유지개선 프로세스가 SEI 모델의 레벨 2 프랙티스와 거의 일치한다고 주장했다. 아울러 조직의 성숙도와 표준 개념의 점진적인 사용 사이에 직접적인 관계가 존재한다고도 주장했다.

요약하면 수많은 소프트웨어 표준들이 유지개선 담당자에 의해 참조될 수 있다. 그중에서 특히 하나의 국제 표준이 소프트웨어 유지개선의 중심을 이룬다(ISO 14764). 소프트웨어 유지개선 영역은 필요시 소프트웨어 개발 표준을 참조할 수 있다. 그러므로 유지개선 담당자는 특정 유지개선 맥락에 맞게 조정하면서 소프트웨어 개발 표준을 사용해야 한다[ISO 2006 s8.3.2.1과 s8.3.2.2.]. 하지만 본질적으로 표준은 일반적으로 수용되지 않는 주제나 신흥 기술에 관한 주제를 포함하지 않는다는 점에 유의해야 한다. 소프트웨어 유지개선의 고유한 활동이 ISO 14764 표준의 차기 버전에 등록될 수 있는 후보가 되기 위해서는 ISO/JTC1/SC7 위원회로부터 인정을 받아야 한다.

1.8 소프트웨어 유지개선 프로세스와 활동

소프트웨어 유지개선 국제 표준은 20여 년 이상 사용되고 있지만, 여전히 많은 조직들은 소프트웨어 유지개선 활동을 위한 명확한 프로세스를 갖고 있지 않다. 반 본(Van Bon)[2000]은 소프트웨어 유지개선 프로세스 관리라고 부를 만한 것이 많지 않으며 이 분야가 도외시되고 있다고 언급했다.

소프트웨어 산업의 초창기에는 소프트웨어 개발과 소프트웨어 유지개선 사이에 뚜렷한 구별이 없었다. 그리고 산업 초기에는 레거시 코드의 규모가 매우 작았기 때문에 필요시 언제라도 레거시 코드를 수정하여 사용할 수 있었다! 또한 프로그래머들 역시 이러한 활동을 즐겼다. 1970년대가 되어서야 소프트웨어 유지개선 프로세스에 적합한 수명주기 모델이 나타나기 시작했다. 전반적으로 초기 모델은 (1) 이해(understanding), (2) 변경(modifying), (3) 소프트웨어 변경에 대한 확인(validating changes to software) 등 3가지 단계로 나눌 수 있었다. 여전히 많은 개발 방법론들은 소프트웨어 유지개선 단계를 제시하고 있지 않으며, 일부 개발 방법론에서만 마지막 단계로 소프트웨어 유지개선을 포함시키고 있다. 소프트웨어 수명주기 프로세스의 관점에서 보면, IEEE 1074 표준에서는 소프트웨어의 새로운 부분을 구현하는 단계의 마지막, 즉 개발 프로젝트 주기 8단계 중 7번째 단계에 유지개선을 포함시킨다. 하지만 "유지개선을 소프트웨어 개발 주기의 마지막 한 단계로 보는 전통적인 관점은 유지개선 영역에 악영향을 끼친다"라고 주장하는 사람들도 있다[Schneidewind 1987].

1980년대에 들어서야 유지개선 프로세스를 지향하는 모델들이 등장했다[Bennett 2000, Fugetta 1996]. 그리고 더 이상 유지개선을 개발의 마지막 단계로 인식하지 않게 되었다. 이 모델들은 유지개선을 목표로 한 활동들을 선보였고 각각의 활동에 관련된 사례를 소개했다. 그리고 몇몇 컨설팅 조직들은 유지개선의 특정 활동들로 구성된 자체적인 유지개선 표준을 정의하기도 했다.

그리고 1990년대에는 오늘날까지 사용되고 있는 국제 표준(ISO 12207과 ISO 14764)이 등장했다. 현재까지 사용되고 있는 ISO 12207 표준은 소프트웨어 수명주기 프로세스의 다른 단계들과 중첩되는 유지개선 프로세스를 언급하고 있다. 이는 유지개선 프로세스의 구현을 위해서는 소프트웨어 수명주기 프로세스를 부분적으로나 전반적으로 살펴봐야 한다는 의미이다. ISO 14764에서 소개하고 있는 소프트웨어 유지개선 프로세스의 영역은 [그림 1.9]에서 쉽게 확인할 수 있다.

ISO 14764 프로세스 모델에서는 소프트웨어 유지개선을 6개의 주요 프로세스로 구분한다. 물론 각각의 조직과 소프트웨어 공급자들은 이 프로세스 모델을 나름대로 적용할 수 있으나 반드시 국제 표준을 따라야 한다.

각각의 프로세스에 대해 자세히 살펴보자. 구현 프로세스(Implementation Process)는 큰 원 안에 있는 운영 프로세스의 외부에 존재하며 유지개선 계획의 설계와 문서화, 개발 중 식별된 문제해결 준비, 제품 형상관리에 대한 후속 조치 등과 같은 소프트웨어 준비(preparation)와 이전(transition) 활동으로 구성된다.

[그림 1.9]에서처럼 프로세스 모델의 원 안에는 3가지 운영 프로세스가 있다:

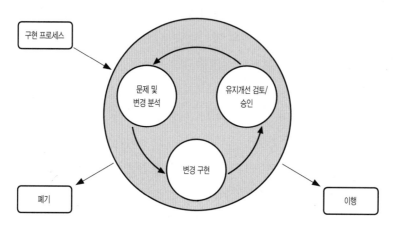

[그림 1.9] 소프트웨어 유지개선 핵심 프로세스[ISO 2006]

1. 문제 및 변경 분석 프로세스(Problem and Modification Analysis Process)는 애플리케이션 소프트웨어에 대한 책임이 유지개선 조직으로 이전되는 시점부터 실행된다. 유지개선 프로그래머는 제기된 요청의 확인 및 분석, 타당성 검토, 해결안 제시, 관련 활동의 문서화 등을 수행한다. 마지막으로 변경 작업을 처리할 수 있도록 필요한 모든 승인을 받는다.

2. 변경 구현 프로세스(Modification Implementation Process)에서는 변경에 대한 구현을 고려한다. 다시 말하면 변경 구현 프로세스는 개발을 겨냥한 프로세스라고 할 수 있다(ISO 12207의 5.3절에서 언급하고 있다).

3. 유지개선 검토/승인 프로세스(Maintenance Review/Acceptance Process)에서는 변경된 사항을 승인한다. 따라서 유지개선 검토/승인 프로세

스는 초기에 변경 요청을 한 개인의 검증과 승인으로 구성되며 제시된 해결안이 초기 요건을 충족하는지 확인한다.

이행 프로세스(Migration Process)는 자주 발생하지 않기 때문에 일상적인 유지개선 작업이라고 볼 수 없다(예: 플랫폼 이행). 소프트웨어를 기능적인 변경 없이 다른 플랫폼에 설치해야 할 때 이행 프로세스를 사용하며 유지개선 프로젝트 조직에서 관련 업무를 수행할 가능성이 높다.

유지개선 프로세스의 마지막 프로세스는 일상적으로 발생하지 않는 이벤트로 소프트웨어 폐기(Retirement Process)이다.

일반적으로 이행과 폐기 프로세스는 소규모 유지개선 작업이 아니라 프로젝트로 처리된다. 왜냐하면 소규모 유지개선 요청으로 분류된 업무는 투입 공수에 대한 임계값이 설정되기 때문이다. 이런 관점에서 봤을 때 소프트웨어 유지개선의 일부 활동들은 일상적인 소프트웨어 지원과 매우 다르다.

앞에서 언급했던 것처럼, 문헌에 나와 있는 수많은 유지개선 활동 중에는 아직 표준화 작업을 거치지 않은 활동들이 많다. [그림 1.9]의 프로세스 모델에서는 이런 활동들을 표시하지 않았지만 업계에서는 그런 사례를 어렵지 않게 찾아볼 수 있을 것이다.

1.9 소프트웨어 유지개선의 유형

1976년, E. B. 스완슨[Swanson 1976]은 처음으로 유지개선 활동을 교정형, 적응형, 완전형의 3가지 유형으로 분류했다. 그리고 곧바로 유지개선 작업을 교정형, 적응형, 완전형, 예방형 등 4가지 유형으로 분류한 방법이 뒤이어 나왔고, 오늘날 ISO 14764에서 이 유지개선 작업 유형을 사용하고 있다([그림 1.10] 참고).

	수정(Correction)	개선(Enhancement)
능동적 (Proactive)	예방형 (Preventive)	완전형 (Perfective)
수동적 (Reactive)	교정형 (Corrective)	적응형 (Adaptive)

[그림 1.10] ISO 14764 소프트웨어 유지개선 유형

2000년도 초반에 유지개선 작업의 세부 유형이 제시되었다[Chapin 2001]. 그리고 온톨로지(Ontology)와 같이 소프트웨어 유지개선 프로세스와 활동을 설명할 수 있는 방법들이 등장했다. [그림 1.11]에서처럼 온톨로지는 개념을 정확하고 공식적인 방법으로 정의하는 분야이다. 여러 문헌에서 소프트웨어 유지개선에 적용할 수 있는 온톨로지의 개념에 대해 소개하고 있다 [Kitchenham 1999, Derider 2002, Vizcaino 2003, Dias et al. 2003, Ruiz 2004].

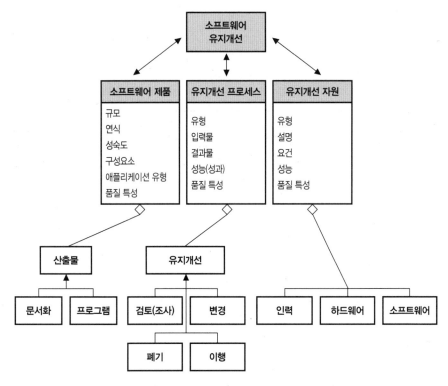

[그림 1.11] 소프트웨어 유지개선의 온톨로지(Ontology)[Kitchenham 1999]

1.10 유지개선 측정

유지개선 측정(measurement)에서는 프로세스 통제에 대해 "통계상으로 정한 허용치 내에서 향후의 성능을 예측할 수 있다면, 그 프로세스는 안정된 (stable) 프로세스이다[Deming 1986]"라고 언급한 데밍(Deming)의 관점을 기본 원칙으로 하고 있다. 유지개선 측정을 통해 자원의 흐름, 프로세스, 소프트웨어 제품뿐만 아니라 그것들의 인과 관계에 대해서 더 많은 것을 알 수 있다 ([그림 1.12] 참고).

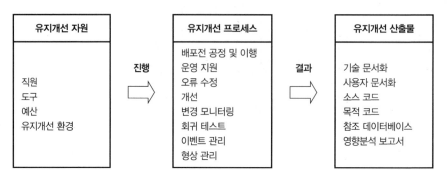

유지개선 자원		유지개선 프로세스		유지개선 산출물
직원 도구 예산 유지개선 환경	진행 ⇒	배포전 공정 및 이행 운영 지원 오류 수정 개선 변경 모니터링 회귀 테스트 이벤트 관리 형상 관리	결과 ⇒	기술 문서화 사용자 문서화 소스 코드 목적 코드 참조 데이터베이스 영향분석 보고서

[그림 1.12] 소프트웨어 측정 인식

1.10.1 유지개선 프로세스 측정

프로세스란 주어진 목적을 처리하기 위한 단계의 연속이다. 소프트웨어 개발 프로세스의 품질이 소프트웨어의 품질을 결정한다는 것은 일반적으로 받아들여지고 있는 정설이다. 유지개선 담당자의 목표는 프로세스가 통제되고 있음을 확보하는 것이며, 유지개선 측정은 이러한 목표를 달성하는 데 중요한 역할을 담당한다.

유지개선 담당자는 소프트웨어 개발을 통제할 수 없기 때문에, 개발 중인 신규 소프트웨어의 유지개선성(maintainability) 특성들에 영향을 줄 수 있는 부분을 최대한 신속히 확인해야 한다. 배포 전 공정 및 이행 중에 유지개선 측정을 시작하는 것은 제품의 품질과 제품 자체가 유지개선 조직에서 수용될 준비가 되었는지 평가하기 위한 좋은 전략이다. 이런 목표를 달성하려면, 소프트웨어 유지개선 측정 프로그램을 실시하기 위한 의사결정을 내려야 하고 이것을 소프트웨어 개발 측정과 연계할 수 있어야 한다. 만약 유지개선 담당자가 새로운 소프트웨어를 개발하는 초기부터 유지개선에 대한 목표를 세울 수 있다면, 개발 과정 그리고 개발 이후에까지 소프트웨어의 품질을 측정할 수 있을 것이다. 하지만 이것은 이상적(ideal) 상황일 수밖에 없다. 성숙도 수준 중에서 최상위라면, 아마도 이것이 가능할 것이다. 앞으로 유지개선 비용의 상승이 이런 방향으로 조직의 프로세스를 개선하는 촉매제가 되길 희망한다.

소프트웨어 유지개선 프로세스를 측정하기 전에 많은 요소를 고려해야 한다. 한 가지 전략은 주어진 프로세스와 개선목표의 핵심 활동을 파악하는 것이다. 이렇게 파악된 핵심 활동에는 측정될 수 있는 많은 특성들이 있다. 데하네와 동료 연구자들[Desharnais et al. 1997]은 소프트웨어 유지개선 특성을 설명하기 위해 캐나다 연금기관의 사례를 소개했다([그림 1.13] 참고).

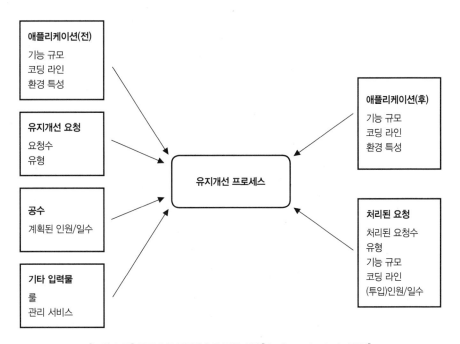

[그림 1.13] 유지개선 프로세스의 특성 사례[Desharnais et al. 1997]

그리고 제품, 서비스, 유지개선 프로세스의 특징을 정확히 나타낼 수 있도록 유지개선 측정을 정의하고 검증해야 한다고 제안했다. 그러나 유지개선 측정을 정의하기 전에 반드시 프로세스와 제품에 대한 정의를 선결해야 한다.

아프릴(April)과 알 수로우지(Al Shurougi)는 (1) 품질 목표, (2) 작업 유형의 정의, (3) 요청 관리 프로세스/소프트웨어의 구현, (4) 유지개선 활동 보고서 내의 유지개선 공수에 대한 분류(청구/비청구 대상), (5) 활동 관리(근무 시간 기록표) 소프트웨어와 데이터 검증 구현, (6) 변경 요청에 대한 규모 측정 등에 관한 요건과 함께 유지개선 측정에 대한 전제 조건을 소개했다[Al Shourougi, 2000].

많은 조직들이 소프트웨어 품질을 평가하기 위해 정량적(quantitative) 방법을 사용하기 보다는 내부 검토에 의한 정성적(qualitative) 정보에 상당히 많이 의존한다. "성숙도 수준이 낮은 조직은 단지 데이터를 보여주기 위해 측정값을 수집하는 경우가 종종 있다. 그렇기 때문에 실전에서는 거의 사용되지 않는다[Ebert 2004, p.174]." SEI CMMi에서는 프로세스 측정 활동이 성숙도 레벨 2에서 나타나는 것으로 서술하고, 측정을 시작하기 전에 유지개선 프로세스의 기본이 마련되어야 할 필요성을 언급했다.

SEI에 의해 제안된 측정은 개발 관점에 편향되어 소프트웨어 유지개선의 특징을 잡아내지 못했다. 다른 학자[McGarry 1995, Desharnais et al. 1997]들도 이 관점을 확인하고, 그들의 저서를 통해 소프트웨어 유지개선 측정 프로그램을 별도로 계획해야 한다고 명시했다. 측정 요건이 다르기 때문에 소프트웨어 유지개선 측정은 문제해결과 변경 요청 관리에 더욱 신경을 써야 한다.

성숙도 수준이 높은 조직들은 1987년 초에 이미 유지개선 측정 프로그램을 개발했다. 그래디와 캐스웰(Grady and Caswell)[1987, p.247]은 HP(Hewlett Packard)의 측정 프로그램을 문서화했고, 측정(measurements)은 문서화가 잘된 소프트웨어 프로세스를 기반으로 해야 함을 실증했다. 그리고 문서화되지 않은 프로세스를 개선하는 것이 불가능하지는 않지만 매우 어렵다는 점을 강조했다. HP는 소프트웨어 유지개선 데이터 수집에 대한 설명을 포함하고 있는 측정 프로그램을 회사 전반에 걸쳐 구현했다. 그래디와 캐스웰은 소프트웨어 유지개선 측정 프로그램과 관련된 핵심 사항을 다음과 같이 정리했다.

- 소프트웨어 제품군의 유지개선을 위한 인력을 어떻게 배치할 것인가?
- 제품이 안정(stable)되는 시기는 언제인가?
- 소프트웨어 제품에 대한 MTBF(Mean Time Between Failures, 평균 고장 간격)8을 정말로 소프트웨어 품질의 기준으로 사용할 수 있을까?
- 어떤 개발 단계에서 도구 및 교육 투자가 이루어져야 하는가?
- 유지개선을 지원하는 문서화는 어떻게 달성할 수 있는가?
- 규모가 정해진 프로젝트에서 얼마나 많은 결함이 발견되는가?
- 출시(release) 이전에 발견된 결함과 출시 이후에 발견된 결함 사이에 어떤 관계가 있을까?
- 제품의 '규모'와 결함을 수정하는 데 필요한 '평균 시간' 사이에 어떤 관계가 있을까?
- 결함을 수정하는 데 걸리는 시간이 평균적으로 얼마인가?
- 수정이 정확하다는 것을 확인하려면 테스트를 얼마나 해야 할까?
- 유지개선 기간 동안 발견된 결함의 비율은 얼마인가? 그리고 기능개선 (enhancement) 중에 발견된 결함의 비율은 얼마인가?

"견적(Estimation, 추정)은 지금도 많은 사람들이 시작부터 어려워하는 소프트웨어 측정의 한 분야이다[Ebert 2004]." 이런 점에서는 소프트웨어 유지개선 담당자도 다르지 않다. 일반적으로 소프트웨어 유지개선 담당자는 두 가지 방법 중 하나를 이용하여 공수, 직원 수, 예산 등과 같은 소프트웨어 유지개선 자

---

8 부품, 장치 혹은 컴퓨터시스템을 동작시켰을 경우, 고장에서 고장까지의 평균시간, 즉 평균고장간격을 말한다. MTBF는 부품, 장치 혹은 컴퓨터시스템 등의 신뢰성(信賴性)을 나타낼 때에 사용하며 간격이 클수록 신뢰성이 높은 것이다.

원을 추정한다[Abran and Maya 1995, Sellami 2001]. 소프트웨어 유지개선에서 가장 일반적인 견적 방법은 개인의 기억, 즉 경험을 기반으로 유지개선 요건을 확인하고, 파악된 요건에 대한 영향을 추정하며, 예상 비용을 평가하는 것이다. 다른 방법은 COCOMO 유지개선 모델[Boehm 1981]이나 이와 유사한 모델[Hayes et al. 2004, Chan 1996]과 같이 유지개선을 위해 고안된 파라미터 모델을 이용하는 것이다. 하지만 일상 업무에 이런 도구를 사용하여 보고하는 유지개선 조직은 거의 없다.

소프트웨어 엔지니어링에서는 견적에 대한 기준으로 '경험'을 이용하는 경우가 많은데, 이는 양질의 이력 데이터(historical data)가 부족하기 때문이다. 잠시 후에 소프트웨어 유지개선에 필요한 측정의 유형과 소프트웨어 유지개선 평가 모델을 설계할 때 사용할 이력 데이터를 수집해야 하는 필요성에 대해 소개할 예정이다.

많은 전문가들이 자신의 저서를 통해 유지개선 담당자에게 유용한 기준에 대해 구체적으로 언급했다. 그리고 듀타와 동료 연구자들[Dutta et al. 1998]은 유지개선의 측정에 관한 서베이를 통해 서베이에 응한 참가자의 75%가 장애 건수를 문서화하고, 장애에 대한 원인을 분석하며, 운영 소프트웨어에서 발생한 장애의 원인을 확인한다고 발표했다. 서베이에서 평균 변경 시간(average change time)에 대한 흥미로운 결과가 나왔다. 평균 변경 시간이란 초기 개발을 완료한 다음 애플리케이션 소프트웨어에서 변경 사항을 구현하는 데 걸리는 평균 시간으로, 이것이 짧은 애플리케이션 소프트웨어일수록 유지개선성이 좋은 소프트웨어로 간주된다.

히타치(Hitachi)는 초기 개발 프로젝트 비용 대비 장애 건수의 비율(the ratio of the number of failures to the cost of the initial development project)을 이용하여 유지개선성 비용(예를 들면 개발을 완료한 다음 소프트웨어 변경에 소요되는 비용)을 측정했다. 또한 타지마[Tajima 1981]는 자신이 수행한 다양한 프로젝트를 측정하여 유지개선성이 높은 애플리케이션 소프트웨어를 구별하기 위한 기준을 문서화했다.

이 외에 많은 전문가들[Abran 1991, Abran 1993a, St-Pierre 1993, Desharnais et al. 1997]이 자신의 저서를 통해 소프트웨어 유지개선 포트폴리오 측정과 각각의 기준을 소프트웨어 유지개선 유형별로 소개했을 뿐만 아니라 각 유형별로 동향을 파악한 다음 이것을 이용하여 소프트웨어의 성숙도 프로파일(maturity profile)을 설명했다.

우주 왕복선 소프트웨어의 유지개선을 수행하는 담당자들은 그들이 관리하는 소프트웨어에 많은 경험을 보유하고 있으며 같은 팀에서 오랫동안 함께 일해왔기 때문에 유지개선 프로세스 기술을 업그레이드할 필요가 없었다. 이것은 프로세스 성숙도가 높은 조직에서나 가능한 일이다. NASA는 다음과 같이 12가지 교정형(corrective) 및 적응형(adaptive) 소프트웨어 유지개선 측정 기준을 제안했다[Stark et al. 1994]: "애플리케이션 규모, 직원 수, 요청사항의 수와 진행상태, 완전형(perfective) 유지개선 요청사항과 진행상태, 컴퓨터 자원의 사용, 버그 밀도(density), 휘발성(volatility), 이슈 보고서 오픈 시간, 장애/복구 비율, 신뢰성(reliability), 설계 복잡성, 버그 유형 분포."

1.10.2 소프트웨어 제품 측정

소프트웨어 제품의 품질은 유지개선 조직에게 매우 중요하다. [그림 1.14]에서처럼 ISO 9126[ISO 2001] 표준에서는 유지개선성(maintainability)을 포함하여 소프트웨어 제품 품질을 6가지 특성으로 구분한다. 이 표준은 ISO/JTC1/SC7 위원회의 Work Group Six에서 검토되었다. 유지개선성의 특성은 분석 가능성(analyzability), 가변성(changeability), 안전성(stability), 시험성(testability) 등 4가지 하위 특성으로 구분된다. "유지개선성은 코드에만 국한되지 않는다. 이것은 명세서, 설계, 테스트 계획 문서를 포함하는 수많은 소프트웨어 산출물에 적용된다. 따라서 유지개선하려는 모든 산출물에 대한 유지개선성 측정이 필요하다[Pfleeger 2001]."

소프트웨어 엔지니어링 문서에서는 유지개선을 두 가지 관점에서 소개하고 있다. 두 가지 관점 중 하나인 외부관점에서 보면, 유지개선성은 특정 애플리케이션 소프트웨어에 대한 변경 사항을 진단하고, 분석하며, 적용시키는 데 필요한 공수를 측정한다. 그리고 제품 내부관점에서 보면, 유지개선성은 소프트웨어를 변경하는 데 필요한 공수에 영향을 주는 애플리케이션 소프트웨어의 특성(attribute)과 관련이 있다. 유지개선성의 내부 측정은 직접적이지 않다. 이 말은 애플리케이션의 소프트웨어 유지개선을 위한 측정이 다양하며 유지개선성에 대한 결론을 도출하기 위해서는 다양한 하위 특성들을 측정할 필요가 있다는 의미로 해석할 수 있다.

IEEE 1061[IEEE 1998b] 표준에서도 특정한 기준을 규정하지 않고, 측정에 대한 사례를 소개하고 있다. 신뢰성을 소프트웨어 품질의 중요한 특성으로 보는 IEEE 982.2[IEEE 1988] 지침에서는 측정을 위한 사전(dictionary)을 소개하고 있는데, 무엇보다 이 표준에서는 소스코드의 복잡성 측정을 6가지9로 식별

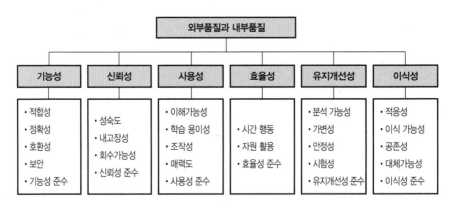

[그림 1.14] ISO 9126 - 소프트웨어 제품 품질 모델[ISO 2001]

---

9 기능성(Functionality), 신뢰성(Reliablility), 사용성(Usability), 효율성(Efficiency), 유지개선성(Maintainability), 이식성
(Portability)

Software Maintenance Management

하고 있다.

내부 측정에서는 소프트웨어의 구조적 복잡성(structural complexity)에 대해 설명한다. 일반적으로 구조적인 복잡성 측정은 소프트웨어 소스코드의 프로그램/모듈/함수 그래프를 관찰하여 추출된다. 그래프를 연구하면 애플리케이션 소프트웨어의 복잡성에 대한 정보를 수집할 수 있다. 많은 문헌들이 소스코드의 정적 평가(static evaluation)를 다루고 있다. 이런 조사는 맥케이브(McCabe), 할스테드(Halstead), 커티스(Curtis)[McCabe 1976, Halstead 1978, Curtis 1979] 등이 1970년대에 수행했던 작업을 기반으로 이루어졌다. 이후로도 많은 연구원들이 객체 지향 환경에 적용할 수 있는 다양한 측정방법들을 제시해왔다.

유지개선 담당자와 관리자, 특히 현업 사용자는 개발에서부터 유지개선까지 새로운 소프트웨어 제품의 이행을 수용/거절하는 데 단일 지표(single number)를 사용하고 싶어 하고, 이를 위해서 특정 소프트웨어의 상대적 유지개선성을 나타내는 단일 지표를 부여하는 방안을 찾아 왔다. 어떤 전문가들은 전통적인 소스코드의 측정을 하나의 지표로 통합하여 복합 측정값인 유지개선성 인덱스를 만들자고 제안했다[Welker 2001]. 그러나 실제로 단일 지표를 규정하기 힘들기 때문에 현실에서는 대략적인 지표로만 사용하고 있다. 따라서 이 영역에 대한 연구가 더 필요한 실정이다.

업계에서 소스코드 복잡성을 측정하기 위해 사용하는 소프트웨어 도구는 수없이 많다. 이런 소프트웨어 도구에는 곧바로 사용 가능한 측정뿐만 아니라 특정 요건을 위해 사용자가 새로운 측정을 생성할 수 있는 기능도 갖추고 있다. 그러나 측정을 해석(interpreting)하는 것은 매우 어렵다. 왜냐하면 그것은 매우 특수하며, 의사결정을 위해 데이터를 요약할 수 있는 메커니즘이 별로 없기 때문이다. 결국 유지개선 담당자와 구매자는 소프트웨어 사용자에게 중요한 실질적인 내용을 전달하지 못하는 기술적인 측정에 머무를 수밖에 없다.

지금까지 언급한 내용을 요약하면 다음과 같다.

- 소프트웨어 제품의 측정은 특별한 영역이다. ISO 9126 측정은 2000년대 초반에 발표되었으며, 유지개선 조직들은 아직도 그것을 현장에서 적용해야 한다.
- 소스코드의 품질을 측정하는 상용 도구들은 많다.
- 소스코드 측정의 해석은 아직도 어려운 분야이다. 이것은 매우 특수한 영역으로서 의사결정을 위해 측정 데이터를 요약하는 메커니즘이 거의 없기 때문이다.
- 주관적(subjective)인 측정이 아직도 소프트웨어 유지개선성을 평가하는 데 중요한 역할을 한다.

1.11 서비스 측정

일부 전문가들은 "소프트웨어 유지개선은 소프트웨어의 개발적인 측면보다 서비스적인 측면을 더 많이 가지고 있다[Niessink 2005]"라고 주장한다. 이 말은 컴퓨터 운영처럼 다른 정보기술 서비스에도 해당되는 것처럼 보인다. 소프트웨어 유지개선 서비스에 대한 서비스품질 측정은 다음 3가지 유형으로 구분된다.

- 내부 서비스 수준 협약(SLA)
- 유지개선 서비스 계약
- 아웃소싱 계약

1.11.1 내부 서비스 수준 협약(SLA: Service Level Agreement)

고객과 유지개선 조직 사이에 개념, 조항, 측정에 관한 합의가 이뤄져야 서비스 수준에 대한 협약을 맺을 수 있다. 이때, SLA가 조직 내부에만 국한되면 내부 SLA라고 부른다. 내부 SLA에 대한 협약 문서는 유지개선 서비스의 대상과 활동/결과에 대해 합의된 내용이 명기되어 있다. 1950년대에는 컴퓨터-운영 센터에 대해서만 SLA가 언급되었다. 하지만 SLA에 명기되는 영역이 점점 넓어졌고, 1970년대에 들어서는 모든 IS/IT 서비스 지향 활동이 SLA에 언급되고 있다[ITIL 2007b]. 2000년대에 들어서도 많은 IS/IT 조직들이 제대로 만들어진 SLA를 가지고 있지 않았다[Karten 2007]. 그러나 최근에는 이 부분이 상당히 개선되고 있다.

일부 조직에서는 모범적인 사례를 찾으려고 노력할 뿐만 아니라 최근에 고안된 SLA 성숙도 모델을 사용하려는 움직임도 보이고 있다. CoBIT®[IT Governance Institute 2007]에서는 IS/IT 감리인(auditor)이 사용한 사례 중에서 모범 사례만을 골라 소개하고 있을 뿐 아니라 SLA를 위한 IS/IT 감리인 요건을 충족시키기 위해 반드시 구현해야 하는 내용에 대해 자세히 언급하고 있다. 그리고 CoBIT®에서는 서비스품질에 대한 측정이라는 주요 목표와 함께 중요한 사례로 서비스 수준의 정의와 관리에 대하여 소개하며, 협약을 '없음(nonexistent)', '임시(ad hoc)', '반복(repeatable)', '정의(defined)', '관리/측정(managed/measured)', '최적화(optimized)'의 5가지 성숙도 수준으로 구분했다. 그뿐만 아니라 CoBIT®에서는 소프트웨어 유지개선과 직접적인 연관이 있는 다른 소프트웨어 엔지니어링 프로세스에 대해서도 언급했다. 참고로 니싱크와 동료 연구자들(Niessink et al.)[2005] 그리고 가즈코-매트슨과 동료 연구자들(Kajko-Mattsson et al.)[2004]도 여러 SLA 성숙도 모델들을 소개하고 있다.

SLA는 경쟁 환경에서 고객만족의 중요한 구성요소로 자리잡게 되었다. 또한 여러 문헌들을 통해 소프트웨어 유지개선 맥락으로 SLA가 소개되고 있다[Bouman 1990, CoBIT 2007, Hiessink 2000, April 2001, Hiessink et al. 2005, Kajko-Mattsson et al. 2004].

다양한 문헌에서 SLA의 구성요소를 상세하고 다루고 있음에도 불구하고 이러한 유형의 협약에서 작동하는 주요 기본 원칙에 대해서는 아직도 거의 알려지지 않았다. 보우만(Bouman)[Bouman 1999]은 SLA의 활용과 구조에 대한 지식을 정리할 수 있도록 다양한 개념을 소개했다. 그중에는 SLA가 노력(effort)보다 결과(results)에 입각해야 한다는 개념이 있다. 그 사례로 SLA 조건의 만족 여부를 평가하는 근거로 사용할 수 있을 것이라는 기대하에서, IS/IT 서비스의 결과를 IS/IT 서비스가 제공하는 품질 수준 측면에서 설명하려는 시도가 있었다. 결과기반(results-based) SLA라고 불리는 이런 협약은 품질 수준에 대한 합의가 이루어져야 하며 모든 서비스와 제품에 대해 정량적인 기준을 제공해야 한다. 하지만 아웃소싱 업체를 포함한 IS/IT 조직에서는 이런 협약을 꺼리기 때문에 온갖 유형의 기술적인 문제를 제시하고 있다. 따라서 현실에서는 결과에 대한 적절한 합의점을 이끌어내지 못하는 실정이다. 참고로 폴-백 포지션(fall-back position)은 소프트웨어를 유지개선할 때 사용되는 공수와 비용만을 설명하기 위한 것으로 공수기반(effort-based) SLA라고도 부른다. 하지만 공수기반 SLA를 관리하기란 쉽지 않다.

그리고 보우만은 SLA 문서의 명세서에서 사용할 지침서 견본 목록에 대한 개념도 소개했다. 서비스 측정에 대한 어려움을 과소평가해서는 안 되며 SLA에서는 각 서비스에 대한 기대/요건을 정확하게 언급해야 한다. 유지개선 조직과 사용자/고객 간에 체결된 소프트웨어 유지개선 서비스에 대한 내부 협약에는 다음과 같은 두 가지 입장이 대두될 수 있다[April 2001]:

1. 고객은 사업에 전념할 수 있도록 IS/IT 조직으로부터 일관성(homogeneous) 있는 품질의 서비스를 기대한다. 일관성 있는 품질의 서비스

란 장애가 발생한 곳으로부터 어떠한 방해도 받지 않고 정보 시스템을 계속 이용할 수 있는 서비스를 고객에게 제공하는 것이다. 고객은 SLA에 이러한 내용을 반영하고 싶지만 정작 이런 서비스나 시스템, 혹은 인프라스트럭처들을 구성하고 있는 방법에는 별다른 관심을 갖지 않는다. 이것이 의미하는 바는, 서버나, 네트워크, 혹은 소프트웨어 등과 같이 개별적인/부분적인 IS/IT 컴포넌트에 대해서만이 아니라, 업무지원 센터와 컴퓨터 운영을 포함하는 전체 서비스에 대해서 결과 기반 SLA가 명시되어야 한다는 것이다.

2. 반면에 소프트웨어 유지개선 담당자는 고객이 관심을 갖는 일부 서비스에만 관여하며 서비스를 위한 결과기반 SLA를 제공할 준비가 되어 있다. 그러나 소프트웨어 제품은 사무용 컴퓨터, 네트워크, 플랫폼 등과 같이 유지개선 담당자가 책임지고 있지 않은 인프라스트럭처에서 운영 중이며, 유지개선 담당자들은 단지 헬프데스크와 컴퓨터 운영팀에 인터페이스를 할 뿐이다. 참고로 아프릴[April 2001]은 케이블 & 와이어리스 회사의 내부 SLA에 대해 자세히 소개하고 있다.

소프트웨어의 모든 컴포넌트를 통합 측정하려면, 관련 그룹을 모두 포함해야 할 뿐만 아니라 IS/IT의 누군가는 IS/IT에서 언급하고 있는 모든 분야에 대한 SLA를 전반적으로 알고 있어야 한다. 그리고 고객을 지원하는 모든 IS/IT 서비스 조직은 반드시 통합 SLA에 명시되어야 한다. 통합 SLA는 사용자 지원과 관련된 IS/IT 조직의 모든 서비스 단계를 포함하고 있다. 다음은 통합 SLA에서 언급하는 유지개선과 관련된 항목들이다.

- 유지개선 고객의 책임
- 유지개선 조직의 책임
- 유지개선 서비스에 대한 설명:
  - 유지개선 프로그램 관리

- 요청 관리, 우선순위 관리, 요청 관리용 소프트웨어 관리
- 교정형 유지개선, 예방형 유지개선, 적응형 유지개선, 완전형 유지개선
- 소프트웨어 버전(출시)에 대한 계획 및 관리
- 형상관리
- 라이선스 관리, 조건부 배포(escrow delivery), 제3자와의 계약
- 재해 복구
- 고객 지원
- 배제(exclusions)
- 지원하고 있는 소프트웨어의 자세한 목록(우선순위 순으로)
- 서비스 비용
- 서비스 기간
- 문제 발생시 단계적 절차
- 성능 기준
- 불화와 갈등을 해결하기 위한 검토와 메커니즘

소프트웨어 유지개선 SLA에서는 서비스, 측정, 목적에 대하여 명확하게 정의해야 할 뿐만 아니라 지원하는 소프트웨어에 대한 문서화된 상세 목록을 갖추고 있어야 한다. 그리고 각 소프트웨어 제품에 대하여 사용하는 고객, 명확한 책임, 플랫폼, 지원 기간, 기존 업무량, 장비 대여 및 대여 고객, 가용성 목표치, 재해상황의 복구 파라미터, 제3자에 의한 계약, 배정된 유지개선 담당자 명단 등에 대한 항목을 문서로 작성해야 한다.

하지만 위에서 언급한 SLA 방안을 사용하더라도, 다음과 같은 문제로 어려움을 겪을 수 있다[Bouman 1999]:

• 고객은 SLA에 관여하고 싶지 않지만, IS/IT 조직으로부터 일관성 있는 품질의 서비스를 제공받고 싶어 한다. 고객은 소프트웨어의 기능성

(functionality)에 더 관심이 있으며, 서비스와 소프트웨어 제품에 대한 기술적인 세부 사항은 그다지 중요하게 생각하지 않는다.

- 유지개선의 예상결과는 고객이 손쉽게 이해할 수 있는 방식이 아니라 다소 복잡하고 기술적으로 작성된다.
- 개발 조직과 유지개선 조직 간의 책임 소재가 명확하지 않기 때문에 소프트웨어 품질보증의 개념을 수립하기 어렵다.
- 일반적으로 서비스 보상(rewards)과 위약금(penalties)은 계약의 일환으로 간주되지 않는다.

1.11.2 유지개선 서비스 계약 - 외부 SLA

유지개선 담당자는 매년 소프트웨어를 유지개선하기로 계약을 맺는 제3자와 관련된 계약 유형도 알고 있어야 한다. 이런 계약을 유지개선 서비스 계약이라고 부른다. 소프트웨어 산업에서는 라이선스와 유지개선 서비스 계약을 구별하고 있다. 소프트웨어 산업에서 언급하는 유지개선 계약에는 일반적으로 문제가 발생했을 때 제공되는 소프트웨어 업데이트와 지원 활동이 포함된다.

이런 이유에서 소프트웨어 구매 초기 단계에 유지개선 서비스 계약과 라이선스 비용을 같이 협상하는 것이 좋다. 하지만 구매 팀이나 개발 팀에서 초기에 이미 구매/프로젝트 협약 및 계약을 맺었다면 유지개선 서비스 계약과 라이선스 비용을 협상하기에는 이미 늦었다. 이렇게 되면, 소프트웨어를 구입한 조직에서는 더 이상 협상을 진행할 수 없을 뿐만 아니라 유지개선 서비스에 대한 추가적인 서비스나 비용 절감을 받을 수 없기 때문에 공급자/개발자 인센티브도 없다. 여기서 반드시 주의해야 할 사항은 초기 계약/프로젝트를 협상할 때에 유지개선 담당자를 사전 협상에 참여시켜 유지개선과 관련된 이슈가 정확하고 완벽하게 포함되어 있는지 확인해야 한다는 점이다. 이렇게 해야 비용에 합당한 유지개선 서비스를 제공받을 수 있다.

구매자, 공급자, 유지개선 담당자 사이의 유지개선 서비스 계약 협상을 주의 깊게 관찰하면, 전형적인 유지개선 계약 내용을 이해할 수 있다. 다음 항목들은 계약에 대한 개요를 나타낸 것이다:

- 정의
- 공급자의 의무
- 유지개선 서비스와 선택적 서비스
- 유지개선 범위
- 일반적인 계약 조건
- 고객 의무와 고객 직원들 의무
- 기밀 준수
- 문서와 소스코드의 복제
- 법률, 잔존(survival), 대금의 지급, 불가항력(arts of God), 책임에 대한 범위
- 지원 절차

문제를 보고할 때 사용해야 할 절차 및 오류 분류에 대한 두 당사자 간의 합의는 일반적으로 계약 부록에 명기되어 있다. 그리고 보통 유지개선 범주, 변경 요청, 문제의 심각도(severity), 응답 시간, 단계적 절차 등에 대한 내용도 계약 부록에 정의되어 있다.

다음은 유지개선 서비스 계약에 내재된 구체적인 위험을 제시한 것이다.

- 공급자는 문제에 대한 영구적(permanent)인 해결책이 아닌, 임시 (temporary) 해결책을 제안한다.
- 공급자는 더 많은 수익을 낼 수 있도록 라이선스 업데이트와 유지개선 업데이트에 대해 별도로 협상한다.

- 추가 요금에 대해 명확하게 정의하지 않는다.
- 에스크로 서비스(조건부 서비스)를 비용에 포함하거나 논의하는 경우는 드물다.

유지개선 서비스 계약 영역을 확실히 정하려면, 배포 전 공정 활동 중에 여러 명의 유지개선 담당자들을 교육시켜 소프트웨어 공급자 협상에 참여시켜야 한다. 일부 웹 사이트에서는 소프트웨어 유지개선 계약 조항들을 공개하여 논의하고 있을 뿐만 아니라 업계에 종사하는 기업들이 공급 업체의 사업 전략에 대해 알 수 있도록 관련 정보를 제공하고 있다.

유지개선 서비스 계약은 매우 전문적인 분야이기 때문에 지금까지 이 분야를 대상으로 발간된 서적은 거의 없다. 만약 관리자와 유지개선 담당자가 유지개선 서비스 계약의 구조와 협상에 대한 전문적인 지식을 습득하지 않는다면 공급업체에 끌려다닐 수밖에 없을 것이다.

1.11.3 아웃소싱(Outsourcing)

서비스 협약의 세 번째 유형은 소프트웨어 유지개선 아웃소싱 계약으로, 예를 들어 5년에서부터 10년까지, 장기간 제3자에게 소프트웨어 유지개선을 이양하는 방식이다. 아웃소싱 계약은 IS/IT 분야에 확실한 기반을 가지고 있는 IS/IT 공급자나 업계 리더들이 주도하는 포괄적인 협정(global agreement)으로서 보통 장기 계약 형태를 갖춘다. 일단 계약을 맺으면 유지개선 전체가 공급자에게 완전히 이양되므로 조직은 이전에 계약을 맺었던 직원뿐만 아니라 애플리케이션 소프트웨어와도 관계를 끊게 된다. 그리고 이런 유형의 계약에서는 아웃소싱 업체에서 인사를 책임질 뿐만 아니라 서비스 협약 조항도 제안한다.

다음은 소프트웨어 유지개선 아웃소싱에 대한 정당성(justifications)을 나열한 것이다[Carey 1994]:[10]

- 비용 절감
- 아웃소싱 직원이 가지고 있는 전문 지식의 활용
- 고정비 구조에서 변동비 구조로의 전환
- 자산 매각에 따른 수익 창출
- 회사의 핵심 역량에서 IS/IT 제외
- 기술적인 세부 사항과 문제를 아웃소싱 업체로 이전

일반적인 아웃소싱 계약은 서비스 계약과 전혀 다르다. 예를 들면 아웃소싱 업체에서는 소스코드와 애플리케이션 소프트웨어를 인수할 뿐만 아니라 일반 계약과 달리 소프트웨어 패키지(SAP/R3이나 오라클 HR 등과 같은)도 취급한다:

- 일반적으로 아웃소싱 업체에서는 특정 문제와 관련하여 오류를 수정하는 데 일정 기간 동안의 보증기간을 제공한다. 만약 고객이 만족할 만큼 문제를 해결하지 못한다면, 아웃소싱 업체에서는 무료 유지개선 서비스를 추가로 제공한다.
- 아웃소싱 업체에서는 유지개선 작업항목에 대한 우선순위를 고객에게 요청하여 결정한다.
- 아웃소싱 업체에서는 업무지원 센터 소프트웨어를 사용하여 보고된 문제의 목록과 기록을 보관한다.

---

10 일본에서는 1980년대 경기침체에 대한 대응방안으로써 산업전반에 걸쳐 토탈 아웃소싱이 유행했다. 30년이 지난 현재는 고객이 IT의 핵심 역량을 갖고 있지 못해서 환경변화에 대응이 늦는 문제점을 나타내고 있다. 자사의 핵심 역량인 IT와 비핵심 IT를 구분해서 아웃소싱을 검토할 필요가 있다.

- ISO 14764에서 제시한 소프트웨어 유지개선 작업 범주들이 자주 사용되지는 않지만 오류 수정, 예방 조치, 규제 대응, 릴리스 관리, 임시 보고 등과 같은 작업 범주는 자주 관찰된다.
- 내부 서비스 협약과 측정을 언급할 수는 있지만 보고 기준, 혹은 검토 프로세스를 공식적으로 제안하지는 않는다.
- 아웃소싱 협약 기간은 보통 5년에서 10년[11]사이이다.

맥크라켄[McCracken 2002]은 약 50%의 회사들이 분명한 서비스 협약 없이 아웃소싱에 관여하고 있으며, 또한 이 수치가 85%에 달한다는 가트너(Gartner) 그룹의 보고서를 언급하기도 한다. 아웃소싱 계약 문서는 재무적인 목표를 담고 있지만, 국제 표준에 따른 아웃소싱 서비스와 보고서 및 정확한 기준을 포함하는 목표 서비스 수준을 완벽하게 정의하지 않는 것이 현실이다.

1.12 소프트웨어 유지개선 벤치마킹

제록스(Xerox)의 CEO인 데이비드 T. 컨즈(David T. Kearns)는 다음과 같이 벤치마킹에 대한 일반적인 정의를 내렸다. "벤치마킹이란 업계의 리더로 알려진 회사나 강력한 경쟁사에 대항하여 제품, 서비스, 프랙티스를 지속적으로 측정하는 프로세스다."

---

11 최근에는 기간이 점점 짧아지는 추세이다.

그리고 제록스는 벤치마킹의 3가지 유형을 소개했다. 첫 번째는 내부 벤치마킹(internal benchmarking)으로 조직 내의 다양한 부서들을 비교하는 것을 목표로 하고 있다. 소프트웨어 유지개선 조직은 내부 비교를 통해 개선을 위한 결론을 도출할 수 있다. 두 번째 유형인 경쟁 벤치마킹(competitive benchmarking)은 직접적으로 관련된 경쟁사의 데이터를 이용한다. 하지만 다른 조직에서 사용하는 정보에 접근하여 해당 기능 분야에서 경쟁사의 행동을 이해할 수 있어야 하기 때문에 이 방안을 사용할 때에는 어려움이 적지 않다. 마지막으로 제안된 방안은 기능 벤치마킹(functional benchmarking)으로 다른 산업이지만 기능이 동일한 분야에서 활동 성과가 좋은 조직을 찾는 것이다. 하드웨어 장비의 일반적인 유지개선에는 NASA, 원자력 발전소, 항공 우주 산업에서 사용되는 방법을 사용하여 유용한 정보를 얻을 수 있다.

그렇다면 소프트웨어에 대한 기능 벤치마킹은 어떨까? 일단 벤치마킹을 수행하려면, 전제 조건으로 내부 프로세스를 정확하게 이해해야 한다. 그리고 매우 정교한 측정 프로그램까지는 필요하지 않다 하더라도, 필요한 데이터는 반드시 구해야 한다. 어떤 전문가들은 조직에서 내부 프로세스 측정 데이터를 가지고 있지 않거나 가지고 있더라도 그 데이터를 이해하지 못한다면, 벤치마킹은 시간 낭비일 뿐이라고 주장한다.

소프트웨어 업계에서는 일반적으로 두 가지 방안을 사용한다. 그중에서도 외부 벤치마킹 서비스 제공 업체(컴퓨터 서비스 벤치마킹을 전문으로 하는)와 공동으로 진행하는 경쟁 벤치마킹이 가장 많이 사용된다. 그 예로, 일부 벤치마킹 업체에서는 기업 서베이와 같은 상업적인 방안을 이용하여 데이터를 수집하고 분석한다. 이 주제에 대해 우리가 인터뷰한 관리자들은 경쟁 벤치마킹에 대해 몇 가지 단점을 지적했다.

- 데이터를 2개월이란 짧은 기간 동안 수집하기 때문에 검증된 데이터를 수집하기 어렵다(요청된 데이터를 얻을 수 없으면, 상황에 따라 데이터를

꾸미는 경우도 있다).

- 비교 데이터가 숨겨져 있다(비교 대상이 누구인지 알 수 없다).
- 데이터 품질과 관련된 문제(예를 들면 코딩 라인 수에 대한 품질).
- 코딩 라인이 기능 점수(function points)로 변환될 때의 신뢰도.
- 결과 도표/그래프의 수(40가지 비교 관점).
- 구체적인 사실을 고려하여 결과를 해석하지 않으며, 대신 반박하거나 지지하기 힘들 정도로 결과에 대한 일반화(generalizations)가 이뤄진다.
- 가장 뛰어난 성과를 보인 조직에 대한 상세한 정보뿐만 아니라 이런 성과를 내기 위해 어떤 활동을 했는지에 대한 정보를 얻기가 힘들다.

말하자면 조직은 수많은 측정 데이터를 얻을 수 있지만 이 데이터의 타당성(validity) 여부를 평가하거나 더 나은 성과를 올렸다고 주장하는 회사들에 대한 사례를 찾기란 쉽지 않다.

이미 같은 유형의 수많은 위험 요소들이 알려졌기 때문에, 유지개선에 경쟁 벤치마킹을 이용하는 회사들은 시행착오 끝에 다음과 같은 다양한 그래프/측정기준들을 제시하고 있다.

- 1인당 지원되는 기능 점수(내부 개발)
- 1인당 지원되는 기능 점수(내부 개발 + 소프트웨어 패키지)
- 기능 점수로 지원되는 비용
- (현재 운영 중인) 애플리케이션 소프트웨어의 평균 사용 연수
- (현재 운영 중인) 애플리케이션 소프트웨어의 연령대(기능별 %)
- 지원되는 프로그래밍 언어의 수
- 지원되는 데이터 구조(순차, 색인, 관계, 기타)
- 프로그래밍 유형의 비율(유지관리, 개선, 신규 애플리케이션)
- 지원 – 환경 복잡도 지수(environment complexity index)(사용자 수, 데

이터 크기, 플랫폼 크기, 권한 기반)

- 지원 - 기술의 다양성(애플리케이션, 프로그래밍 언어, 데이터 보관 기술, 운영 체제의 수)
- 지원 - 케이스 툴(CASE tool) 사용
- 직원의 안정성 비율(이직률)
- 고용 기간(년)
- 인적 자원 수준(전체 회사 직원에 대한 비율)
- 급여
- 교육 실적(1인당 연간 교육받는 시간)
- 운영에서 1000 FP 당 결함 비율(위험도에 따라 '매우 심각함', '위험함', '사소함', '위험 없음' 등으로 표기)
- 운영에서 1000 FP 당 결함 비율(원인 범주에 따라 '설계', '프로그래밍', '개발환경', '기타' 등으로 표기)

소프트웨어 업계에서 사용되는 두 번째 방안은 사용자 그룹 내에서의 벤치마킹(benchmarking within a user group)이다. 사용자 그룹 중에서도 IT 벤치마킹 사용자 그룹(IT Benchmarking User Group)과 국제 소프트웨어 벤치마킹 표준 그룹(International Software Benchmarking Standards Group)[ISBSG 2007] 등이 가장 잘 알려져 있다. 사용자 그룹을 이용하면, 그룹 회원들이 특정 조건 속에서 데이터베이스에 접근할 수 있기 때문에 다양한 경험을 공유할 수 있다는 장점이 있다. 이런 유형의 활동은 전문적일 뿐만 아니라 외부업체로부터 '바로 사용할 수 있는(ready-to-use)' 서비스를 구매할 필요도 없다. 하지만 수년 동안 이 업무에 전념할 수 있는 우수한 사내 전문가가 필요하기 때문에 매우 극소수의 조직들만이 사용자 그룹에 참여한다. 아쉽게도 사용자 그룹에 참여한 조직들조차 소프트웨어 유지개선 분야에 대한 데이터를 거의 축적하지 못했으며 소프트웨어 개발 프로젝트에 집중하고 있는 현상이 관찰되고 있다.

케이퍼 존스(Capers Jones)는 벤치마킹의 마지막 유형을 "평가 벤치마킹 (assessment benchmarking)"이라 불렀으며 모범 사례에 대한 산업 지침을 사용하여, 해야 할 것과 하지 말아야 할 것에 대한 진단을 내릴 수 있도록 IT 조직을 의료 진단하는 것에 비유했다[Jones 1994]. 가장 널리 알려진 모델인 SEI 의 모델이 이런 유형의 벤치마킹에 많이 사용되고 있다. 소프트웨어 산업에서는 이런 활동을 벤치마킹 활동이라기 보다 프로세스 개선활동으로 간주한다.

소프트웨어 벤치마킹에서는 데이터를 통제하거나 확인할 수 없기 때문에 과학적인 비교가 쉽지 않다. 게다가 때로는 벤치마킹이 너무 빠르게 진행되어서 조직의 개선을 이끌 수 있는 시사점(lessons)을 분명히 인식하는 것이 쉽지 않다. 요즘에는 오픈 데이터베이스를 이용한 벤치마킹 활동이 가능하지만 경험이 풍부한 전문가의 지속적인 도움이 필요하다. 성숙도가 높은 타 산업계의 기관들은 벤치마킹 사례를 활용하여 통찰력(insight) 있는 결과들을 속속 발표하고 있다.

1.13 요약

제 1장에서는 내부와 외부라는 두 가지 관점에서 다양한 유지개선 이슈를 소개했다. 또한 고객이 서비스 품질과 비용을 통해 이런 이슈를 인식하기 때문에, 유지개선 담당자는 이 두 가지가 고객만족의 핵심 동인이라는 사실을 명심해야 한다는 것도 언급했다.

그뿐만 아니라 소프트웨어 유지개선 담당자와 관리자의 관점에서 소프트웨어 유지개선이 어려운 이유를 설명했다. 이런 상당수의 문제들은 관리(management)와 관련이 있거나 끊임없이 변경되는 환경 때문에 발생한다. 더구나 유지개선에서 발생하는 수많은 장애들은 소프트웨어의 개발 단계에 발생했던 문제들이 원인이다. 그러므로 배포 전 공정 및 이행(predelivery and transition) 활동에서 협업의 중요성을 강조했으며 유지개선 담당자는 자신의 의견을 낼 수 있도록 협업 파트너인 개발 담당자와 함께 계약 협상과 초기 프로젝트에 적극적으로 참여해야 한다.

소프트웨어 유지개선은 소프트웨어 엔지니어링의 특정 분야이며 현재 소프트웨어 엔지니어링의 주요 지식 분야로 SWEBOK에 포함되어 있다. ISO 14764와 IEEE 1219의 2가지 표준은 오랫동안 소프트웨어 유지개선에서 중요한 역할을 했다. ISO JTC1/SC7 내의 프로젝트팀은 2005년~2006년에 두 표준을 비슷하게 맞출 수 있도록 작업을 수행했다. 그리고 2006년 ISO 14764의 새로운 버전이 발표되면서 IEEE 1219를 대체하게 되었다. 그러나 국제 표준은 현재 업계에서 널리 사용되고 있을 뿐 아니라 최근 많은 저작물에서 언급되고 있는 모든 유지개선 활동을 포함하고 있지 않다는 사실에 주목해야 한다.

소프트웨어 유지개선과 소프트웨어 개발은 실제로는 몇몇 활동을 공통으로 가지고 있으며, 유지개선은 국제 표준에 명확하게 등재되어 있는 특정 소프트웨어 개발 활동들을 참조한다. 이 표준들은 유지개선 담당자가 그것들을 개발자가 의도한대로 그냥 사용하는 것이 아니라 특수한 유지개선 맥락에 맞춰 사용해야 함을 언급하고 있다.

제 1장에서는 유지개선 프로세스와 제품 품질을 평가하는 데 측정이 중요한 역할을 한다고 강조했다. 유지개선 담당자는 구체적인 측정 프로그램과 방안뿐만 아니라 명확한 프로세스를 가지고 있기 때문에 유지개선성 기준(외부 및 내부 유지개선성)을 명시하여 제품 품질을 평가할 수 있다.

그리고 유지개선 담당자가 소프트웨어 품질에 영향을 주고, 고객과 내부 협약을 맺고, 공급자를 적극적으로 관리할 수 있도록 계약과 관련된 지식이 필요하다는 사실도 설명했다.

결론적으로 말하면 소프트웨어 유지개선은 특별한 분야이기 때문에 유지개선의 특성을 살린 성숙도 모델을 설계하는 것은 보람된 일이다.

1.14 연습문제

1. 당신은 최근 소프트웨어 유지개선 담당자로 승진했다. 그 사이에 개발자와 유지개선 담당자 간의 인터페이스 문제에 관한 격론이 벌어졌다. 개발 관리자는 이 이슈를 자기 관할 아래 두고, 편익과 관련하여 고객과 충돌을 일으키지 않고 자신이 직접 문제를 해결하기 위해 로비를 하는 중이다. 이제 당신은 소프트웨어 개발팀 동료 연구자들이 참석할 고위관리자 회의에서 이 상황을 논의할 준비를 해야 한다. 회의에서 발표할 제안과 동료 연구자들의 입장에 대한 장단점을 서술하라.

2. 소프트웨어 유지개선의 독특한 특징을 서술하라.

3. 당신은 개발팀으로부터 유지개선을 목적으로 재활용할 수 있으므로 경제적일 뿐만 아니라 유용한 개발 프로세스를 만들었다는 보고를 받았다. 소프트웨어 유지개선에서 유용하게 사용할 수 있는 개발 프로세스를 어떤 표준에서 찾을 수 있는지, 그리고 선택한 표준을 유지개선에 적용시키기 위해 어떤 전략을 사용할지에 대해 서술하라. 그리고 서술한 전략을 이용하여 사례를 들어보라.

4. 당신이 다니는 조직은 유지개선 활동이 소프트웨어 개발 수명주기의 마지막에 속한다는 입장을 갖고 있다. 그러나 이 입장은 당신의 업무를 하찮게 만들 뿐만 아니라 당신이 수행하는 유지개선 작업을 완벽하게 보여주지 못하고 있다. 그렇다면 당신은 소프트웨어 유지개선 활동을 총체적으로 파악할 수 있도록 소프트웨어 수명주기 문서에 어떤 변화를 줄 수 있을까? 그리고 이런 목적을 위해 당신이 사용할 수 있는 표준은 무엇일까?

5. 소프트웨어 유지개선 분야에서 일하는 직원이 당신을 포함하여 두 명이다. 직장 상사는 당신에게 ISO 표준을 따르라고 요구하고 있다. 주말 전부를 일에 쏟아붓는 일 없이 이것을 어떻게 달성할 수 있는가?

6. 표준에서는 당신의 조직에서 수행하는 모든 유지개선 활동을 다루지 않는다. 그렇다면 ISO 14764에서 언급하지 않은 활동 5가지를 나열하라. 그리고 정보의 출처를 서술하고 당신이 언급한 활동이 국제 표준에 포함되지 않는 이유를 설명하라.

7. 오늘 아침, 운영서비스팀에서 '소프트웨어가 새로운 네트워크에서 정상적으로 동작하는지 확인해달라'는 요청이 들어왔다. (1) 이 업무를 어떤 유지개선 범주로 구분하는지, (2) 어떤 유형의 테스트가 필요한지, (3) 업무를 시작하기 전에 고객에게 승인을 받아야 하는지를 각각 서술하라.

8. 이번 주에 고객으로부터 중요한 변경을 처리해야 하는 세 번째 요청을 받았다. 요청을 한 고객은 업무에 대한 경험이 없다. 간단하고 명확한 용어를 사용하여 소프트웨어 유지개선과 소프트웨어 개발 간의 차이를 고객에게 설명하라.

9. 상사는 당신에게 지난 협상 회의에서 고객이 서비스 비용 인상 제안을 수락하지 않았다고 말하고 있다. 상사를 도와 다양한 유지개선 범주를 기반으로 대안을 제시하라.

10. 소프트웨어 유지개선에서 예방형(preventive) 요청에 대한 유형을 서술하라.

CHAPTER

02

—

소프트웨어
엔지니어링에서의
성숙도 모델

• 소프트웨어 프로세스 성숙도 모델의 기본 개념과 전문 용어 •
• 성숙도 모델, 품질 표준, 평가 방법론의 차이점 •
• 성숙도 모델 개발 •
• 성숙도 모델의 검증 •
• 영역별 성숙도 모델 •

2.1 개요

산업적으로 강력한 제품 생산 프로세스를 구현하려면, 통제할 수 있고 반복적으로 사용할 수 있는 프로세스를 개발해야 한다. 그리고 이런 프로세스를 성공적으로 구현하기 위해서는 절차(procedures)가 가장 중요하다. 넬슨(Nelson)과 동료 연구자들은 "루틴(routine)"이라는 용어를 사용하여 "잘 정의된 기술 절차부터 일반적인 정책과 전략까지, 조직 내에서 찾아볼 수 있는 예측 가능한 행동 모델(behavior models)"을 소개했다[Nelson et al. 1982]. 이런 루틴을 사용하지 않고, 물적 자원과 인적 자원만 사용하여 제품을 대량으로 생산하는 것은 불가능하다. 만약 이러한 루틴 없이 대량 생산을 시도한다면, 기본적으로 공예품 프로세스(craft process)를 유발하게 될 것이다.

만약 조직에서 사용하는 루틴을 미리 정의하지 않고 직원이나 경영진이 즉석에서 루틴을 재정의한다면, 이런 조직은 미성숙(immature)한 조직이라 부를 만하다. 미성숙한 조직에서는 이벤트를 사안별(case by case)로 대응하고 관리한다. 이렇게 이벤트를 관리하는 조직에서는 생산 시간과 제품 품질을 위협하는 예기치 못한 일이 계속 일어날 수밖에 없다. 게다가 미성숙한 조직의 성과는 업무량 처리와 관리에 필요한 지식을 독점하거나 그것을 제한할 수 있는 특정한 직원 개개인의 전문 기술에 절대적으로 의존한다. "특정 인력의 가용성(availability)에 생산을 의존한다면, 조직에서는 생산성과 품질에 대한 장기적인 개선을 위한 기본 원칙을 세울 수 없게 된다[SEI 1993b]."

이와는 달리, 루틴이 잘 정의되어 있고 직원들과의 의사소통이 잘되는 조직은 성숙(mature)하다고 부를 수 있다. 이렇게 구현된 상태는 루틴이 운영되고 있는 것으로 인식된다[Humphrey 1991]. 시행 착오를 거듭한 끝에 예상되는 편익을 산출할 수 있는 각각의 사례를 찾는 방법을 습득하여 전문 지식으로 활용할 수 있을 때까지는 일반적으로 오랜 시간이 걸리며 비용도 만만치 않게 든다. 이런 루틴을 잘 알리고 문서화한다면, 루틴을 개선할 수 있도록 객관적으로 분석할 수 있을 뿐만 아니라 빠르게 익힐 수도 있을 것이다.

다양한 성숙도 수준과 관련해서 이 지식을 활용하고 싶다면, 상위 성숙도 수준으로 끌어올리는 방법에 대해 이해해야 한다. 지난 20여 년 동안, 소프트웨어 영역에서는 프로세스 개선에 대한 관심이 많아졌을 뿐만 아니라 소프트웨어와 관련된 문제를 해결하려는 움직임으로 인해 소프트웨어 프로세스 개선을 위한 참조 모델 개발을 더 높은 성숙도 수준까지 이끌었다. 데밍(Deming), 주안(Juran), 크로스비(Crosby)를 포함하여 품질의 일반 분야를 개척한 선구자들은 이렇게 가정했다. 제품의 품질은 제품 개발과 배포 이후 서비스를 제공하기 위해 설계된 프로세스의 품질과 직접적인 관련이 있다는 것이다. 성숙한 프로세스가 반드시 좋은 품질을 만들어내는 프로세스를 의미하는 것은 아니다. 성숙도에서는 단순히 프로세스가 동작하는 방법을 측정하는 메커니즘을 제공할 뿐이다. 이런 관점 하에서 소프트웨어 품질을 개선하는 가장 좋은 방법은 소프트웨어의 개발 및 유지개선 프로세스를 개선하는 것이다. 유지개선의 맥락에서 "프로세스(process)"란 용어는 소프트웨어를 유지개선하는 데 사용되는 모든 활동, 방법, 기술, 도구를 의미한다.

혼돈 상태인 개별 프로세스에서 조직 전체에 배포되면서 조직적이고 성숙한 프로세스로 지속적으로 이동하기 위해서는 진화 경로(evolution path)가 가장 유용하다. 성숙도 모델은 대부분 이런 진화 경로에 대해 소개하고 있다. 만약 성숙도 모델에서 다음 단계로 이동하는 데 필요한 절차에 관한 정보를 제공하지 않는다면, 관리 팀에서 개선 노력을 어떻게 그리고 어디로 이끌지 이해하는 데 필요한 기본 원칙이나, 개념, 혹은 로드맵을 가지고 있지 않다는 의미이다. 당연히 개선 프로그램이 실패할 가능성이 매우 높다.

2.2 기본 개념들(프로세스와 성숙도)

이 절에서는 개발 중인 성숙도 모델에서 사용하는 개념(그리고 전문 용어)을 소개할 예정이다. 이브라힘(Ibrahim)[Ibrahim 1995]이 제출한 SEI(소프트웨어 엔지니어링 연구소)의 보고서에서는 프로세스 성숙도의 기본 개념을 간략하게 소개하고 있다. 성숙도 모델의 개선 영역에서 사용된 핵심 전문 용어는 다음과 같다.

프로세스(Process) "프로세스는 입력물(input)에서 출력물(output)로 전환시켜 목적을 달성하는 활동들의 집합으로 정의될 수 있다. 일반적으로 한 프로세스에서 발생하는 출력물은 하나 이상의 향후 프로세스에 대한 입력물로 전환될 수 있다. 프로세스 내에서 운영되는 활동들은 반드시 일관(coherent)되고 완결(complete)되어야 한다[TICKIT Project Office 2001]."

소프트웨어 프로세스(Software process) "사람들이 소프트웨어와 그것과 관련된 제품을 개발하고 유지개선하기 위해 사용하는 활동, 방법, 핵심 프랙티스, 전환(transformation)의 집합[SEI 1993b]."

핵심 프랙티스(Key practices) "프로세스에 가장 많이 기여(contribute)하는 활동[SEI 1993b]."

일반적으로 조직 내에서 프로세스는 다음과 같이 3가지 수준에서 작동하고 있다.

1. 조직 수준: 일반적이고 전사적인(corporate) 목표를 설정한다.
2. 조직의 전술 및 운영 수준: 프로젝트와 특정 조직을 위한 기능적인 목표

를 설정한다.

3. 개인 수준: 특정 업무 활동에 영향을 준다.

다음과 같이 역량, 성과, 성숙도 면에서 프로세스를 나타낼 수 있다.

프로세스 역량(Process capability) "특정 프로세스를 통해 얻을 수 있는 예상 결과의 범위[SEI 1993b]."

프로세스 성과(Process performance) "특정 프로세스 사용에 대한 관찰 결과[SEI 1993b]."

프로세스 성숙도(Process maturity) "특정 프로세스가 명시적으로 정의되고, 관리되고, 측정되고, 효율적으로 작동되는 범위(scope)와 세분화(granularity)[SEI 1993b]."

여기서 "역량"과 "성숙도"는 문서에서 자주 혼동해서 사용되는 용어인데, 다음과 같이 두 용어를 올바르게 사용해야 한다. "프로세스 성숙도는 프로세스 역량을 규명하기 위해 평가된다." 소프트웨어 프로세스의 역량에 대한 특징은 다음과 같다[Grant 1997].

- 소프트웨어 프로세스의 역량은 조직마다 다르다.
- 소프트웨어 프로세스의 역량은 구매할 수 없으며, 즉시 얻을 수도 없다.
- 반드시 조직 내에서 소프트웨어 프로세스의 역량을 점진적으로 개발해야 한다.
- 자산(assets)의 축적만으로는 소프트웨어 프로세스의 역량을 개선할 수 없다.
- 소프트웨어 프로세스의 역량은 아웃소싱 할 수 없다.
- 소프트웨어 프로세스 역량의 개선은 지속적(continuous)이며 역동적

(dynamic)이다.

SEI에서는 소프트웨어 프로세스 성숙도에 대한 모델을 제안했다. 그리고 이런 맥락에서, SEI는 성숙도 모델을 '해당 조직이 완전한 잠재력 실현을 향해 전진하는 데 영향을 주는 조직 활동들의 핵심 속성'을 나타내는 것으로 정의했다 [Garcia 1993].

이 정의 속에는 소프트웨어 프로세스 진화의 개념과 이와 관련된 핵심 속성의 개념이 포함되어 있다. 그리고 각 단계마다 핵심 속성을 위한 단계적 표현 (staged representation)의 개념을 도입하여 특정 단계에서 이뤄진 개선이 다음 단계를 위한 개선에 영향을 줄 수 있는지 확인했다. 크로스비(Crosby)의 품질 관리 개선표는 SEI에서 설계한 성숙도 단계 또는 성숙도 수준의 원천(source) 이다. 크로스비(Crosby)는 품질 관리를 (1) 불확실(uncertainty), (2) 각성 (awakening), (3) 계발(enlightenment), (4) 현명(wisdom), (5) 확실(certainty) 의 5가지 연속 단계로 구분했다[Crosby 1979].

그뿐만 아니라, 이 지속적인 개선이라는 접근은 예측 불가능한 돌파구 (breakthrough)라기보다는 오랜 시간에 걸쳐 계획된 작은 개선들에 의지한다.

SEI에서는 이와 같은 모델을 개발하기 위해서 소프트웨어 프로세스에 대한 분류(classification) 작업과 추상화(abstraction) 작업을 진행했다. [그림 2.1]은 페일러(Feiler)에 의해 개발된 모델의 초기 개념을 나타낸 것이다[Feiler 1992]. 이것은 애플리케이션 소프트웨어를 개발하기 위해서 소프트웨어 조직이 갖춰야 하는 핵심적인 지식의 정의 및 모델에 대한 SEI의 합의를 이끌어냈다.

페일러는 [그림 2.1]에서 나타낸 각 개념 범주의 범위(scope)와 핵심 프랙티스(key practices)를 최초로 확인했다. 바로 여기서 프로세스 영역(process areas)을 위한 아키텍처가 프로세스 모델에 도입되었다: (1) "프로세스 범위 (process scope)", (2) "프로세스 로드맵(process roadmap)", (3) "핵심 분야 (key sectors)."

핵심 프로세스 영역(key process area)은 동일한 일반 도메인에 있는 활동과 관련된 핵심 프랙티스의 집합이다. 성숙도 모델에서는 핵심 프랙티스를 논리적 그룹으로 구분한다. 다음 내용을 살펴보자.

- ISO 15504 Part 5 평가 모델에서의 5가지 핵심 프랙티스: 고객-공급자, 엔지니어링, 프로젝트, 지원, 조직
- CMMi에서의 4가지 핵심 프랙티스: 프로세스 관리, 프로젝트 관리, 엔지니어링, 지원
- 카멜리아(Camelia) 모델에서의 9가지 핵심 프랙티스[Camelia 1994]: 조직 프로세스의 품질, 인적자원 관리, 프로세스, 관리, 품질시스템, 소프트웨어 개발과 유지개선, 소프트웨어 개발과 유지개선 환경, 고객 지원, 데이터센터 관리

이렇게 그룹화를 하고 나면 핵심 프로세스 영역과 개선을 위한 로드맵을 포함하는, 프로세스 도메인(domain)에 대한 개념으로 이어진다. 프로세스 도메인은 성숙도 모델에서 프로세스를 그룹화할 때 사용하는 용어이다.

프로세스 정의 구조	프로세스 엔지니어링	프로세스 구현	프로세스 속성
아키텍처	개발	실행	정적
설계	적응	통제	동적
정의	계획 (배포)	역할 정의	
계획 (자원)	실제 적용	적합성	
	개선		

[그림 2.1] 프로세스 개념[Feiler 1992]

프로세스 도메인은 핵심 프로세스 영역(key process areas)이라고 불리는 영역들로 나뉜다. 일부 성숙도 모델에서는 핵심 프로세스 영역을 로드맵으

로 세분화한다. 로드맵(road map)은 다양한 성숙도 수준을 다룰 수 있는 연계(linked) 프랙티스의 집합으로 정의된다. 특정 로드맵에서 핵심 프랙티스의 순서는 특정 프로세스를 관리하는 것에 대한 우선순위와 배열에 동의한 전문가들의 합의를 거쳐 결정된다.

최하위 성숙도 수준에서는 기본적인 핵심 프랙티스를 찾을 수 있고, 좀 더 어려운 핵심 프랙티스는 상위 성숙도 수준에서 찾아볼 수 있다.

이런 작업의 결과로 프로세스 모델을 도출할 수 있을 뿐만 아니라, "비즈니스 활동의 양호한 관리와 엔지니어링에 대한 기본 원칙으로 간주되는 프랙티스의 문서화된 표현[ESI 1998a]"으로 프로세스 모델을 설명할 수 있게 된다. 프로세스 모델은 이런 프랙티스가 특정 목적을 달성하기 위해 프로세스로 결합되는 방법을 정의한다.

프로세스 성숙도에 대한 진화 접근법(evolution approach)은 총체적인 품질에 관한 작업 방법에 토대를 두고 있는데, 자발적이고 지속적인 개선을 제안한다. 그러나, 반드시 특정 표준을 지킬 것을 요구하지는 않는다. 이와 대조적으로 표준에서는 준수해야 하는 특정한 프로세스 상태를 규정하고 있다.

2.3 CMMi에서의 소프트웨어 유지개선

소프트웨어 유지개선에 대한 문헌을 검토해보면, 유지개선 프로세스의 상당 부분은 유지개선 담당자에게만 있는 독특한 업무로서, 소프트웨어 개발 기능의 일부가 아니라는 것을 확인할 수 있다. 이런 상황은 S3m과 같은 소프트웨어 유지개선 프로세스 모델이 필요한 이유를 설명해준다. 특히 유지개선 프로세스는 오늘날 조직에서 부적당한(inappropriate) 성숙도 평가를 받는 경향이 있다. 프로젝트 관리에 주안점을 두는 CMMi에서는 소프트웨어 유지개선 기능과 관련된 이슈를 명확하게 다루지 않는다. 예를 들면 CMMi에서는,

- 유지개선 성숙도에 대한 개념을 인정하거나 다루지 않는다.
- 유지개선에 고유한 프랙티스를 프로세스 개선 메커니즘에 충분히 포함시키지 않는다.
- 유지개선에 고유한 이슈들을 적절히 다루지 않는다.
- 재문서화(redocumentation), 재공학(reengineering), 역공학(reverse engineering), 소프트웨어 이행(migration), 폐기(retirement) 등과 같이 회춘(rejuvenation)과 관련된 계획을 만족스럽게 다루지 않는다.

CMMi의 이전 모델인 CMM[12]에서도 동일한 내용이 관찰되고 있다[Zitouni 1995]. 새로운 CMMi 버전에서도 여전히 소프트웨어 개발 프로세스에 대해 개발자의 관점을 고수했기 때문에 위에서 언급한 내용들이 제외되었다. 이것이 의미하는 바는, 프로젝트 관리 구조를 필요로 하는 대규모 유지개선 활동에 대한 평가와 개선에서는 CMMi를 사용할 수 있지만, 프로젝트 관리 기술을 사용할 수 없는 소규모 유지개선 활동에 대한 평가와 개선에서는 이들 특성에 더 잘 맞는 성숙도 모델을 사용하는 것이 유익하다는 점이다. 이런 독특한 유지개선 프로세스를 CMMi 모델의 내용과 비교해보면, CMMi에서 이런 주제를 명확

---

12 CMMi의 전신에 해당하는 CMM(Capability Maturity Model)은 미국 카네기 멜론 대학(CMU)의 소프트웨어 엔지니어링 연구소(SEI: Software Engineering Institute)가 IT개발의 프로세스 관리능력 향상을 위해 미국방성의 자금 지원을 받은 프로젝트로 1986년부터 연구하기 시작하여 1991년도에 발표한 표준 모델이다. CMM은 가장 먼저 개발된 SW-CMM을 일컫는 말이기도 하지만 현재는 소프트웨어 이외에도 적용할 수 있는 많은 분야가 있어 이런 부류의 성숙도 모델을 총칭하는 의미로 사용된다. SEI는 2005년부터 CMM에 대한 지원과 업데이트를 중단하고 CMMi확산에 주력하겠다는 방침을 밝힌 바 있다.

하게 다루지 않는다는 사실을 확인할 수 있다. 이와 관련된 내용은 뒤에서 더 다룰 예정이다.

크레이그 홀렌바흐(Craig Hollenbach)는 프로젝트 관리자로 임명되어 서비스를 위한 CMMi를 설계했다. 서비스를 위한 CMMi는 ITIL을 기반으로 하며 사무용 컴퓨터 관리, 네트워크 관리, 운영 및 유지개선(O&M – 배포 시스템과 관련 운영 환경을 운영하고 관리한다) 등과 같은 IT 서비스를 다룬다. 현재 CMMi 모델은 전형적인 시스템 개발, 그리고 소프트웨어 엔지니어링으로 생산된 제품들뿐만 아니라 서비스 시스템(예를 들면 네트워크 엔지니어링, 업무 지원 센터 시스템, 수동이나 자동 서비스 지원 등)을 위해서 사용하는 것이 적합하다. 하지만 현재 CMMi 모델에서는 성과 기반 서비스(performance-based services)에 대한 관리, 서비스 컴포넌트의 가용성, 서비스 요청에 대한 동적인 처리 등을 포함하는 서비스의 제공이나 배포에 대해서는 충분히 다루고 있지 않다는 문제도 있다.

2.4 성숙도 모델, 품질 표준, 평가 방법론의 차이점 🌿

품질 표준, 성숙도 모델, 평가 방법론의 차이점에 대해 파악하기란 매우 어렵다. ISO 9001:2000은 품질 관리 시스템의 구축에 관한 공식적(de jure)인 국제 표준이다. 반면에 CMMi는 소프트웨어 개발의 개선을 목표로 하는 실질적(de facto)인 표준이다. 물론 소프트웨어 엔지니어링 커뮤니티에는 CMMi와 ISO 9001 모두 잘 알려져 있다.

2.4.1 ISO 9001과 CMMi의 차이점

일반적으로 CMMi보다 ISO 9001이 많이 알려졌다는 사실에 주목할 필요가 있다. 국제 표준이 지금과 같이 전 세계적으로 동의를 얻은 적도 없었다. CMMi가 소프트웨어 산업에만 관련이 있는 반면 ISO 9001 표준은 모든 산업과 관련이 있다. 언뜻 보기에 CMMi와 ISO 9001은 꽤 다르게 보인다. 첫 번째로, CMMi와 ISO 9001은 완전히 다른 전문 용어를 사용한다. 두 번째로, ISO 9001 표준은 매우 상위 수준에서 언급되고 있다(예: CMMi는 643페이지 분량인데 비해 ISO 9001은 단지 23페이지에 불과하다).

품질과 관련하여 ISO 9001과 CMMi의 차이점은 반드시 주목해야 한다. 특허 독점권(patent exclusivity rights)과 상업적인 개방성(commercial openness)이 동일하지 않다. 예를 들면 ISO 9001은 보편적으로 사용할 수 있고 저작권 비용을 포함하고 있지 않으며 각 나라마다 자기 나라에 맞게 인증 메커니즘을 수립할 수 있다. 이와는 반대로 SEI CMMi 모델[13]은 교육과 인증 프로세스를 전 세계에서 단 하나의 조직이 관리한다. 이런 독점 문제를 상쇄하기 위해, 많은 나라에서 ISO 위원회를 통해 ISO 15504[14]국제 표준을 개발했다. 이 국제적인 표준 안에서는, 다른 성숙도 모델을 개발하는 것이 가능하다. 물론 성숙도 모델을 가능한 한 더 적게 개발하고, 기존의 소프트웨어 엔지니어링 표준을 특정 상황에 적응시킬 수 있는 "방법(hows)"을 더 많이 문서화하는 것이

---

13 다양한 정의와 표준 모델들 간의 차이로, 교육/평가/개선에 추가 비용 유발 등의 문제로 인하여 통합된 모델을 필요로 하게 되었으며, 이와 함께 ISO/IEC에서는 표준번호 15504로 유럽의 SPICE 모델을 국제 표준으로 선정함에 따라 이에 대항하기 위해 SEI는 CMMI를 배포하게 되었다.

14 ISO/IEC 15504 정보기술 – 프로세스 평가(또한 SPICE(Software Process Improvement and Capability Determination)로 불리는)는 컴퓨터 소프트웨어 개발 프로세스와 관련 비즈니스 관리 기능을 위한 기술적 표준 문서들의 집합이다. 이것은 국제표준기구(ISO)와 국제전자기술위원회(IEC) 표준의 공동 작업 중 하나이다(ISO/IEC JTC 1/SC7). ISO/IEC 15504는 초기에 프로세스 수명주기 표준 ISO/IEC 12207과 Bootstrap, Trillium, CMM 같은 성숙도 모델들로부터 유래했다. ISO/IEC 15504는 2015년 3월에 ISO/IEC 33001:2015 정보기술 –프로세스 평가– 개념과 용어로 개정되었으며, 더 이상 ISO에서 가용하지 않다.

이상적일 것이다.

비록 ISO 표준에서는 개선 방법에 대해 구체적으로 명시하고 있지 않지만 두 문서 간의 두드러진 유사성은 공통 관심사인 프로세스 품질과 개선이다. CMMi 모델에서도 이 주제에 대해 분명하게 다루고 있다.

다음은 ISO 9001 인증에 대한 예상 편익을 문서화한 내용이다.

- 내부 문서에 대한 개선
- 제품에 대한 품질개선
- 경쟁 우위
- 고객 감사(audit) 축소

제조업체들은 품질 표준의 유용성에 대해 이미 잘 알고 있을 뿐만 아니라 표준 적합성(conformity)을 독자적으로 입증하면 경쟁적인 시장에서 새로운 계약을 맺고 고객을 확보할 수 있는 경쟁력을 얻을 수 있다는 사실도 배웠다. 게다가 구매 업체에서는 계약을 체결하기 전에 ISO 9001 인증을 받을 것을 공급 조직에게 요구하고 있다.

비슷하게 미국방부에서는 모든 외주 협력 업체에게 CMMi 3단계에 따른 적합성 입증을 요구하고 있다[SEI 1993a. p.A-1]. 이제, 이 두 가지 적합성 요건들(ISO 9001과 CMMi)은 소프트웨어 산업에서 비즈니스를 성공시킬 수 있는 요건으로 자리 잡았다.

아직까지는 제조업체들이 성공하기 위해 수십 년 동안 중요하게 생각했던 것이 서비스 산업에서도 꼭 적용된다고 할 수는 없다. 소프트웨어 유지개선은, 서비스 산업의 일종으로 볼 수 있는데, 매우 흡사한 새로운 표준과 모델을 구현하고 이해하는 데 더 큰 어려움을 겪고 있다. 서비스 조직들은 최종 제품을 그 제품 생산에 사용된 프로세스와 분리해서 생각해야 하는 난관에 부딪치고 있는 것이다.

표준에 대한 핵심 개념을 준수하면서 특정 산업에 맞게 표준을 적절하게 해석해야 한다. 이러한 이유에서 소프트웨어 산업을 포함한 서비스 산업에서는 ISO 9001의 구현을 위한 추가 지침을 개발했다. 다음은 소프트웨어 산업의 특성에 따라 ISO 9001:2000 표준을 해석하기 위해 인정된 두 가지 지침이다.

1. ISO 90003:2004 – 소프트웨어를 위해 ISO 9001 표준을 해석한 지침
2. 소프트웨어 영역을 감사하는 ISO 9001 감리인을 위해 [TICKIT 2001[15]]에서 작성된 설명 자료(고객 지침)

위 지침에서는 소프트웨어를 설계하고, 유지개선하고, 운영하는 조직에 대한 감사에서 ISO 9001의 각 조항을 적용시키는 방법을 명시하고 있다. 흥미로운 사실은 CMM과 CMMi 또한 해석에 대한 자기만의 규칙을 가지고 있다는 점이다.

어떤 맥락에서 프로세스 모델을 적용하는가에 관계없이 반드시 합리적인 프랙티스 해석을 사용해야 한다. 2000년대 초반 ISO 9001:2000의 출시와 더불어 CMMi 모델과 ISO 9001 모델의 수렴이 이루어졌다. 그 결과 다음과 같은 변화가 생겼다.

- 두 모델 모두 프로세스 접근을 수행할 것이 요구된다.
- 현재 두 모델에서 공통으로 품질 시스템 개선을 위한 지속적인 개선 방안을 제안하고 있다.
- 프로세스를 개발하고 개선하는 데 전념해야 할 뿐만 아니라 관리에 대한 소임을 다해야 한다.

---

15 TICKIT은 소프트웨어 개발과 컴퓨터 산업의 회사들을 위한 인증 프로그램으로, UKAS(United Kingdom Accreditation Service)와 SWEDAC(Swedish Board for Accreditation and Conformity Assessment)를 통해 주로 영국과 스웨덴 업체들을 지원한다. 일반적인 목표는 소프트웨어 품질을 개선하는 것이다.

• 두 모델 모두 품질 관리에 대한 기본적인 원칙을 명시하고 있다.

ISO 90003의 새로운 버전에서는 소프트웨어 수명주기 프로세스(ISO 12207)에 대한 표준을 다루고 있을 뿐만 아니라 소프트웨어 개발 활동과 ISO 9001:2000의 각 조항을 직접 비교하고 있다.

CMMi의 요건을 충족시키기 위한 디딤돌로 ISO 9001 인증 자산을 이용한 조직에서는 상당한 이득을 얻고 있다. 다셰[Dache 2001]는 이미 ISO 9001 인증을 받은 조직이라면 CMM의 3단계에 도달할 수 있다고 언급했다. 지금은 소프트웨어를 위한 CMMi와 ISO 9001의 공통 목표를 충족시킬 수 있도록 두 모델을 동시에 사용하는 추세이다.

현재 소프트웨어 산업에서는 소프트웨어 프로세스를 개선하기 위해 CMMi와 같은 성숙도 모델과 ISO 9001 표준의 중요성을 인식하고 있다. 그들은 경쟁 조직과 차별화하려는 상업적인 필요에서 뿐만 아니라 소프트웨어 프로세스를 개선하기 위해 이들 상호 보완적인 모델들을 함께 사용한다. 감사(audit)와 평가 과정에서 이런 품질 모델들을 현명하게 사용하기 위해서는 전문적이고 업무적인 판단이 요구된다.

2.4.2 평가 방법론

이 절에서는 ISO 9001을 사용한 평가 방법론과 성숙도 모델을 사용한 평가 방법론을 비교할 예정이다.

조직에서 사용하는 소프트웨어 프로세스의 품질은 표준이나 성숙도 모델을 사용하여 평가할 수 있다. 존스[Jones 1994]는 성숙도 평가를 IS/IT 그룹의 건강 검진에 비유하여 어떤 것이 효과가 있고 없는지 찾아냈다. 소프트웨어 산업에서는 이런 사례를 프로세스 개선활동을 시작하기 전 단계인 진단 단계

(diagnostic step)나 벤치마킹으로 구분한다.

ISO 9001 인증을 받으려면, 조직은 반드시 품질 감사를 받아야 하며 조직의 품질 시스템을 확인할 수 있는 독립된 기록자(registrar)가 품질 감사를 실시한다. [그림 2.2]에서는 ISO 9001과 함께(평가와 감사 활동에서) 사용되는 권장 평가 방법, 그리고 성숙도 모델과 함께 사용되는 권장 평가 방법의 일부를 보여주고 있다.

품질 표준	성숙도 모델	평가 방법
ISO 9001:2000 표준[ISO 2004a]		ISO 19011:2002[ISO 2002a]
	ISO 15504-2 표준[ISO 2003]	ISO 15504-3[ISO 2004c]
TickIT ISO 9001:2000 해석 지침 [TickIT 2001]		ISO 19011:2002[ISO 2002a] ISO 17011[ISO 2004e]
	소프트웨어를 위한 CMM 모델 [SEI 1993b]	CBA-IPI[SEI 2001b] SCE[SEI 1996b]
	소프트웨어를 위한 CMMi 모델 [SEI 2002]	SCAMPI16[SEI 2000]
	FAA-icmm 모델[FAA 2001]	FAM[FAM 2006]
	시스템 엔지니어링을 위한 CMM [SEI 1995]	SAM[SEI 1996a]

[그림 2.2] 평가 및 감사 방법론 사례

성숙도 모델 평가 방법의 기반과 ISO 9001 감사의 기반이 비슷하기 때문에 양자는 여러 단계를 공유하고 있다. [그림 2.3]에서는 성숙도 모델을 사용하여 조직의 프로세스의 상태를 보고할 때 필요한 주요 단계를 보여주고 있다.

---

16 Standard CMMI Appraisal Method for Process Improvement(SCAMPI). SCAMPI는 CMMI 모델로 벤치마크-품질 등급을 부여하는 소프트웨어 공학 연구소(SEI)의 공식적인 방법론이다. SCAMPI 평가는 현재 프로세스의 강점과 약점을 식별하고, 개발/구매 리스크를 파악하며, 역량과 성숙도 수준을 판정한다.

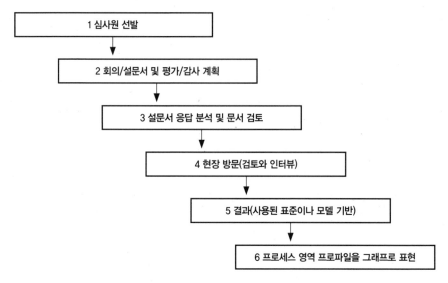

```
┌─────────────────────────────────────┐
│          1 심사원 선발                 │
└─────────────────────────────────────┘
              │
              ▼
  ┌─────────────────────────────────────┐
  │    2 회의/설문서 및 평가/감사 계획        │
  └─────────────────────────────────────┘
                │
                ▼
    ┌─────────────────────────────────────┐
    │    3 설문서 응답 분석 및 문서 검토       │
    └─────────────────────────────────────┘
                  │
                  ▼
      ┌─────────────────────────────────────┐
      │     4 현장 방문(검토와 인터뷰)          │
      └─────────────────────────────────────┘
                    │
                    ▼
        ┌─────────────────────────────────────┐
        │   5 결과(사용된 표준이나 모델 기반)       │
        └─────────────────────────────────────┘
                      │
                      ▼
          ┌─────────────────────────────────────────┐
          │ 6 프로세스 영역 프로파일을 그래프로 표현     │
          └─────────────────────────────────────────┘
```

[그림 2.3] 평가 방법의 주요 단계

첫 번째 단계에서는 평가 팀의 멤버를 선발하고 선택된 멤버에 대해서 신원 (identification)을 확인한다. 반드시 필수 교육을 이수했거나, 또는 평가를 실시하는 데 필요한 자격증을 소지한 사람을 선택해야 한다. 두 번째 단계에서는 평가 받는 조직과 처음으로 연락을 취해 조사 도구를 이용하거나 기획회의를 통해 감사의 진행 방향에 대해 설명하고 프로세스 범위를 확정할 뿐만 아니라 참여할 인원의 수를 결정하고 평가 계획에 대한 일반적인 합의를 맺는다. 세 번째 단계에서는 질문과 검토를 위한 구체적인 일정을 확인하고 시작 지점을 결정하기 위해 기획회의 결과 또는 서베이를 요약한다. 다음은 가장 중요한 활동인 평가를 실시하는 네 번째 단계로 이 단계에서는 현장을 방문(on-site visits)하여 검토와 인터뷰를 실시한다. 다섯 번째 단계에서는 평가에서 발견한 내용에 대한 보고서 작성이 이루어진다. 즉, 이 단계에서는 현장 방문과 인터뷰 결과를 이용하여 결론을 도출하고, 평가와 관련된 사람들과 함께 내용을 확인한다. 여기에서는 현재 사용하는 프랙티스가 표준이나 모델을 준수하는지 여부에 대한 합의를 이끌어 내기 위해 전문적인 판단이 필요하다. 다섯 번째 단계는 ISO 9001과 CMMi나 ISO 15504 평가에서 공통으로 포함하고 있는 단계로서, 여기에서 결과를 문서화하고 경영진에게 보고가 이루어진다. 마지막으로 여섯 번째 단계는 프로세스 평가와 관련된 독특한 활동으로 결과를 그래프를 이용하여 표현한다. 이렇게 그래프로 표현한 것을 핵심 영역 프로파일(key areas profile)이라고 부르며, 평가 모델에서 각 핵심 영역별로 성숙도 수준의 차이를 보여준다.

[그림 2.4]에서는 전형적인 프로세스 영역 프로파일의 사례를 보여주고 있다. 각 성숙도 모델 프랙티스는 평가에 따라 녹색, 노란색, 주황색, 빨간색 등의 색 코드로 표시된다.

일반적으로 색 코드를 이용하여 프랙티스에 대한 목표 달성 정도를 완전 달

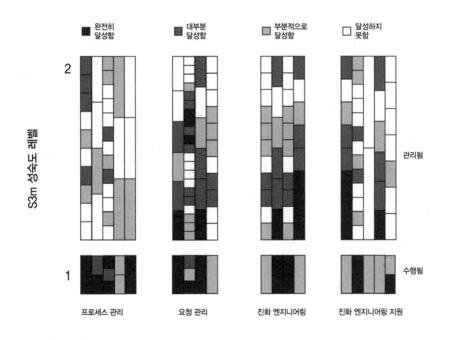

[그림 2.4] S3m 프로세스 영역 프로파일 사례

성, 대부분 달성, 부분 달성, 혹은 미달성 등 시각적으로 구분하고 있다. [그림 2.4]에서는 ISO 15504에서 권고하는 등급에 따라 N(Not achieved), P(Partially achieved), L(Largely achieved), F(Fully achieved)로 구분했다. 하지만 CMM에서는 ISO 15504와 약간 다르게 Yes, No, Doesn't apply, Don't know로 표기한다. ISO 9001 평가에서는 만족(Satisfied)이나 불만족(Not satisfied)으로 표기하기 때문에 표준 항목을 준수했는지에 대한 여부만 판단할 수 있다.

2.4.3 평가 유형

문헌에서는 프로세스 평가와 관련된 많은 용어들이 사용된다. 그중에서 심사(appraisal)란 단어는 목표를 명시하지 않는 일반적인 진단 방법을 설명할 때 사용한다. 그리고 감정(assessment)[17]이란 단어의 뜻에는 개선을 주 목적으로 하는 내부 평가라는 전통적인 해석이 담겨 있다. 마지막으로 평가(evaluation)란 단어는 외부 평가 활동이나 다른 독립 업체의 평가와 관련이 있다.

다음은 평가 유형에 대해 식별하고 설명한 내용이다.

- 감사(Audit): 감사의 목적은 비즈니스 결정을 내리기 위해 공급업체 또는 서비스 하청 업체의 개발 프로세스를 조사하는 것이다. 이와 비슷하게, SCE(SEI의 역량 평가, SEI's capability evaluation)는 소프트웨어 제공 업체를 평가하고 솔루션 제공 업체로서의 자격을 갖추고 있는지 결정하는 데 사용된다.

---

17 이 책에서 Assessment는 대부분 평가로 번역했으나, 본 문장에서는 evaluation과 의미를 구별할 필요가 있어서 감정으로 번역했다.

- 외부 평가(External evaluation): 외부 평가는 외부의 감사 팀과 함께 개발 프로세스를 평가하는 것을 목표로 한다(내부 평가는 자문 위원의 도움을 받아 시행된다).
- 합동 평가(Joint evaluation): 합동 평가는 양쪽 조직의 인력들이 팀을 이뤄 개발 프로세스를 평가하는 것을 목표로 한다(일반적으로 하청 업체도 함께 한다).
- 자체 평가 혹은 내부 평가(Self-evaluation or internal evaluation): 자체 평가나 내부 평가는 소프트웨어 개발 조직의 팀원들과 함께 자신의 개발 프로세스를 평가하는 것을 목표로 한다. "지속적인 개선을 목표로 하여, 조직이 스스로 그리고 자기 힘으로 빠르게 평가(evaluation, 개산(槪算), 어림셈)하는 것[SEI 2002]."

CMMi에서는 다양한 평가 방법을 3가지 클래스로 분류한다([그림 2.5] 참고). 평가 방법을 이렇게 분류하면, 많은 평가 방법들이 사용 가능할 뿐만 아니라, 그것들이 상호 구별되는 특성을 가지고 있다는 것을 알 수 있다.

클래스 A는 SCAMPI[SEI 2000]와 같은 완전한(complete) 평가 방법들을 함께 그룹화 했다. 이 클래스에 속한 평가 방법들은 클래스 중에서 가장 철저하며, 개선을 제안하고 활용할 수 있다는 강점을 지니며 조직적인 합의(organizational consensus)를 구축하는 것을 목표로 한다. 바로 이 클래스에서 국제 ISO 표준과 일치하는 평가 방법들이 발견된다.

클래스 B에는 소규모 방법들이 포함되어 있는데, "미니 평가(miniassessment)"나 "사전 평가(preassessment)"라고도 불린다. 따라서 클래스 B에 속한 평가 방법들은 팀 규모가 작거나 공수가 적게 든다. 이 평가 방법들은 전체 평가를 대체하기도 하고, 또는 2개의 전체 평가 사이에 진행되는 과정을 모니터링하는 역할을 하기도 한다.

클래스 C에서는 가벼운 방안들을 소개하고 있는데, "마이크로 평가 (microassessment)"나 "조사 방안(survey approach)"이라고도 불린다. 클래스 C에 속한 방안들에서는 조직의 프랙티스에 대한 현재 상태를 대략적(근사치)으로만 파악할 수 있다.

특성	클래스 A	클래스 B	클래스 C
사용모드	엄격한 평가	초기 평가, 부분 평가, 자체 평가	간단한 개요, 점진적 평가
성숙도 수준 규정 여부	있음	없음	없음
장점	자세하게 다룸	부분적으로 다룸	특정 프랙티스에 대한 간단한 개요
단점	많은 자원이 필요하다	상세한 범위가 없다. 성숙도를 평가하는 데 사용할 수 없다.	자원이 적다. 사용례가 적다. 연구에 대한 심도가 낮다.
추진 기획자	고위관리자	개선 프로그램의 추진 책임자	내부 관리자
팀 규모	4~10명 사이의 인원과 평가 팀 리더	1~6명 사이의 인원과 평가 팀 리더	1~2명 사이의 인원과 평가 팀 리더
팀 자격	시험 통과	평균적인 경험	평균적인 경험
평가 팀 리더의 전체 조건	선임 평가자	선임 평가자 혹은 해당 방법론을 교육받은 사람	해당 방법론을 교육받은 사람
평가 팀 구성원	외부 및 내부	외부 혹은 내부	외부 혹은 내부

[그림 2.5] CMMi 평가 클래스에 대한 특성

요약하면, 조직은 필요에 따라 평가에 대한 다양한 방법, 클래스, 유형을 사용하여 자신의 프랙티스를 평가할 수 있다. CMMi에서는 조직에서 선택한 다양한 목표에 맞춰 방법을 개발할 수 있도록 허용하고 있다.

2.5 다양한 성숙도 모델

지금까지 다양한 소프트웨어 엔지니어링 성숙도 모델들이 제시되었지만 몇 명의 전문가들만이 그런 성숙도 모델을 설계하는 데 사용된 방안을 연구하고 문서화했다.

2.5.1 Trillium

Trillium[Trillium 1994]은 벨 캐나다(Bell Canada)와 노텔(Nortel)에서 발표한 성숙도 모델의 이름으로, 전기 통신 제품과 서비스를 위해 개발된 소프트웨어의 역량 강화를 목적으로 개발되었다. 아프릴[April 1995a, April 1995b]과 코올리어(Coallier)[Coallier 1999]는 Trillium 모델을 설계하는 데 사용한 프로세스를 소개했다. Trillium은 아마 단계적 표현(staged representation)으로부터 벗어나서, 연속적 표현(continuous representation)을 사용한 첫 번째 성숙도 모델일 텐데, 가장 두드러진 특징은 어느 한 프랙티스를 모든 성숙도 수준에서 사용할 수 있다는 사실이다. Trillium 아키텍처는 CMMi와 ISO 15504 아키텍처에 영향을 주었으며, 지금은 CMMi와 ISO 15504 둘 다 연속적 표현을 제공하고 있다. 이제부터 Trillium 개발에서 사용한 4단계 방안에 대해 소개하도록 하겠다.

1단계에서는 소프트웨어 엔지니어링과 전기 통신 전문가로 구성된 작업 그룹을 결성했고, 그들은 도메인에 특화된 성숙도 모델 구축에 적합한 프랙티스의 원천을 식별해 냈다. Trillium 모델 설계 팀에서는 CMM 버전 1.1 프랙티스를 사용해서 시작했다. CMM 모델을 시작점으로 해서, CMM의 5단계 성숙도 구조를 Trillium 모델의 아키텍처로 사용한 것이다.

2단계에서는 CMM과 ISO 9001:1994 프랙티스 간의 매핑이 이루어졌다. CMM 프랙티스가 이 매핑에 맞춰 변경되었다. 이런 과정을 통해 동일한 내용이면서 비슷한 텍스트를 가진 두 프랙티스를 통합했다. 이 과정에서 일부 ISO 9001:1994 프랙티스가 별도로 식별되었는데, 이것은 CMM에 있는 어느 프랙티스와도 일치하지 않았기 때문이다. 그리고 새로운 모델에서 그것들이 나타나도록 Trillium 모델 아키텍처를 조정함으로써(로드맵 또는 영역 생성) Trillium 모델은 CMM과 ISO 9001:1994의 모든 프랙티스를 수용했다. 이런 매핑 활동은 모든 추가적인 표준들이 이 모델에 포함되도록 반복해서 수행되었다.

다음은 Trillium 모델 설계에 사용되었던 표준 및 모범 산업 사례 지침들을 나열한 것이다.

- 벨코어[18] 표준(Bellcore standards)
- 말콤 볼드리지 국가 품질 프로그램(Malcolm Baldrige National Quality Program)
- IEC 300과 IEEE 표준

3단계에서는 전기 통신 산업에 중요한 관심사와 추가 영역을 다루기 위해 다양한 모델을 검토하면서, Trillium에 특화된 프랙티스를 추가했다. 물론 산업 전문가의 피드백을 근거로 프랙티스 추가가 이뤄졌으며 추가된 프랙티스는

---

[18] Bellcore(Bell Communications Research), 즉 벨 통신연구소는 지역 Bell 운영회사들에게 일정한 중앙집중식 연구와 표준 조정을 제공한다. 이것은 또한 미 정부를 위해 보안 및 응급상황 준비 기준을 조정한다. Bellcore는 1984년 AT&T가 7개의 지역 전화회사로 분리되었을 때 만들어졌다.

합의와 다양한 검토를 통해 검증되었다. [그림 2.6]에서 보여지는 일반적인 기준을 기반으로 해서 각 레벨이 지정되었다.

- 첫 번째 기준: "기본 원칙"으로 간주되는 프랙티스와 개발 프로젝트의 성공에 기여하는 프랙티스를 레벨 2로 분류한다.
- 두 번째 기준: 지속적인 소프트웨어 개발 프로세스 개선을 조직 전반에 배포하거나, 그 일에 근본적이라고 간주되는 프랙티스를 레벨 3으로 분류한다.
- 세 번째 기준: 케이스(CASE) 툴 기술과 관련이 있거나 변경 관리, 장애 예방, 통계적 프로세스 제어, 측정 등과 같은 고급 프로세스나 기술을 포함하고 있는 프랙티스를 레벨 4로 분류한다.
- 네 번째 기준: 레벨 5 프랙티스에서는 전략적 정보 데이터베이스의 사용, 공식적인 방법, 자동화 도구를 사용한 기술적인 진보를 다룬다.

	레벨 1	레벨 2	레벨 3	레벨 4	레벨 5
프로세스	없음	프로젝트 지향	조직 전반	조직 전반	조직 전반
기술		1980년대 중반의 최신 기술	1990년대 초반의 최신 기술	1990년대 중반의 최신 기술	1990년대 말의 최신 기술
표준	없음	IEEE, SEI 모델 2단계 이상, 벨코어 TR-NWT-000179(75%)	IEEE, SEI 모델 3단계, ISO 9001, CEI 300(시스템)	SEI 모델 4단계 이상, CEI 300 (소프트웨어)	SEI 모델 5단계
프로세스 개선	없음	비구조적	배포됨	체계적	체계적

[그림 2.6] Trillium 성숙도 수준

마지막으로 4단계에서는 벨 캐나다와 노텔에서 실험을 통해 Trillium 모델을 테스트했으며 수많은 개정 버전들이 발표되었다.

2.5.2 ISO 15504

그레이던(Graydon)[Gradydon 1998]은 ISO 15504 참조 모델의 설계 프로세스를 소개했다. 이 프로젝트는 요건을 구체화한 문서로 시작하고 있는데, 그 문서는 나중에 여러 고유한 모델의 전문가들로부터 검토를 받았다. 영역 아키텍처와 프랙티스를 서술하기 위해, 전문가들은 ISO 12207 표준뿐만 아니라 CMM, SAM(브리티시 텔레콤 소프트웨어 평가 방법, British Telecom Software Assessment Method), Bootstrap, Trillium 등과 같은 성숙도 모델을 사용하여 모든 소프트웨어 수명주기 프로세스 단계를 포함시키기로 결정했다. 이런 노력으로 (1) 고객-공급자, (2) 엔지니어링, (3) 프로젝트, (4) 지원, (5) 조직 등 5가지 프로세스 도메인이 탄생했다.

반복적으로 실시된 다음 번 설계 작업에서, 이 작업 그룹은 기본 프랙티스들을 확인하기 위해서 각 프로세스마다 핵심 활동을 찾아야만 했다. 기본 프랙티스들은 먼저 구현되므로 일반적으로 성숙도 모델의 첫 번째 수준에 나타난다. 일단 결정되면 이 목록에 있는 프랙티스들은 각 역량 단계로 그룹화 된다. 성숙도 6단계(0단계~5단계) 안에서 그룹화를 결정하기 위해 전문가들의 논의가 뒤따랐다. 성숙도 6단계는 조직들이 각 수준 간의 진전에 대하여 상당한 이론적 근거를 갖고 프로세스 개선 계획을 세울 수 있도록 돕는 역할을 한다. ISO 15504 작업 그룹에서는 각 수준마다 핵심 개념을 공식화했다. 예를 들면 3단계에 대한 핵심 특성으로 제도화(institutionalization)에 대한 개념을 사용하고 있다. 모든 프랙티스에 적용되는 일반 프랙티스는 다음과 같다. (a) 문서화(documentation), (b) 후속조치(follow-up), (c) 측정(measurement).

2.5.3 CMMi

홀렌바흐(Hollenbach)는 서비스 참조 모델의 설계 프로세스를 위해 CMMi를 설명했다. 서비스를 위한 CMMi는 CMMi 아키텍처를 기반으로 하고 있는데, 이것은 나중에 12명의 전문가들에 의해 검토되었고 일부 모델은 매핑되었다. 이 팀에서는 다음에 소개하는 활동을 거쳐서 3개의 설계 "빌드(build)" 단계를 진행했다.

- 기초가 되는 모델 컨텐츠에서 CMMi v1.1 개발 언어를 식별함
- 서비스에 대한 적용 가능성(applicability)을 보장할 수 있도록 CMMi v1.1 정의를 수정함
- IT 서비스 모델을 CMMi v1.2에 매핑함
- 모델 갭 분석으로부터 새로운 모델 컨텐츠를 식별함
- 아키텍처 구조를 설계함
- 서비스 프로세스 영역을 식별함
- 프로세스 영역 내에서 프랙티스를 설계함
- 기존 프로세스 영역에 서비스 내용을 추가함
- 외부 의견을 듣기 위해서 초안을 패키징해서 발표함

2.5.4 요약

성숙도 모델은 다음과 같은 과정을 통해 설계된다.

- 전문가들의 합의
- 현재 모델의 아키텍처에 대한 연구

- 표준과 기타 승인된 자료 문서에 대한 다중(multiple) 매핑
- 특정 영역에 고유한 특수 프랙티스의 추가
- 각 프랙티스를 특정 성숙도 수준으로 분류한 합리적 이유(rationale) 확보
- 모델 수정 및 개선을 위한 실험

2.6 성숙도 모델의 초기 검증

프로세스 모델 검증은 출시 전이나 후에 진행될 수 있으나, 출시 이후 검증이 이루어지는 경우에는 만족스럽지 않다. 왜냐하면 시사점(lessons learned)들은 모델의 변경을 통해서만 내재화될 수 있는데, 그런 일은 개발주기상에서 늦게 발생하며 비용이 많이 들게 마련이다[Wang and King 2000, p.30].

CMM의 초창기에는 성숙도 모델에 대한 검증에 많은 관심이 집중되었다. 검증 활동은 특정 표준이나 방법, 혹은 도구의 유효성을 평가하고, 유효성의 측정 기준을 비용과 품질로 봤을 때, 이 모델을 사용할 때와 사용하지 않았을 때를 비교하는 것과 관련이 있었다. ISO 15504의 시험성 실증 연구의 설계에 사용된 DESMET 연구[DESMET 1994]에서는 공식 실험(formal experiment), 사례 연구(case study), 질문지법(survey) 등 3가지 유형의 실증적 연구를 정의했다[Maclennan 1998, Buchman 1998, El Emam 1998a]. 다음에 소개할 3개의 성숙도 모델 검증에서는 사례 연구를 사용했다. 사례 연구는 연구원이 통제하지 못하는 복잡한 환경과 실제 상황에서 시험적인 평가를 시행하는 방법

이다.

왕과 킹(Wang and King)은 프로세스 모델에 대한 검증을 통해 결함들을 식별했다. 특히 조직, 프로세스, 속성 수준에서 프로세스 모델에 대한 검증이 부족하다는 것을 발견했다. 조직 수준에서는 기본적인(fundamental) 프로세스 범주의 완전한 세트를 식별하고 모델화할 필요가 있다. "거의 모든 기존 프로세스 모델들은 경험적(empirical)이며 서술적(descriptive)인 모델이다. 이런 모델들은 모델 구조에 대한 철저하고 공식적인 설명이 부족하다[Wang and king 2000]."

2.6.1 IT 서비스 CMM 모델 – 초기의 검증 방안

서비스 역량 모델(Service Capability Model)[Niessink 2000]의 출시 후 검증 방안은 핵심 프랙티스들을 기반으로 만들어진 설문서인데, 만들고 나서 사전에 파일롯 테스트를 실시했다. 니에신크(Niessink)의 두 가지 사례 연구에서는 두 가지 방안과 설문서가 사용되었다. 첫 번째 방안은 설문서를 이용한 퀵-스캔(quick-scan) 평가였으며 두 번째 방안은 평가 계획을 사용한 현장 평가(on-site assessment)였다. 이 실험에서는 설문서에 대한 타당성을 문서로 남기지 않았다. 설문서를 이용한 방안은 도전을 받고 있다 – "성숙도 설문서의 내적 일관성은 문제를 일으킬 수 있기 때문에 반드시 평가를 받아야 한다 [Fusaro et al. 1997]." 니에신크(Niessink)는 첫 번째 사례 연구에서 설문서를 사용했고 퀵-스캔 평가 방법론으로 평가했다. 두 번째 사례 연구에서는 두 가지 목표를 정했다. 하나는 조직이 서비스 프로세스의 품질을 결정하는 것을 지원하고 개선 방향을 잡아주는 것이고, 다른 하나는 프로세스 평가에 'IT 서비스 CMM'을 사용하고 테스트하는 것이었다. 추가적인 기준이 없더라도, 이런 유형의 검증은 사례 연구로 분류될 수 있다.

2.6.2 CM3® 모델 - 초기의 검증 방안

가즈코-매트슨(Kajko-Mattson)[2001a]은 17개의 사례 연구에 대한 질적인 평가와 양적인 평가를 혼합하여 'CM3® 문제 관리 성숙도 모델(Problem Management Maturity Model)'에 대한 출시 후 검증을 소개했다. 하지만 양적인 평가 방안에는 다음과 같은 자료들이 필요했기 때문에 많은 어려움에 부딪쳤다.

- 잘 정의된 가설
- 가설에서 직접적으로 파생된 응답 변수(response variables)
- 적용되는 모든 처리(treatments)에 대한 상세한 정의
- 처리에 영향을 줄 수 있는 혼란 효과(confounding effects)를 확인하고 완화시키는 설계
- 연구 조건에 대한 상세한 설명
- 수집된 데이터에 대한 상세한 정의와 산출된 응답 변수를 측정할 수 있는 데이터 수집 방법
- 유효한 통계적 분석 기술

가즈코-매트슨[2001a, pp.145-165]이 제시한 평가결과에는 얼마나 많은 조직들이 모델에서 설명된 프로세스를 가지고 있는지에 대한 비율을 보여주고 있다(예를 들면 "17개의 조직 중에서 14개의 조직은 문제 관리 프로세스를 정의하고 문서화했다"). CM3® 모델 검증 방안은 사례 연구로 구분될 수 있지만 양적인(quantitative) 평가는 아니다. 이런 유형의 검증 방안에서는 일화적인(anecdotal) 증거는 제시하지만 결정적인(conclusive) 증명은 내놓지 못한다.

2.6.3 ISO 15504 모델 – 초기의 검증 방안

ISO 15504의 출시 후 검증 시도는 곧바로 수많은 변수들과 계획했던 것보다 훨씬 큰 샘플에 대한 요구에 직면했다. 결국 프로젝트 관리 팀은 공식적인 실험 검증 방안을 제외했다[El Emam 1998a]. 많은 가설들을 테스트하기에는 뒷받침하는 증거가 일관성이 없다고 여겨졌기 때문에 서베이도 부적절한 것으로 분류되었다. ISO 15504 검증 시도에서는 적은 양의 문서들과 소수의 검증 시도에서 추출된 데이터가 사용되었기 때문에 곧바로 부적합성이 드러났다 (35건의 평가가 계획되었다). ISO 15504 프로젝트 팀은 소프트웨어 프로세스 개선이 수행되는 환경이라야 사례 연구가 좀더 적절하다는 사실을 알게 되었다.

2.6.4 서비스를 위한 CMMi 모델 – 초기의 검증 방안

이제 성숙도 모델은 모델의 품질을 보증하기 위해 수많은 시도를 한다는 것을 이해했을 것이다. '서비스를 위한 CMMi' 초안에 대한 리뷰 이후로 많은 파일럿 평가가 계획되었다. '서비스를 위한 CMMi' 프로젝트 팀에서는 이 새로운 모델을 출시하기 전에 몇 개의 사례 연구를 제안했다.

2.6.5 성숙도 모델 검증, 결론

프로세스 모델들의 검증이 출시 전에 시행되는 것은 극히 드물다. 이런 모델들에서는 모델 구조에 대한 철저하고 공식적인 설명이 부족하다. 최근에 발표된 모델에서도 동일한 현상을 찾아볼 수 있다.

'서비스를 위한 CMMi', ISO 15504, 니에신크, 가즈코-매트슨 등의 연구들은 모두 결정적인 증명보다 일화적인 증거를 제시하는 '성숙도 모델 출시 후 초기 검증 활동'에 대해 설명하고 있다. 위에서 언급한 네 가지 예에서는 많은 사례 연구들을 다루고 있다.

2.7 성숙도 모델의 전형적인 아키텍처

모델의 아키텍처란 모델의 핵심적인 구조와, 각 성숙도 수준과 프랙티스 및 프로세스 영역 세트들 간의 관계를 가리키는 말이다. 대부분의 성숙도 모델은 SEI의 모델 아키텍처를 기반으로 하고 있다. 다음에 설명하는 모델들은 서문에 자신들이 CMM의 아키텍처를 사용하고 있다고 밝히고 있다.

2.7.1 CMMi 모델 아키텍처

2002년, SEI에서는 CMMi 모델과 함께 개정된 4단계 아키텍처를 발표했다 [그림 2.7]. 이 아키텍처를 자세하게 설명하기 전에, CMMi에서는 다양한 모델 컴포넌트를 (1) 필수(required), (2) 기대(expected), (3) 정보(informative)의 3가지 범주로 구분한다는 사실을 알아둘 필요가 있다.

CMMi의 최상위 단계에서는 개선활동을 촉진하기 위해 동일한 내용을 두 가지 표현으로 제공한다. CMMi에서는 다양한 프로세스 영역을 관리할 수 있는 메타 구조(metastructure)를 도입했다. 연속적(continuous) 모델과 단계적(staged) 모델 중에서 하나를 선택할 수 있지만 두 가지 표현 모두 동등한 결과를 제공할 수 있도록 설계되었다. 이 두 방안은 프로세스 성숙도 측정에는 여러 가지 다른 방안들이 존재할 수 있음을 이해하는 가운데 개발되었다.

일반적으로 단계적 표현은 공급 업체 평가에 사용되는 반면, 연속적 표현은 프로세스 개선에 사용된다. 두 표현은 약간 다른데 각각을 평가하는 공표된 데이터는 아직 없다. 따라서 조직은 결정하기에 앞서 두 표현을 모두 평가해야 한다.

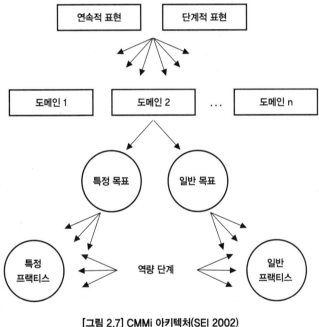

[그림 2.7] CMMi 아키텍처(SEI 2002)

다음은 연속적 표현에 대한 특성을 나타낸 것이다.
• 사업 목표를 충족하고 리스크 관리를 더 잘할 수 있도록 개선 순서를 선택할 수 있다.

- 프로세스 영역별로 여러 조직을 비교할 수 있다.
- 미국전자공업협회(Electronic Industries Alliance)의 임시 EIA 731 표준으로부터 CMMi로의 이행이 쉽다.
- 프로세스 영역 구성이 유사하기 때문에 국제 표준화 기구(ISO: International Organization for Standardization)와 국제 전기 표준 위원회(IEC: International Electrotechnical Commiission)의 ISO 15504 참조 모델과 비교[19]가 가능하다.

다음은 단계적 표현에 대한 특성을 나타낸 것이다.
- 문서화되고 잘 정리된 개선 세트이다. 기본적인 프랙티스로부터 시작해서 다음 단계로 나아간다. 각 단계는 다음 단계의 목표에 도달하기 위한 기반의 역할을 한다.
- 정확하게 동일한 단계의 성숙도 수준을 사용해서 내부 비교와 조직간 비교를 수행할 수 있다.
- CMM에서 CMMi로의 이행이 쉽다.
- 쉽게 사용할 수 있고 널리 인정된 단일 등급(single ranking)을 이용하여 조직들 간의 비교와 평가를 간략하게 표현할 수 있다.

CMMi 아키텍처의 두 번째 단계는 프로세스 영역으로 구성된다. 핵심 프로세스 영역(key process area)에 대해서는 2.2절에서 "동일하고 일반적인 활동들의 도메인에 속하는 핵심 프랙티스의 집합[SEI 2002, s. 2]"이라고 정의했다. CMMi에서는 이 정의에 다음과 같은 목표를 추가했다. "이런 핵심 프랙티스들은 집합적으로 사용되어, 이 영역에서 현저한 개선을 이루는 데 중요하다고 여

---

19 그러나 CMMi와 ISO 15504를 비교하는 것은 여전히 어렵다. 비교가 어려운 이유는 다양한 프로세스, 프로세스 영역 분류, 분류 체계, 다양한 등급 기준 때문이다.

겨지는 일련의 목표를 반드시 충족시켜야 한다[SEI 2002, s. 2]."

CMMi 아키텍처의 세 번째 단계는 프로세스 영역의 특정 목표(SG: Specific Goals)와 일반 목표(GG: General Goals)로 구성된다. 특정 목표와 일반 목표는 필수 항목이고, 반드시 존재해야 하며, 조직의 프로세스에 의해 계획되고 실행되어야 한다.

CMMi 아키텍처의 네 번째 단계는 특정 프랙티스(SP: Specific Practices)와 일반 프랙티스(GP: General Practices)로 구성된다. 특정 프랙티스와 일반 프랙티스는 소프트웨어를 개발하고 유지개선 하는 조직에서 사용할 것으로 추정되는 전형적이고 일상적인 구현활동을 표현한다. 이런 프랙티스들은, CMMi 모델에서 서술된 대로, 아니면 수용가능한 대체 형태로 반드시 존재해야 한다. 또한 이런 프랙티스는 계획되고, 이런 목표들이 달성되었다고 인식할 수 있도록 조직의 프로세스에 의해 반드시 실행되어야 한다. 일반 프랙티스는 다른 범위를 가지고 있다. 즉 조직 전반에 배포되어야 하고, 조직 전체에서 사용할 효율적이고 반복 가능한 프로세스를 개발하는 일을 돕는다.

반복 가능한 평가가 되기 위해서는, 평가 모델의 프랙티스마다 다른 특성들이 반드시 드러나야 한다. 예를 들면 (a) 실행 책임(execution responsibility), (b) 실행 역량(execution capability), (c) 배포 관리(deployment management), (d) 배포 검증(deployment verification) 등과 같은 특성들이다. 1단계 프랙티스는 흔히 "기본 프랙티스(base practices)"라고 불리고 2단계에서 5단계까지의 프랙티스는 "고급 프랙티스(advanced practices)"라고 불린다.

2.7.2 ISO 15504(SPICE) 참조 모델

ISO 기준에 따른 소프트웨어-프로세스 평가를 시행하려면, 그 모델이 ISO 15504-2 참조 모델에 부합하는지를 반드시 검증해야 한다. 이 ISO/IEC 참조 모델에서는 다음과 같이 5가지 소프트웨어 프로세스 범주에 대해 소개하고 있다.

1. CUS, 고객-공급자
2. ENG, 엔지니어링
3. SUP, 지원
4. MAN, 관리
5. ORG, 조직

그리고 역량의 진화는 다음과 같이 ISO에서 인정한 6단계 성숙도 레벨(level)로 그루핑된 프로세스의 속성 용어로 반드시 표기해야 한다: 레벨 0: 불완전(unstructured), 레벨 1: 실행(executed), 레벨 2: 관리(managed), 레벨 3: 확립(established), 레벨 4: 예측가능(predictable), 레벨 5: 최적(dynamic change).

5가지 프로세스 범주는 ISO 12207에서 정의한 소프트웨어 수명주기 차원에 따라 그룹화된다: 고객-공급자 프로세스와 엔지니어링 프로세스는 ISO 12207 기본(primary) 수명주기의 일부이고, 지원 프로세스는 ISO 12207 지원(support) 수명주기의 일부이다. 마지막으로 관리 프로세스와 조직 프로세스는 ISO 12207 조직(organizational) 수명주기의 일부가 된다.

각 성숙도 레벨마다 측정 목적을 위한 고유의 속성 집합이 있다.

레벨 0: 속성 없음.

레벨 1: 프로세스 성능 속성

레벨 2: 프로세스 성능 관리 속성; 중간 인도물 관리 속성

레벨 3: 프로세스 정의 속성; 프로세스와 관련된 자원 속성

레벨 4: 프로세스 측정 속성; 프로세스 통제 속성

레벨 5: 프로세스 변경 속성; 지속적 개선 속성

레벨 0은 프로세스 속성이 체계적이고 반복적인 방식으로 구현되어 있다는 어떠한 증거도 없는 상태이다.

레벨 1에서는 식별 가능한 입력물과 출력물을 검토함으로써 관찰대상인 프로세스 성능 속성을 측정할 수 있다. 해당 프로세스의 목적과 입력물 및 출력물에 대해 알고 있으며, 프로세스 목표를 지원하는 인도물을 생산한다. 무엇인가가 갖춰져 있거나, 존재하며, 조직 내에서 특정 활동이 실행된다. 이런 상황은 개별 프로젝트별로 해당될 수도 있고, 아니면 조직 전반에 걸쳐 적용될 수도 있다.

레벨 2에서는 정의된 목표를 가지고 레벨 1 프로세스를 관리(계획, 실행, 검증)한다. 프로세스 성능 목표가 정의된다(품질, 지연, 자원 사용). 행위자(actor)의 책임과 권한을 정의하고 목표에 따라 프로세스 성과 관리를 실행한다. 프로세스를 통제하고 실행하는 주체와 방법뿐만 아니라 작업명세(specifications)와 어떤 결과를 기대(expectations)하는지를 설명하는 서면 절차가 있다. 직원들은 이 절차를 이해하고 있으며 항상 이용한다. 변경은 관리되고 제품은 적합성에 대한 검증을 받는다.

레벨 3에서는 정의된 프로세스에 따라 레벨 2에서 관리된 프로세스를 구현하고 소프트웨어 엔지니어링 원칙에 부합하도록 문서화 한다. 이 수준에서는

프로세스들이 계획된 목표에 도달할 수 있다. 표준화된 프로세스와 특정 상황에 대한 적응 지침이 이용가능하다. 문서화된 표준 프로세스에 따라 프로세스 성과 감시를 실행한다. 기존 프로세스를 개선하기 위해 이력 데이터를 축적한다. 추가적인 개선을 위해 프로세스 사용에 대한 경험을 분석한다. 프로세스를 실행하는 데 필요한 인프라스트럭처, 역할, 책임, 경험을 식별하고 문서화한다. 문서에 기록된대로 프로세스를 실행할 수 있도록 필요한 자원은 항상 가용하고, 배분되며, 활용된다.

레벨 4에서는 레벨 3에서 규정한 프로세스를 통제 범위 내에서 실행한다. 이 성숙도 수준의 속성은 다음과 같다: 특정 목표를 위해 프로세스 및 제품 측정기준이 식별되고 누적되며, 동향 및 성과 측정값이 산출되고 분석되며, 측정에 기반한 분석 기술을 이용하여 프로세스가 통제된다.

레벨 5에서는 예측가능한 레벨 4 프로세스가 역동적으로 수정 가능한 상태가 된다. 이 성숙도 수준의 속성은 다음과 같다:

- 기존 프로세스 변경에 대한 영향을 평가한다.
- 도입되는 변경이 기존에 사용 중인 프로세스 성능에 미치는 영향/방해를 최소화하도록 관리된다.
- 각 프로세스마다 지속적인 개선목표를 정의한다.
- 당면한 문제와 잠재적인 문제의 원인을 식별한다.
- 개선의 기회를 식별하고 개선 구현 전략을 수립하여 조직에 배포한다.

ISO 15504은 서술형 프로세스 컴포넌트(descriptive process components) 6개를 표준화 했다.

1. 식별자(identifier): 식별자는 앞에서 언급한 5가지 소프트웨어 프로세스 범주 중 하나에 일반적인 것에서부터 구체적인 것까지 고유한 일련 숫자를 붙인다(예를 들면 CUS 1: 구매 프로세스, CUS 1.2: 공급자 선정 프로세스).

2. 이름(name): 프로세스가 지향하는 목표를 요약할 수 있는 짧은 문장으로 표기한다.

3. 프로세스 유형(Process type) (1~5)

    1 - ISO 12207 프로세스와 동등한 기본 프로세스

    2 - ISO 12207의 기존 프로세스에 추가된 확장 프로세스

    3 - ISO 12207에서 다루지 않는 새로운 프로세스

    4 - 기존 ISO 12207 프로세스의 활동(이나 활동 그룹)인 컴포넌트

    5 - 부가 구성요소를 포함한 기존 ISO 12207 프로세스의 활동(이나 활동 그룹)에 추가된 컴포넌트 확장

4. 프로세스 목표(process goal): 프로세스의 상위 수준 목표에 대한 서술적인 문장.

5. 예상 프로세스 결과(expected process result): 올바른 프로세스 구현에서 관찰될 수 있는 결과를 서술한다. "프로세스의 성공적인 구현" 다음에 즉시 출현할 것이 분명한 항목들의 목록을 언급해야 한다.

6. 참고(note): 프로세스에 대한 추가적인 정보.

역량 수준의 구현은 일련의 속성들을 통해서 이루어진다. 이런 속성들은 어떤 프로세스가 특정 역량 수준에 도달했는지에 대한 여부를 판단하는 데 사용된다. 각 속성은 프로세스 역량의 특정 측면을 평가한다. 평가된 속성은 백분율로 표시된다. 평가된 속성에 대한 표준 등급은 다음처럼 간격이 불규칙하다.

N - 달성 못함(Not reached): 0 ~ 15%

P - 부분 달성(Partially reached): 15% ~ 50%

L - 대부분 달성(Mostly reached): 51% ~ 85%

F - 완전 달성(Entirely reached): 86% ~ 100%

2.8 소프트웨어 엔지니어링 성숙도 모델의 목록

1980년대 중반 이후로 산업계와 소프트웨어 엔지니어링 연구 공동체에서는 다수의 성숙도 모델을 발표했다. 이 개념은 너무 매력적(appealing)이어서 소프트웨어 이외의 영역들, 예를 들면 인적 자원 관리, 재정 관리, 건강 관리 등과 같은 영역에서도 성숙도 모델들이 개발되었다.

쉐어드[Sheard 1997]는 미국에서 가장 잘 알려진 모델들 및 그 모델들과 관련된 표준들을 요약했다(그림 2.8 참조). 무어[Moore 1998]는 캐나다와 유럽의 모델들을 포함해서 이 목록을 완성했다. [그림 2.9]에서는 이 모델들을 간략하게 설명하고 있다. 여기에는 모델의 기원뿐만 아니라 모델이 공개적으로 가용한지에 대한 여부도 포함되어 있다. (a) 최신 모델로 대체된 모델, (b) 인기 있는 모델에 의해서 교체된 모델, (c) 업데이트 부족 때문에 또는 오래되어 쓸모없어진 모델들은 이탤릭체로 표기했다. 수많은 모델 중에서 극소수만이 투자를 받고 시장 진입에 성공하여 살아남을 수 있었다. 그렇다면 그동안 책에서 소개됐던 수많은 소프트웨어 엔지니어링 성숙도 모델들은 어떻게 됐을까? 1993년에 CMM 버전 1.0이 발표된 이후로 수많은 모델들이 발표되었다([그림 2.10] 참조). 많은 전문가들은 모델이 급증하고 있다고 강조하면서 최근에 발표된 모델 중에 어떤 것이 검증을 받았는지 알기 어려워졌다고 지적했다.

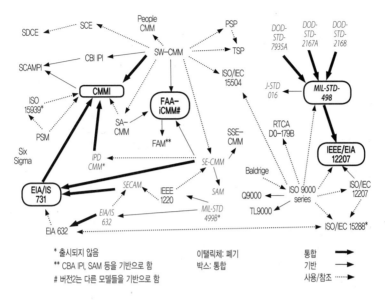

[그림 2.8] 프레임워크 관련도[Sheard]

전문적인 소프트웨어 엔지니어링 주제를 다룬 서적들은 다음과 같다.

- 《네트워킹(networking)》[Vetter 1999]

- 《보안(Security)》[Hopkinson 1996, Menk 1996]

- 《소프트웨어 기술의 적응(Adaptation of software skills)》[Dove et al. 1996]

- 《e-비즈니스와 전자 정부(E-business and e-government)》[Tobia & Glynn 2001, Windley 2002]

- 《간단한 소프트웨어 사용법(Ease of software use)》[Bevans 2000, Earthy 1998]

- 《컴퓨터 운용(Computer operations)》[Scheuing et al. 2001, Sribar 2001]

- 《데이터 관리(Data management)》[Mullins 2002]

- 《성능 공학(Performance engineering)》[Schmietendorf & Scholz 1999]
- 《재사용(Reuse)》[Topaloglu et al. 1998]
- 《IS/IT와 비즈니스의 조정(Alignment of IS/IT and business)》[Luftman 2001]
- 《IS/IT 관리 프로세스(IS/IT management processes)》[IPWSM 1999]
- 《작업명세서 관리(Specification management)》[Sommerville 1997]
- 《비즈니스 프로세스 재공학(Business process reengineering)》[WITCHITA 1999]
- 《소프트웨어 프로젝트 관리(Software project management)》[Stratton 2000, Rayner 2001, Kerzner 2002, Crawford 2002, Schlichter 2002]
- 《소프트웨어 아키텍처(Software architecture)》[NASCIO 2003, USDOC 2003, Schekkerman 2003]
- 《오픈 소스 소프트웨어 성숙도(Open-source software maturity)》[Duijnhouwer 2003]

모델명	출처 및 연도	공개적 접근	설명
SW-CMM	SEI 1991	가능	소프트웨어 엔지니어링에 대한 첫 번째 성숙도 모델로, 개선뿐만 아니라 소프트웨어 공급자에 대한 평가에 사용되었다. W. 험프리(Humphrey)의 저서에서 소개되었다[Humphrey 1990].
TRILLIUM 및 CAMELIA	Bell Canada 1991	가능	벨 캐나다와 노텔에서 개발한 이 모델은 SW-CMM, ISO 9001, 다른 표준을 통합한 모델로 전기 통신 제품에 대한 개발과 유지개선 역량을 평가했다. 1996년에 마지막 버전(v. 3.0)이 발표되었다. TRILLIUM을 개량한 CAMELIA는(프랑스에서만 사용) 1994년에 발표되었다.
Process Advisor	Pressman 1992	가능	프레스맨은 8가지 역량 분야를 다루는 질문 목록을 발표했다. 이것은 조직의 프랙티스와 산업의 모범 사례를 비교하는 간단한 모델의 제시로 간주될 수 있다.

모델명	출처 및 연도	공개적 접근	설명
Bootstrap	European ESPRIT projects 1993	불가능	ESPRIT #n5441 계획의 일환으로 유럽 소프트웨어 역량과 프로세스 개선 모델을 개발했다. Bootstrap, ISO 9001, CMM®을 초기 자원으로 사용했다. 브뤼셀에 위치한 부트스트랩 재단(Bootstrap Institute)에서 이 모델을 개발했다. 마지막 버전은 3.0-2000이다.
SQPA	HP 1993	불가능	카퍼스 존스의 작업을 기반으로 한 휴렛 패커드 모델
FAA-iCMM	FAA 1993	불가능	SW-CMM, 시스템 공학 CMM, 소프트웨어 구매 CMM을 통합한 모델로 미연방 항공국에서 소프트웨어를 개선할 목적으로 개발했다.
STD	Compita 1994	불가능	Compita의 허락 하에 열람할 수 있는 스코틀랜드 기업 모델로 SPICE를 준수하며 PPA라고 불리는 고유의 방법론을 사용한다.
SAM	BT 1994	불가능	소프트웨어 프로세스의 내부 평가를 위한 브리티쉬 텔레컴(British Telecommunications) 모델.
SE-CMM	EPIC 1995	가능	이 모델에서는 시스템 공학 조직을 위한 필수 프랙티스에 대해 소개한다.
People CMM	SEI 1995	가능	이 모델에서는 소프트웨어 개발 및 공학 조직의 인적 자원 관리와 개발에 대한 핵심 구성 요소를 소개한다.
SSE-CMM	ISSEA 1996	가능	1996년에 발표된 모델로 보안 공학 프로세스를 위한 모델이다.
IPD-CMM	EPIC 1996	가능	프로세스 개선을 위한 모델로 조직의 모든 제품 개발 프로세스에 대한 수명주기의 완전한 통합을 명시한다. 이 프로젝트는 완성되지 못한 채 1997년에 중단됐다.
SA-CMM	SEI 1996	가능	아키텍처적으로 소프트웨어를 위한 CMM과 비슷한 모델로 소프트웨어 솔루션 구매와 구매 업체에 역점을 두고 있다.
SECAM	SEI	가능	1996년에 발표된 모델로 소프트웨어 구매를 지원한다.
SECAM	INCOSE 1996	가능	조사를 기반으로 한 모델로 시스템 공학의 현재 프랙티스 프로세스를 개선하는 것을 목표로 한다.
(SPICE) ISO 15504	ISO/IEC 1998	가능	소프트웨어 프로세스 개선 모델과 방법의 ISO 기술 보고서 15504 참조 모델을 제안하며 9개의 문서로 작성되었다.
EIA/IS 731	EPIC-INCOSE 1999	가능	SE-CMM과 SECAM을 통합한 모델로 시스템 공학을 위한 모델인 SECM을 개발했다(EIA/IS 731).
CMMi	SEI 2002	가능	버전 1.1에서는 SEI의 소프트웨어 성숙도 모델들을 통합했다. 이 새로운 버전은 시스템 및 소프트웨어 엔지니어링, IPPD, 소프트웨어 구매 측면 등과 같은 많은 모델들을 폐기했다.

[그림 2.9] 주요 프로세스 모델의 역사

년도	소프트웨어 엔지니어링 성숙도 모델 제안
1991	SEI 1991, TRILLIUM 1991, Koltun 1991
1992	Visconti 1992
1993	SEI 1993, BOOTSTRAP 1993, Kubicki 1993
1994	Camelia 1994, Krause 1994
1995	Curtis 1995, Zitouni 1995
1996	Burnstein 1996a, 1996b, Dove 1996, Hopkinson 1996, Menk 1996
1997	Sommerville 1997, Kwack 1997
1998	Topaloglu 1998, Bajers 1998, Earthy 1998, ESI 1998
1999	Witchita 1999, Vetter 1999, FAA 1999, Carcai 1999, Schmietendorf 1999, IPWSM 1999, Niessink 1999
2000	Stratton 2000, Bevans 2000, COBIT 2000, Emmons 2000
2001	Kajko-Mattsson 2001a, 2001b, Rayner 2001, Scheuing 2001, Tobia 2001, Luftman 2001, Paydarfa 2001
2002	SEI 2002, Mullins 2002, Veenendaal 2002, Raffoul 2002, Kerzner 2002, Windley 2002, Schlichter 2002
2003	NASCIO 2003, USDOC 2003, Schekkerman 2003, Widdows 2003, Ream 2003, Duijnhouwer 2003

[그림 2.10] 소프트웨어 성숙도 모델 목록(1991~2003)

이런 문헌 연구를 통해서는 앞 장에서 서술한 유지개선 프로세스와 그것의 독특한 활동들의 품질을 평가하기 위한 종합적인 진단 기법에 대해서는 아무 것도 알 수 없었다. 우리 연구팀은 유지개선 담당자를 도울 수 있는 내용을 찾기 위해 각 모델을 자세히 검토했다. 위의 목록에 나열된 소프트웨어 성숙도 모델들 중 극히 일부에만 문서화된 유지개선 프랙티스가 포함되어 있으며, 이론적 근거와 참조가 수반된 모델은 더욱 적었다. 그리고 어떤 모델도 1.5절에서 언급한 유지개선 활동 전체에 대해서는 다루고 있지 않았다. 주목할 만한 사실은 이 많은 모델 중에서 오직 3개의 모델만이 소프트웨어 유지개선을 다루고 있다는 점이다[Zitouni 1995, Niessink 1999, Kajko-Mattsson 2001].

우리는 또한 이른바 성숙도 모델로 간주되지 않는 문헌들에서 소프트웨어 유지개선 프랙티스를 찾아냈다. 말콤 볼드리지 국가 품질 프로그램, COBIT, ITIL은 소프트웨어 유지개선 담당자에게 유용한 정보를 담고 있으므로, 이 책의 참조문헌 리스트에 포함시켰다.

2.9 요약

제 2장에서는 성숙도 모델을 기반으로 한 프로세스 개선의 개념에 대해 소개했다. 2장은 전문적인 용어와 유래를 가진 특정 도메인을 반영하고 있다. 첫째, CMMi는 프로젝트 관리 방안을 사용하는 소프트웨어 프로젝트에 초점을 맞추기 때문에 소프트어 유지개선을 충분하게 다루고 있지 않다는 사실을 확인했다. 또한 CMMi는 소프트웨어 유지개선의 특정 프로세스와 활동에 대해 언급하지 않는다는 것도 보여줬다.

소프트웨어 엔지니어링 성숙도 모델에 대한 문헌을 조사했지만 앞 절에서 소개한 유지개선 프로세스와 고유한 활동을 다루는 모델에 대해서는 어떤 제안도 진행되고 있지 않음을 확인했다. 어떤 모델에서도 제 1장에서 소개한 프로세스 모델의 개념과 주제를 전반적으로 다루고 있지 않았다.

ISO 9001과 성숙도 모델 사이의 차이점에 대해 언급하면서, 조직에서는 이 모델들이 서로 상호 보완적 관계에 있는 것으로 인식하는 경향이 있다는 것을 확인했다. 평가 방법과 그것들을 사용할 수 있는 다양한 방법에 대해서도 설명했다. 모델 아키텍처, 개발 단계 및 모델의 검증 방안에 대한 연구가 훨씬 더 중요한 대목으로서, 여기서는 각 도메인에 고유한 프랙티스들을 각 성숙도 수준에 매핑하고 할당하는 전문가들의 합의에 의해서 어떻게 성숙도 모델이 만들어지는지 설명했다. 대부분의 성숙도 모델 설계자들은 아키텍처, 구조, 성숙도 레벨의 개수 등에서 CMM을 따르고 있다.

검증 방안에서는 사례 연구를 수행했으며, ISO 15504는 물론이고, 'IT 서비스 CMM', CM3® 성숙도 모델, '서비스를 위한 CMMi' 등도 이용했다. 이것은 새로운 소프트웨어 엔지니어링 성숙도 모델에 있어 현재 선호되고 가장 널리 사용되는 검증 방안들이다.

그렇지만 소프트웨어 유지개선 담당자를 겨냥한 예시 프랙티스에 대해 다루고 있는 서적은 거의 없는 편이다.

2.10 연습문제

1. 미성숙한 유지개선 그룹의 특성에 대해 서술하라. 그리고 미성숙한 유지개선 그룹이 성숙도 수준을 높이려면 어떤 변화가 있어야 하는지 서술하라.

2. 페일러(Feiler[20])의 프로세스 단계들이 SEI의 작업과 SEI의 유명한 CMMi 모델에 어떠한 영향을 미쳤는지 설명하라.

3. 소프트웨어 역량의 의미에 대해 설명하라. 그리고 이것을 소프트웨어 유지개선에 적용시킬 수 있는지 서술하라.

4. 당신은 이달의 우수사원으로 뽑혔다. 이달의 사원으로 뽑힌 직원들은 회사 홈페이지에 사진을 올리고 하루 동안 회사의 마스코트로서 의상을 차려 입거나 회장님을 위해 관리 업무를 수행해야 한다. 운이 좋게도 당신은 이달의 사원으로서 관리 업무를 배정받았다. 마침, 회사는 ISO 9001:2000 인증을 받기로 결정했다. 그러나 소프트웨어 개발 부서에서는 이미 CMMi 인증을 받았다. 이전 이사회에서 모든 임원들은 다양한 인증 때문에 혼란에 빠졌고, 어떤

---

20 페일러는 지난 32년간 SEI의 연구원(관리자로 5년)으로 재직하고 있으며, 주 관심 영역은 Saftey-critical 임베디드 소프트웨어 시스템, 아키텍처 랭귀지, 소프트웨어 시스템 품질보증이다. 그는 선임기술 연구원이고 SAE AS-2C Architecture Analysis & Design Language(AADL) 표준의 저자이다. 카네기멜론 대학 컴퓨터 학과에서 박사학위를 취득했으며, 2016년에 SEI fellow로 임명되었다.

임원은 당신의 상사에게 다음 이사회 회의 때까지 이런 인증 제도들 간에 공수가 얼마나 중복되는지 파악해서 보고하라는 지시를 내렸다. 회장님은 다른 일로 매우 바쁘기 때문에 이 주제와 관련하여 5분 이상 시간을 할애하는 것을 원하지 않으며 상사는 당신에게 이 업무를 위임했다. 5분 안에 두 가지 방안이 사용되는 맥락과 상호보완성(complementarity)에 대해 설명하라.

5. 소프트웨어 유지개선에 대한 대학원 강의를 들은 당신은 회사로 향하는 중이며 소프트웨어 유지개선을 위한 역량 평가 모델인 S3m의 사본을 가지고 있다. 당신의 상사는 고객과 골프를 치러 나간 상태다. 상사는 자리를 비우면서 이 성숙도 모델의 평가 방법을 선택하라는 책임을 맡겼다. 참고로, 현재 ISO 9001:2000 감사를 진행하고 있기 때문에 이 주제에 대해 잘 알고 있는 제프(Jeff)와 함께 이 업무를 처리하라고 당부했다. 제프와 만나기 전, 당신의 프로젝트가 탈선하지 않도록 하려면 어떤 준비를 해야 하는지 서술하라.

6. 프로세스 성숙도 모델의 전형적인 아키텍처에 대해 설명하라. 다음과 같은 성숙도 모델을 위해 사용할 방안에 대해 서술하라: (a) 운영을 위한 역량 성숙도 모델(CMM for Operations)[Sribar 2001], (b) 아웃소싱 성숙도 모델[Raffoul 2002].

7. 소프트웨어 유지개선에서 유용하게 사용할 수 있는 참조 모델들을 나열하라. 다른 참조 모델을 제외한 이유에 대해 서술하라.

8. 참조 모델에서는 제1장에서 소개한 유지개선 프로세스와 활동에 대한 추가적인 정보를 제공한다. 제1장에서 소개하지 않은 활동 5가지를 서술하라. 당신의 근거를 밝히고 이런 활동들이 왜 거기에는 포함되지 않았는지 설명하라.

9. 당신은 유지개선 그룹 내에서 개선을 해야 하는 상황이다. 빌(Bill)은 당신에게 다른 곳에서 비슷한 것을 들은 적이 있다고 언급했다. 당신은 반드시 다음과 같은 행동을 해야 한다.

(a) 문제 감시(Problem monitoring)와 교정 활동(Corrective action)을 수행

하기 위해 표준을 사용한다.

(b) 소프트웨어 품질에 대한 측정기준을 확인한다.

(c) 기여자(contributor)의 만족도 수준을 높인다.

빌(Bill)의 도움을 받아 유사한 개선 프로젝트에 대한 정보를 찾아보라. 당신의 프로세스 개선에 도움을 줄 수 있는 구성 요소에 집중하라.

S3m 프로세스 모델의 기초

- 소프트웨어 유지개선 환경 •

• ISO 12207 구조를 기반으로 한 소프트웨어 유지개선 프로세스의 S3m 분류 체계 •
- 기본(Primary) 프로세스
- 지원(Support) 프로세스
- 조직(Organizational) 프로세스

• S3m 유지개선 프로세스 영역과 핵심 프로세스 영역 •

3.1 개요

   제 3장에서는 소프트웨어 유지개선 성숙도 모델인 S3m 모델에 대하여 소개할 예정이다. S3m 모델에서는 다양한 모범 사례와 참조들을 성숙도 수준별로 짜임새 있게 보여주고 있다.

   소프트웨어 유지개선 활동에 대한 편익과 모범 사례에 대한 지식 부족은 비효율적인 또는 부적절한 투자를 초래할 수 있다. 이런 상황은 결국 (a) 고객의 불만족, (b) 서비스 지연 및 비용 최적화 저해, (c) 정보기술 분야에서 혁신과 투자 그리고 개선에 대한 지연으로까지 이어지게 된다.

   조직에서는 S3m 모델에 비춰 현행 유지개선 프랙티스를 초기에 벤치마킹함으로써 소프트웨어 유지개선에 초점을 둔 개선 프로그램을 지속하는데 S3m 모델을 사용할 수 있다. 이렇게 함으로써 유지개선 조직은 소프트웨어 유지개선 서비스 제공상의 장점과 단점을 확인할 수 있다. 그리고 갭의 확인과 함께 유지개선 조직은 모델을 비교하여 어떤 이슈들이 발생하는지에 대한 것뿐만 아니라 발생한 이슈를 해결하는 방법을 확인하고 소프트웨어 유지개선 프로세스를 개선할 수 있다.

   S3m 모델은 조직이 직접적으로 통제하는 소프트웨어 유지개선 프로세스를 다룬다. 규모나 업종에 관계없이 모든 조직이 소프트웨어 유지관리를 개선하기 위한 프랙티스를 제공할 수 있도록 소프트웨어 유지개선 엔지니어링에서 입증된 지식을 실용적인 방법으로 적용하고 있다.

   조직은 사업목표를 달성하기 위해 자기 책임하에 비용과 제약 사항을 고려하면서 이 모델을 사용해야 한다.

   프로젝트 관리 기술을 사용하는 대규모 소프트웨어 유지개선 프로젝트에는 S3m 프로세스 모델이 적합하지 않으므로 이 모델의 범위는 소규모 유지개선 활동으로 제한된다. 프로젝트 관리 전문 지식 및 기술이 필요한 유지개선 작업을 수행하기 위해서는, CMMi 또는 다른 성숙도 모델을 사용해야 한다.

다음은 S3m 모델과 관련된 내용이다.

- 고객의 관점에 바탕을 두고 있다.
- (a) 조직 내부에서 개발되고 관리되는, (b) 하청 업체의 도움을 받거나 조직 내부에서 구성되고 관리되는, (c) 외부 공급 업체에 아웃소싱한, 애플리케이션 소프트웨어의 유지개선을 다룬다.
- 각각의 모범 사례에 대한 참조와 상세 정보를 제공한다.
- 로드맵과 유지개선 범주에 근거한 개선 방안을 제공한다.
- ISO 12207과 ISO 14764 소프트웨어 수명주기 프로세스 및 유지개선 표준을 다룬다.
- 대부분의 ISO 90003:2004 특성과 프랙티스를 다룬다.
- 소프트웨어 개선을 위한 참조 모델인 CMMi와 관련된 부분을 다룬다.
- ISO 15504 국제 표준을 준수하며 소프트웨어 유지개선(ISO 15504 파트 2)과 관련된 프랙티스의 표준을 다룬다.

S3m 모델은 아래의 다른 소프트웨어 및 품질개선 모델을 참조하여 추가적인 소프트웨어 유지개선 프랙티스를 모델 안에 통합한다.

- ITIL 모범 사례 버전 3[Central Computer & Telecommunications Agency 2007a, 2007b, 2007c, 2007d, 2007e]
- IT 서비스 CMM[Niessink et al. 2005]
- 오류수정 유지개선 성숙도 모델(Cm3)[Kajko-Mattsson 2001a]
- 유지개선 담당자의 교육 훈련 성숙도 모델(Cm3)[Kajko-Mattsson et al.

2001b]

- COBIT® 버전 4[IT Governance Institute 2007]
- 말콤 볼드리지[Malcolm Baldridge National Quality Program 2007]
- 카멜리아[Camelia 1994]
- 지토우니와 아브랑[Zitouni 1996]

3.2 소프트웨어 유지개선 환경

유지개선 활동의 범위와 소프트웨어 유지개선 담당자가 일하는 환경을 이
해하는 것은 중요하다([그림 3.1] 참고). 다음은 일반적인 소프트웨어 유지개
선 조직 환경 내에서 찾아 볼 수 있는 다양한 인터페이스를 소개한 것이다.

- 고객과 사용자에 대한 소프트웨어 유지개선 인터페이스(1로 표시)
- 일선 유지개선과 업무지원 센터(헬프데스크) 인터페이스(2로 표시)
- 시스템 운영 부서 인터페이스(3으로 표시)
- 개발자 인터페이스(4로 표시)
- 공급자 인터페이스(5로 표시)

이렇게 매일 서비스를 필요로 하는 인터페이스를 고려하면서, 유지개선 담
당자는 애플리케이션 소프트웨어가 아무 문제없이 동작하도록 유지하고, 운영
에 문제가 발생했을 때 빠르게 서비스를 복원할 수 있도록 대응한다. 또한, 합

의된 서비스 수준 내에서 혹은 그 이상으로 서비스를 제공해야 한다. 그뿐만 아니라 유지개선 담당자는 사용자들에게 합의된 예산 내에서 헌신적이며 유능한 지원 팀을 원하는 대로 이용할 수 있다는 확신을 심어줘야 한다. 아브랑 [Abran 1993a]은 다음과 같은 사례를 통해 소규모 유지개선 요청에 대한 처리와 유지개선의 본질적인 핵심 특성을 강조했다.

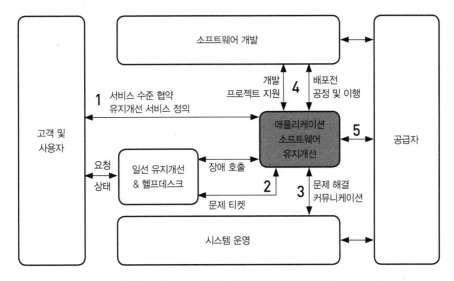

[그림 3.1] 소프트웨어 유지개선 담당자의 환경 분석도

- MR(변경요청, Modification Request)은 불규칙하게 발생하기 때문에 개별적으로 연간 예산편성 프로세스에 포함시킬 수 없다.
- MR은 주로 운영단계에서 검토되고, 우선순위에 따라 배정된다. 대부분의 MR은 고위관리자의 개입을 필요로 하지 않는다.
- 프로젝트 관리 기술을 사용하는 대신 대기열(Queue) 관리 기술을 사용하여 유지개선 업무량을 관리한다.
- 규모와 복잡성으로 봤을 때 소규모 유지개선 요청은 한두 명의 인력으로 처리될 수 있다.

- 유지개선 업무량은 사용자 서비스 영향도(user services oriented)와 애플리케이션 중요도(application responsibility oriented)에 따라 배분한다
- 우선순위는 언제든지 변경될 수 있지만 애플리케이션 소프트웨어 오류 수정을 위한 MR은 진행중인 다른 업무에 우선한다.

첫 번째 인터페이스는 고객/사용자와 유지개선 담당자 사이에 위치하고 있다. 고객 인터페이스는 각 조직의 관리자들 사이에서 운영되며 일반적으로 제공되는 소프트웨어 유지개선 서비스에 대한 정의와 관리로 구성된다. 이 인터페이스에서는 서비스 범위, 목적 및 우선순위, 예산/비용, 사용자의 만족과 관련된 활동에 대한 협상을 수행한다. 이 내용들은 협약서(혹은 내부 계약서), 즉 SLA에 명시되어 있다[April 2001].

협약이 체결되면, 사용자들은 매일 소프트웨어 유지개선 담당자로부터 서비스를 지원받을 수 있다. 사용자 인터페이스는 본질적으로 운영적인 측면이 강하므로 고객 인터페이스와 차이가 있다. [그림 3.1]에서 2로 표시된 이 인터페이스는 조직 모델에 따라 다양한 조직에 배치될 수 있다. 업무지원(Help Desk) 서비스는 유지개선 조직에서, 때로는 운영 조직에서, 때로는 독립된 제품 지원 조직(유지개선 조직[Khan 2005, pp.80-81])에서 수행한다.

IS/IT 조직이 사용자에게 제공하는 표준 프랙티스는 중앙집중식 지원 기능이다. 이 인터페이스를 통해 처리된 문제 보고 활동은 가이코-매트슨[2001a]이 발표한 문제 관리 분류 체계의 한 부분으로 잘 정리되어 있다.

장애 및 다른 지원 요청을 빠르게 해결하기 위해 의사소통을 효율적으로 할 수 있도록 체계적인(mechanized) 문제 보고 프로세스를 사용한다. 일반적으로 문제를 구분할 수 있도록 "티켓(ticket)"이라고 불리는 특정 사용자 요청이 업무지원 센터, 소프트웨어 유지개선 팀, 운영 팀 간에 회람된다.

세 번째로 중요한 유지개선 인터페이스에서는 컴퓨터 시스템 운영 조직을 다룬다[Central Computer & Telecommunications Agency 2007d]. 시스템 운영 직원들은 애플리케이션 소프트웨어를 지원하는 인프라스트럭처의 관리인이기 때문에 일반적으로 워크스테이션, 네트워크, 플랫폼과 관련된 모든 운영 이슈, 지원 이슈, 유지개선 이슈를 처리할 뿐만 아니라 백업, 복구, 시스템 관리 등과 같은 활동들도 수행한다. 사용자는 대개 소프트웨어 유지개선 담당자와 운영 직원 간의 내부 정보 교환에 관련되지 않거나 상황에 대해 거의 알지 못한다. 이 인터페이스는 장애가 발생하거나 재난을 당했을 때 합의된 SLA 조항과 조건 내에서 서비스를 복구할 수 있도록 서비스 복구 협조 등과 같이 사용 빈도가 적은 활동도 포함하고 있다.

네 번째 인터페이스는 소프트웨어 개발자와 유지개선 담당자 사이의 관계를 소개하고 있다. 개발자들이 자신이 개발한 소프트웨어에 대해 유지개선을 직접 수행하는 경우, 소프트웨어 개발과 소프트웨어 유지개선 사이의 인터페이스는 존재하지 않는다. 많은 조직들이 개발과 유지개선을 위해 별도의 조직을 운영하는데 이 인터페이스가 존재하면, 일부 유지개선 문제의 근본 원인을 확인하기 위해 개발 단계까지 거슬러 올라갈 수 있다. 따라서 유지개선 담당자가 개발부터 유지개선에 이르기까지 소프트웨어의 배포 전 공정 및 이행에 관여해야 할 뿐만 아니라 통제도 해야 한다. 그 밖에 많은 서비스들이 이 인터페이스를 통해 처리된다. 유지개선 담당자는 수많은 대규모 개발 프로젝트를 지원하는 데 많은 기여를 하고, 때로는 직접 참여하기도 한다. 유지개선 담당자가 가지고 있는 소프트웨어와 데이터 포트폴리오에 대한 지식은 레거시 소프트웨어를 이용하거나 교체하려는 개발자에게 매우 중요하다. 예를 들면 유지개선 담당자의 일부 핵심 활동은 (a) 기존 소프트웨어를 대체하는 이행전략의 개발, (b) 레거시 소프트웨어에 대한 임시 인터페이스나 새로운 인터페이스 설계, (c) 업무 규칙에 대한 검증이나 기존 레거시 소프트웨어 데이터에 대한 해석 지원, (d) 새로운 소프트웨어로의 전환 및 데이터 이행 지원 등을 포함한다.

[그림 3.1]에서 5로 표시된 마지막 인터페이스에서는 공급자, 아웃소싱 업체, ERP(전사적 자원 관리, Enterprise Resource Planning) 판매 업체 등과의 관계를 다룬다. 유지개선 담당자들은 다음과 같이 공급자와 다양한 관계를 유지하고 있다.

- 업무량 피크기간 동안 유지개선 팀의 일부가 되어 특정 전문지식과 추가 인력을 제공하는 하청 업체와의 관계
- 이미 라이선스를 획득한 소프트웨어(예를 들면 ERP등 상용 소프트웨어)에 대해 매년 구체적인 지원 서비스를 제공하는 별도의 유지개선 계약을 맺는 공급 업체와의 관계
- IS/IT 포트폴리오의 일부 소프트웨어를 위한 유지개선 조직을 부분적으로나 완전히 대체하는 유지개선 공급 업체와의 관계(예: 아웃소싱 계약)

사용자에게 좋은 서비스를 제공하기 위해서 소프트웨어 유지개선 담당자는 다양한 계약 유형에 대해 잘 알고 있어야 한다. 유지개선 담당자는 공급업체를 효율적으로 관리해야 하는데, 그중에는 공급자의 성과를 보장할 수 있는 방안도 고려해야 한다. 이는 서비스 품질에 영향을 줄 수 있기 때문이다.

3.3 소프트웨어 유지개선 프로세스 분류 체계

왕과 킹(Wang and King)[2000]은 유지개선에 관한 전체 프로세스 범주를 식별하고 모델화해야 한다고 주장했다. 이렇게 하면 모델을 공식적으로 정의할 수 있으며 사전검증 활동을 쉽게 할 수 있다. 소프트웨어 유지개선을 위한 상위 단계 프로세스 모델을 개발하기 위해서는 프로세스와 활동의 목록이 구비되어야 한다. SWEBOK 소프트웨어 유지개선 챕터에서 소개한 고유한 활동들과 현재 국제 표준이 담고 있는 내용을 모두 포함하는 프로세스 모델 개발이 어려울 것이라는 점은 프로젝트의 초기부터 인지하고 있었다. 한편, 해당 업계의 유지개선 담당자가 사용하게 될 프로세스 모델을 제공하는 것이 중요하다. 이 목표를 달성하기 위해서는 [그림 3.2]에서 제시한 것처럼 소프트웨어 유지개선 프로세스를 3가지로 그룹화해야 한다. 이렇게 하는 주된 이유는 소프트웨어 유지개선 프로세스와 활동에 주안점을 유지하면서 ISO 12207 표준과 유사한 표현 방법을 제공하기 위해서이다.

- 기본 프로세스(소프트웨어 유지개선 운영(operational) 프로세스)는 기술 조직(technical organization)에 속한 프로세스들이다.
- (기본 프로세스를 지원하는) 지원 프로세스는 지원 조직에 속한 프로세스들이다.
- "상위 수준의 행정처리(top-level administrative)[Wang & King 2000]"를 제공하는 조직 프로세스는 정보 시스템 부서나 교육, 재정, 인사, 구매 등과 같이 다른 부서에 속한 프로세스들이다.

이렇게 포괄적인(generic) 소프트웨어 유지개선 프로세스 모델을 이용하면,

다양한 소프트웨어 유지개선의 핵심 프로세스를 설명하고 표현할 수 있다.

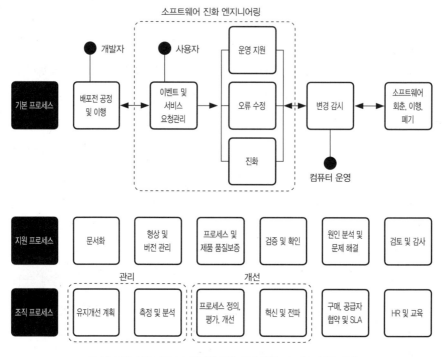

[그림 3.2] 소프트웨어 유지개선 담당자의 핵심 프로세스 분류 체계

3.3.1 소프트웨어 유지개선 운영 프로세스

소프트웨어 유지개선 조직에서 사용하는 운영 프로세스(기본 프로세스라고도 칭함, Operational process, Primary process)는 소프트웨어 프로젝트 개발 단계 초기에 배포 전 공정 및 이행 프로세스와 함께 시작된다. 일부 표준에서도 알 수 있듯이 이행은 개발자가 시스템을 유지개선 담당자에게 넘기는 순간에만 국한되지 않는다. 유지개선 담당자는 소프트웨어 프로젝트가 통제되고 있는지, 그리고 소프트웨어가 구조화되고 조화로운 방법으로 자신에게 전달되

는지에 대해서도 확인해야 한다.

이 프로세스에서 유지개선 담당자는 새로운 소프트웨어의 유지개선성에 집중한다. 이 프로세스는 시스템 개발 수명주기 동안 개발자를 지원하기 위한 활동도 내포하고 있다.

일단 소프트웨어에 대한 책임이 유지개선 담당자에게 넘어오면, 이벤트 및 서비스 요청 관리 프로세스(event and request management process)에서 모든 이슈, PR, MR, 지원 요청을 처리한다. 이것들은 반드시 효율적으로 관리되어야 하는 일상적인 서비스이다. 이 프로세스의 첫 번째 단계에서는 요청을 처리할지, 다른 곳으로 넘길지, 아니면(요청 및 규모의 특성과 SLA에 근거하여) 거절할지에 대해 평가한다[April 2001].

수락된 요청을 문서화하고 요청에 대한 우선순위를 정하면 다음과 같은 서비스 범주 중 하나로 분류된다.

1. 운영지원 프로세스(소프트웨어에 대한 변경 사항이 없는 요청)
2. 오류 수정(corrections) 프로세스
3. (적응형, 완전형, 예방형 요청을 다루는) 진화(evolutions) 프로세스

이렇게 분류된 요청은 해당 프로세스에서 처리된다. 소프트웨어에 대한 어떤 변경도 발생시키지 않는 서비스 요청이 존재한다는 사실에 주목해야 한다. 모델에서는 이런 서비스 요청을 "운영지원" 활동으로 분류한다. S3m 모델에서는 다음과 같은 요청들이 운영지원 활동으로 분류된다.

- 기존 시스템에서 일회성 정보 추출
- 기술지원, 컨설팅, 감시, 문제 관리를 개발자와 운영 팀에게 제공
- 고객과 사용자가 소프트웨어 그 자체, 거래, 데이터, 문서를 더 잘 이해할 수 있도록 지원

다음 기본 프로세스는 변경 감시 프로세스(change monitoring process)로 운영시스템에 적용된 변경으로 인해 운영 환경의 성능이 저하되지 않도록 보장한다. 유지개선 담당자는 변경이 발생했을 때 성능 저하에 대한 징후를 발견할 수 있도록 시스템 환경뿐만 아니라 애플리케이션 소프트웨어의 반응을 항상 감시해야 한다. 평소와 다른 상황이 발생하거나 서비스 성능 저하에 대한 조치가 필요할 때 유지개선 담당자는 운영 담당자, 기술지원 담당자, 일정 관리 담당자, 네트워크 담당자, 사무용 컴퓨터 지원 담당자 등과 같은 지원 그룹에게 빠르게 경고해야 한다. 기본 프로세스의 마지막 단계에서는 (1) 유지개선성(maintainability)을 향상시키기 위한 회춘 활동, (2) 소프트웨어를 다른 기술 환경으로 이동시키기 위한 마이그레이션(이행) 활동, (3) 소프트웨어를 사용 중지해야(decommissioned) 하는 상황에서의 폐기 활동이라는 3가지 유형의 유지개선 활동을 처리한다.

3.3.2 소프트웨어 유지개선 지원 프로세스

ISO 12207에서는 기본 프로세스(응용 프로세스)에서 필요에 따라 사용되는 프로세스를 운영지원 프로세스라고 부른다. 대부분의 IS/IT 조직에서는 개발자, 유지개선 담당자, 운영 팀에서 공동으로 이 프로세스에 대해 책임진다. 다음은 운영지원 프로세스에서 일반적으로 포함하는 내용을 나열한 것이다.

- 문서화 프로세스
- 소프트웨어 형상(구성) 및 버전 관리 프로세스와 도구
- 프로세스 및 제품 품질보증 프로세스
- 검증 및 확인 프로세스
- 운영 팀과 공유하는 문제해결 프로세스

• 검토 및 감사 프로세스

어떤 문제들은 재발하기도 하고 또 어떤 문제들은 발견되기 전에 사라질 수도 있다. 오래된 이슈를 해결하기 위해서 원인 분석 프로세스를 사용한다. 이런 과정을 통해서 이슈에 대한 원인이 발견된다. 이런 활동들이 모두 소프트웨어 유지개선 운영 프로세스를 지원하는 프로세스이다.

3.3.3 소프트웨어 유지개선 조직 프로세스

일반적으로 조직 내의 다른 부서에서 경영 계획, 측정, 평가, 혁신, 교육, 인사 관리 등과 같은 조직 프로세스를 제공한다. 이런 프로세스들을 측정하고 평가하는 일은 매우 중요하지만, 유지개선 담당자는 우선 운영 프로세스를 정의하고 최적화하는 일에 집중해야 한다. 그 후에 운영지원 프로세스, 조직 프로세스 순으로 업무를 처리한다.

3.4 소프트웨어 유지개선 프로세스 도메인과 핵심 프로세스 영역(KPA)의 식별

[그림 3.2]에서 언급한 프로세스 모델을 이용하여 S3m 소프트웨어 유지개선 성숙도 모델에 대한 프로세스 도메인을 정의할 수 있다. [그림 3.3]에서 좌측의 내용은 현재 사용 중인 CMMi 프로세스 도메인 4가지를 나타낸 것이며,

우측의 내용은 소프트웨어 유지개선에서 사용 중인 프로세스 도메인 4가지를 나타낸 것이다. 이런 변경은 소프트웨어 개발에 사용되는 프로젝트 관리와 대비하여, 소프트웨어 유지개선 이벤트/요청 관리를 반영하기 위해 도입되었다. S3m 성숙도 모델에서는 대규모 프로젝트가 아닌 소규모 유지개선 요청을 기반으로 한 유지개선 활동에 주안점을 두고 있다.

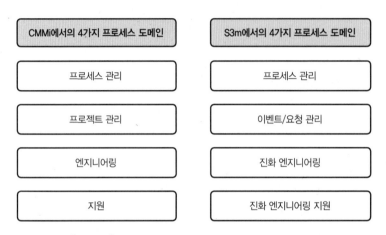

[그림 3.3] 프로세스 영역: CMMi와 S3m 소프트웨어 유지개선

소프트웨어 유지개선에서는 소프트웨어의 개발보다 가동 이후 소프트웨어의 진화를 중심으로 엔지니어링과 지원 활동이 이루어져야 한다고 정의하고 있다. 이런 기본적인 차이를 반영하여, CMMi 엔지니어링 도메인에 "진화 엔지니어링"이라는 명칭을 붙였다. 진화 엔지니어링은 대부분 운영 소프트웨어에 대한 변경, 회춘, 이행 등과 관련이 있다.

이전 장에서 ISO 12207과 ISO 14764와 같은 국제 표준을 소프트웨어 유지개선 프로세스에 적용시킬 수 있을 뿐만 아니라 이와 같은 국제 표준이 유지개선 영역의 근본이 되는 지식의 일부분이라고 언급했다. 국제 표준은 유지개선 담당자가 따라야 하거나 채택해야 하는 활동에 대한 서술적(descriptive)인 표현이나 규범적(prescriptive) 표현을 포함하고 있는 프로세스 모델을 제안한다. 그러므로 S3m 모델에서는 ISO 12207[ISO 1995]과 ISO 14764[ISO 2006]에서 정의된 모든 프로세스와 활동을 포함하도록 아키텍처를 구성하는 것이 매우 중요했다.

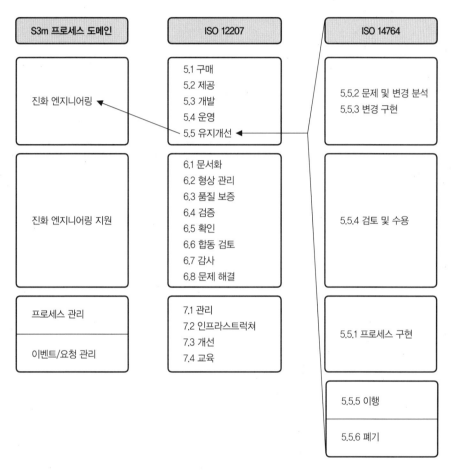

[그림 3.4] S3m 모델에서 처리되는 표준 항목

[그림 3.4]에서는 S3m의 각 프로세스 도메인이 두개의 국제 소프트웨어 표준을 다룰 수 있도록 포함해야 하는 내용을 보여주고 있다. 두개의 국

제 소프트웨어 표준을 따르는 유지개선 모델은 엔지니어링 프로세스에서 (1) 구매(acquisition), (2) 제공(provision), (3) 개발(development), (4) 운영 (operation) 등 4가지 주제를 처리해야 한다. ISO 14764의 프로세스들은 포괄적으로 그리고 반드시 S3m 모델에 포함되어야 한다.

[그림 3.4]의 매핑을 이용하면, 모델의 KPA(핵심 프로세스 영역, Key Process Area)를 확인하는 데 도움이 된다. [그림 3.5]는 S3m 소프트웨어 유지개선 성숙도 모델의 4가지 프로세스 도메인과 18가지 KPA를 소개하고 있다. 이제 모델의 KPA를 설계하는 동안 진행된 아키텍처 측면의 의사결정에 대해 소개하도록 하겠다.

먼저, CMMi의 프로세스 관리 영역은 소프트웨어 유지개선과도 관련이 있다고 여겨진다. 여기에서 우리가 해야 할 일은 이 프로세스를 유지개선 담당자의 관점에서 살펴보는 것이다. CMMi의 프로세스 도메인에서 사용된 5가지 KPA에 대한 명명 규칙은 [그림 3.5]에서처럼 (1) 유지개선 프로세스 초점, (2) 유지개선 프로세스/서비스 정의, (3) 유지개선 교육, (4) 유지개선 프로세스 성과, (5) 유지개선 혁신 및 전파 등으로 약간 변경되었다[Tornatzy 1990]. 단지 지토우니(Zitouni)의 모델에서만 "유지개선 기능 조직"이라는 추가 KPA를 제안했는데, 이것은 위에서 제시된 KPA 중 하나와 통합될 수 있다[Zitouni 1995].

다음으로 유지개선 이벤트/요청 관리 프로세스 도메인의 KPA에 대한 결정을 내려야 한다. 이것은 모델의 내용이 CMMi의 내용에서 완전히 벗어났다는 것을 의미한다. 프로젝트 관리 영역에서 CMMi는 (1) 프로젝트 계획, (2) 프로젝트 후속 조치 및 감독, (3) 공급자 협약 관리, (4) 통합 프로젝트 관리, (5) 위기 관리, (6) 통합 팀, (7) 통합 공급자 관리, (8) 양적인 프로젝트 관리 등 8가지 KPA를 소개한다. 제1장(1.5절과 1.7절 참고)에서 언급한 것처럼, 프로젝트 관리와 유지개선 이벤트/요청 관리 사이에는 큰 차이가 있다.

소프트웨어 유지개선의 4가지 프로세스 도메인	소프트웨어 유지개선의 핵심 프로세스 영역
프로세스 관리	1. 유지개선 프로세스 초점 2. 유지개선 프로세스/서비스 정의 3. 유지개선 교육 4. 유지개선 프로세스 성능(성과) 5. 유지개선 혁신 및 전파
이벤트/요청 관리	1. 이벤트/요청 관리 2. 유지개선 계획 3. 요청/소프트웨어 감시 & 통제 4. SLA 및 공급자 계약 관리
진화 엔지니어링	1. 배포전 공정 및 이행 서비스 2. 운영지원 서비스 3. 소프트웨어 진화 및 오류 수정 서비스 4. 검증 및 확인
진화 엔지니어링 지원	1. 형상 및 버전 관리 2. 프로세스, 서비스, 소프트웨어 품질 보증 3. 유지개선 측정 및 분석 4. 원인 분석 및 문제해결 5. 소프트웨어 회춘, 이행, 폐기

[그림 3.5] S3m 핵심 프로세스 영역

이 두 번째 프로세스 도메인의 KPA와 관련해서 다음과 같은 결정이 내려졌다.

• 프로젝트 계획이 "이벤트/요청 관리"로 변경되었다.
• 계획, 후속 조치, 감독 등의 개념을 유지하되 내용은 소프트웨어 유지개선의 상황에 맞게 수정되었다.

유지개선 담당자에게 미치는 SLA의 중요성을 반영하여 "SLA 및 공급자 계약 관리"에서 서비스 협약, 계약, 하청 업체, 아웃소싱 업체의 관리를 함께 그룹화했다.

진화 엔지니어링에 있어서 KPA와 관련된 결정은 매우 중요하다. CMMi에서는 (1) 요건 정의, (2) 요건 관리, (3) 기술적인 해결, (4) 제품 통합, (5) 검증, (6) 확인 등 6가지 KPA를 제시하고 있다. IS/IT 조직에서는 개발자와 유지개선 담당자들이 프로세스와 기술을 공유하기 때문에 가능한 한 동일한 산출물과 도구를 사용해야 한다. 예를 들면 유지개선 담당자는 CMMi를 사용하여 개발을 평가해야 하며 유사한 유지개선 활동에서 사용하는 전문 용어들 사이에 차이가 없도록 유사성을 유지해야 한다. 이와 같은 맥락에서 다음과 같은 결정이 내려졌다.

- 유지개선 담당자는 이행 이슈를 처리하는데 이것은 독특한 활동이다. 그래서 이 목적에 맞게 KPA를 개발했다.
- 소프트웨어를 변경하지 않는 모든 서비스를 "운영지원 서비스" KPA로 분류한다.
- 프로젝트 요건, 설계, 구축과 같은 활동 대신에 모든 소프트웨어 변경에 대해서 KPA를 개발하는 것으로 결정했다. "진화" KPA는 적응형, 완전형, 예방형 요청 등을 포함하고 있다. 오류 수정은 모델에서 별도로 취급되어야 하는 다른 유형의 서비스라고 식별한다.
- CMMi와 연계를 위해 유지개선 검증 및 확인은 ISO 14764의 지원 프로세스에서 진화 엔지니어링 프로세스로 이동한다.

마지막으로, "진화 엔지니어링 지원" 도메인의 KPA와 관련된 다양한 결정이 내려졌다. CMMi에서는 (1) 형상관리, (2) 품질보증, (3) 측정 및 분석, (4) 조직 환경 통합, (5) 결정 분석 및 해결, (6) 근본 원인 분석 및 해결 등 6가지

KPA를 제시했다. 여기에서도 이전 프로세스 영역과 동일한 이유로 가능한 한 CMMi와 동일한 산출물과 도구를 사용해야 한다. 여기에서는 다음과 같은 결정이 내려졌다.

- 유지개선 담당자는 형상관리뿐만 아니라 버전 관리도 처리해야 하므로 이 목적에 맞게 KPA를 개발한다.
- 개발자의 일부 품질보증 활동은 유지개선 담당자에게도 적용되어야 한다.
- 측정과 분석은 유지개선에도 그대로 유지된다. 개발자와 유지개선 담당자는 모든 IS/IT 프로세스를 다루는 측정 정보저장소(repository)를 공유한다.
- 유지개선 담당자는 장애가 발생한 지점을 반드시 알아내야 할 뿐만 아니라 장애를 해결하기 위해서 다양한 조직과 소통하기 때문에 원인 분석과 문제해결 분야와 관련이 깊다. 오래되고 반복적인 장애는 근본원인 분석(root cause analysis)의 대상이 되어야 한다.
- 재문서화, 리스트럭처링, 리버스엔지니어링, 리엔지니어링 등을 포함한 모든 회춘 활동을 함께 묶을 수 있는 KPA를 정의한다. 이 모델에서는 프로젝트 구조를 필요로 하지 않는 소규모 활동을 처리한다. 그리고 이 KPA는 ISO 14764 이행(migration) 및 폐기(retirement) 활동을 포함한다.

3.5 요약

제 3장은 S3m을 소개하는 것으로 시작하여 성숙도 모델 개요, 조직 범위, 목표 편익에 대해 언급했다. 그리고 S3m을 구현하는 방법과 이 모델이 통합하는 다양한 참조에 대한 설명이 이어졌다. 아키텍처와 성숙도 레벨에 대한 개요뿐만 아니라 각 성숙도 수준에서 처리되는 활동들에 대한 사례도 설명했다. 프랙티스를 성숙도 수준에 할당하는 방법과 다음 단계로 올라갈 때 일반적으로 필요한 사항을 초보자가 보다 쉽게 이해할 수 있도록 하는 것이 이 장의 또다른 의도이다.

다음 장에서는 S3m 성숙도 모델의 첫 번째 프로세스 도메인인 프로세스 관리 도메인(process management domain)에 대해 소개할 예정인데, 이것은 5가지 KPA를 포함하고 있다.

3.6 연습문제

1. 당신이 평가 계획을 세우고 있을 때, 마크(Marc)가 다가와 평가에 대해 준비해야 할 일이 거의 없기 때문에 모든 직원들에게 메일만 보내면 된다고 말했다. 하지만 당신은 내심 디디에(Didier)가 평가 프로젝트에 배정되기를 바라

고 있다. 이런 상황에서 평가 준비를 위해 문서에 어떤 내용이 들어가야 하는지 서술하라.

2. 소프트웨어 개발과 유지개선 프로세스 개선이 성공하기 위한 요인 6가지를 나열하라.

3. 탐(Tom)은 내년도 평가 예산을 짜고 있으며 1회의 평가기간을 3~5일로 보고 있다. 그리고 내년에 4번 평가를 실시할 계획이다. 탐이 산출한 예산에서 잘못된 점을 서술하라.

4. 이사회에서 프레젠테이션을 마친 후, 회장님이 당신을 호출했다. 방에 들어간 당신에게 컨설턴트인 회장님의 동생이 자체 개선에 대해 의문을 제기했다. "소프트웨어 유지개선팀이 자체 개선 방법을 구현했음에도 불구하고 조직이 이렇게까지 엉망이 될 수 있나요?" 당신은 내용을 정리하여 오늘 안으로 이메일을 주기로 약속했다. 많은 비용을 들여 외부 컨설턴트를 고용하는 대신 내부에서 개선 프로젝트를 진행해야 하는 이유에 대해 서술하라.

5. 마크(Marc)는 개선 프로젝트의 선임 심사원으로 디디에를 선택한 것에 대해 유지개선 총괄 관리자에게 항의했다. 당신은 이와 같이 결정을 내린 이유를 마크(Marc)에게 설명해야 한다. 참고로, 교외로 향하는 마지막 기차가 10분밖에 남지 않았다. (당신은 오늘 저녁 가족들과 하키 경기를 보러 가기로 약속했다. 이 약속은 변경할 여지가 없다!) 당신이 내린 결정에 대한 정당성을 빠르게 주장하라.

6. 일반적으로 개선을 반대하는 가장 큰 이유 4가지를 열거하고, 이 이유들을 반박할 수 있는 방안에 대해 서술하라.

7. 여러분은 평가 결과가 남용되는 것을 걱정하는 동료에게 관리 부서에서 희생양을 찾는 데 결코 이 결과가 사용되지 않을 것이라고 납득시켜야 한다. 이 평가에 대해 회의적인 몇몇 프로그래머들이 평가로 인해 혁신이 방해를 받고 있으며 자신들의 업무가 평가절하된다고 주장한다. 평가가 온전하다는 사실을 납득시킬 수 있도록 설명하라.

8. 당신이 이사회에 보고서를 제출한 후, 회계사가 그 보고서에서 재무 비율이 누락되었다고 알려왔다. 회계사는 보고서에 언급된 활동이 어떤 편익도 없이 수천 달러를 집어삼키는 블랙홀이라고 지적했다. 당신은 이미 제임스(James)와 이것에 대해 상의했기 때문에 싸울 준비가 되어 있다. 유지관리 개선 비용의 타당성에 대해 주장하라.

9. CMMi 프랙티스를 재사용한 S3m 내의 핵심 프로세스 영역을 서술하고 소프트웨어 유지개선과 관련된 프랙티스를 가진 핵심 프로세스 영역에 대해서도 서술하라.

10. 어떤 관리자가 당신에게 다가와 지금 당장 사용할 수 있을 뿐만 아니라 모든 유지개선 문제를 단번에 해결할 수 있는 프로세스 개선 모델을 발견했다고 이야기하고 있다. 관리자의 열의를 꺾을 수 있도록 반박하라!

11. S3m에서 CMMi뿐만 아니라 다른 문서들을 자주 언급하는 이유에 대해 서술하라.

12. 노먼(Norman)은 당신에게 유지개선 조직이 제안된 프랙티스를 정확하게 구현하지 않는다면 부적합성을 일으킬 것이라고 말한다. 노먼(Norman)의 주장에 대해 반박하라.

13. 당신의 상사는 일반적인 모델에서 언급하는 프로세스 분류 체계를 도입하기로 결정했다. 기존에 프로세스 분류 체계를 본 적 있는 당신은 도입시 문제가 생길 것이라고 생각한다. 하지만 상사는 당신의 생각을 수정해야 한다고 주장하고 있다. 당신의 입장은 무엇이고 입장에 따라 당신의 의견을 서술하라.

14. 디디에(Didier)는 프랙티스에 대한 이해를 돕고자 모델의 참조 문서를 보고 싶어 한다. 하지만 로저(Roger)는 그럴 필요 없으며 대신 직접 부딪치는 것이 더 중요하다고 이야기한다. 당신의 의견을 서술하라.

15. 마케팅 직원은 중요한 고객과 대화를 하면서 당신의 조직이 S3m 3단계 자격이 있으며, 이것은 SEI 3 단계와 ISO 9000 인증에 상응한다고 설명했다. 이것과 관련하여 고객에게 명확히 설명하라.

16. 로드맵에 대한 이론적인 근거에 대해 설명하라.

17. 모델이 ISO 15504 표준에 따르고 있다는 것을 확인하는 데 필요한 기준에 대해 서술하라.

18. 모델의 레벨 0, 1, 2 사이의 차이점에 대해 간단하게 서술하라.

Software

Maintenance

Management

04

프로세스
관리 도메인

- S3m의 첫 번째 프로세스 도메인에 대한 개요:
  프로세스 관리 (Process Management) •

- 핵심 프로세스 영역, 목표, 목적, 예상 결과, 다른 KPA와의 관계:
  프로세스 초점, 유지개선 교육, 프로세스 성과, 유지개선 혁신과 전파 •

이 장은 S3m 모델의 첫 번째 프로세스 도메인의 개요와 목표를 보여준다.
이 프로세스 도메인의 성숙도 레벨 0, 1, 2에 대한 자세한 프랙티스는
제8장에서 확인할 수 있다.

4.1 개요

첫 번째 프로세스 도메인은 명칭 그대로 소프트웨어 유지개선의 프로세스 관리에 집중한다. 소프트웨어 유지개선 프로세스에 적합한 관리체계는 고객 서비스와 기술 도메인의 모든 기준을 충족해야 한다.

이 프로세스 도메인은, 고객과의 일상적인 접촉과 많은 프로세스의 실행을 통해서, 인적 자원의 중요성을 소프트웨어 유지개선 활동의 핵심으로 인식한다([그림 4.1] 참조). 소프트웨어 유지개선 담당자들은 고객과 사용자를 만족시키기 위해 프로세스, 기술, 툴을 신중하게 사용한다. 유지개선 담당자들은 프로세스 정의, 획득 및 개선을 지원할 수 있는 좋은 위치에 있다.

이 프로세스 도메인은 다음의 5가지 KPA를 다룬다.

Pro1: 유지개선 프로세스 초점(focus)
Pro2: 유지개선 프로세스/서비스 정의(definition)

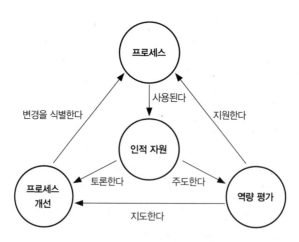

[그림 4.1] 프로세스 관리 맥락

Pro3: 유지개선 교육(training)

Pro4: 유지개선 프로세스 성과(performance)

Pro5: 유지개선 혁신(innovation)과 전파(deployment)

그림 4.2는 CMMi 표현법에서 영감을 얻었으며, 소프트웨어 유지개선 프로세스의 맥락(context)을 설명하는 데도 사용할 수 있다. 이것은 첫 번째 프로세스 도메인의 다양한 KPA와 모델의 다른 프로세스 도메인들(굵은 점선으로 표시된 범위의 오른쪽 밖에 표시됨 – 유지개선 요청 관리, 소프트웨어 진화 엔지니어링, 소프트웨어 진화 엔지니어링 지원)의 상호작용을 보여준다.

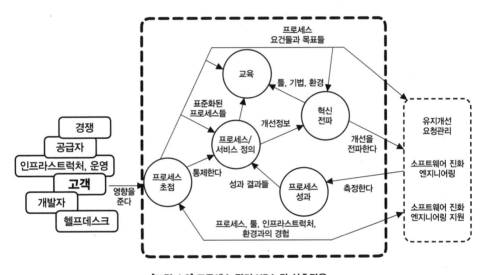

[그림 4.2] 프로세스 관리 KPA 간 상호작용

유지개선 프로세스 초점 KPA는 유지개선 조직이 (a) 고객, (b) 자신의 직원, (c) 추가적인 지식과 역량에 대한 직원들의 니즈, (d) 유지개선 프로세스의 현재 성과, (e) 현재 유지개선 기술과 도구들의 강점과 약점, (f) 전반적인 유지개선 작업 환경, (g) 많은 소프트웨어 유지개선 인터페이스(앞서 [그림 3.1]에서 설명한 대로)의 피드백으로부터 정보를 수집하여 지속적인 개선을 계획하는 데 도움을 준다.

이 모든 정보는 유지개선/서비스의 정의 KPA에 기여하는데, 이 안에서 유지개선 담당자의 일상 업무 수행 능력을 향상시키기 위한 유지개선 프로세스, 기술 및 도구가 평가되고 검토된다.

유지개선 교육 KPA는 프로세스들과 기술적인 측면에 집중하면서 교육과 훈련에 대한 전략적인 니즈를 식별한다. 교육은 유지개선 프로세스를 실행하는 데 필요한 역량과 지식을 개선하기 위해 내부적으로 개발되거나 또는 업체/컨설턴트로부터 획득한다. S3m 성숙도 모델은 가즈코-매트슨(Kajko-Mattsson)[2001a]이 작성한 소프트웨어 유지개선 교육 예시 프랙티스(오류수정형 유지개선의 교육과 훈련을 위한 성숙도 모델을 포함하고 있다)를 참조하고 있다.

유지개선 프로세스 성과 KPA는 (a) 유지개선 프로세스 실행의 품질과 성과 수준, (b) 작동 중인 소프트웨어 제품, (c) 소프트웨어 유지개선의 중간 산출물(가공품)에 대한 정량적인 목표를 수립한다. 이 KPA를 통해, 유지개선 조직은 자신의 비즈니스 목표를 어떻게 달성하는지 측정한다. 유지개선 조직은 다른 IS/IT 조직과의 협력을 통해, 다음 사항들을 실행에 옮겨야 한다: (a) 프로세스/제품 측정의 목표 수립, (b) 프로세스/제품 측정의 정의, (c) 이런 측정들의 기준선(베이스라인) 설정, (d) 정보저장소(repository) 구축, (e) 측정기법의 사용(예: 추정/성능 예측 모델). 소프트웨어 유지개선 조직은 정량적인 지식을 개발하기 위해 이 핵심 프로세스들의 실행 데이터를 분석한다. 이것은 인도물과 서비스의 품질, 프로세스의 성과, 현재 사용중인 기술들을 평가하는 데 도움이 된다.

첫 번째 도메인의 마지막 KPA는 유지개선 혁신과 전파 KPA인데, 여기서는 혁신과 개선 프로젝트들을 선정하고 전파하는 프랙티스들을 함께 그루핑하고 있다[Rogers 1995, Nord 1987]. 이런 프로젝트들의 목적은 품질과 프로세스 성과에 대한 SLA 목표를 달성하도록 유지개선 조직의 능력을 개선하는 것이다. 조직의 기술적 혁신을 위해 새로운 기술, 도구, 절차의 도입이 고려되어야 한다(즉, 조직을 위한 기술 혁신). 기술적 변경에 대한 결정은 데이터와 비용/편익 연구를 이용한 사실에 기반해야 하며 실험의 수행과 통제된 전파도 고려해야 한다.

4.2 유지개선 프로세스 초점 KPA

유지개선 프로세스 초점 KPA는 소프트웨어 유지개선 조직 프로세스의 정의, 유지관리, 개선, 전파를 고려한다. 또한 이것을 장려, 평가, 개선하기 위해 필요한 활동들을 통합 조정(coordination)한다.

첫 번째 KPA의 목표는, 개선에 필요한 정보를 수집하고, 그것을 분석하는 데 필요한 통찰력을 기르는 것이다. 그리고 우선순위, 목표, 제약사항에 기반하여 개선 솔루션을 찾아내는 책임이 존재함을 확실히 하는 것이다. 일단 개선 프로젝트들이 정의되고 승인되면, 그것을 진행하기 위해 실행 계획들이 정의되어야 하고, 개선의 중요성이 모든 유지개선 담당자들에게 소통되어야 한다. 이런 목표를 달성하기 위해, 유지개선 조직은 현재 프로세스들과 이를 지원하는 인프라스트럭처의 강점과 약점에 대한 통찰력을 키워야 한다.

4.2.1 이 KPA의 목표

1. 다양한 경로의 정보뿐만 아니라 비교 데이터를 수집하여 소프트웨어 유지개선 프로세스의 개선사항을 식별한다.

2. 다른 조직에서 성공적이라고 인정된 모든 유형의 유지개선 서비스들, 즉 예시 프랙티스들을 식별하고 전파한다.

3. 개선사항의 우선순위를 정한다. 이때 고객, 사용자, 유지개선 인력, 후원자(IT 경영진)의 우선순위를 고려한다.

4. 모든 유지개선 조직들이 참여하는 개선 계획을 수립한다.

5. 유지개선 인력을 대상으로 개선의 개념(concept)과 기술을 교육시킨다.

6. 모든 인력이 개선 노력에 참가하도록 독려하고 그룹 간에 통합 조정을 실시한다.

7. 개선과 품질에 대한 공헌을 인정하고 보상한다.

4.2.2 다른 KPA들과의 관계

• 서비스의 범주, 유지개선 프로세스, 그리고 관련 인프라스트럭처에 대한더 많은 정보는 유지개선 프로세스/서비스 정의 KPA를 참조하라[SEI 2002, PA152.R101].

• 프로세스 개선에 유용한 정보를 제공하는 프로세스 검토, 서비스, 유지개선을 위한 소프트웨어에 관한 독립적인 보고서에 대해 더 많은 정보가 필요하면 프로세스, 서비스, 그리고 소프트웨어 품질보증 KPA를 참조하라 [S3m].

• 결함, 장애, 기타 다른 유지개선 문제들의 원인 분석에 사용되는 기술에 관한 정보는 인과 분석과 문제해결 KPA를 참조하라[S3m].

4.2.3 예상 결과

이 KPA의 예시 프랙티스들을 성공적으로 실행하고 나면 다음과 같은 사항을 관찰할 수 있다.

- 고위 경영진은 소프트웨어 유지개선 프로세스 개선활동이 활력과 효율성을 확보할 수 있도록 구체적인 지원, 자원, 적절한 자금을 제공한다.
- 프로세스 개선의 책임이 제도화되고(institutionalized), (a) 처음에는 책임이 담당자에게, 그 다음에는 특정 부서에게 부여되고, (b) 기존의 내부 단위조직이 아니라, 독립적인 조직으로 자리 잡으며, (c) 의사결정을 위해 프로세스와 측정의 정보저장소가 구축되어 사용가능하며, (d) 현재의 운영 예산이 개선을 위해 사용되는 한편, 추가 예산이 적극적으로 프로세스 개선에 투입된다.
- 소프트웨어 유지개선 조직은 IS/IT 및 기타 관리 조직의 개선계획과 연계되는(aligned) 프로세스 정의와 프로세스 개선 계획을 수립한다.
- 유지개선 프로세스들의 강점과 약점을 판단하는 방법으로 다른 IS/IT조직들의 유지개선 프로세스들이 정기적으로 평가된다.
- 유지개선 프로세스들에 대한 평가는 점점 더 정량적인 방법으로 관리되는 조치 계획(action plan)의 수립과 실현으로 이어진다.

4.3 유지개선 프로세스/서비스 정의 KPA

　유지개선 프로세스/서비스 정의 KPA는 표준화된 프로세스의 식별
(identification), 설계(design), 유지관리(maintenance)를 요구한다. 또한 이런
프로세스들을 지원하는 인프라스트럭처를 개발해야 하는 요건이 있다; 여기에
는 각 유지개선 유형의 특별한 요청 수명주기에 대한 설명(운영지원과 진화),
프로세스 조정(customization)에 대한 정책과 기준, 조직의 프로세스 정보저장
소, 프로세스가 담겨 있는 문서 라이브러리가 포함된다.
　이 두 번째 KPA의 목표는 소프트웨어 유지개선에 대해 현재 사용 가능한
표준 프로세스들의 정보저장소 및 이러한 프로세스들과 연결되어 있는 인프라
스트럭처를 구축하고, 문서화하고, 유지관리하는 것이다(ISO 14764, s. 6.1).
표준 소프트웨어 유지개선 프로세스들을 조직에 맞게 조정(tailoring)하는 지
침이 반드시 개발되어야 한다. 표준화된 유지개선 프로세스들은 소통되어야
하고, 정보저장소는 접근 가능해야 한다.

4.3.1 이 KPA의 목표

1. 핵심 소프트웨어 유지개선 프로세스, 활동, 서비스를 식별한다.
2. 소프트웨어 유지개선 프로세스/서비스를 일반화하고 표준화한다.
3. 표준화된 유지개선 프로세스/서비스 조정을 위한 지침을 수립한다.
4. 표준화된 소프트웨어 유지개선 프로세스/서비스를 소통한다.
5. 표준 유지개선 소프트웨어 프로세스/서비스의 정보저장소를 구축한다.
6. 서로 직접적인 인터페이스가 존재하는 소프트웨어 유지개선 프로세스/

서비스를 다른 IS/IT단위조직([그림 3.1]을 보라)의 프로세스/서비스와 통합한
다.

4.3.2 다른 KPA들과의 관계

• 프로세스 개선과 프로세스 정의에 필요한 지원에 관한 추가 정보는 유지
  개선 프로세스 초점 KPA[SEI 2002, PA153,R101]를 참조하라.

4.3.3 예상 결과

이 KPA의 예시 프랙티스들을 성공적으로 실행하고 나면 다음과 같은 사항
을 관찰할 수 있다.

• 소프트웨어 유지개선 조직에 관련된 국제 표준과 가이드라인에 기반한
  프로세스/서비스들의 식별, 정의, 조정이 달성된다.
• 핵심 유지개선 프로세스/서비스가 정의되고 표준화된다. 예를 들면:
  – 서비스 수준 협약(SLA)
  – 소프트웨어 이행(transition)
  – 운영지원 서비스
  – 진화와 오류수정형 서비스(예: 적응형, 예방형, 완전형, 교정형)
  – 문제해결
  – 소프트웨어 개발 또는 구매 프로젝트에 참여
  – 장애 발생 후 애플리케이션 소프트웨어 데이터 복구 활동에 유지개선
    담당자가 참여

－ 운영시스템 관제(surveillance)
- 소프트웨어 유지개선 프로세스/서비스와 절차를 담은 디렉토리의 존재. 이 라이브러리는 유지개선 조직이 적합한 문서들을 참조할 때 활용된다.
- 모든 애플리케이션 소프트웨어에 대해 어느 그룹이 유지개선을 수행하는지, 어떤 서비스가 제공되는지를 설명하는 서면 근거의 존재.

4.4 유지개선 교육 KPA

유지개선 교육 KPA는 기술적인 활동과 유지개선 서비스 두 도메인에서 소프트웨어 유지개선 관리를 담당하게 될 신규 직원들의 교육 니즈를 식별하고 평가할 것을 요구한다. 목표는 소프트웨어 유지개선 담당자들과 그 관리자들의 스킬과 역량을 개발하는 것이다. 이것은 그들에게 부여된 책임과 역할을 효율적으로 수행하도록 한다[SEI 2002, PA158]. 다른 유지개선 스킬들은 경험이 많은 엔지니어들이 신규 직원들을 멘토링함으로써 더 효과적으로 습득된다. 각각의 경우에 최선의 교육 방법들이 계획되고, 선택되고, 사용되어야 한다.

이 세번째 KPA의 목표는 신규 소프트웨어 배포 전 공정 단계를 위한 필수 요원들의 프로파일을 확인하고, 교육 니즈와 교육 계획을 식별하는 것이다. 교육과 훈련에 대한 요원들의 개인적인 결의(commitment)는 매우 중요하며, 권장되어야 한다. 신입 직원들은 유지개선 팀에 잘 동화될 수 있도록 훈련되고 감독되어야 한다. 프로세스 교육뿐만 아니라 소프트웨어와 기술 교육도 포함되어야 한다. 이 KPA에는 소프트웨어 제품들과 유지개선 서비스들에 대한 사용자 교육도 포함된다.

4.4.1 이 KPA의 목표

1. 유지개선 담당자들의 교육과 훈련을 위해 필요한 자원을 식별하고, 요청하고, 확보한다.
2. 전사 교육(corporate training)과 더불어 부서 자체에서 계획된 유지개선 교육을 조화시킨다.
3. 유능하고 동기부여된 유지개선 인력들을 확보한다.
4. 프로세스, 소프트웨어, 기술에 관한 교육과 훈련을 권장함으로써 유지개선 담당자들에게 동기를 부여한다.

4.4.2 다른 KPA들과의 관계

- 유지개선 프로세스 범주들과 인프라스트럭처에 관한 추가 정보는 유지개선 프로세스/서비스 정의 KPA를 참조하라[SEI 2002, PA158.R101].
- 다양한 유지개선 서비스들에 따른 특정한 교육 니즈에 관한 추가 정보는 유지개선 계획수립 KPA를 참조하라[SEI 2002, PA158.R102].

4.4.3 예상 결과

이 KPA의 예시 프랙티스들을 성공적으로 실행하고 나면 다음과 같은 사항을 관찰할 수 있다.

- 고위 경영진은 소프트웨어 유지개선 담당자들의 효율적인 교육활동을 위해 충분한 자원과 자금을 약속하고 지원한다.
- 아래 사항들을 다루는 균형 잡힌 교육계획이 존재한다.
  - 소프트웨어 유지개선에 특화된 프로세스에 의해 충분히 뒷받침되는 유지개선 과업의 정의와 전문화된 경력 진로(career track)
  - 유지개선 담당자들의 성과를 인정하는 보상 프로그램
  - 유지개선 프로세스와 기술적 측면들
  - 프로젝트 지원과 소프트웨어 이행에서 유지개선 담당자들의 참여를 요구하는 개발 프로세스
  - 소프트웨어 포트폴리오, 이와 관련된 데이터 구조 및 업무 규칙에 관한 실질적인 교육
  - 지속적인 개선 실천
  - 구성원의 생산성과 고객만족의 중요 요인으로서의 동기부여
  - 지속적인 교육
  - 개인별 목표 대비 교육 이수의 검증 및 평가

4.5 유지개선 프로세스 성과 KPA

유지개선 프로세스 성과 측정은 우선 품질과 성과에 가장 큰 영향을 끼치는 프로세스들을 식별할 것을 요구한다. 일단 식별이 되면, 측정기준들이 프로세스 성과와 연결되어야 한다. 프로세스 성과를 위해서는 적절한 측정기준과 기

준선(baseline)을 정의하고, 실행하며, 평가하는 것이 중요하다. 일단 현재의 성과가 확인되면, 개선/성과 목표가 설정될 수 있다. 또한 프로세스 성과 측정 기준들은 예측/시뮬레이션 모델을 구축하는 데도 유용할 수 있다.

네 번째 KPA의 목표는 소프트웨어 유지개선 프로세스의 핵심 활동 성과에 대한 정량적인 서술(description)을 확보하고 유지관리하는 것이다. 이것은 현재의 프로세스/서비스 성과를 설명하고, 품질 목표/목적을 설정하는 데 도움이 될 것이다. 품질 목표는 현재 달성한 서비스 수준을 고려하면서, 제시된 품질 목표/목적을 소통하고 협상함으로써 설정된다.

4.5.1 이 KPA의 목표

1. 성과 분석의 대상이 될 소프트웨어 유지개선 프로세스와 핵심 활동을 정의한다.

2. 유지개선 프로세스에 대한 성과 기준선(baseline)을 설정한다.

3. 소프트웨어 유지개선 프로세스 성과에 대한 측정기준을 식별하고 설정한다.

4. 프로세스 성과를 예측하는 모델을 만든다.

4.5.2 다른 KPA들과의 관계

- 프로세스와 그 모델들을 위한 성과 기준선의 사용에 관한 추가 정보는 유지개선 프로세스 성과 KPA의 정량적인 관리 로드맵을 참조하라[SEI 2002, PA164.R101].
- 소프트웨어 유지개선, 데이터 수집, 데이터 분석의 측정 명세에 관한 추

가 정보는 유지개선 측정 및 분석 KPA를 참조하라[SEI 2002, PA164.
R101].

4.5.3 예상 결과

이 KPA의 예시 프랙티스들을 성공적으로 실행하고 나면 다음과 같은 사항
을 관찰할 수 있다.

- 제품, 중간 산출물, 핵심 애플리케이션 소프트웨어에 대한 품질과 성과
  측정기준이 수립된다.
- 측정기준이 소프트웨어 유지개선의 모든 구성 조직들과 조화를 이루고,
  IS/IT 측정 프로그램에 통합된다.
- 측정기준이 목표의 기준선(베이스라인)을 갖는다.
- 측정기준이 2개의 범주로 분리된다: (1) 고객이 바라보는 외부 기준, (2)
  기술적이고, 제품과 소프트웨어 특징들에 초점을 맞춘 내부 기준
- 프로세스 평가는 조치 계획(action plan)의 수립과 전개로 이어진다.
- 측정값들은 운영 수준에서 수집되고, 나중에 소프트웨어 유지개선 분석
  을 위해 정보저장소에 보관된다.

4.6 유지개선 혁신과 전파 KPA

유지개선 프로세스와 기술에서의 혁신, 그리고 증가하는 혁신적 개선사항들의 전파를 위해서는 여러가지 개선 대안들의 분석을 위한 선정 기준(selection criteria) 수립이 선행되어야 한다. 투자로부터의 예상 편익은 개선들이 실행되기 전에 파일럿 이니셔티브를 통해 확인될 수 있다. 혁신과 개선의 도입은 예상 편익이 실제로 달성될 수 있다는 객관적인 증거를 확보하도록 사전에 계획되어야 하고, 관리 및 통제되어야 한다.

다섯 번째 KPA의 목표는 소프트웨어 유지개선 프로세스/서비스와 기술의 성과, 품질, 이익에 중대한 영향을 미칠 혁신과 개선을 식별하고 전개하는 것이다(소규모 개선은 여기서 다뤄지지 않는다). 경쟁하는 다양한 제안들을 평가하기 위해서 선정 기준이 정의되고, 요구되는 투자와 비교하여 예상 편익이 분석된다. 이런 개선활동은 조직의 비즈니스 목표로부터 도출되는 프로세스 성과와 품질 목표를 지원한다[SEI 2002, PA161].

4.6.1 이 KPA의 목표

1. 가장 큰 잠재력을 지닌 유지관리의 개선방안과 혁신을 식별한다.
2. 가장 유망한 대안의 성과를 검증하기 위한 파일럿 프로젝트를 실시한다.
3. 파일럿 프로젝트를 통해 개선이 실현되는 것을 확인한다.
4. 개선을 계획하고, 개선계획의 실행을 관리하고, 편익을 측정한다.

4.6.2 다른 KPA들과의 관계

- 조직 수준에서 개선의 실행에 관한 추가 정보는 유지개선 프로세스/서비스 정의 KPA를 참조하라[SEI 2002, PA161.R101].
- 소프트웨어 유지개선에서 개선 피드백의 원천, 데이터 수집, 프로세스 개선 제안들의 관리, 일상 활동의 개선을 위한 활동의 조정에 관한 추가 정보는 유지개선 프로세스 초점 KPA를 참조하라[SEI 2002, PA161.R102].
- 프로세스의 전파 또는 기술 개선을 지원하는 교육에 관한 추가 정보는 유지개선 교육 KPA를 참조하라[SEI 2002, PA161.R103].
- 프로세스 실행, 프로세스 성과 모델, 개선과 혁신 제안의 공식적인 평가를 위한 품질 목표에 관한 추가 정보는 유지개선 프로세스 성과 KPA를 참조하라. 품질 목표는 제시되는 개선 제안들을 분석하고, 우선순위를 정하고, 그중에서 하나를 선택하기 위해 사용될 수 있다. 성과 모델들은 제안된 혁신들의 예상 편익과 예측된 영향을 계량화하기 위해 사용될 수 있다. 또한 기준선(베이스라인)은 현재 프로세스 대비 기대 성과를 분석하기 위해 사용될 수 있다[SEI 2002, PA161.R104, PA161.R108].
- 소프트웨어 유지개선 측정기준의 명세, 그것의 수집뿐만 아니라 데이터 분석, 어떻게 결과를 소통할 것인가에 대한 추가 정보는 유지개선 측정과 분석 KPA를 참조하라[SEI 2002, PA161.R105].
- 소프트웨어 유지개선 운영 프로세스에서 프로세스와 기술에 대한 개선 실행의 조정에 관한 추가 정보는 이벤트/요청 관리 KPA를 참조하라.

4.6.3 예상 결과

이 KPA의 예시 프랙티스들을 성공적으로 실행하고 나면, 다음과 같은 사항을 관찰할 수 있다.

- 개선 이니셔티브들이 식별되고 전파된다[SEI 2002, PA161.N101]:
  - 소프트웨어 품질개선(예: 기능성, 성능, 유지개선성)
  - 생산성 개선
  - 빠른 실행 시간
  - 고객만족도 증가
  - 모든 유지개선 인력들에게 개선과 혁신 제안을 장려하는 인프라스트럭처가 구축된다.
  - 조직이 진화하는 역량을 보유하게 되고, 소프트웨어 유지개선 프로세스, 제품, 플랫폼에 개선과 혁신을 전파한다.
  - 직원들이 소프트웨어 유지개선 프로세스의 개선과 혁신에 능동적으로 참여한다.
  - 모든 방면의 제안들이 체계적으로 수집되고 분석된다.
  - 대규모 변경, 검증되지 않은 기술/기법들, 고위험 활동을 평가하기 위한 파일럿 프로젝트들이 선행적으로 수행되고 광범위하게 확대된다.

4.7 요약

이 장에서는 S3m의 첫 번째 프로세스 도메인을 소개했다. 또한 다른 프로세스 도메인들과의 관계를 다루었고 각각의 KPA들을 매우 상세하게 서술했다. 각 KPA와 연관된 목표들뿐만 아니라 프로세스들을 실행함으로써 얻는 예상 결과들이 설명되었다. 다음 장에서는 4개의 KPA를 포함하는 두 번째 도메인인 "이벤트/요청 관리"를 다룰 것이다.

4.8 연습문제

1. 소프트웨어 유지개선에서 프로세스 초점의 개념과 이것의 주요 목표를 설명하라.

2. 유지개선 그룹이 감사 결과를 수용하고 활용한다면, 이 프랙티스의 성숙도 수준은 무엇인가?

3. 당신은 유지개선 그룹에서 개선 이니셔티브들이 자신의 예산을 갖고 특수한 프로젝트로 관리되고 있음을 관찰했다. 이것은 S3m 모델 내에서 어느 수준에 위치하고 있는지 설명하라. 더 낮은 수준과 더 높은 수준의 그룹은 무엇을 수행하는지 서술하라.

4. 당신은 일반적인 프로세스 교육을 받아왔다. 하지만 당신은 그것들을 실

제 상황에서 적용하는 데 항상 어려움을 겪는다. 당신은 현재 어느 성숙도 수준에 있으며, 이 문제를 해결하기 위해 도움을 줄 수 있는 상위 수준의 프랙티스는 무엇인가?

5. 당신은 문제 보고서와 변경 요청을 인지하고, 기록하고, 감시하는 절차를 수립해야 한다. 당신이 이 일을 하는 데 어떤 프랙티스가 도움을 줄 수 있는가? 무엇이 권장되는지 서술하고, 관련 참조들을 나열하라.

6. 당신은 운영시스템에 신입 직원들의 접근을 허용한다. 현재 성숙도가 어느 수준인지 식별하라. 이 프랙티스의 레벨 3에 도달하기 위해서는 무엇을 변경해야 하는지 식별하라.

7. 프로세스 성숙도에 대한 공헌 측면에서 훈련(training), 경험(experience), 교육(education)의 차이점은 무엇인가?

8. 개발 작업보다 유지개선 작업이 왜 더 도전적인지 설명하라. 또한, 유지개선 담당자들이 좋은 대인간(interpersonal) 소통 기술을 가져야 하는 이유를 설명하라. 훌륭한 유지개선 담당자에게는 어떤 스킬들이 요청되는가?

9. 당신이 작성하지 않은 1000 라인도 넘는 프로그램(클래스) 코드의 사본을 살펴봐라. 그것의 내부 문서를 평가하고, 기록된 다른 문서와 비교하라. 기록된 문서가 없을지도 모른다! 문서가 있다면, 그것이 맞는지 평가하라. 만약 당신이 이 프로그램을 책임진다면, 추가로 어떤 문서를 확보하고 싶은가? 이것을 유지관리하기 위한 당신의 능력에 프로그램의 (a) 규모, (b) 복잡도, (c) 변수명(variable name) 선택은 어떤 영향을 미치는가?

10. 당신의 상사는 유지개선 측정 결과를 다음의 관점에서 공표한다.
- 백분율로 측정되는 만족도 조사
- 활동/직원의 공수를 기록하기 위한 시간 기록표(time sheet)
- 모든 종류의 서비스 콜 숫자
- 사용자 수

이 유지개선 측정은 어느 수준의 성숙도이며, 이 상황을 개선하기 위해 필요한 다음 단계는 무엇인가?

11. 프로젝트 견적을 준비하는 데 당신의 경험보다는 추정 모델을 사용하라고 요청받았다. 어떤 프랙티스가 당신을 도와줄 수 있는가?

이벤트/요청
관리 도메인

- S3m 의 두 번째 프로세스 도메인의 개요: 이벤트/요청 관리 -

- 핵심 프로세스 영역, 목표, 목적, 예상 결과, 다른 KPA와의 연결 -
  - 이벤트/요청 관리
  - 유지개선 계획
  - 감시와 통제
  - 서비스 수준 협약(SLA)과 공급자 계약 관리

이 장은 S3m 모델의 두 번째 프로세스 도메인의 개요와 목표를 보여준다.
이 프로세스 도메인의 성숙도 레벨 0, 1, 2에 대한
자세한 프랙티스는 제9장에서 확인할 수 있다.

5.1 개요

두 번째 프로세스 도메인은 모든 유형의 소프트웨어 유지개선 이벤트와 요청 관리를 다룬다. 소프트웨어 유지개선에 적합한 관리체계는 서비스 수준 협약(SLA)의 기준뿐만 아니라 기술적 도메인의 기준을 모두 충족해야 한다.

이 프로세스 도메인은 다음의 4가지 KPA를 다룬다.

Req1: 이벤트/요청 관리
Req2: 유지개선 계획수립
Req3: 유지개선 요청/소프트웨어의 감시와 통제
Req4: SLA와 공급자 계약 관리

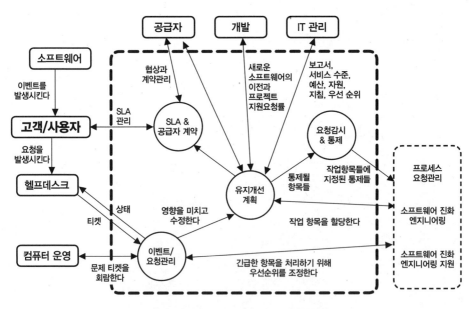

[그림 5.1] 이벤트/요청 관리 KPA 간 상호작용

[그림 5.1]은 이벤트/요청 관리 KPA들과 모델의 다른 프로세스 도메인들 사이의 상호작용을 나타낸다.

이벤트/요청 관리 KPA는 사용자들과의 일상적 소통을 위한 진입 지점으로, 주로 헬프데스크를 통한다. 모든 유형의 사용자 요청들은(예: 운영지원, MR, PR) 이 KPA를 통해 처리되므로 고객의 우선순위를 빠르게 식별하고 조직의 문제해결 프로세스를 숙지해야 한다. 운영상 필요한 외부와의 조율은 이 문제해결 프로세스를 통해 이루어진다.

이 KPA의 목표는 소프트웨어 유지개선 프로세스/서비스가 합의된 SLA 품질/서비스 목표를 충족함을 보장하는 것이다.

유지개선 계획수립 KPA는 개별 요청들에 자원 할당을 계획하고 급변하는 우선순위를 처리하는 데 유용하다. 모든 요청과 유지개선 과업에 대한 개괄적인 조망은 이 KPA에서 찾을 수 있다. 이 KPA는 우선순위 및 자원의 가용성에 따라 요청을 정렬한다.

이것은 (a) 고객과 사용자, (b) 개발팀, (c) 하도급계약자, (d) 컴퓨터 운영팀으로부터의 요청들을 처리한다. 일단 우선순위가 정해지고 승인되면, 작업항목들이 소프트웨어 유지개선 담당자들에게 배정된다.

유지개선 요청 감시와 통제 KPA는 통제되어야 하는 작업항목들과 현재 운영 인력들에게 할당된 개별 작업항목들을 식별한다.

SLA와 공급자 계약 관리 KPA는 서비스 수준과 인력 요건들을 식별하고, 고객 및 서비스 파트너와 가격을 협상한다. 이 KPA에서는 고객이 계약을 이해하고 만족하고 있음을 확인할 수 있도록 소프트웨어 유지개선 서비스들이 구체화되고 설명된다. 또한 소프트웨어 유지개선 담당자는 공급자가 부가가치 파트너쉽을 제공하고 서비스 목표를 달성하기 위한 노력에 동참하고 있음을 보장한다.

5.2 이벤트/요청 관리 KPA

이벤트/요청 관리 KPA는 장애 해결과 운영지원 및 소프트웨어 진화에 대한 요청들이 고객의 SLA 조건을 만족(또는 초과)하는 방식으로 사전에 식별되고, 우선순위가 매겨지고, 다시 회람 또는 처리될 수 있도록 보장한다.

이벤트가 해결되지 않는다면 SLA 목표를 달성하지 못할 수 있다. 또한 (a) 특정한 요청을 처리하는 데 응답 시간이 느리거나, (b) 합의된 서비스 수준(예: 가용성, 응답시간)을 제공하지 못하는 등 고객 불만의 원인이 될 수 있다.

이 KPA의 목표는 (a) 서비스와 이벤트에 대한 요청들이 적극적으로 식별됨을 확인하고, (b) 진행 중인 작업 대비 신규 이벤트의 상대적 중요성을 확인하고, (c) 유지개선 담당자들이 합의된 우선순위에 따라 작업하는 것을 확인하는 것이다(고객 SLA의 조항들이 충족됨을 확인하기 위해). 또한 장애, 소프트웨어의 비가용성, 계획된 정지시간(예: 예방형 유지개선)에 대해 적극적으로 소통하는 것이 중요하다. 고객은 각 이벤트와 요청 상태에 대해 알아야 하고, 동의해야 한다. 잠재적인 문제를 조기에 발견하기 위해서는 가동 중인 소프트웨어와 그것의 운영(operational) 인프라스트럭처를 모니터링하는 것이 중요하다. 유지개선 담당자는 변경 후에 소프트웨어가 계획된 대로 동작(가용성, 성능, 신뢰성, 안정성 및 일괄 작업 상태)하는지 확인하기 위해 모니터링을 수행한다. 유지개선 담당자들은 우선순위가 높은 이벤트가 식별되면, 점진적인 개선 요청들에 대한 작업을 멈추고 그 이벤트를 처리해야 한다.

5.2.1 이 KPA의 목표

1. 이벤트와 서비스 요청을 적극적으로 식별한다(내부 또는 고객으로부터).
2. 요청들을 완전하고 정확하게 식별하고, 소통하며, 우선순위를 부여한다(예: 신규 이벤트, 진행 중인 요청, 서비스 대기열에 있는 요청).
3. 유지개선 담당자들이 합의된 우선순위에 따라 작업 중임을 보장한다.
4. 소프트웨어의 작동과 이것의 인프라스트럭처를 감시한다(특히 변경 이후에).
5. 높은 우선순위의 이벤트가 발생할 경우 현재의 작업을 중단한다.
6. 모든 이벤트와 그것의 예상 해결 시간을 적극적으로 소통한다.

5.2.2 다른 KPA들과의 관계

- 요청을 개별 작업항목으로 나누어 솔루션 대안 수립 및 유지개선 요구사항 관리를 가능하게 하는 영향 분석 활동에 대한 추가 정보를 확보하려면 유지개선 계획수립 KPA의 영향분석 로드맵을 참조하라[SEI 2002, PA163.R101 and R102].
- 프로그래밍 활동에 사용될 상세설계 명세 할당에 관한 추가 정보를 확보하려면 소프트웨어 진화 및 오류수정 서비스 KPA를 참조하라[SEI 2002, PA163.R104].
- 경쟁하는 시스템들의 우선순위, 서비스 수준의 목표와 목적, 에스컬레이션

절차를 식별하려면 SLA와 공급자 계약 KPA를 참조하라[ITIL 2007b, 4.2].
- IS/IT 지원 그룹들이 이벤트를 처리하기 위해 사용하는 절차에 관한 추가 정보를 확보하려면 원인 분석과 문제해결 KPA를 참조하라[ITIL 2007d, 7.2].

5.2.3 예상 결과

이 KPA의 예시 프랙티스들을 성공적으로 실행하고 나면 다음과 같은 사항을 관찰할 수 있다.

- 수행되는 유지개선 작업은 고객/사용자의 우선순위에 중점을 둔다.
- 진행 중인 작업의 중단은 SLA 조항에 따라 정당화되고 고객과 합의된다.
- 유지개선 조직은 서비스 수준을 달성한다.
- 신속한 대응을 위해 능동적(active)인 감시 접근법이 실행된다.
- 고객에게 영향을 미치는 장애와 이것을 해결하기 위한 유지개선 활동에 관한 정보가 빠르게 확산된다.

5.3 유지개선 프로세스/서비스 계획수립 KPA

유지개선 계획수립은 현재와 향후 예정된 소프트웨어 유지개선 활동을 설명하는 계획 작성과 업데이트를 보장한다[SEI 2002, PA163].

IT비용의 큰 비중을 차지하는 소프트웨어 유지개선은 전략적인 IT 계획의 일부분이 되어야 한다[IT Governance Institute, 2007]. 일반적으로 소프트웨어 유지개선 계획은 3가지 관점에서 작성된다: 조직적인(organizational) 관점, 전술적인(tactical) 관점, 운영적인(operational) 관점. 조직적인 관점에서, 계획의 목표는 전략적이고 일반적이고 전사적이다. 파트너, SLA, 계약 및 라이센스가 여기에 포함된다. 전술적인 관점에서, 계획의 목표는 신규 소프트웨어에 대한 배포 전 공정과 이행 활동 그리고 특정 고객사와 관련된 연간 계획을 식별하고 계획하는 것이다. 마지막으로 운영적인 관점에서는 목표들이 보다 구체적이다: (a) 주어진 유지개선 요청에 대한 영향 분석을 실시한다, (b) 복구/장애 테스트를 계획한다(개별 애플리케이션 소프트웨어의 재해복구 계획에 문서화됨), (c) 소프트웨어 버전/릴리스를 계획한다(예: 각 요청을 소프트웨어의 미래 버전/릴리스에 배정한다), (d) 많은 플랫폼을 위해 소프트웨어 업그레이드(특히 COTS21)를 계획한다[Sahin 2001].

소프트웨어 유지개선 계획수립의 이 모든 관점을 반영하여 소프트웨어 유지개선을 위한 서비스 수요(즉, 요청들의 집합)를 문서화한다[SEI 2002, PA163.N102]. 이 계획 데이터을 사용하여 서비스 요구의 우선순위에 따라 예산 및 자원 배분을 설명하는 문서를 작성해야 한다. 계획에는 다양한 요청을 처리하는 데 필요한 공수의 추정이 포함된다[SEI 2002, PA163.N103]. 유지개선 계획은 검토와 확인 절차를 거쳐 승인된다. 소프트웨어 유지개선 환경은 빠르게 변한다. 계획은 상황의 변화에 적응하기 위해 유연해야 한다[SEI 2002, PA163.N101]. 마지막으로 컴퓨터 운영팀이 산출하는 용량 계획과 유지개선 계획 간에 긴밀한 연관성을 확인하는 것이 필요하다[ITIL 2007, 4.3].

---

21 COTS: Commercial off the shelf. 상용 소프트웨어를 의미한다

5.3.1 이 KPA의 목표

1. 상세한 계획을 수립하기 위해서 고객/사용자, 개발, 컴퓨터 운영 요청들(단기적, 중기적, 장기적)을 적극적으로 수집하고 문서화한다.

2. 현재 대기열에 쌓여 있는 요청들의 우선순위를 식별하고 소통하며 합의를 획득한다.

3. 유지개선 중인 애플리케이션 소프트웨어 및 유지개선 서비스의 각 유형들에 필요한 통제를 식별한다.

4. 유지개선 중인 모든 소프트웨어에 대한 복구/장애 테스트를 계획한다.

5. 유지개선되는 모든 소프트웨어에 대한 버전 관리 계획(릴리스 계획이라고도 함)을 식별한다.

6. 소프트웨어 업그레이드 계획을 준비한다.

7. 유지개선 담당자에 대한 새로운 요청 할당과 유지개선 용량의 근거를 확보한다.

8. 합의된 우선순위에 기반하여 완료된 요청, 대기열에서 준비 중인 요청, 진행 중인 유지개선 작업을 이해당사자들에게 알린다.

9. 예산의 상태와 자원 사용에 대해 이해당사자들에게 알린다.

5.3.2 다른 KPA들과의 관계

- 전술적인 수준에서 계획(그리고 유지개선 계획 상세)을 이해하려면 배포 전 공정과 이행 서비스 KPA를 참조하라[S3m].
- 변경 단계들 전체에 걸친 계획에 관해 추가 정보를 확보하려면 소프트웨어 진화 및 오류수정 서비스 KPA를 참조하라[SEI 2002, PA163.R104].
- 새로운 버전/릴리스에 관한 계획 수립을 위해 필요한 변경의 통제와 관

리에 관한 정보를 확보하려면 형상 및 버전 관리 KPA를 참조하라[ITIL 2001, 2.8; 2007c, 7.3, 7.4].

- 새로운 버전의 계획에 영향을 미치는 변경사항 및 우선순위에 대한 추가 정보를 확보하려면 이벤트/요청 관리 KPA를 참조하라[ITIL 2007d, 4.1. and 4.3].

5.3.3 예상 결과

이 KPA의 예시 프랙티스들을 성공적으로 실행하고 나면 다음과 같은 사항을 관찰할 수 있다.

- 소프트웨어 유지개선에 필요한 자원의 견적이 가능하다(전략적 계획, 전술적 계획, 운영적 계획).
- SLA, 계약, 라이선스, 계약 갱신(renewal)이 계획된다.
- 유지개선의 각 소프트웨어에 대한 장애/복구 테스트가 계획된다.
- 요청은 소프트웨어의 향후 버전에 할당된다.
- 소프트웨어 업그레이드가 계획된다.
- 배포 전 공정과 이행 서비스가 계획된다.
- 작업항목에 대해 유지개선 자원이 최적으로 할당된다.
- 소프트웨어 유지개선 계획이 수립되고, 이 계획은 소통되고 승인된다.
- 이해당자사들이 계획에 대해 통보 받는다.

5.4 요청/소프트웨어 감시와 통제 KPA

유지개선 요청(과 서비스) 감시와 통제 KPA는 추정(estimates), 확약 (commitments), 계획(plan) 대비 작업 진척에 대한 감독을 포함한다. 또한 운영 중인 소프트웨어의 서비스 수준에 대한 감독도 포함한다. 계획된 서비스 수준과 실제 서비스 수준 간의 차이가 발생하면 이 상황을 해결하기 위한 조치를 취해야 한다[SEI 2002, PA 162].

이 KPA의 목적은 서비스 제공 대상 및 애플리케이션 소프트웨어 서비스 수준이 지켜지도록 보장하는 것이다. 유지개선 담당자들은 서비스 수준의 갭을 사전에 감시하고, 필요한 조정을 수행하며, 필요한 경우 서비스 제공 또는 서비스 수준에 대한 새로운 계약을 검토/수립해야 한다.

5.4.1 이 KPA의 목표

1. 다양한 유지개선 작업항목들과 소프트웨어 서비스 수준의 진척을 통제한다.
2. 합의된 서비스 수준들과 실제 성과 간의 갭을 식별한다.
3. 이벤트와 성과에 기반하여 서비스 제공과 서비스 수준을 검토 및 수정하기 위해 고객/사용자들과 합의한다.

5.4.2 다른 KPA들과의 관계

• 유지개선 계획에 관한 정보를 확보하려면 유지개선 계획수립 KPA를 참

조하라[SEI 2002, PA162.R101].

- 유지개선 작업항목들의 진척과 주요 이정표를 통제하기 위한 기술적인 검토와 경영진 검토에 관해 추가 정보를 확보하려면 검증 및 확인 KPA를 참조하라[S3m].

- 측정 및 분석, 그리고 정보를 어떻게 보고하는지에 대한 프로세스의 추가 정보를 확보하려면 유지개선 측정과 분석 KPA를 참조하라[SEI 2002, PA162.R102].

5.4.3 예상 결과

이 KPA의 예시 프랙티스들을 성공적으로 실행하고 나면 다음과 같은 사항을 관찰할 수 있다.

- 유지개선 활동은 다양한 수준의 유지개선 계획 예측(forecast)에 따라 수행된다.

- 유지개선 작업항목, 비용 및 확약 준수 여부가 추적된다.

- 원래 계획과 다르게 활동이 진행될 때에는 계획이 재검토되고 다시 수립된다.

- 관련 인력들이 정정(rectifications), 확약(commitments), 약속(promises)의 소통에 대한 책임을 잘 알고 있다.

- 주요 체크 포인트에서 고객과 함께 검토를 수행하여 결과 및 계획, 작업 진행 상황을 검사한다.

- 결과와 고객이 수용한 예측 간에 차이가 있다고 판단되면 시정 조치들이 취해진다.

5.5 SLA와 공급자 계약 관리 KPA

SLA와 공급자 계약 관리의 개념은 유지개선 활동이 하나의 프로젝트로 처리되지 않을 때 적용된다. SLA와 공급자 계약 관리는 유지개선 담당자들이 소프트웨어 유지개선 계약상의 특별한 합의들을 숙지하고 있을 것을 요구한다. 고객 및 공급자와의 인터페이스를 적극적으로 관리하기 위해서는 SLA와 기타 다양한 계약들을 정의할 필요가 있다[SEI 2002, PA166].

이 KPA에는 2가지 주요 목표가 있다. 첫 번째 목표는 고객사 관리와 관련 있는데, 이것은 공식적으로 서비스 수준을 수립하고 관리함으로써 달성할 수 있다. 협약(agreements)은 서비스의 조항들을 설명하는데 (a) 제공하는 유지개선 서비스의 종류, (b) 각 서비스의 비용, (c) 제품과 서비스의 품질과 효율성, (d) 성과 측정의 표준화된 기준과 고객 보고 절차를 공식화한다. 두 번째 목표는 SLA와 연결된 상호 간 확약을 정의하기 위해 공급자들과 개별 계약을 맺는 것이다[ITIL 2007b, 4.2]. 또한 SLA 및 공급자와의 계약 성과를 추적하는 절차들이 필요하다.

5.5.1 이 KPA의 목표

1. 소프트웨어와 고객을 위해 필요한 유지개선 서비스가 무엇인지에 대해 합의한다.
2. 소프트웨어 유지개선 서비스를 위해 고객과 SLA를 체결하고, 공급자들 (예: 때로는 아웃소싱 업체들)로부터 확약을 얻어낸다.
3. 합의를 확실히 이행할 수 있는 프로세스를 실행하고 적절한 역할/자원을

할당한다.

4. 정기적으로 서비스 성과를 평가하고, 그 결과를 고객과 논의한다.

5. 유지개선 서비스와 공급자들의 성과를 평가하기 위해 문서화된 절차와 정책을 수립한다.

5.5.2 다른 KPA들과의 관계

• 유지개선의 핵심 활동들을 추적하는 데 추가 정보를 확보하려면 요청/소프트웨어 감시와 통제 KPA를 참조하라[SEI 2002, PA166.R101].

• 신규 소프트웨어에 필요한 서비스를 서술하고, 분석하고, 식별하는 유지개선 계획들에 관한 추가 정보를 확보하려면 배포 전 공정과 이행 서비스 KPA를 참조하라[SEI 2002, PA166.R104].

5.5.3 예상 결과

이 KPA의 예시 프랙티스들을 성공적으로 실행하고 나면 다음과 같은 사항을 관찰할 수 있다.

• 계약이 정의되고, 공식화되고, 협상된다.

• 합의와 책임이 정의된다.

• 고객이 쉽게 이해할 수 있는 문구로 SLA가 표현된다.

• 소통 채널이 존재하고, 활용되며, 합의가 잘 수행되고 있는지 확인된다.

• 합의와 계약은 상황에 맞게 진화한다.

• 서비스와 공급자에 대한 객관적인 평가가 수행된다.

5.6 요약

이 장에서는 S3m의 두 번째 프로세스 도메인이 KPA 및 다른 프로세스 도메인과의 관계를 포함해 소개되었다. 각 KPA의 명확한 목표뿐만 아니라 프로세스를 실행함으로써 예상되는 결과들이 상세하게 설명되었다.

다음 장은 세 번째 프로세스 도메인을 설명하는데, 4개의 KPA를 포함하고 있는 진화 엔지니어링 도메인이다.

5.7 연습문제

1. 고객이 당신에게 전화해서 불평을 늘어놓는데, 그들의 시스템이 승인 없이 서비스가 중단되었다고 한다. 게다가 시스템이 가용하지 않을 때, 고객은 이것이 장애 때문인지 아니면 정기적인 유지개선 때문인지 모른다고 한다. 당신의 유지개선 그룹은 현재 어느 정도의 성숙도에 있는가? 그리고 향후 실행이 된다면, 어떤 프랙티스가 이 상황에 도움이 되겠는가?

2. 당신은 아웃소싱 이후에, 변경 요청의 건수가 증가하고 있음을 알았다. 당신의 신임 상사는 당신이 좀 더 유연하고 열심히 일해야 한다고 말한다. 개발자들은 소규모 프로젝트(그들에 따르면 30일 이하가 소요될 정도임)의 목록을 작성하여 당신이 이 일들을 처리하기를 원한다. 유지개선에 한정하여, 현재

어떤 프로세스가 위험에 빠져 있는지, 그리고 이 상황을 방치하면 어떤 결과들을 예상할 수 있는지 설명하라.

3. 지미(Jimmy)가 점심 식사에 합석하여 당신에게 말한다. 문제 티켓 하나가 자신과 데이터 처리 부서 사이에서 왔다갔다한다는 것이다. 지미(Jimmy)는 그의 조사가 완벽하며, 이것은 웹서버 인프라스트럭처의 문제라기보다는 소프트웨어 문제라고 확신한다. 당신은 문제 요청을 감시하는 시스템을 점검하고, 해당 티켓이 더 이상 존재하지 않음을 알아냈다. 어떤 프랙티스가 간과된 것인가? 이 조치의 결과는 무엇인가? 이 프로세스의 성숙도 수준은 무엇인가?

4. 데이터 처리 부서의 마리오(Mario)와 통화한 후에, 문제 티켓이 사라진 것은 납득할 수 없다는 점에서 그와 합의했고, 문제 티켓은 다음날 아침에 재등록되었다. 당신은 지미(Jimmy)가 출력해준 사본 1부를 꼼꼼이 살펴본다. 문제 티켓은 다음의 정보들을 제공한다:

- 요청은 접수 번호를 갖고 있다.
- 요청은 우선순위가 낮다.
- 요청은 범주가 기록되어 있지 않다.
- 소프트웨어 문제가 탐지된 소프트웨어의 이름(또는 축약명)과 버전은 기재되어 있지 않다.
- 소프트웨어가 사용되는 환경을 파악하는 것이 불가능하다.
- 문제가 발생한 시점, 그리고 변경 요청이 언제 접수되었는지의 날짜와 시간은 알 수 있다.
- 누가 요청/문제를 제출했는지는 확인되지 않는다.
- 요청 제목은 "트랜잭션 L3의 버그"이다.
- 문제의 영향과 결과는 다음과 같이 기록되었다: "L3 트랜잭션에 날짜가 기입되면, 스크린이 먹통이 된다."
- 문제의 원인은 기록되지 않았다.
- "예상 공수"와 "실제 공수" 필드는 비어 있다.

이 문제 티켓에서 어떤 정보가 유용한지 서술하라. 또 이 문제 티켓에서 어떤 정보가 누락되었는지 서술하라. 이 상황을 타개하기 위해 유용한 프랙티스를 식별하라.

5. 이 문제 티켓을 발행한 고객은 안절부절하고 있다. 당신에게는 알려지지 않았지만, 이 트랜잭션을 사용하는 사람은 재무담당 임원이다. 문제가 보고되기 전에 얼마나 오랫동안 L3 트랜잭션이 작동하지 않았는지 알고 싶었던 그는 당신 상사에게 전화를 걸었다. 이 이슈를 해결하기 위해서는 어떤 프랙티스가 작동했어야 하나? 이런 종류의 문제에 빠르게 대답할 수 있으려면 당신은 어떤 수준의 성숙도에 있어야 하나?

6. 재무담당 임원은 그의 요청이 최하의 우선순위임을 알게 되어 매우 불만이었다. 때는 월말이고 재무 자료들이 이사회에 제출되어야 한다. 여기서 어떤 프랙티스가 지켜지지 않았는가? 우선순위를 지정하고 고객과 소통하는 활동은 어떤 수준의 성숙도인가?

7. 당신은 사무실로 돌아와서, 프랭크(Frank)가 이 문제를 처리하도록 했다. 왜냐하면 그는 오후에 새로운 프로젝트의 개발로부터의 이행을 논의할 회의에 참석해야 하기 때문이다. 당신은 개발팀이 6월 1일(즉, 6개월 후에)에 프로젝트를 넘겨줄 것이라는 사실을 알고 있다. 이행 계획 문서의 양식과, (a) 유지개선 프로그래머의 수, (b) 유지개선 문제들의 수를 최소화할 수 있는 안을 제시하라.

8. 프랭크(Frank)가 문제에서 벗어날 수 있도록 도와준 후에, 당신은 프로젝트 리더에게 이메일을 보내면서 최근에 논의된 프로젝트 실행가능성 분석의 후속 조치로서 첫 번째 프로젝트 관리 검토에 관한 계획을 보내주기로 약속했다. 이메일의 내용뿐만 아니라 수신인 명단에 대해 서술하라. 어떤 프랙티스가 이것을 처리하는 당신을 도와줄 수 있는가? 어떤 표준들이 당신의 요청을 지원하는가?

9. 어제 당신의 상사를 참조인으로 이메일을 보냈고, 당신의 상사는 당신이

최종 이행 전에 프로젝트 검토를 실시할 것이라는 사실을 알고 기뻐했다. 당신은 이제 3가지가 더 있다는 것을 그에게 설명해야 한다. 그는 이들 후속 조치 및 통제에 대한 검토 과정에서 어떤 일이 발생하는지를 설명해달라고 한다. 시스템이 당신에게 넘어오기 전에 무슨 일이 벌어지는지 간단히 서술하라. 여기서는 어떤 프랙티스가 당신을 도울 수 있는가? 어떤 표준이 당신의 방안을 지원하는가?

10. 당신은 새로운 고용주의 관리 스타일을 이해하는 데 어려움을 겪고 있다. 당신은 서비스 협약을 설정하는 프로세스를 살펴보기로 결정한다. 당신의 상사가 설명하기를, 이것은 수년 동안 시 당국, 정부 관리들과 수많은 협상을 필요로 했다. 자세한 내용을 요청하니, 그는 다음과 같이 그의 접근법을 설명한다. "계약은 본질상 아주 간단해! 우리는 고치고 변경하지, 그러면 그들은 월 기준으로 지불을 하지. 문제가 발생하면, 나는 개인적으로 알아서 처리를 해. 우리는 더 낮은 비용으로 작업을 하기 위해 제3국에 아웃소싱을 줘야 하는데, 이것은 시차로부터 이득을 얻기까지 하네. 최종적으로, 작업 결과는 우리가 검토하지. 이처럼 간단하단 말야!" 이 서비스 협약의 성숙도 수준은 어떤가? 여기에 어떤 프랙티스들이 포함되는가? 당신은 새로운 서비스 협약을 개발하는 과업을 맡고 있으므로(그리고 당신은 거의 다 완료했다), 현재 프랙티스들에 대해 개선점을 제시하기 위해 채택한 접근법을 정당화해야 한다. 그게 무엇인가?

11. 다음날, 당신은 상황 업데이트를 위해 프랭크(Frank)한테 잠깐 들렀다. 그는 당신의 충고를 따랐다. 오류수정 조치가 수행되었고, 고객은 만족하고 있다! 재무담당 임원은 그에게 왜 요청이 데이터 처리 부서와 유지개선 부서 간에 핑퐁처럼 수없이 왔다갔다했는지 물었다. 분명히 더 효과적인 문제해결 프로세스가 필요하다. 디디에(Didier)가 솔루션을 찾고 있다. 그에게 도움이 되는 프랙티스는 무엇인가? 이 주제에 관한 추가 정보를 위해서 그는 어떤 지원 문서를 찾아봐야 하는가?

12. 당신의 상사가 앞으로 소프트웨어 유지개선 고객을 담당할 컨설턴트를 소개한다. 당신은 고객에게 어떤 방안을 적용하고 싶은지에 대해 그에게 물었는데, 그는 중앙집중식 접근이라고 답했다. 당신은 이것을 어떻게 생각하는가? 이 주제를 토의하기 위해 어떤 프랙티스가 당신을 도울 수 있는가?

13. 재무 소프트웨어 시스템의 지원을 담당하는 팀 리더가 당신에게 알려준다. 고객과의 서비스 협약이 최대 3시간의 복구시간을 명시하고 있음에도 불구하고, 당신의 ERP 영업대표는 문제해결에 항상 이틀이 필요하다고 한다! 당신의 ERP 영업대표가 솔루션을 갖고 복귀할 때 쯤이면, 문제는 벌써 상부로 보고가 되어버린다. 당신의 관리자는 왜 ERP 시스템에 대한 서비스 수준 협약 목표들이 달성되지 못하는지 알고 싶어 한다. 지금 어떤 상황이 벌어지고 있으며, 영구적으로 이 문제를 해결하기 위해서는 어떻게 해야 하는가? 이 프랙티스의 성숙도 수준은 무엇인가? 만약 당신이 계약상의 합의를 변경할 수 없다면, 어떤 프랙티스가 그나마 도움이 될 수 있는가?

14. 당신은 재무 소프트웨어 시스템의 지원을 담당하는 팀 리더에게 서비스 협약에서 다루는 ERP 소프트웨어에 대한 상세 기술을 보여달라고 요청한다. 그는 그런 건 없다고 한다! 이런! 당신은 그에게 뭔가를 쓴다.(1페이지 반 분량). 어떤 프랙티스가 당신에게 도움이 되는가? 어떤 참조 문서가 당신에게 도움이 되는가? 당신의 의견을 제시하라.

15. 당신의 새로운 회사는 유지개선 서비스 청구서를 발행할 새로운 방법을 모색하는 중이다. 현재, 청구금액은 일한 시간을 기준으로 하여 이익을 조금 붙이는 방식이다. 후보가 될 만한 비용청구 전략들을 설명하고, 관련 상세를 마련하는 데 도움이 될 수 있는 문서들에 대해 서술해보라.

진화 엔지니어링 도메인

• S3m 의 세 번째 프로세스 도메인의 개요: 진화 엔지니어링 •

• 핵심 프로세스 영역, 목표, 목적, 예상 결과, 다른 KPA와의 연결 •
  – 배포 전 공정과 이행 서비스
  – 운영지원 서비스
  – 진화와 오류수정 서비스
  – 검증과 확인

이 장은 S3m 모델의 세 번째 프로세스 도메인의 개요와 목표를 보여준다.
이 세 번째 프로세스 도메인의 성숙도 레벨 0, 1, 2에 대한
자세한 프랙티스는 제10장에서 확인할 수 있다.

6.1 개요

세 번째 프로세스 도메인은 소프트웨어 유지개선에 관련된 운영 활동들을 다룬다. 이것은 배포 전 공정 및 이행, 운영지원, 진화와 오류수정 서비스, 검증 및 확인과 관련된 프랙티스들을 포함한다. 이 프로세스 도메인은 다음과 같은 4개의 KPA를 다룬다.

Evo1: 배포 전 공정과 이행 서비스

Evo2: 운영지원 서비스

Evo3: 소프트웨어 진화와 오류수정 서비스

Evo4: 검증과 확인

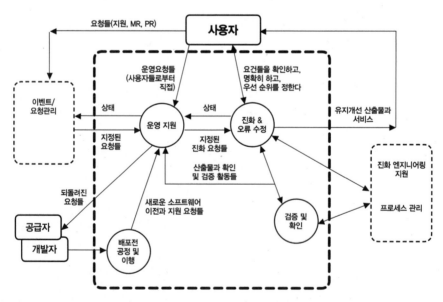

[그림 6.1] 진화 엔지니어링 KPA 간 상호작용들

[그림 6.1]은 소프트웨어 진화 엔지니어링의 4개 KPA들과 다른 프로세스 도메인들의 상호작용을 보여준다.

　　배포 전 공정과 이행 서비스 KPA는 유지개선 담당자들이 앞으로 자신들이 유지 관리해야 하는 소프트웨어와 처음으로 접촉하는 지점이다. 이 KPA의 주요 목적은(가능하다면) 개발기간 동안에 소프트웨어에 대한 유지개선 담당자의 이해를 높이고, 개발자들이 소프트웨어 유지개선성을 고려하도록 영향력을 행사하는 것이다.

　　운영지원 서비스 KPA는 "슈퍼 사용자" 또는 헬프데스크에 의해서 해결되지 않는 서비스 요청들을 처리한다. 슈퍼 사용자는 소프트웨어의 다른 사용자들을 지원하고 교육하는 과업이 지정된 사용자에게 부여되는 이름이다. 운영지원 서비스는 소프트웨어를 변경하지는 않지만, 그것에 대해 다음과 같은 컨설팅 서비스를 제공한다:

- 기존 시스템에서 1회성 정보 추출
- 개발자들과 운영팀에 기술적 정보와 상담(조언)을 제공
- 고객들이 소프트웨어, 거래, 데이터, 문서에 대해 더 잘 이해할 수 있도록 지원

　　소프트웨어 진화와 오류수정 서비스 KPA는 소프트웨어에 변경을 적용하면서 진행된다. 유지개선 프로그래머는 영향도 분석을 자세히 살펴보고, 상세설계를 수행하고, 변경과 테스트를 수행하며, 문서를 제공한다. 이 KPA에서는, 유지개선 서비스의 각 유형을 위해 특정한 유지개선 프로세스들이(그리고 그것들의 워크플로우가) 실행된다. 진화 프로세스는 개발자의 프로세스(이것은 ISO 12207 섹션 5.3을 직접적으로 참조한다)와 유사하지만, 유지개선 담당자

의 상황에 맞게 조정된다.

검증과 확인 KPA는 자원(인력)이 할당되어 현재 진행중인 요청 변경을 통제한다.

6.2 배포 전 공정과 이행 서비스 KPA

이것은 소프트웨어 유지개선의 핵심 프로세스 중의 하나이다. 신규로 개발된 소프트웨어(또는 COTS 또는 ERP의 구매/적용/파라미터화)에 대한 책임이 개발자(공급자)로부터 유지개선 부서로의 이관과 관련된 일련의 조율 활동(coordinated activities)과 공식적인 개정(revision)을 포함한다. 유지개선 부서는 운영지원뿐만 아니라 진화(evolution)와 일상적인 변경(modifications)이라는 형태로 책임을 질 것이다[ISO 2006, 6.9; ITIL 2007c].

이 KPA의 목적은 개발기간 동안에 소프트웨어에 대한 유지개선 담당자의 이해를 높이고, 개발 과정에서 소프트웨어의 유지개선성에 영향을 미치려고 노력하는 것으로, 다음의 활동들을 포함한다.

- 소프트웨어와 관련된 지식 이전과 교육을 식별하고 인수받고 준비한다.
- 설계 단계 동안에 소프트웨어의 유지개선성 특징들을 고려하도록 영향을 준다.
- 유지개선 기간 동안에 적용할 프로세스와 산출물을 식별, 검토, 수집, 완

성한다.

- 배포 전 공정 기간 동안에 소프트웨어의 형상관리와 테스트에 참여한다.
- 인수 및 이행 기간 동안에 각 문제보고(PR)에 대한 상태를 이해하고 문서화한다.
- 신규 소프트웨어에 대한 SLA 상세를 수립한다.
- 새로운 소프트웨어를 위한 유지개선 환경을 준비한다.
- 프로세스 이행(transition)의 공식적인 단계들을 수행한다[Pigoski 1997, 11장].

6.2.1 이 KPA의 목표

1. 소프트웨어 유지개선 비용을 절감한다.
2. 신규 소프트웨어를 다루는 유지개선 인력의 스킬 수준을 높인다(서비스 품질, 지식, 만족도 등의 관점에서).
3. 설계 단계를 통하여 이해당사자들이 소프트웨어 유지개선성의 특징들을 고려하도록 설득한다.
4. 유지개선 담당자의 관점에서 완전한 문서화를 확보한다.
5. 지식의 이전과 교육에 대한 정보를 획득한다.
6. 신규 소프트웨어에 대한 명확한 SLA뿐만 아니라 고객 서비스의 기대 수준을 확보한다. 여기에는 유지개선 담당자에게 전달되는 모든 PR에 대한 상태와 우선순위가 포함된다.
7. 신규 소프트웨어를 위한 완전하고 안정적인 지원/유지개선 환경을 식별하고 조기에 확보한다.
8. 소프트웨어 이행 프로세스를 쉽게 만든다.

6.2.2 다른 KPA들과의 관계

- 상위 수준의 '배포 전 공정과 이행' 활동을 개선하는 데 추가 정보를 확보하려면 유지개선 프로세스 초점 KPA를 참조하라[S3m].
- 배포 전 공정과 이행 프로세스를 정의하고, 문서화하고, 표준화해야 하는 필요성을 더 심도 있게 이해하려면 유지개선 프로세스/서비스 정의 KPA를 참조하라[S3m].
- 소프트웨어 이전과 관련한 교육활동에 관해 배우려면 유지개선 교육 KPA를 참조하라. 이것은 표준화된 프로세스에 대해 필요한 교육과 이들 프로세스에 필요한 변경을 서술한다[S3m].
- 소프트웨어 이전 계획에 관한 추가 정보를 확보하려면 유지개선 계획수립 KPA를 참조하라[S3m].

6.2.3 예상 결과

이 KPA의 예시 프랙티스들을 성공적으로 실행하고 나면 다음과 같은 사항을 관찰할 수 있다.

- 유지개선 담당자들이 설계 단계에서 소프트웨어 유지개선 특성을 반영하도록 개발자에게 영향을 준다.
- 신규 소프트웨어에 대한 SLA가 준비된다.
- 신규 소프트웨어에 대한 소프트웨어 지원/유지개선 환경이 구축된다.
- 신규 소프트웨어에 대한 이행 이력 증빙과 이행 측정의 기록이 존재한다.

또한 다음의 활동을 수행한다.

- 유지개선 담당자가 필요로 하는 문서를 식별, 검토, 수집하고, 완성한다.
- 이행의 최종 단계 동안에 모든 PR의 상태에 대해 이해당사자들과 소통한다.

6.3 운영지원 서비스 KPA

운영지원은 소프트웨어 변경을 수반하지 않는 활동으로 구성된다. 예를 들면 이런 활동은 (a) 질문에 답을 하고, (b) 정보와 팁을 제공하고, (c) 고객들이 거래, 문서, 업무 규칙을 더 잘 이해할 수 있도록 도와주고, (d) 운영 중인 소프트웨어를 감독하고, (e) 임시 보고서를 작성하는 것 등이다. 또한 기존 시스템의 기술적인 정보와 데이터를 추출할 필요가 있는 개발자들과 구매자들을 위한 컨설팅 서비스를 포함한다.

이 KPA의 목표는 운영지원 활동에 대한 분명한 정의, 식별, 시간 기록/청구서 발행을 보장하는 것이다. 또한 다양한 운영지원 활동에 대한 공수를 명확히 파악/등록하기 위해 유지개선 지원활동(정규 업무시간 이후의)을 적절하게 강조할 필요가 있다. 이런 활동은 시간이 많이 걸리는데, 정당한 인정을 받아야 하지만 종종 간과된다. 이런 활동의 중요성은 모든 이해당사자들에게 소통되어야 한다.

6.3.1 이 KPA의 목표

1. 운영지원 서비스와 활동을 명확히 식별한다.
2. 이런 서비스의 가시성(visibility)과 운영지원 활동의 부가가치를 높인다.
3. 운영지원 활동에 대해 청구서를 발행한다.
4. 유지개선 인력 추가배정의 근거를 확보한다.
5. 운영지원 과업에 대해 이해당사자들과 소통한다.

6.3.2 다른 KPA들과의 관계

- 운영지원 요청의 원천과 애플리케이션 소프트웨어의 감독에 대해 배우려면 이벤트/요청 관리 KPA를 참조하라[ITIL 2007d, 4].
- 운영 문제의 원천에 대해서, 그리고 애플리케이션 소프트웨어의 더 밀접한 감시를 필요로 하는 중요한 시간과 이벤트를 식별하는 방법에 대해 더 배우려면 원인 분석과 문제해결 KPA, 그리고 요청/소프트웨어 감시와 통제 KPA를 참조하라[ITIL 2007d, 4].
- 신뢰성 목표와 고객/소프트웨어 서비스 기술에 대해 배우려면 SLA와 공급자 계약 KPA를 참조하라[ITIL 2007d, 4].

6.3.3 예상 결과

이 KPA의 예시 프랙티스들을 성공적으로 실행하고 나면 다음과 같은 사항을 관찰할 수 있다.

- 지원 활동은 외부적으로는 현업/고객을 지원하는 것으로, 그리고 내부적으로는 IT 이니셔티브(예: 내부 프로젝트)를 지원하는 부가가치 활동으로 인식된다.
- 소프트웨어 유지개선 조직이 운영지원과 관련해서 진화 활동을 추진한다.
- 유지개선 담당자들의 지원 범위가 확대됨에 따라 운영, 개발, 유지개선 활동 간의 경계가 허물어진다.
- 부가가치 지원 활동은 지식 이전 활동으로 장려된다.

6.4   진화와 오류수정 서비스 KPA

이 KPA는 애플리케이션 소프트웨어를 변경하는 활동/과업을 포함하며, 상세설계, 진화(적응형, 완전형, 예방형), 오류수정, 테스트 활동으로 구성된다. 이 활동은 표준화되고 공표된 유지개선 프로세스들뿐만 아니라, 지원되는 방법론, 도구, 환경을 사용한다. 유지개선 담당자가 수행하는 소프트웨어의 진화와 오류수정은 개발자의 활동과 유사하다[ISO 12207, 5.5.3].

유지개선 계획수립 KPA에서의 영향도 분석이 이 KPA의 입력물로 사용된다. 영향도 분석에서 선택된 옵션에서 출발하여, 필요한 변경의 상세 명세에 대한 설명까지 진행한다. 유지개선 담당자는 변경 기간 동안에 고객 요건을 확실히 관리한다. 일단 상세설계가 완료되고 검증되면, 유지개선 담당자는 소프트웨어를 변경하고, 단위테스트와 문서 변경을 수행한다. 오류수정 서비스에서, 유지개선 담당자들은 중단된 서비스를 복구하기 위한 임시 해결책을 우선 실행하고, 그 다음에 이슈를 영구적으로 해결하기 위해 MR을 처리하기도 한다.

6.4.1 이 KPA의 목표

1. 소프트웨어 진화와 오류수정 활동이 결함/장애를 유발해서는 안 된다.
2. 유지개선 담당자는 영향도 분석 결과를 사용하여 상세설계 활동을 가속화한다.
3. 유지개선 담당자는 소프트웨어 오류수정과 변경 프로세스를 지원하는 도구, 환경, 메커니즘을 활용하여 생산성을 개선한다.
4. 소프트웨어를 정해진 절차에 따라 변경함으로써 시간이 지나도 퇴보하지 않도록 유지한다.
5. 소프트웨어가 퇴보하지 않도록 또는 결함과 장애를 유발하지 않도록 정해진 절차에 따라 테스트를 진행한다.
6. 명세서, 상세설계, 실행, 테스트의 결과들이 서로 일관(coherent)되고, 각각의 요건에 부합한다.

6.4.2 다른 KPA들과의 관계

- 솔루션 대안 및 선택된 대안을 상세화하는 영향도 분석과, 변경을 진행하는 데 필요한 고객의 허가(authorization)에 대한 추가 정보는 유지개선 계획수립 KPA를 참조하라[SEI 2002, PA163.R101과 R102].
- 소프트웨어 유지개선 서비스 요청과 연관된 추정에 대해 더 배우려면 유지개선 계획수립 KPA를 참조하라[SEI 2002, PA163.R102].

- 진화 활동을 실행할 때마다 소프트웨어를 개선하기 위해서는 소프트웨어 회춘 프로세스를 참조하라.

6.4.3 예상 결과

이 KPA의 예시 프랙티스들을 성공적으로 실행하고 나면 다음과 같은 사항을 관찰할 수 있다.

- 고객이 승인한 옵션이 구현된다.
- 요건은 문서화되며, 고객과 협상된 모든 변경 역시 문서화된다.
- 변경과 상세설계의 구성 요소 그리고 코딩과 테스트 기록 간의 추적성은 문서화를 통해 확보된다.
- 단위테스트와 회귀테스트가 수행되며, 문서화되고, 점검/개정된다.
- 유지개선 담당자는 변경에 대한 수용을 확보하기 위해 고객들과 소통할 준비가 되어 있고, 운영시스템으로의 배포를 계획한다.
- 소프트웨어는 퇴보하지 않으며, 매번 조금씩 개선된다.

6.5 검증과 확인 KPA

　유지개선 담당자의 검증과 확인 활동은 개발자의 활동과 유사하지만, 다른 이슈들을 다룬다. 확인(validation)은 주어진(또는 장차 주어질) 서비스 또는 유지개선 요청이, 의도한 대로 실행되는지를 입증한다. 반면에 검증(verification)은 과업이 이전 단계, 즉 요건분석, 상세설계, 프로그래밍 단계의 요건들을 충족할 정도로 적절하게 수행되었는지를 다룬다. 다시 말하자면, 확인은 "올바른 작업이 수행되었는지(the right job was done)"를 보장하는 반면에 검증은 "작업이 올바르게 수행되었음(the job has been done right)"을 확실히 한다.[22] 또한, 유지개선 담당자들은 회귀테스트를 전문적으로 수행한다 [ITIL 2007c, 표 4.12]. 이것은 이 KPA에서 숙달되는 핵심 "V&V" (Validation & Verification) 스킬이다.

　이 KPA의 목표는 V&V 활동이 계획되고, 수립된 절차가 준수되며, 제품/서비스가 내부 요건과 고객의 요건을 충족함을 확실히 보여주는 것이다. 조직은 품질과 관련된 활동의 중요성을 모든 직원에게 소통해야 한다. 유지개선 조직은 결함이 고객에게 노출되지 않도록 노력한다.

6.5.1 이 KPA의 목표

1. V&V 활동 중에서 어떤 것들을 수행할지 확실한 계획을 세운다.
2. V&V 실행 절차를 따른다.

---

[22] 확인은 요건에 맞는 답이 도출되는지 여부를 점검하는 것이고, 검증은 답이 맞는지를 살펴보는 작업이다.

3. 유지개선 작업 결과가 특정한 요건을 충족함을 확인한다[SEI 2002, PA150; ITIL 2007c, 표 4.12].

4. 제품과 유지개선 서비스가 사용될(운영에 들어갈) 때 계획한 대로 수행됨을 보여준다[SEI 2002, PA149].

5. 제품과 유지개선은 고객에게 제공되기 전에 개정될 수 있음을 명기한다.

6. 고객에게 제공하기 전에 결함을 발견한다.

6.5.2 다른 KPA들과의 관계

- 이해당사자들과 기술 지원(팀)이 약속한 대로 실천하고 조직의 프로세스 요건을 충족함을 보장하기 위해 V&V가 어디에 사용되는지 이해하려면 유지개선 요청/소프트웨어 감시와 통제 KPA를 참조하라. 또한 후속조치와 유지개선 감독 KPA를 참조하라[S3m].
- 고객들과 하도급 계약자들과의 검토에 대한 추가 정보는 SLA와 공급자 계약 KPA를 참조하라[S3m].
- 기술지원 인력이 책임질 신규 소프트웨어의 배포 전 공정, 이행, 인수테스트 활동기간 동안에 진행되는 개발자와의 검토에 대한 추가 정보는 배포 전 공정과 이행 서비스 KPA를 참조하라[S3m].
- 특정 요청과 연관된 V&V 활동의 상세 계획에 대한 추가 정보는 유지개선 계획수립 KPA를 참조하라[S3m].
- 상세설계, 프로그래밍, 단위테스트, 회귀테스트 기간 동안에 수행되는 V&V 활동에 대한 추가 정보는 소프트웨어 진화와 오류수정 서비스 KPA를 참조하라[SEI 2002, PA163.R104].

6.5.3 예상 결과

이 KPA의 예시 프랙티스들을 성공적으로 실행하고 나면 다음과 같은 사항을 관찰할 수 있다.

- V&V 기법들이 유지개선에 적용된다.
- 유지개선 맥락에서 서비스 유형별로 어떻게 V&V 활동을 수행할지 설명하는 절차가 수립된다.
- 모든 MR에 대해서 적절한 회귀테스트가 수행된다.

6.6 요약

이 장에서는 KPA 및 다른 프로세스 도메인과의 관계를 포함하여 S3m의 세 번째 프로세스 도메인을 소개했다. 각 KPA에 대해 매우 상세하게 설명했다. 각 KPA와 연관된 목표들뿐만 아니라 프로세스들을 실행하면 예상되는 결과들도 서술했다.

다음 장에서는 네 번째 프로세스 도메인이 제시된다. 5개의 KPA를 갖는 진화엔지니어링 지원 도메인이다.

6.7 연습문제

1. 지난해 진행한 개발 프로젝트들이 이제 운영으로 넘어갈 준비가 되었다. 그러나 올해와는 달리, 지난해에는 이행(transition) 프로세스가 없었다. 지난해의 소프트웨어에는 온갖 종류의 문제가 많았으며, 당신의 동료 헨리(Henry)는 고객을 지지하면서 개발자들과 맞서고 있다. 그는 담당자가 운영으로 넘기는 것을 막으려고 로비 중이다. 당신의 대응 방안은 무엇인가? 여기서 어떤 프랙티스가 문제인가? 헨리(Henry)가 현재 대응하는 방식은 성숙도 수준이 무엇인가?

2. 한편 당신은 헨리(Henry)의 프로젝트가 진행되는 것을 보면서, 당신의 프로젝트들이 새로운 이행 프로세스들을 준수하고 있음을 다행으로 느끼고 있다. 이제 최종 이행이 다가오는 프로젝트를 위해 체크리스트를 준비할 때가 되었다. 이 체크리스트에 들어갈 항목들을 열거하라. 이 프랙티스는 성숙도 수준이 무엇인가?

3. 노먼(Norman)이 당신에게 와서 소프트웨어 이행의 성숙도를 레벨 2로 올리기 위해서는 무엇이 필요한지 더 배우려고 한다. 그에게 다음 항목들을 설명하라: 사용자와 유지개선 담당자들 교육, 문서화, 형상관리, 문제 보고서.

4. 이행(transition)에서 레벨 2가 레벨 3으로 올라가는 것에는 어떤 중요한 철학적 변화가 있는가?

5. 당신은 시간을 내서, 운영 중인 소프트웨어의 메모리 크기, 통신 링크, 디스크 공간을 살피고 있다. 노먼(Norman)은 그것들을 점검하는 것은 운영 부서의 일이라고 얘기한다. 당신은 어떻게 생각하는가? 여기서 어떤 프랙티스가 문제인가?

6. 당신은 동료 짐(Jim)과 커피 한 잔 하면서 당신 소프트웨어의 아직 해결

되지 않은 변경 요청들 목록에 대해 얘기하고 있다. 그가 고백하기를, 당신이 그에게 상세분석을 수행하지 말라고 조언한 이래로, 그 목록이 날이 갈수록 점점 짧아지고 있다고 한다! 당신이 짐(Jim)에게 얘기했을 때, 그가 이해하지 못한 것은 무엇인가? 성숙도 레벨 2에서 변경 요청들의 분석을 위해 그가 따라야 하는 프랙티스는 무엇인가? (여기서 문제가 되는 것을 이해했다면, 당신은 이전 장의 문제 8에 제대로 대답을 했어야 한다!) 긴급한 오류수정을 위해 그에게 주어진 특별한(그러나 제한된) 허락을 설명하기 위해서 당신은 어떤 프랙티스를 사용할 수 있는가?

7. 당신의 상사가 회의에 당신을 불렀다. 가보니 모든 유지개선 인력들이 현재의 소프트웨어 유지개선 방법론을 대체하기 위한 발표회에 초대 받은 상황이다. 새로운 Xtreme 유지개선 방법론은 6배나 빠르고, 이제 새롭고 더 생산적인 WEB과 Java 기술을 채택할 시간이 왔다고 제안한다. 발표를 진행하는 외부 전문가가 당신에게 말하기를 만약 당신이 원한다면 객체지향 프로그래밍 언어를 사용할 수 있으며, 더 이상 프로그래밍 표준이 필요하지 않고, 고객이 테스트를 할 것이므로 테스트도 더 이상 필요없다고 설명한다. 문서가 역사 속으로 사라진다니! 풀(Poole 2001)과 폴크(Paulk 2002)의 문헌을 읽어보라. 이 두 개의 참조를 사용하여 소프트웨어 유지개선에 적용되는 Xtreme 방안에 대한 외부 전문가의 해석에 무엇이 잘못되었는지 설명하라. 그는 소프트웨어 진화/오류수정의 어떠한 레벨 2 프랙티스를 혼동하고 있는가?

8. 소프트웨어의 진화와 설계를 위한 레벨 3에 도달하기 위해서는 무엇이 진행되어야 하는지 간단히 서술하라. 당신은 동의하는가?

9. S3m 레벨 2 V&V 프랙티스와 아일린 번스타인(Ilene Burnstein)의 성숙도 모델에서 제시되는 프랙티스[23]간의 차이점을 나열하라. 그녀의 프랙티스 중에서 어느 것이 소프트웨어 유지개선과 관련이 있는지 강조해보라.

---

[23] http://kopustas.elen.ktu.lt/~rsei/PT/Developing%20a%20Testing%20Maturity%20Model,%20Part%20II.htm

진화 엔지니어링
지원 도메인

• S3m 의 네 번째 프로세스 도메인의 개요: 진화 엔지니어링 지원 •

• 핵심 프로세스 영역, 목표, 목적, 예상 결과, 다른 KPA와의 연결 •
− 형상과 버전 관리
− 프로세스, 서비스, 소프트웨어 품질보증
− 유지개선 측정과 분석
− 원인 분석과 문제해결
− 소프트웨어 회춘, 마이그레이션, 폐기

이 장은 S3m 모델의 네 번째 프로세스 도메인의 개요와 목표를 보여준다.
이 프로세스 도메인의 성숙도 레벨 0, 1, 2에 대한 자세한 프랙티스는
제11장에서 확인할 수 있다.

7.1 개요

　S3m 모델의 마지막 프로세스 도메인은 소프트웨어 유지개선 진화 엔지니어링을 지원하는 프로세스를 다룬다. ISO 12207에서 정의되었듯이, 일반적으로 지원 프로세스는 운영 프로세스를 지원하기 위해 만들어지고 사용된다. 지원 프로세스는 필요시 사용된다. 몇몇 프로세스들은 다른 업무 조직(예: 개발자, 컴퓨터 운영, 재무, 인사)과 공동으로 관리된다. 왜냐하면 이러한 특정 프로세스는 회사의 다른 모든 조직들에서도 필요하기 때문이다. 이 프로세스 도메인은 5개의 KPA를 갖는다.

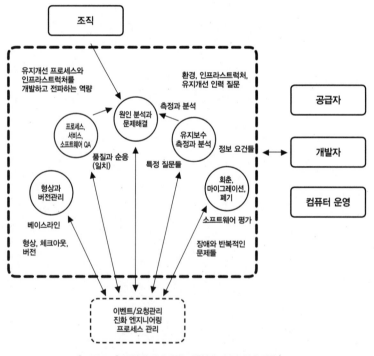

[그림 7.1] 진화엔지니어링 지원 KPA 간 상호작용

Sup1: 형상과 버전 관리

Sup2: 프로세스, 서비스, 소프트웨어 품질보증

Sup3: 유지개선 측정과 분석

Sup4: 원인 분석과 문제해결

Sup5: 소프트웨어 회춘, 마이그레이션, 폐기

[그림 7.1]은 진화 엔지니어링 지원 KPA들과 모델의 다른 프로세스 도메인들 간의 상호작용을 나타낸다.

형상과 버전 관리 KPA는 IS/IT 조직 내에서 종종 개발자와 유지개선 담당자 간에 공유되는 지원 프로세스이다. 이것의 주요 목표는 변경이 이루어지는 동안에 서로 다른 중간 산출물들 사이의 관계를 수립하고 통제하는 것이다. 또한 유지개선 계획에서 식별된 전략을 사용하여 버전/릴리스 계획을 실행하는 책임이 있다[Stark 1997]. 유지개선 담당자는 다음 사항들을 수행하기 위해, 개발자와 형상관리 활동을 수행함으로써 신규 소프트웨어의 배포 전 공정에 참여하는 기회를 갖기도 한다:

- 교육과 지식 이전 항목을 확인, 인수, 준비한다.
- 소프트웨어가 설계되는 동안에 소프트웨어의 유지개선성 특성이 고려되도록 한다.
- 유지개선을 위한 유용한 정보를 확인하고, 영향을 주고, 수집하고, 완성한다.
- 다양한 이해당사자들을 위해 PR의 상태를 파악하고 공지한다.
- 신규 소프트웨어를 위한 SLA의 상세를 작성한다.
- 소프트웨어 유지개선/지원 환경을 준비한다.
- 최종 이행 프로세스의 공식적인 단계들을 수행하거나[Pigoski 1997, 11

장] 소프트웨어가 이미 유지개선 담당자의 책임하에 있다면 버전/릴리스 계획 활동을 수행한다.

유지개선 측정과 분석 KPA는 측정 및 분석과 관련된 모든 활동을 함께 그루핑한다.

프로세스, 서비스, 소프트웨어 품질보증 KPA는 점검(inspection), 검토, 감사, 제품 품질 평가 등의 모든 품질보증 활동을 함께 그루핑한다.

원인 분석 및 문제해결 KPA는 다른 프로세스들로부터 정보를 얻는다. 이 정보는 반복적인 문제들을 해결하고 주요 개선 사항과 혁신을 가이드하기 위해 고려되어야 하는 일반적인 문제/상황의 연구를 위해서 필요하다. 문제해결은 문제의 근본 원인을 신속히 찾기 위한 원활한 소통이 존재함을 보장하기 위해 모든 IS/IT 지원 조직을 참여시키는 프로세스이다[ITIL 2007d, 부록 C].

최종적으로 소프트웨어 회춘, 마이그레이션, 폐기 KPA는 유지개선성을 향상시키기 위해 고객의 소프트웨어를 최적화하고, 다음과 같은 활동들을 제안한다:

- 재문서화(Redocumentation)
- 소프트웨어 리스트럭처링(Restructuring)
- 리버스 엔지니어링(Reverse engineering)
- 리엔지니어링(Reengineering)
- 소프트웨어 마이그레이션(Migration)
- 소프트웨어 폐기(Retirement)

앞에서 제시한 활동은 어느 정도 프로그램을 이해하기 위한 기술을 필요로 한다. 이런 활동은 2가지 유형으로 나뉜다. 소규모의 최적화 활동은 임의의 변경이 발생할 때 수행될 수 있다. 소프트웨어는 변경이 이루어지는 동안에 개방 (open)되기 때문에 개선을 위한 기회가 생긴다. 최적화 활동은 변경 작업에 심각한 영향을 주어서는 안 되므로 그 범위는 종종 제한된다.

유지개선성의 향상을 위한 두 번째 유형의 활동은 보다 큰 범위에 해당하며 그 영향력은 매우 강력하다. 이러한 활동은 고객이 얻을 수 있는 잠재적인 이익을 평가하기 위해 문서로 제시되며, 최적화를 위한 제안 등으로 구체화된다. 대규모로 진행되는 최적화 활동은 프로젝트 팀에 의해 수행되는 경향이 있다.

7.2 형상과 버전 관리 KPA

형상관리는 구성의 결정과 특정 시기의 제품과 중간 산출물에 대한 설명으로 이루어진다. 이것의 목표는 기존 소프트웨어를 변경하는 요청의 수명주기 전체에 걸쳐 일관성(integrity)과 추적성(traceability)을 유지하는 것이다. 또한 구성의 변경에 대한 체계적인 통제를 보장하기 위함이다.

형상관리의 첫 번째 목표는 변경 전체에 걸쳐 서로 다른 중간 산출물 간의 연결(link)을 구축하는 것이다. 유지개선 담당자는 이를 통해 초기 요청에서부터 요건분석, 영향분석, 상세설계, 프로그래밍, 테스트, 기술 문서화 등 변경에 대한 진척과 최종적으로 사용자에 의한 확인까지 파악할 수 있다. 이것을 추적성이라고 부른다. 형상관리의 또 다른 측면은 지원 소프트웨어를 사용하여 가동중인 구성요소를 보존(reserve)하는 것이다. 이 활동은 직원들이 동료에 의한 변경을 알아채지 못한 채 해당하는 특정 구성요소를 변경하지 못하도록 보장한다. 또한 개발자들과 유지개선 담당자들은 동일한 도구를 사용하여 모든 중요한 단계에서 소프트웨어의 이미지를 생성한다. 예를 들어, 그들은 테스트 단계에서 전체 형상에 대한 복사본을 만들곤 한다. 이 기법은 어떤 특정 시기에 모든 소프트웨어 구성요소들의 이미지를 분리시킬 수 있도록 해준다. 따라서 변경 완료된 작업을 망칠 경우에는 항상 이전 상태로 되돌아갈 수 있다. 이것은 사실상 소프트웨어 형상 이미지의 백업 복사본이라고 생각될 수도 있다.

하지만 백업 복사본과 형상 이미지 간에는 다음과 같은 근본적인 차이가 존재한다:

- 형상 이미지는 개별적인 구성요소들에 대해 훨씬 많은 정보를 담고 있다.
- 형상 이미지는 온라인으로 보관된다.
- 모든 직원들은 형상 이미지에 접근할 수 있으며 그것으로부터 보고서를 추출할 수 있다.
- 형상 이미지는 변경 기간 동안에 사용된다.
- 백업 복사본은 오로지 소스코드에만 관심을 집중한다.

최종적으로 시스템의 형상은 소스코드, 문서, 모든 전자적인 구성요소 및 인도되거나 사용되는 기본 시스템 구성요소의 목록을 포함한다. 이 프로세스와 이것을 지원하는 소프트웨어는 시간이 경과해도 소프트웨어는 최신의 상태를 유지하도록 해준다.

7.2.1 이 KPA의 목표

유지개선 담당자에게 형상관리의 목표는 구성요소들을 식별하고 통제하는 것이다. 또한 서로 다른 구성 상태를 유지하고, 구성 개정과 감사를 실시함으로써 제품과 유지개선 작업 산출물의 일관성을 수립하고 유지관리하는 것이다 [SEI 2002, PA159].

1. 소프트웨어 형상의 일부분인 구성요소들을 식별한다.
2. 유지개선(형상) 수명주기 전반에 걸쳐 특정 변경 기간 동안에 구성요소 간 통일성(coherence)을 수립하고 유지관리한다. 즉, 일관성과 추적성을 유지관리한다.
3. 필요시 그것을 다시 추적할 수 있도록 소프트웨어의 버전과 변경을 통제한다. 애플리케이션 소프트웨어와 그것의 데이터를 재현하는 데 필요한 제품, 도구, 소프트웨어, 절차를 유지관리한다.
4. 서로 다른 직원에 의한 동일 구성요소의 동시 변경을 방지하고, 이를 통해 충돌과 생산성 손실을 방지한다. 이것은 형상관리 정보저장소로부터 항목을 체크인하고 체크아웃하는 절차와 도구를 갖추는 것을 의미한다.
5. 개발자 또는 고객에게 영향을 미치지 않고 작업할 수 있는 통제되고 분리된 환경을 조성한다.
6. 유지개선 목적으로 기본 소프트웨어의 내용(base product content)과 형상관리 정보저장소에 대한 정보를 손쉽게 확보한다.
7. 새로운 소프트웨어를 유지개선하는 초반 며칠 안에 완벽하게 구비되고 안정된 유지개선 환경을 구축한다.
8. 소프트웨어 수명주기 초반에 지식을 습득하기 위해 이행 활동에 참여할 수 있는 기회를 포착한다.

7.2.2 다른 KPA들과의 관계

- 형상관리 프로세스를 정의해야 하는 필요에 대한 추가 정보는 유지개선 프로세스/서비스 정의 KPA를 참조하라[S3m].
- 형상관리 프로세스에 대한 교육활동, 그리고 이 영역에서 유지개선 담당자의 도구와 인프라스트럭처에 대한 추가 정보는 유지개선 교육 KPA를 참조하라[S3m].
- 개발자들을 위한 계획, 환경, 형상관리 도구들에 대한 추가 정보는 유지개선 계획수립 KPA를 참조하라. 형상관리의 범위는 이 KPA에서도 역시 개발자와 유지개선 담당자에 의해서 정의된다[SEI 2002, PA159.R101].
- 이행(활동) 기간 동안과 이행의 마지막 단계에서의 형상관리를 사용하는 유지개선 요청 통제와 인프라스트럭처 활동에 대해 더 배우려면 유지개선 요청/소프트웨어 감시와 통제 KPA를 참조하라[SEI 2002, PA159.R103].
- 운영으로 넘어가기 전에 애플리케이션 소프트웨어의 형상관리에 참여하는 유지개선 담당자의 기회에 대한 추가 정보는 배포 전 공정과 이행 서비스 KPA를 참조하라[S3m].
- 특정 변경 요청에 대한 형상관리를 더 배우려면 소프트웨어 진화와 오류 수정 서비스 KPA를 참조하라[S3m].

7.2.3 예상 결과

이 KPA의 예시 프랙티스들을 성공적으로 실행하고 나면 다음과 같은 사항을 관찰할 수 있다.

- 설계 단계 동안에 소프트웨어의 유지개선성 특징들을 반영할 수 있다.

- 유지개선 담당자들에게 필요한 문서가 식별되고, 완성되고, 수집된다.
- 이행의 최종 단계에서 PR의 상태를 알 필요가 있는 이해당사자들에게 내용이 통보된다.
- 각 소프트웨어를 위한 SLA가 작성된다.
- 소프트웨어 지원/유지개선 환경이 존재한다.
- 소프트웨어 이행 측정의 기록들과 이력 보고서가 보관된다.

7.3 프로세스, 서비스, 소프트웨어 품질보증 KPA

프로세스, 서비스, 소프트웨어 품질보증 KPA는 수립되어 있는 조직의 표준과 규칙에 따라서 유지개선 결과물과 서비스에 대한 독립적이고 객관적인 검토와 감사를 수행할 때 필요한 인력과 프로세스를 제공한다[SEI 2002, PA145]. 검토와 감사에서 나오는 결론들은 관리자들과 기타 책임 있는 당사자들에게 통보된다.

이 KPA의 목표는 유지개선 담당자들에게 일상의 유지개선 작업에서 사용되는 애플리케이션의 프로세스, 절차, 규칙에 대한 발언권을 부여함으로써 고품질의 제품과 서비스를 위한 지원을 제공하는 것이다[SEI 2002, PA145. N102]. 이 KPA의 상세 프랙티스들은 표준화된 프로세스들이 요청을 처리하는 과정에서 사용됨을 보장한다.

7.3.1 이 KPA의 목표

1. 유지개선 프로세스/서비스의 일관성을 보장하고 적용한다.
2. 품질 목표를 달성하기 위해 서비스 협약, 표준, 절차에 따라 프로세스 실행, 작업 산출물, 서비스를 객관적으로 평가한다.
3. 부적합(nonconformities)을 식별하고 기록한다.
4. 이해당사자들에게 부적합을 통보하고, 그것을 제거할 방법을 모색한다.
5. 부적합의 제거를 계속 추구한다.

7.3.2 다른 KPA들과의 관계

• 품질보증(예: Req2.3.12, 18)의 대상이 되는 활동, 인도물을 식별하는 서로 다른 계획들에 대해 더 배우려면 유지개선 계획수립 KPA를 참조하라 [SEI 2002, PA145.R101].
• 품질보증 통제와 주요 이정표에 대해 더 배우려면 요청/소프트웨어 감시와 통제 KPA를 참조하라[S3m].
• 유지개선 담당자들에 의해서 국지적으로 수행되는 품질보증 활동에 대해 더 배우려면 검증과 확인 KPA를 참조하라[SEI 2002, PA145.R102].

7.3.3 예상 결과

이 KPA의 예시 프랙티스들을 성공적으로 실행하고 나면, 다음과 같은 사항을 관찰할 수 있다.

- 유지개선을 위한 품질보증 계획이 존재한다.
- 감사가 실시되어 오류수정 조치가 취해졌음을 보여주는 객관적인 증거 (예를 들면 보고서)가 존재한다.
- 유지개선 프로세스들의 사용이 점진적으로 균일해진다(uniform). 유지개선 활동들이 계획과 표준, 그리고 표준화된 유지개선 프로세스에 점점 더 일치한다.
- 유지개선 프로세스의 실행이 더 정밀하게 측정될 것임을 공표한다.
- 서비스 수행 이전에 부적합이 식별되고 후속 조치가 취해진다.
- 표준화된 유지개선 프로세스들의 사용에 대한 데이터가 수집된다.
- 부적합이 유지개선 운영 수준에서 해결되지 않을 때 내부 프로세스에 따라 더 많은 관리자가 참여하고 고위 경영진에게 보고된다.

7.4 유지개선 측정과 분석 KPA

유지개선 측정과 분석 KPA는 유지개선 관리의 정보 니즈(information needs)를 지원하기 위해 사용되는 측정과 분석 역량을 제공한다[SEI 2002, PA154].

이 KPA의 목표는 모든 소프트웨어 유지개선의 정보 니즈가 정의되고 있음을 보장하는 것이다. 그리고 소프트웨어 유지개선 담당자, 고객, 관리자가 어떤 측정기준, 분석 기술, 데이터 수집 활동, 정보저장소, 보고서를 사용할지 서술하는 것이다.

7.4.1 이 KPA의 목표

1. 데이터 수집과 분석 활동을 연계(align)시킨다.
2. 분석과 그것의 정보 목표, 그리고 이 분석을 수행하는 데 필요한 측정기준을 수립한다.
3. 데이터 수집 프로세스 및 수집된 자료를 데이터 정보저장소에 저장하는 프로세스를 개발한다.
4. 유지개선 분석 결과를 공유한다.

7.4.2 다른 KPA들과의 관계

- 소프트웨어 유지개선 활동의 추정 노력에 대한 추가 정보는 유지개선 계획수립 KPA를 참조하라[SEI 2002, PA154.R101].
- 유지개선 작업항목들을 통제하고 후속 조치를 취하는 데 필요한 데이터에 대한 추가 정보는 요청/소프트웨어 감시와 통제 KPA를 참조하라[SEI 2002, PA154.R102].
- 유지개선 제품들(측정을 포함하여)의 관리에 대한 추가 정보는 형상과 버전 관리 KPA를 참조하라[SEI 2002, PA154.R102].
- 유지개선 측정의 수립을 이끄는 데이터 수집과 관련된 추가 정보는 유지개선 프로세스/서비스 정의 KPA를 참조하라[SEI 2002, PA154.R106].
- 수집과 측정기준을 사용하는 것과 관련된 교육활동에 대한 추가 정보는 유지개선 교육 KPA를 참조하라[S3m].

7.4.3 예상 결과

이 KPA의 예시 프랙티스들을 성공적으로 실행하고 나면 다음과 같은 사항을 관찰할 수 있다.

- 특정한 목표를 충족하고, 문서화된 정보 니즈로부터 도출된 측정이 사용된다.
- 업계의 예시 프랙티스들을 사용하여 측정과 분석을 벤치마킹한다.
- 툴을 사용하여 데이터 수집 절차와 지침을 배포하고 지원한다.
- 유용하고, 구체적이고, 업데이트된 보고서와 분석이 활용 가능하다.

7.5 원인 분석과 문제해결 KPA

원인 분석은 장애와 여러 문제들의 원인을 식별한다. 그리고 향후 이런 문제를 피하기 위해서는 어떤 조치가 수행되어야 하는지 파악한다[SEI 2002, PA155]. 비즈니스 프로세스들과 소프트웨어 간의 상호의존성으로 인해 소프트웨어에 장애가 발생하면 전체 조직을 마비시킬 수도 있다. 서비스 연속성과 소프트웨어 가용성을 위해서는 효율적인 문제해결 프로세스가 필요하다.

우선순위를 식별하고 개선을 위한 분석과 권고사항을 제시하는 것이 이 KPA의 목표이다. 즉 장애를 해결하기 위해 그것의 원인을 식별하는 것이다. 품질을 개선하는 것 또한 목표 중 하나이다.

7.5.1 이 KPA의 목표

- 일반적인 결함과 장애를 평가하는 기준을 수립한다.
- 문제해결의 품질과 효율성을 개선한다.
- 장애의 원인들을 제거하고 재발을 방지한다.

7.5.2 다른 KPA들과의 관계

- 프로세스 성과와 품질을 분석하고, 수용가능한 한계를 언제 벗어나는지에 대한 추가 정보는 유지개선 프로세스 성과 KPA의 정량적인 관리 로드맵을 참조하라[SEI 2002, PA155.R101].
- 유지개선 조직에서 개선사항을 선정하고 전파하는 것에 대해 더 배우려면 유지개선 혁신과 전파 KPA를 참조하라[SEI 2002, PA155.R102].
- 소프트웨어 유지개선 측정과 분석 목표를 수립하는 데 대한 추가 정보는 유지개선 측정과 분석 KPA를 참조하라[SEI 2002, PA155.R103].

7.5.3 예상 결과

이 KPA의 예시 프랙티스들을 성공적으로 실행하고 나면 다음과 같은 사항을 관찰할 수 있다.

- 소프트웨어 유지개선 비용이 절감된다.
- 고객의 MR을 처리하는 시간이 단축된다.
- 유지개선 인력을 교육하는 시간이 줄어든다.

- 소프트웨어 복잡도가 감소한다.
- 소프트웨어 문서화 품질이 향상된다.

7.6 소프트웨어 회춘, 마이그레이션, 폐기 KPA

소프트웨어 회춘(rejuvenation) 활동들은 애플리케이션 소프트웨어의 쇠퇴(decline)와 관련된 문제들을 해결하거나 또는 기술적인 환경 변화에 대응하기 위해 수행된다. 이 활동이 대상 소프트웨어에 경제적으로 이득인지 여부를 판단하는 결정 기준이 필요하다[Koshinen 2005a]. 품질, 효율성, 일반 가용성을 증대하려는 시도가 수행될 것이다. 어떤 경우에는, 유지개선 비용을 줄이고, 대기 시간을 단축하려는 시도들이 수행될 것이다. 이 로드맵은 다른 기술적 환경(플랫폼)으로의 소프트웨어 마이그레이션을 포함한다. 이것은 예방형(preventive) 유지개선 활동으로 간주된다. 이런 활동을 시도하고 기록하기 위해, 그리고 추가 정보를 확보하기 위해, 또는 이해와 유지개선을 더 쉽게 만드는 구조 변경을 위해 항상 소프트웨어 구성요소들을 탐구해야 한다.

이 KPA의 목표는 다음과 같은 니즈가 유지개선 계획에서 확인되고 승인되었을 때 소프트웨어 회춘 기술들을 사용하는 것이다: (a) 소프트웨어 재문서화, (b) 소프트웨어 리스트럭처링, (c) 소프트웨어 레트로 엔지니어링.

7.6.1 이 KPA의 목표

1. 소프트웨어 유지개선 비용을 줄인다.
2. 서비스 요청에 대한 대기 시간을 단축한다.
3. 소프트웨어를 발전시키기 위한 유지개선 담당자의 역량(서비스 수준, 지식, 자신감)을 높인다.
4. 소프트웨어의 복잡도를 감소시킨다.
5. 소프트웨어 문서를 업데이트하고, 완성하고, 표준화한다.
6. 소프트웨어 소스코드와 데이터로부터 기능적이고 아키텍처적인 문서를 작성한다.

7.6.2 다른 KPA들과의 관계

- 소프트웨어 회춘 활동의 시작 지점으로 기능하는 계획에 대해 더 배우려면 유지개선 계획수립 KPA를 참조하라[S3m].
- 소프트웨어 회춘 프로세스를 정의할 필요에 대한 추가 정보는 유지개선 프로세스/서비스 정의 KPA를 참조하라[S3m].
- 소프트웨어 회춘 교육활동에 대해 더 배우려면 유지개선 교육 KPA를 참조하라[S3m].

7.6.3 예상 결과

이 KPA의 예시 프랙티스들을 성공적으로 실행하고 나면 다음과 같은 사항을 관찰할 수 있다.

- 소프트웨어 유지개선 비용이 절감된다.
- 유지개선 인력의 사기가 진작된다.
- 고객의 MR에 대한 서비스 시간이 단축된다.
- 유지개선 인력의 훈련 시간이 줄어든다.
- 소프트웨어 복잡도가 감소한다.
- 소프트웨어 품질(예: 문서화와 구조)이 향상된다.

7.7 요약

이 장에서는 KPA 및 다른 프로세스 도메인과의 관계를 포함하여 S3m의 마지막 프로세스 도메인을 소개했다. 각 KPA와 연관된 목표들뿐만 아니라 프로세스들을 실행하면 예상되는 결과들도 서술했다.

7.8 연습문제

1. 안전 복사(safety copy)와 형상 이미지(configuration image) 간의 근본적인 차이는 무엇인가?

2. 소프트웨어 유지개선에서 형상관리의 중요성은 무엇인가? 소프트웨어 개발과는 어떻게 다른가?

3. 유지개선 담당자들이 그들의 일을 수행하고 있으면서, 문제가 발생하는 경우에만(때때로 외부 이해당사자 또는 고객이 알려주기도 함) 유지개선의 일선 관리자가 개입하여 문제 또는 부적합을 빠르게 검토한다면 성숙도는 어느 수준인가? 레벨 3이 되기 위해서는 무엇이 필요한가?

4. 3번과 유사하게, 당신의 조직을 마비시킨 장애 또는 문제 발생 후에 이에 대한 분석이 수행된다면 성숙도는 어느 수준이며, 레벨 3이 되려면 무엇이 필요한가?

5. 레벨3 분석은 당신의 서비스 협약을 어떻게 지원할 수 있는가?

6. 구조화된 해결 프로세스는 어느 성숙도 수준에서 보여지는가?

7. 어떤 프랙티스(들)가 유지개선 결함들을 분류하는 데 도움을 주는가?

8. 특정한 개선 프로젝트를 필요로 하지 않는 리팩토링(refactoring) 기술을 설명하라.

9. 유지개선 담당자가 리엔지니어링 프로젝트들을 연구하고 비용-편익 분석을 수행해야 하는 이유는 무엇인가?

10. 소프트웨어 리엔지니어링의 다양한 기법들을 서술하라.

08

예시 프랙티스
-프로세스 관리 도메인-

프로세스 도메인	핵심 프로세스 영역	로드맵
프로세스 관리	유지개선 프로세스 초점	• 책임과 소통 • 정보 수집 • 조사 결과 • 조치 계획
	유지개선 프로세스/ 서비스 정의	• 프로세스/서비스의 표준화와 문서화 • 프로세스/서비스 적응 • 프로세스/서비스의 소통 • 프로세스/서비스의 정보저장소
	유지개선 교육	• 요건, 계획, 자원 • 개인 교육 • 신입 직원 교육 • 프로젝트 배포 전 공정과 이행 교육 • 사용자 교육
	유지개선 프로세스 성과	• 유지개선 측정의 정의 • 베이스라인 식별 • 정량적인 관리 • 예측 모델
	유지개선 혁신과 전파	• 혁신/개선의 연구 • 혁신/개선 제안의 분석 • 선정된 혁신/개선 제안의 시범적용 • 혁신/개선의 전파 • 혁신/개선 이익의 측정

8.1 유지개선 프로세스 초점 – 상세한 예시 프랙티스들

B.1 레벨 0

> **Pro1.0.1** 소프트웨어 유지개선 조직은 지속적이고 통제된 프로세스 개선을 이끄는 구조화(structured)된 프로세스 개선활동을 수행하지 않는다[S3m].

조직은 계획 프로세스, 품질개선 프로세스, 또는 소프트웨어 유지개선 수명주기 방법론을 갖고 있지 않다. IS/IT 경영진이나 소프트웨어 유지개선 중간관리자들 어느 누구도 품질 프로그램의 필요성 또는 가치를 인식하지 못한다. 품질개선 기회를 식별하려는 의지를 갖고 고객, 현업, 유지개선 서비스와 소프트웨어 제품을 대하지 않는다[IT Governance Institute 2007, AI7].

B.1 레벨 1

개요설명: 성숙도 레벨 1에서, 경영진은 품질과 개선에 대한 필요를 인식하기 시작한다. 일부 개인들이 개선 이니셔티브를 수행한다. 개선의 초점은 종종 소프트웨어 유지개선의 기술적인 측면에 한정된다. 일반적으로 운영 프로세스의 품질은 측정되지 않는다. 경영진은 품질과 개선을 위한 후보 이니셔티브들을 비공식적으로 검토한다 [IT Governance Institute 2007, AI7].

> **Pro1.1.1** 소프트웨어 유지개선 조직 내에서 개선이 비공식적(informally)으로 수행된다[S3m].

이 성숙도 레벨에서, 개선은 몇몇 개인들에 의해서 수행되고 그 효과도 제한적이다. 유지개선 프로세스와 소프트웨어 제품을 개선하기 위한 일정, 예산, 프로젝트가 정의되지 않는다.

> **Pro1.1.2** 대부분 소프트웨어 유지개선 프로세스들의 기술적인 측면을 개선하려는 몇몇 개별적인 개선 이니셔티브들이 추구된다[S3m].

개선은 개별적인 이니셔티브에 의존하기 때문에, 개선사항은 대개 소프트웨어 유지개선의 기술적 측면에서 수행되는 것이 관찰된다. 예를 들면 라이브러리의 명명 규칙, 기술적인 툴, 문서화, 컴파일 스크립트, 데이터 정제 작업에서의 개선들이다.

B.1 레벨 2

개요설명: 성숙도 레벨 2에서, 개선활동은 국지적(locally)으로 수행된다(즉, 각 소프트웨어 유지개선 조직은 다른 조직들과 독립적으로 개선을 수행한다). 전사적인 이니셔티브와의 조정은 없다. 일반적으로 소프트웨어 유지개선 담당자는 유지개선 주활동에 덤으로 부가되는 과업의 하나로 국지적인 프로세스 개선활동을 수행한다. IS/IT 조직이 개선 프로그램을 갖고 있을 수는 있으나, 소프트웨어 유지개선 조직과의 연계는 없다. 일반적인 품질 교육(유지개선에 특화되지 않은, 예를 들면 Malcolm Baldrige, ISO 9001, and CMMi)은 IS/IT 경영진이 후원한다[IT Governance Institute 2007, AI7]. 개선이 필요한 목록과 다양한 의견들이 존재하며, 소프트웨어 유지개선 관리자들도 그들 부서를 위해 정리되고 계획된 개인적인 개선 목록은 갖고 있다(현재 예산 주기 내에서). 그리고 최소한의 측정값들이 수집된다[IT Governance Institute 2007, AI7]. 프로

세스 개선활동에 대한 연구와 시범 프로젝트들이 논의되고 고려된다. 몇몇 유지개선 하위 조직은 자신의 프로세스를 개선하고 조화시키기 위해 위에 설명한 내용들을 참조한다. 아직 유지개선 프로세스 개선에 전적으로 할당된 충분한 예산은 없다. 일반적으로, 유지개선 담당자들은 각자의 고위관리자와 연간 성과 검토의 맥락에서 프로세스 개선 이니셔티브들을 논의하고 진척을 보고한다.

Pro1.2.1 품질과 프로세스 개선 프로그램이 IS/IT 조직 수준에서 시작된다. 소프트웨어 유지개선 담당자들은 이 프로그램에 대하여 알고 있으며, 기초적인 품질 인식 교육을 받는다[Zitouni 1996, MCO12/01, S3m].

개선 프로그램은 소프트웨어 유지개선 기능을 담당하는 조직에 의해서 시작되어야 한다. 이 예시 프랙티스를 달성하기 위해서는, 유지개선 담당자들이 조직의 개선 프로그램 목표를 잘 알고 있어야 한다. 이 예시 프랙티스는 개선 프로그램이 소프트웨어 유지개선 조직에게 알려졌다고 본다.

개선활동들이 전체 IS/IT 조직 전반에 조화롭게 적용되기 시작한다. 그리고 소프트웨어 유지개선 관리자는 기초적인 품질 인식 교육을 받는데, 이것은 개선에 대한 조직적인 접근과 개선활동의 예정된 전파를 이해하는 데 필요하다. 이 교육은 IS/IT 경영진 또는 품질 주관 부서에 의해 실시된다. 일반적으로 관리자를 위한 교육은 다음 주제들을 다룬다:

- 프로세스 개선의 핵심 개념, 모델, 방법
- 다양한 모델로의 매핑(예: CMMi, ISO 9001, Malcolm Baldrige, ITIL)
- 조직의 개선목표
- 계획, 행위자, 지원 인력
- 향후 1~3년 일정 내에 있는 전파 일정과 목표 사이트

로드맵 – 책임과 소통

> **Pro1.2.2** 소프트웨어 유지개선 조직의 개선활동을 계획하고 조정하기 위해서 총괄담당자(representative)가 지정된다[S3m, ITIL 2007e, chapters 6 and 8].

유지개선 인력은 전임제(full-time) 또는 비상근(part-time) 기준으로 지정된다. 초기에 개선 책임은 소프트웨어 유지개선 조직의 어느 한 구성원에게 부여된다(소프트웨어 유지개선에서 쌓은 지식과 성과로 직원들의 존경을 받는 선임 담당자, 즉 총괄담당자). 유지개선 총괄담당자는 아래에 제시된 직무를 수행한다:

- 다른 단위조직들의 프로세스 개선활동과 연계/정렬(IT 관리, 개발자, 인프라스트럭처와 운영, 헬프데스크)
- 조직의 프로세스를 비교하는 기준선(베이스라인)으로서 개선 모델의 선정; 예를 들면 S3m, CMMi, ISO 9001
- 유지개선 인력이 다른 조직의 프로세스(또는 인터페이스)에 참여할 때 다음을 고려하여 책임을 문서화
  a) 인터페이스되는 프로세스
  b) 그들의 환경에서 현재 사용되는 제품과 프로세스
  c) 고객/현업에 의해 현재 사용되는 제품과 프로세스
- 소프트웨어 유지관리 개선의 목표, 우선순위와 잠재적인 개선 영역에 관한 정보수집 및 소통
- 소프트웨어 유지개선 인력과 관리자에게 프로세스 개선을 장려
- 다음의 측면에서 프로세스 검토, 개선 기회 식별, 개선활동 및 이와 관련된 목표 제시
  a) 생산성

b) 결함 감소

c) 서비스 지연 감소

d) 비용 절감

e) 직원의 동기부여

f) 고객만족

- 소프트웨어 유지관리 개선을 위한 활동의 연간 우선순위 지정
- 소프트웨어 유지관리 개선을 위한 활동과 프로세스의 조정

로드맵 - 정보 수집

> **Pro1.2.3** 소프트웨어 유지개선 제품/서비스에 대한 고객 서베이 결과를 사용하여 후보 개선사항을 식별한다[S3m, ITIL 2007b, 4.2.5.4].

소프트웨어 유지개선 총괄담당자는 조직이 1년에 한 번(또는 더 빈번하게) 의미 있는 고객/사용자/인터페이스 그룹 표본을 대상으로 서베이를 수행하도록 관리한다. 이것의 목적은 프로세스와 제품이 그들의 기대와 품질/서비스 목표를 충족하는지 여부를 더 잘 이해하려는 것이다. 서베이는 다음의 주제를 포함해야 한다:

- 유지개선 인력의 전문성과 예의
- 유지개선 인력에 대해 파악된 역량과 스킬
- 제공되는 제품과 서비스의 유형 및 품질 수준
- 요청/이벤트를 처리하고 종료하는 데까지 걸리는 응답 시간 및 대기 시간
- 현재 사용 중인 애플리케이션 소프트웨어 포트폴리오에 대한 평가
- 진행 중인 요청의 상태 추적 정보

- 요청 우선순위 재조정의 유연성과 대안 솔루션
- 애플리케이션 장애율과 장애 후 복구 시간
- 하도급계약자들에 대한 대표성(representation), 그리고 그들과의 협상
- 서비스 비용, 품질, 가치

Pro1.2.4 사용자/고객, 인터페이스 그룹들(개발자, 운영, 헬프데스크, 하도급계약자 등)로부터 관찰, 논평, 불만 데이터를 수집하여 후보 개선사항들을 식별하는 데 사용한다[S3m, ITIL 2007e, chapters 6 and 8].

관찰, 논평, 불만을 수집하는 프로세스가 실행 중이다. 일상의 수많은 접촉들 중에서, 유지개선 담당자들은 프로세스 개선에 유용하게 사용될 정보를 쉼 없이 수집하고 기록한다. 프로세스 개선 담당자가 이 정보를 사용하게 되며, 개선활동을 계획하는 데 고려된다.

Pro1.2.5 애플리케이션 소프트웨어 프로파일과 관련 내부 벤치마킹을 비교하여 후보 개선사항을 식별하는 데 사용한다[S3m, ITIL 2007e, chapters 6 and 8].

내부 벤치마킹은 자체 개선 목적으로 비교(comparison)를 수행하는 기법이다. 아브랑[Abran 1993b]은 내부 예시 프랙티스들을 식별하는 방법으로, 유지개선 조직들이 어떻게 하면 자신들끼리 내부적으로 비교를 활용할 수 있는지 설명하고 있다.

이 접근법은 상대적으로 쉽게 적용할 수 있는데, 외부 벤치마킹을 공식적으로 실시하기 전에 업계의 다른 곳에서 수행된 것과 내부적으로 맞춰볼 수 있게 해준다[ITIL 2007e; S3m].

> **Pro1.2.6** 소프트웨어 장애에 관한 데이터를 수집하여, 유지개선 프로세스/제품 그리고 다른 인터페이스 그룹(개발자, 운영, 헬프데스크, 하도급계약자 등)과의 인터페이스에 적용될 후보 개선사항을 식별하는 데 사용한다[S3m, ITIL 2007e, chapters 6 and 8].

소프트웨어 장애는 다양한 이유로 발생할 수 있는데, 한눈에 식별하고 이해하기가 쉬운 것만은 아니다. 장애에 관한 데이터를 수집하고 그것의 원인 분석을 수행하는 활동은 가능한 개선사항을 식별하는 방법이다. 처음에는 유지개선 조직 내에서 국지적으로 이루어지며, 이어서 다양한 인터페이스(예: 헬프데스크, 컴퓨터 운영팀, 다른 공급자들이 관여하는 문제-해결 프로세스)를 통틀어 진행된다. 현업이 인지하는 서비스는 다양한 IS/IT 조직을 통해 전달된다(개발자, 운영자, 헬프데스크, 하도급계약자 등). 각 IS/IT 지원 조직은 서비스 사슬(service chain)에서 자기 프로세스의 인터페이스가 조화롭게 운영됨을 보장해야 한다[April 2001].

> **Pro1.2.7** 유지개선 조직은 내부 감사(내부 감사자들에 의한)를 받으며(예: CoBIT, ISO 90003 4.2.4 e or other types of audits), 결과는 후보 개선사항을 식별하는 데 사용된다[S3m].

소프트웨어 유지개선 고위관리자들과 중간관리자들은 그들의 조직이 내부 감사와 외부 감사를 받아야 할 때, 이를 수용하고 적극적인 태도를 보인다. 감사는 소프트웨어 유지개선 프로세스/서비스에 대한 외부적 견해를 제공한다. 감사 보고서는 프로세스 개선담당자가 활용 가능해야 하고, 잠재적인 개선활동을 계획할 때 고려된다.

Pro1.2.8 일부 프로세스들에 대한 성숙도 평가가 진행된다. 적어도 하나의 유지개선 조직이 프로세스 성숙도 평가를 수행하고, 결과는 후보 개선사항을 식별하는 데 사용된다 [Camelia 1994, 1.4.2.1; Zitouni 1996; MCO.12/02; ITIL 2007e, 5.3.7; S3m].

소프트웨어 유지개선 프로세스의 강점과 약점이 참조 모델에 비추어 평가된다. 프로세스 평가(예: SCAMPI[SEI 2000])가 수행되고, 이 수준에서는 시범 프로젝트 평가 또는 초기 평가가 진행될 수 있다. 이 활동은 선정된 개선 모델의 유용성을 검증할 수 있도록 해준다. 또한 일반적으로 유지개선 인력들(경영진, 개선담당자, 일부 유지개선 담당자들)이 소프트웨어 엔지니어링 개선 프로세스 활동에 대해 훈련받을 수 있는 기회를 제공한다. 개선활동은 소프트웨어 유지개선 담당자들이 선도한다. 이것은 유지개선 담당자가 소프트웨어 프로세스 개선활동을 더 잘 이해할 수 있도록 해준다. 결과는 후보 개선사항을 식별하는 데 사용된다.

로드맵 – 조사결과

Pro1.2.9 우선순위에 따라 정렬된 후보 개선사항들의 목록이 작성되며, 소프트웨어 유지관리 개선 프로그램을 개발하기 위한 가이드로 사용된다[S3m].

소프트웨어 유지관리 개선담당자는 잠재적인 개선에 관련해 수집된 데이터를 사용하여 우선순위로 정렬한 후보 개선사항들의 목록을 산출하고, 소통하며, 관리자들과 협의한다. 이 목록은 현재의 연간 예산 범위 내에서 완료된 활동, 진행 중인 활동, 그리고 시작하려고 계획 중인 활동 모두를 포함한다. 이 목록은 소프트웨어 유지관리 개선 프로그램이 된다. 그러나 이 지점에서는 아직 IS/IT 개선 프로그램과 완전히 연계된 것은 아니다.

로드맵 – 조치계획

> **Pro1.2.10** 가능한 개선사항 상위 10개의 목록이 논의되고, 조치 계획이 중간 관리자와 고위관리자에 의해 작성된다. 계획된 개선활동/프로젝트는 연간 예산과 현재의 운영 내에서 자금 지원을 받는다[Zitouni 1996, MCO.12/03; ITIL 2007e, 4.4; S3m].

개선 프로젝트들은 소프트웨어 유지개선 고위관리자에 의해서 식별되고 우선순위가 조정된다. 현재의 과업에 더하여 개선활동이 현재 할당된 자원 내에서 수행된다. 즉, 어떤 "유의미한(significant)" 자금도 개선활동을 위해 추가로 집행되지 않는다. 이들 개선활동은 현재의 소프트웨어 유지개선 운영 작업량에 더해 추가되는 일이다.

> **Pro1.2.11** 일부 프로세스들에 대한 개선 작업이 시작된다. 각 유지개선 조직의 연간 계획은 수립된 개선활동과 그해 수행된 개선활동을 포함한다[Camelia 1994, 3.3.2.2; S3m].

모든 소프트웨어 유지개선 중간관리자는 그의 작업 계획(연간)에 일정한 개선활동을 수행할 책임이 있으며, 또는 수행할 것으로 기대된다. 목표와 우선순위 측면에서 이 작업 계획은 프로세스 개선에서 지금까지 이룩한 성과를 반영한다. 유지개선 담당자에 대한 연간 평가는 그가 진행하는 운영 개선활동의 진척에 관한 기준을 포함한다.

B.1 레벨 3

개요설명: 성숙도 레벨 3에서는 숙련된 관리자가 소프트웨어 유지개선 프로세스의 개선에 참여하고 후원한다. 개선의 목표가 수립되고 관련자에게 전달된다. 소프트웨어 유지개선을 위한 SIG(특별 관심 그룹, Special Interest Group)가 개선활동을 계획하고 수행하기 위해 구성된다. 모든 직원은 실무 그룹, 품질 동아리 또는 기술개선 위원회에 참여한다. 개선에 대한 커뮤니케이션은 빈번하며 모든 레벨과 단계에서 수행된다[COB00 PO11]. 모든 중간 관리자는 조직 개선, 다양한 모델 및 접근 방식의 정렬, 구체적으로 소프트웨어 유지관리 개선의 특정 모델에 관련된 교육을 받는다[COB00 PO11]. 리더들은 주요 품질 표준을 식별한다[COB00 PO11]. 데이터 수집, 외부 교정 및 모든 이해당사자의 정보를 사용하여 개선 사항을 계획하고 우선순위를 정한다. 개선에 특별 예산이 책정되며 특정 프로젝트로 취급된다. 모든 직원이 토론에 참여할 수 있으며 개개인의 성과 평가에 개선이 점차 통합되고 있다. 리더들은 연간 계획 수립 과정을 개선하고 문서화하는 과정을 논의한다.

B.1 레벨 4

개요설명: 성숙도 레벨 4에서 프로세스 초점은 주요 활동뿐만 아니라, 목표 달성을 정량적으로 관리하는 것이 특징이다[SEI02-CL105; COB00 PO11]. 관리자는 훈련을 받고 표준화된 소프트웨어 유지개선 프로세스에서 수집한 데이터를 사용하여 개선목표의 성취도를 평가한다[SEI02-CL105.N111]. 그래픽으로 표현된 초점 프로세스의 성과는 통계적으로 유효하며 모든 사람이 사용할 수 있다. 개선목표는 한층 더 정량적이 되고, 다음의 특징을 갖는다.

a) 모든 표준화된 소프트웨어 유지개선 프로세스에 배포된다.

b) 고객의 니즈를 반영한다.

c) 조직의 제약을 반영한다[SEI02-CL105.N101].

현재 데이터를 기반으로 하는 정량적 목표가 설정되고 커뮤니케이션 된다. SMPG(Software Maintenance Process Group, 소프트웨어 유지개선 프로세스 그룹)는 프로세스를 수행하는 인력에 의해 데이터 수집이 직접 수행되도록 한다[SEI02-CL105.N102]. 프로세스에 크게 기여하는 주요 프랙티스 또한 통계적으로 측정되고 분석된다[SEI02-CL105.N103]. SMPG는 향후 의사결정을 위한 분석을 지원할 수 있는 데이터 정보저장소를 개발한다[SEI02-CL105.N104]. 관리자는 데이터가 허용 범위를 벗어날 때 의사결정을 내린다. 목표를 변경해야 할 필요가 있는 경우 스폰서, 고객 및 이해당사자의 자문을 구하고 이러한 목표에 대한 변경 사항을 수락한다.

8.2 유지개선 프로세스/서비스 정의 - 상세한 예시 프랙티스들

B.2 레벨 0

> **Pro2.0.1** 소프트웨어 유지개선 조직은 프로세스/서비스 정의 활동을 수행하지 않는다. 고객에게 서비스 목록 또는 서비스 디렉토리를 제공하지 않는다[S3m].

소프트웨어 유지개선 조직은 아직 충분히 명확하게 소프트웨어 유지개선 목표에 초점을 두지 않으며, 소프트웨어 유지개선에 특화된 정책, 절차, 프로세스를 수립할 필요성도 인식하지 못한다. 소프트웨어 유지개선 활동과 이를 위해 필요한 관련 기술 및 인프라스트럭처를 다루는 구조화된 프로세스들이 전혀 없다. 단지 사용 가능한 문서와 관련 유지개선 작업 환경만이 개발자, 공급자, 하도급계약자에게 제공된다[IT Governance Institute 2007, AI4].

B.2 레벨 1

개요설명: 레벨 1에서, 소프트웨어 유지개선 담당자들은 프로세스의 필요성은 인식하고 있으나, 실제로 수행되는 것은 거의 없다. 유지개선 프로세스는 가끔 정의될 뿐이고, 모든 유지개선 조직들 전체에 전파되는 일은 거의 없다. 유지개선은 소프트웨어 활동에 거의 영향을 미치지 못하고, 단지 몇몇 단위조직에서만 사용 가능하다. 대부분의 유지개선 문서와 절차는 최신이 아니며, 다양한 IS/IT 지원 운영 조직들 간의 절차는 거의 통합되어 있지 않다[IT Governance Institute 2007, AI4].

> **Pro2.1.1** 유지개선 프로세스/서비스는 비공식적이고, 개인들의 경험에 기반하고 있다[S3m].

프로세스 측면에서는 수동적(reactive)으로 대응한다. 프로세스는 문제가 식별되고/보고될 때 개발되며, 이후 지속된다. 유지개선 프로세스를 개발하고 전파하는 정밀한 방안은 아직 없다.

> **Pro2.1.2** 개별적인 이니셔티브들은 유지개선 프로세스/서비스를 정의하는 데 있어서, 주로 소프트웨어의 기술적 측면을 다루거나, 특정한 유지개선 조직의 활동을 국지적인 형식으로 서술한다[S3m].

일부 직원들은 프로세스와 그들이 책임지는 소프트웨어 제품에 관해 개인적인 주석과 기록을 남긴다.

B.2 레벨 2

개요설명: 레벨 2에서, 프로세스 정의 활동은 각 유지개선 조직에 의해 독립적으로 수행되지만, 관련 인터페이스(예: 고객, 현업, 개발자, 운영자, 공급자)에는 프로세스에 대한 명확한 설명이 존재하지 않는다. 프로세스와 절차의 개발을 위한 방안들이 추구되지만 그룹간 조정, 구조적인 접근 또는 프레임워크는 고려되지 않는다[IT Governance Institute 2007, AI4]. IS/IT 또는 조직 내 다른 세부 단위들이 프로세스 정의 활동을 수행할 수도 있지만, 소프트웨어 유지개선은 전사 이니셔티브에 포함되지 않는다. 고객에게 영향을 주는 프로세스는 문서화 되지만, 균일한(uniform) 접근은 존재하지 않는다. 그러므로 그것의 정확성과 가용성은 공식적인 프로세스보다는 개인들에게 크게 의존한다. 몇몇

교육 자료가 사용가능하지만, 단편적(piecemeal)이고 품질은 참여하는 개인에 의존한다. 소프트웨어 유지개선 활동과 제품의 품질과 절차는 형편없는 것에서 부터 매우 좋은 것까지 다양한데, 동질성(homogeneity)이 떨어지고 다양한 유지개선 조직들 간에 통합되어 있지 않다[IT Governance Institute 2007, AI4].

로드맵 – 프로세스/서비스의 문서화 및 표준화

> **Pro2.2.1** 유지개선 조직이 제공하며 고객이 사용하는 유지개선 프로세스/서비스에 대한 설명이 적어도 하나는 존재한다[ISO 90003, 4.1a and 7.2].

소프트웨어 유지개선 조직들 중의 하나가 자신의 활동을 서술하는 표준화된 프로세스들을 정의하고 문서화한다. 이것은 고객과 공유되고 사용된다.

> **Pro2.2.2** 유지개선 프로세스/서비스/자원의 일부분이 기록되고, 소프트웨어 유지개선 조직에 전파된다[Camelia 1994 (a1, a4), ISO 90003 5.4.2].

몇몇 유지개선 프로세스, 서비스, 자원(인력, 도구, 소프트웨어, 환경)을 서술하는 문서가 존재한다. 이 문서는:

- 최신 상태이다.
- 유지개선 담당자들의 일상 작업에 사용된다.

일군의 기술들(유지개선 프로그래머들과 유지개선 분석가들을 위한)이 표준화되고 문서화된다[Camelia 1994, 7.1.2.6]; 예를 들면 특별한 소프트웨어의 개발을 위한 프로그래밍 표준과 명명 규칙이 유지개선 조직의 프로그래머

가이드에 수록된다.

Pro2.2.3 단위조직 수준에서 소프트웨어 유지개선 프로세스/서비스를 문서화하고 표준화하는 활동이 전개 중이다[Camelia 1994, 6.1 and 6.2; ITIL 2007e, chapter 3].

조직은 소프트웨어 유지개선 프로세스의 표준화에 대한 필요성을 인식해 왔다. 일부 표준화 활동은 시작되지만, 모든 소프트웨어 유지개선 조직에서 필연적으로 벌어지는 일은 아니다.

Pro2.2.4 소프트웨어 유지개선 경영진은 표준 프로세스/서비스의 사용과 소프트웨어 유지개선에 관련된 외부 표준(예: ISO 9001, ISO 12207, ISO 14764)의 사용을 승인하고 장려한다[S3m, ITIL 2207e, 3.11].

소프트웨어 유지관리 개선을 위한 표준 사용의 유용성과 필요성은 (꾸준히) 인정되어 왔다. 이것이 관리자들과 엔지니어들에게 수용되면서, 소프트웨어 유지개선은 특정한 도메인이 되었다. 또한 소프트웨어 유지개선은 특정 전문 용어에 대한 표준과 아울러 다른 소프트웨어 엔지니어링 조직, 공급자, 하도급 계약자, 아웃소싱 업체와 더 잘 소통하기 위한 관련 표준을 필요로 하게 되었다. 이 예시 프랙티스는 내부에서 정의되고 발표된(폐쇄된) 용어 대신에 국제적으로 인정된(열린) 표준에 기반한 표준 용어, 표준화된 절차, 활동, 작업 범주의 도입을 장려한다.

B.2 레벨 3

개요설명: 이 성숙도 수준에서 소프트웨어 유지개선을 위한 표준화된 프로세스는 보다 체계적이고 공식화되어 있다. 소프트웨어 유지개선 프로세스는 명확하게 정의되고 수용되며 이해되는 구조를 갖추고 있다. 절차는 공식 라이브러리에 저장되고 유지되며 이를 필요로 하는 직원이 접근할 수 있다. 또한 절차 업데이트 및 후속 교육이 수행되는 방법을 설명한다. 하지만 정의된 접근법이 존재함에도 불구하고, 규정 준수를 강제하는 통제가 없기 때문에 프로세스의 실제 적용은 다양하다. 프로세스 생성 및 배포 프로세스에서 자동화 도구가 점점 더 많이 사용된다[COB00 AI4]. 프로세스 및 절차는 다중 레벨 아키텍처(multiple levels architecture)를 사용하여 개발된다. ISO 9001은 일반적인 정책부터 보다 구체적인 목록까지 상세히 다루는 구조를 권장한다. [그림 8.1]을 참조하라.

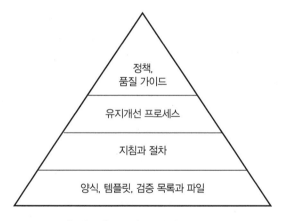

[그림 8.1] 프로세스 문서의 구조 예제

프로세스를 설명하는 문서 형식이 표준화되어야 한다. 이것은 소프트웨어 유지개선의 모든 단위조직에 적용되어야 한다. 표준화된 프로세스의 범위가 확대되고, 모든 이해당사자의 동의를 확인하는 문서가 관리되어야 한다. 조직의 소프트웨어 유지개선 프로세스 목록([그림 8.1] 참조)이 있어야 하며 모든 사람이 수용할 수 있는 절충안을 찾아야 한다. ISO 14764, 6.6은 모든 직원이 동일한 프로세스를 따르도록 유지개선 프로세스 활동의 세부 사항을 문서화할 필요가 있음을 설명한다. 프로세스의 핵심 활동을 설명하는 문서에는 고객, 개발자, 헬프데스크, 인프라스트럭처, 운영 및 하도급 인터페이스에 대한 설명이 포함되어야 한다[SEI02−PA153.IG101.SP101.N102]. 소프트웨어 유지개선의 운영 프로세스를 문서화하는 것 외에도 비즈니스 프로세스 및 품질 시스템 관리 프로세스를 지원하는 프로세스가 문서화될 것이다[SEI02−PA153.IG101.SP101.N103].

B.2 레벨 4

개요설명: 성숙도 레벨 4에서는, 컴플라이언스(compliance) 활동이 유지개선 프로세스와 절차를 일관성 있게 사용하도록 유도한다. 고객은 모든 유지개선 담당자들의 작업 방식(the way of working)이 동기화(synchronized)되어 있다는 점을 명확히 인지하고 있다. 유지개선 프로세스 및 절차는 모든 내부 단위 조직들을 다루며, 이해당사자들과의 모든 상호 의존성과 인터페이스를 포함한다(고객, 개발자, 인프라스트럭처 및 운영자, 공급업체 및 하도급업체). 표준이 준수되고, 소프트웨어 유지개선의 모든 프로세스를 위한 절차가 개발되고 유지됨을 보장하는 통제가 존재한다. 고객 및 이해당사자들의 의견, 불만 및 제안 사항은 프로세스 개선의 원천으로 간주된다[Cob00 AI4].

8.3 유지개선 교육 - 상세한 예시 프랙티스들

개요설명: 교육은 조직의 책임이다. 유지개선되는 각 소프트웨어의 특수성(specificities)에 필수적인 역량을 파악하고 고객 요구사항을 충족하는 데 필요한 교육을 포함해야 한다. 특별히 소프트웨어 유지개선을 다루는 이 도메인을 조정하기 위해 SWEBOK 6장에 발표된 대로 일반적으로 수용되는 지식 주제들을 식별한다[Abr05]. 이 문서는 모든 산업 및 규모의 조직에 적용할 수 있는 기본 개념, 프로세스, 주요 이슈 및 유지개선 기술을 설명한다. 독자의 이해를 돕기 위해 약 60개의 참고 문헌이 제시된다. 또한 우리는 소프트웨어 유지개선 담당자 교육의 중요성을 설명하는 가즈코-매트슨(Kajko-Mattsson)의 작업을 사용한다[Kaj01; Kaj01a]. 유지개선 담당자는 유지관리하는 소프트웨어의 특정 지식 외에도 다음에 대해 알아야 한다. (a) 개념, (b) 프로세스, (c) 문제, (d) 소프트웨어 유지개선 기술이다. 관리자와 유지개선 담당자의 동기, 태도, 기술 및 지식이 점차 진화된 교육 프로그램의 일부가 되어 효과적으로 역할을 수행하는 것이 바람직하다.

B.3 레벨 0

> **Pro3.0.1** 소프트웨어 유지개선 조직은 배포 전 공정과 이행, 유지개선되는 소프트웨어와 이것의 기술적 환경, 유지개선 프로세스/서비스, 엔지니어의 사기/경력 계획을 다루는 구조화된(structured) 교육활동을 실시하지 않는다[S3m].

레벨 0의 특징은 교육 계획, 교육 활동, 경력 관리의 측면에서 인적자원을 관리하지 않는다는 것이다. IS/IT 경영진은 유지개선 담당자들의 교육활동을 신규 소프트웨어 프로젝트 계획과 연계시키는 것의 중요성을 거의 인식하지 못한다. 교육을 책임지는 개인 또는 그룹이 아예 없다[IT Governance Institute 2007, PO7]. 유지개선 담당자의 지위는 개발자의 지위보다도 낮다. 즉, 유지개선 담당자는 조직에서 경시되고 있음을 느낀다. 유지개선 담당자들은 조직의 다른 부서로 이동하거나 그렇지 않으면 이런 낮은 지위를 그냥 받아들여만 한다고 생각한다. 이런 수준의 성숙도에서 경력 관리란 존재하지 않으며, 그 영향력은 직원의 사기에서 곧바로 드러난다.

B.3 레벨 1

개요설명: 이 단계의 성숙도에서, 조직은 여전히 소프트웨어 유지개선 인력에 대한 교육 측면에서 필요한 만큼의 충분한 정보를 갖고 있지 않다. 가즈코-매트슨(Kajko-Mattsson)과 동료 연구자들[Kajko-Mattsson et al. 2001]에 따르면, 소프트웨어 유지개선 담당자는 그의 개인적인 관심사는 차치하고 전문 기술을 개발할 수 있는 기회도 충분히 갖지 못한다. 이 단계의 성숙도에서 전형적인 시나리오는, 교육과 훈련이 다음 두 가지 상황에서만 제공된다: 신입 직원의 입사 또는 신규 소프트웨어의 이행 활동이다. 경영진은 교육 계획의 필요성은 인지하지만, 아직 실행에 옮기지는 못하고 있다. 교육 프로세스는 비공식적이고 응급상황(emergencies) 대응에 급급하다[IT Governance Institute 2007, PO7, ITIL 2007d, 표 3.1].

> **Pro3.1.1** 긴급한 필요가 있을 때에만 소프트웨어 유지개선 조직에게 기술적인 교육이 제공된다[ISO 12207; ISO 90003, 6.2.1; Kajko-Mattsson et al. 2001b, ME-1.2].

주기적으로 신규 소프트웨어가 유지개선 팀으로 이전되고 유지관리된다. 유사하게 신규 플랫폼, 업그레이드된 인프라스트럭처, 신규 프로세스가 소프트웨어 유지개선 조직으로 이전된다. 이런 변경이 도입되면 이 상황에 대처하는 기술 교육이 적시(just-in-time)에 제공된다.

> **Pro3.1.2** 개별적인 교육 이니셔티브들은 주로 소프트웨어 유지개선의 기술적인 측면과 그것이 지원하는 제품을 목표로 한다. 선임자가 신입 직원의 멘토로 지정되어 그의 질문에 답하는 조편성(pairing) 프로세스가 등장한다[S3m].

특정 소프트웨어와 이것과 관련된 인프라스트럭처를 관리하는 기술적 프로세스를 이해하기 위한 개별 교육이 준비된다. 특정 과업에 대해 도움의 손길을 찾고 있는 신입 엔지니어들은 선임 엔지니어들에게 궁금한 점을 물어본다. 소프트웨어 유지개선에 있어, 조편성은 적어도 한 명은 어느 때라도 가용하다는 사실을 보장한다.

> **Pro3.1.3** 신입 엔지니어들에 대한 교육 계획은 관리, 프로세스, 소프트웨어 유지개선 활동에 대한 일반적인 주제들을 다룬다[ISO 12207; SEI 2002; PA158.IG101. SP101.W101; ISO 90003 5.4.2; Kajko-Mattsson et al. 2001b, ME-1.1].

이 수준의 성숙도에서, 신입 직원은 조직의 단위 프로세스들에 관한 간략한 개요를 제공받는다. 또한 교육은 유지개선 요청 관리 시스템, 소스코드, 문서 라이브러리, 운영에서의 컴파일 규칙과 절차를 다룬다. 교육 니즈가 식별되고 연간 직원 교육계획에 기록된다.

B.3 레벨 2

개요설명: 이 수준의 성숙도에서, 교육 프로세스는 훈련 개념을 포함한다. 이것은 국지적으로 정의되고, 기록되고, 사용된다; 직원은 단위조직의 한정적(local)이고, 즉각적(immediate)인 니즈에 대해 교육 받는다[IT Governace Institute 2007, PO7]. 가즈코-매트슨(Kajko-Mattsson)[Kajko-Mattsson et al. 2001b]에 의하면, 이 수준에서는 소프트웨어 유지개선 담당자들의 교육과 훈련에 대한 기본적인 기준을 충족하기 위한 노력이 이루어진다. 조직은 엔지니어들을 더 잘 관리해야 할 필요성을 점점 더 많이 느낀다.

Pro3.2.1 유지개선 담당자들은 역량을 갖춰 나가며, 그들이 관리하는 소프트웨어와 관련 인프라스트럭처에 대한 숙련도를 정기적으로 업데이트한다[Kajko-Mattsson et al. 2001, ME-2.3; Kajko-Mattsson 2001b, ME-Resource-5; ISO 90003 6.3].

소프트웨어 유지개선을 담당하는 엔지니어들은 소프트웨어의 아키텍처와 기능에 대한 일반 지식은 물론, 소프트웨어의 내부 구성요소와 데이터 요소의 처리에 관한 상세한 지식을 습득할 필요가 있다. 이 같은 지식 수준은 일상적인 과업에서 유지개선 담당자의 생산성에 영향을 미친다[Kajko-Mattsson 2001b, p.615]. 최근의 연구들은 소프트웨어에 대한 일반 지식의 부족을 유지개선 문제의 한 원인으로 언급하고 있다[Kajko-Mattsson 2000]. 유지개선 담당자들은 종종 그들이 유지개선하는 소프트웨어의 작은 부분에 대해서만 작업하기 때문에 복잡한 소프트웨어를 전체적으로 조망할 수 있는 기회를 놓칠 수밖에 없다. 따라서 유지개선 담당자는 정기적으로 소프트웨어에 익숙해지는 것이 필요하다. 이것은 또한 소프트웨어의 기능이 어떻게 작동되는지 배우기 위해 현업을 방문하는 것을 의미한다. 교육 일정은 계획되어야 하고 개인별로

지정되어야 한다. "People CMM[Curtis 1995]"은 특정한 소프트웨어의 아키텍처와 그것의 특수한 도메인에 관한 지식을 증진시키는 활동을 권고한다.

Pro3.2.2 유지개선 담당자는 프로세스/서비스를 사용할 때, 그리고 그것의 지원 역할을 수행할 때 더 잘할 수 있도록 교육받고 동기부여가 된다[ISO 12207; Camelia 1994, 5.2 and 5.3; SEI 2002, PA158.IG102; ISO 90003 6.2.2; Kajko-Mattsson et al. 2001b, ME-2.4; Niesskink et al. 2005, 5.5.2 ability 5; ITIL 2007b, 9.2.5].

이 예시 프랙티스는 유지개선 담당자들이 프로세스와 그들의 과업을 수행하는 데 정통하도록 동기부여하는 이슈를 다룬다. 또한 이것은 엔지니어들이 개선 권고사항을 계속 주도하고(come forward), 개인적으로 프로세스 개선에 참여하도록 권장하고 있다. 개인은 규율 있게(disciplined) 그의 과업을 수행하도록 동기부여 되어야 한다. 모든 프로세스 이면의 목표는 반드시 설명되어야 한다. 유지개선 담당자와 엔지니어는 유지개선 프로세스를 잘 기록하기 위한 추가 작업을 수행한다. 가즈코-매트슨(Kajko-Mattsson)의 연구에 따르면, 프로세스가 잘 기록되었다 하더라도 명시된 대로 수행되는 경우는 드물다[Kajko-Mattsson 2001b]. 이 예시 프랙티스의 실행은 유지개선 조직에게 다음을 요구한다:

- 어느 부분에서 교육이 부족한지 식별한다.
- 현재 교육의 약점을 식별한다.
- 프로세스 교육에 대한 문서를 검토한다.
- 유지개선 프로세스에 대한 지식을 평가한다.
- 프로세스 교육의 개선을 위한 엔지니어들의 제안활동을 공식화한다.

> **Pro3.2.3** 고객과의 소통에 관한 교육이 소프트웨어 유지개선 담당자들한테 제공된다[Kajko-Mattsson et al. 2001b, ME-2.8; Niessink et al. 2005, 5.2 ability 4; ITIL 2007b, 6.2.4.3].

유지개선 담당자들은 직접적으로 고객과 일한다. 따라서 이들에게 구두 소통(verbal communication)과 대인간 소통(interpersonal communication)에 대한 교육을 제공하는 것이 필요하다.

> **Pro3.2.4** 유지개선 인력의 교육을 가이드하기 위해 내부 벤치마킹 데이터를 사용한다[S3m].

내부 벤치마킹은 개선을 위한 비교 기법이다. 일부 전문가들[Abran 1993b]은 유지개선 조직들이 어떻게 하면 서로의 유사점과 차이점을 더 잘 이해하고, 또한 조직의 내부 예시 프랙티스를 식별할 수 있는지 설명하고 있다. 이 예시 프랙티스를 실증하기 위해, 유지개선 담당자는 다른 소프트웨어 분야 및 조직에서의 교육 투자와 비교할 필요가 있다. 그 같은 비교는 그래프로 보여주는 것이 효과적이고, 이는 유지개선 교육 니즈에 대해 관리자 및 교육 그룹과 토론할 때 사용될 수 있다.

로드맵 – 요건, 계획, 자원

> **Pro3.2.5** 모든 유지개선 담당자의 교육과 훈련을 위한 재무적 자원이 가용하다[Kajko-Mattsson et al. 2001b, ME-2.1].

유지개선 조직은 교육 예산을 갖고 있다. 이 예산은 개인별 니즈에 기반하고

있으며, 그에 따라 할당된다. 다음에 대해 언급하는 문서를 사용할 수 있다:

- 성공적으로 완료된 교육 과정들
- 직원들이 이수하는 내부 교육활동들
- 미래의 교육 계획들

Pro3.2.6 각 유지개선 엔지니어링 직책과 애플리케이션 소프트웨어를 위해 필요한 교육과 훈련을 기술한 계획과 기록표가 있다. 이 교육 계획은 교육 니즈, 제공되는 과정, 관련 자료, 학점, 가용한 자원, 교육과 훈련 활동의 일정을 기록한다[Niessink et al. 2005, 6.7, activity 1; SEI 2002, PA158.IG102.SP102; Camelia 1994, 5.2 (a1, a2)].

최신 상태를 유지하는 것은 엔지니어링의 기본이다. 교육과 훈련 계획은 다음의 주제들을 다뤄야 한다: 윤리와 전문가 정신, 지속적인 교육, 외부 표준과 내부 유지개선 표준 및 프로세스, 접촉하는 조직들과의 프로세스들, 기술적인 인프라스트럭처, 애플리케이션 소프트웨어와 관련 업무 규칙들, 데이터 구조.

로드맵 – 개인 교육

Pro3.2.7 교육 일정이 계획된다[SEI 2002, PA158.EL102; Kajko-Mattsson et al. 2001b, me-2.2].

이 수준의 성숙도에서는, 엔지니어들이 주당 약 2시간 정도를 작업 효율성 향상을 위한 예시 프랙티스를 익히는 데 쓰는 것으로 관찰된다. 또한 엔지니어들은 이 시간 동안에 내부 발표회에 참석하거나 동료 연구자들에게 자료를 제공한다[Humphrey 2000].

로드맵 – 신입직원 교육

> **Pro3.2.8** 선임 유지개선 담당자들은 신입 직원들과 장래가 촉망되는 유지개선 담당자들이 그들이 책임지고 있는 소프트웨어의 유지개선에 익숙해지도록 지도한다[S3m].

선임 유지개선 담당자는 신입 엔지니어가 특정 소프트웨어의 유지개선을 위한 프로세스, 활동, 인프라스트럭처와 기술에 익숙해지도록 해야 한다. 이런 활동은 다음의 주제들을 다룬다:

- 코드와 오브젝트 소스에 대한 문서와 라이브러리
- 편집기, 프로그램과 데이터 파일 비교를 위한 툴, 컴파일러, 어셈블러, 링커, 운영 소프트웨어 로더, 디버거, 시뮬레이터, 에뮬레이터, 정적 소스 코드 분석기, 테스트 툴, 문서화 툴, 형상관리와 데이터 관리 시스템
- 운영과 운영지원을 위한 시간

로드맵 – 배포 전 공정과 이행 프로젝트를 위한 교육

> **Pro3.2.9** 소프트웨어 유지개선으로 이전될 각 개발 프로젝트에 대해 기술적인 책임과 관리적인 책임 두 가지 모두를 위한 교육 니즈가 정의된다(예: 교육의 본질, 교육받을 직원 선정, 교육 시기 등)[SEI 2002, PA166.IG102.SP104.SubP102; S3m].

운영환경으로의 소프트웨어 배포 전 공정과 이행은 소프트웨어 개발 과업들 중에서 가장 중요하지만 간과되는 것들 중의 하나이다[Pigoski 1997]. 이 수준의 성숙도에서, 소프트웨어의 배포 전 공정 기간 동안에 개발 프로젝트에 의해 제공되는 교육과 그것의 유지개선성에 대한 교육은 최소한으로 진행된다 (예: 대략 3일[Pigoski 1997, p.120]). 이 예시 프랙티스를 충족하기 위해서, 유지개선 담당자는 개발 프로젝트 팀이 제시한 유지개선 인력의 교육에 대한 초기 제안을 검토하고 평가해야 한다. 개발 수명주기 동안에, 유지개선 담당자는 (a) 순조로운 이행을 보장하고, (b) 신규 소프트웨어의 유지개선에 대한 자신의 책임을 달성하기 위한 니즈를 명확히 하고 공식화하는 쌍방향 소통(two-way communication)을 구축해야 한다.

> **Pro3.2.10** 배포 전 공정과 유지개선으로의 이행 프로젝트를 수행하는 직원은 소프트웨어 개발자가 적절하다고 여기는 교육을 받는다[SEI 2002,PA166,IG102, SP104,SubP102; S3m].

개발자는 인도 후에 소프트웨어를 유지개선하기 위한 최소한의 지식, 특별 교육과 훈련으로 무엇이 필요한지에 대한 견적을 준비해야 한다. 이 교육은 해당 소프트웨어 유지개선을 담당할 유지개선 담당자에 의해 계획되고 수행되었어야 하며, 그가 최종적인 책임을 떠맡기 전에 실시되어야 한다. 유지개선 관리는 이 프로세스가 집행되는 것을 보장해야 한다.

로드맵 – 사용자 교육

> **Pro3.2.11** 사용자 교육 자료는 국지적으로 문서화된 절차에 맞게 작성된다 [S3m].

교육 자료는 소프트웨어 유지개선 프로세스를 지원하는 인프라스트럭처의 일부분이어야 한다. 이에 따라 교육 자료는 설계되고, 관리되고, 업데이트된다.

> **Pro3.2.12** 사용자(와 기타 다른 이해당사자들)는 애플리케이션 소프트웨어를 자율적으로 사용할 수 있도록 충분한 교육과 훈련을 받는다[S3m, COBIT DS7].

불충분한 교육은 잠재적으로 수많은 추가 사용자 요청을 불러올 것이다. 이 같은 사태가 발생하는 것을 막기 위해서, 유지개선 담당자는 배포 전 공정과 이행 기간 동안에 또는 이행 후에, 충분한 사용자 교육이 진행될 수 있도록 보장해야 한다. 사용자 교육 문서와 기록은 프로젝트 말미에 유지개선 조직에게 전달되어야 한다. 유지개선 담당자는 접수된 사용자 요청의 수와 유형을 관찰하여 필요하다고 판단되면, 추가 교육 세션을 계획해야 한다.

이 프랙티스에 대한 추가 정보

유지개선으로 인해 수행되는 사용자 교육은 개발자 교육과는 다르다. 주요 사용자들이 최신 릴리스에서 변경되었거나 도입된 내용을 이해할 수 있도록 변경 사항이 소개된다. 교육은 기능들이 현재 실행되는 방식(기존 소프트웨어 사용)과 새 버전 또는 특정 변경 요청이 운영에 적용된 이후에는 어떻게 실행될 것이지에 대해 설명한다.

인프라스트럭처 및 운영 직원(operational staff)에게는 기술적인 교육(technical training)이 필요할 수 있다. 사용자와는 달리, 이 과정은 다소 기술적이며 소프트웨어가 "어떻게" 작동하는지를 설명하는 것을 목표로 한다. 따라서 운영자 및 기술 지원 직원(데이터베이스, 아카이빙, 전기 통신)은 일상 업무 활동에 적용된 변경에 대해 교육받아야 한다[Pfl01, section 10.1].

> **Pro3.2.13** 사용자는 지원받고 있는 모든 애플리케이션 소프트웨어에 대하여 유지
> 개선과 지원 프로세스 정보와 교육을 받는다(예: 헬프데스크, 소프트웨어 유지개
> 선과의 인터페이스)[S3m, CoBIT DS7].

유지개선 조직은 제공되는 서비스와 이 서비스를 받기 위해 지켜야 하는 절차를 현업에게 미리 알리는 것이 중요하다. 일반적으로 유지개선 서비스는 하나의 애플리케이션 소프트웨어 제품에서 다른 제품에 이르기까지 다양하다. 따라서 유지관리되는 각 애플리케이션 소프트웨어 제품별로 이 서비스를 명확히 설명하는 것이 중요하다. 어떤 경우에는 다음에 대한 소개 세션이 제공되어야 한다:

- 요청 관리 시스템의 사용 방법
- 연락처
- 가용한 유지개선 서비스들의 유형
- 계약에 명시된 서비스 수준

B.3 레벨 3

개요설명: 이 수준의 성숙도에서는 소프트웨어 유지개선 담당자를 위한 교육 및 훈련 프로세스가 유지개선 단위조직, 전사 IT 그룹 및 단위조직 인력 간에 조정된다. 향후 작업 요청을 충족시키기 위한 계획과 연계된 교육 계획이 수립되어 있다[COB00 PO7]. 레벨 3 및 상위 수준에서는 운영 작업이 할당되기 전에 "관련 교육을 이수할 것"으로 예상된다. 교육 예산 및 계획은 모든 정보기술과 조화를 이룬다. 유지개선 담당자는 자신의 활동과 관련된 전문 교육을 받는다. 인수인계 및 경력개발 계획(직원 순환 배치)은 유지개선 인력의 교육 및 훈련

을 반영한다[COB00 PO7]. 적극적인 사용자 교육이 애플리케이션 소프트웨어의 사용을 개선하기 위해 제공된다. 내부 교육 세션은 교대(rotational)로 제공된다.

8.4 유지개선 프로세스 성과 – 상세한 예시 프랙티스들

B.4 레벨 0

> **Pro4.0.1** 소프트웨어 유지개선 조직은 자신의 프로세스, 서비스, 제품, 자원의 성과를 측정하기 위해 준비된 활동이 없다[S3m].

B.4 레벨 1

> **Pro4.1.1** 프로세스, 서비스, 제품 측정을 위한 몇몇 이니셔티브들이 측정에 관심이 있는 개인들에 의해서 수행된다[S3m].

일부 소프트웨어 유지개선 담당자들이 개인적인 용도를 위해 자신들이 개발한 프로세스, 서비스, 제품의 측정을 수행한다. 이 데이터는 개인적인 것으로 간주되며 프로세스, 서비스, 제품을 관리하거나 개선하는 데 공식적으로 사용되거나 공유되지 않는다.

> **Pro4.1.2** 유지개선 프로세스, 서비스, 제품에 대해 몇몇 정성적인 측정값들이 수집된다[S3m].

일부 유지개선 담당자들은 현업과의 긴밀한 관계를 활용하여 그들의 프로세스, 서비스, 제품에 관한 정성적(qualitative)인 측정값을 확보한다. 이 측정값은 비공식적으로 기록되고(예를 들면 이메일로), 단위조직 내에서 제한적으로 소통된다.

B.4 레벨 2

개요설명: 이 수준의 성숙도에서, 프로세스 성과는 기본적인 관심사만을 다루며 각 단위조직들마다 유형이 다르다. 일반적으로 성과 정보는 주간 경영회의와 월간 경영회의를 위해 중간관리자들이 수집한다. 몇몇 성과 목표들이 설정되고, 측정값은 국지적인 개선과 단기적인 우선순위를 위해 사용된다.

로드맵 – 유지개선 측정의 정의

> **Pro4.2.1** 몇몇 핵심 유지개선 프로세스, 서비스, 제품에 대한 측정기준이 있다. 이것은 국지적으로 정의되고 사용된다[ISO 14764, 6.5; ITIL 2007e, 3.7 and 4.3].

이 수준의 성숙도에서, 유지개선 조직은 경영진과 고객이 사용하는 기본적인 측정을 식별한다. 유지개선 담당자는 이 정보를 (a) 주간 경영회의와 (b) 고객과의 회의에서 발표한다. 일반적으로 이 성숙도 수준에서 측정의 2가지 주요 원천은 요청 관리 시스템과 (작업)시간 기록 정보저장소이다. 이 성숙도 수준에서 발견되는 전형적인 측정값들은 대개 다음과 같이 일반적인 것들이다.

- 서베이에 기반한 만족도 퍼센트
- 활동별 또는 자원별 공수를 기록한 시간 기록표
- 모든 서비스 유형의 콜 수
- 사용자 수
- 서비스 중단 횟수
- 근무 시간과 추가 근무 시간
- 해당 기간에 종료된 요청들, 신규로 제기된 요청들, 이전 시기에서 넘어 온 요청들, 대기 중인 요청들의 수
- 각 애플리케이션 소프트웨어 제품당 유지개선 인력의 수
- 일부 프로세스들의 진화 측정(개선을 위한 모델과 ISO 9001을 사용하여, 혹은 둘 중 하나만 사용하여)

이 프랙티스에 대한 추가 정보

이 수준의 성숙도에서, 유지개선 조직은 현재 상황을 문서화하고 소프트웨어 측정 및 측정 프로그램을 성공적으로 진화시키는 방법을 문서화해야 한다. 조직 내의 측정 수단의 범위는 다소 복잡하다([그림 8.2] 참조).

[그림 8.2] 조직 성과의 개요

그러므로 우리는

- 재무, 예산 및 원가 문제에 대한 조직의 측정 이니셔티브를 문의해야 한다.

- 조직의 정보 기술 측정에 대해 문의해야 한다.
- 특정 소프트웨어 유지개선 측정 방법에 대한 관련 출판물을 참고해야 한다.
- 현재 측정의 한계와 미래의 방향을 기술해야 한다.
- 현재 측정값 수집, 데이터 정보저장소 및 향후 방향을 설명해야 한다.

소프트웨어 품질은 소프트웨어 유지개선에 중요한 고려사항이다[ISO 14764, 6.5]. 유지개선 담당자는 ISO 9126 소프트웨어의 품질 특성을 포함하는 소프트웨어 품질 프로그램을 가지고 있어야 한다.

로드맵 – 베이스라인 식별

> **Pro4.2.2** 프로세스, 서비스, 제품의 품질과 성과에 대한 측정 베이스라인이 수집, 저장, 검토되며, 다양한 이해당사자들(고객, 사용자, 후원자, 프로그램 매니저, 유지개선 담당자, 인터페이스 그룹)에 의해 사용된다[S3m].

이 수준의 성숙도에서는, 단위조직에 의해 국지적으로 관리되는 유지개선 포트폴리오의 운영 상태를 서술하기 위해 다양한 이해당사자들과 베이스라인이 공유된다. 이 데이터는 중간관리자에 의해 국지적으로 수집되고 저장된다. 중간관리자들만이 상세 자료의 구성과 뒷받침되는 근거에 접근할 수 있다.

로드맵 – 정량적인 관리

> **Pro4.2.3** 유지개선 조직은 몇 개의 성과 목표와 품질 목표를 설정한다[SEI 2002, PA165.IG101.SP101; ITIL 2007e, 4.3.5 and 4.1 step 2].

그들의 통제하에 있는 유지개선 포트폴리오 제품, 서비스, 프로세스의 성과와 품질에 대한 목표들을 수립함으로써, 중간관리자들은 서비스 기대 수준을 예측할 수 있으며 좀 더 현실적인 목표를 수립하는 데 도움이 되는 이력 데이터를 분석할 수 있다. 가용한 이력 데이터 덕분에 초기 목표들이 개정될 수 있다[SEI 2002, PA165.IG101.SP101.N102].

이 수준의 성숙도에서, 유지개선 조직은 관리를 위해 기본적인 목표들을 식별한다. 유지개선 중간관리자들은 성과 정보를 수집하고, 주간 경영회의와 고객과의 회의에서 이것을 제시한다(예를 들면 소프트웨어의 가용성 백분율, 가령 96%; 고객만족도; 연장 근무 시간).

B.4 레벨 3

개요설명: 이 성숙도 수준에서는 유지개선의 특정 측면을 다루는 프로세스와 소프트웨어 측정에 대한 정의가 이루어진다. 이 활동은 조직의 광범위한 목표와 통합되는 개선 프로젝트의 일부로 고려되어야 한다. 표준화된 소프트웨어 유지개선 프로세스의 주요 프랙티스는 측정 대상으로 식별된다. 애플리케이션 소프트웨어의 품질 속성 및 성과도 분석된다. 목표 및 기준선 레벨이 수립되고 유지관리된다. 이러한 목표는 비즈니스 목표 및 조직의 특정 상황과 조화를 이룬다. 측정에 대한 정의가 이루어질 뿐만 아니라, 데이터 수집 및 검증 활동이 정립된다. 고객은 활동, 서비스 및 애플리케이션 소프트웨어에 대한 측정에서 조화를 감지한다. 유지개선 인력은 이러한 측정 활동들을 통해 단련된다. 데이터는 조직의 데이터 정보저장소에 통합된다. 데이터는 운영 활동 인력에 의해 매일 수집된다.

8.5 유지개선 혁신과 전파 - 상세한 예시 프랙티스들

개요설명: 대규모로 또는 매우 빠르게 적용되는 변경들은 조직을 압도(overwhelm) 하고, 이전에 투자한 교육의 가치를 절감시키거나 무효로 만들 수 있다; 이것 은 기대했던 것과는 정반대의 결과를 낳는 셈이다. 대조적으로, 너무 경직된 안정성 또한 조직의 비즈니스 위치를 갉아먹고 경쟁자들의 시장 점유율 증대 를 허용함으로써 정체(stagnation)를 야기할 수 있다[SEI 2002, PA161.N105]. 이 KPA는 유지개선 담당자들이 신중하게 적용해야 한다.

B.5 레벨 0

Pro5.0.1 소프트웨어 유지개선 조직은 개선을 위한 목적으로 이해당사자, 현업, 고객, 기타 인터페이스 그룹들로부터 정보를 수집하지 않는다[S3m].

Pro5.0.2 소프트웨어 유지개선 조직은 개선 방안 또는 혁신 방안을 연구하지 않는 다 [S3m].

Pro5.0.3 소프트웨어 유지개선 조직은 프로세스, 서비스, 제품에 대한 혁신 또는 개선의 영향을 평가하지 않는다[S3m].

B.5 레벨 1

Pro5.1.1 유지개선 조직은 비공식적으로 개선과 혁신 프로젝트의 이득을 평가한다[S3m].

Pro5.1.2 개선과 혁신을 위한 개별적인 이니셔티브들은 주로 소프트웨어 유지개선의 기술적인 측면을 목표로 한다[S3m].

Pro5.1.3 유지개선을 위한 프로세스, 기술, 방법론, 도구의 평가들이 비공식적으로 수행된다[S3m].

B.5 레벨 2

개요설명: 이 수준의 성숙도에서, 유지개선 조직들은 개선과 혁신 제안들을 식별한다. 이 제안들은 중간관리자들에 의해 토의되고 승인되며, 단위조직 외부에서 제기되고 관찰되는(종종 특정 불만으로 표출되는) 문제를 해결하는 데 초점이 맞춰진다. 주로 정성적인 목표들이 수립된다. 개선사항의 전파는 운영 중인 애플리케이션 소프트웨어와 프로세스에 부정적인 영향을 방지하기 위해 통제된다.

로드맵 – 혁신/개선의 연구

Pro5.2.1 새로운 프로세스, 서비스, 기술, 방법론, 도구가 소프트웨어 유지개선에서의 잠재적인 사용을 위해 식별되고, 조사된다[Camelia 1994, 1.5.1.3; ITIL 2007e, 5.4.2].

유지개선 담당자가 지정되어 개선과 혁신이 이익이 될 것인지 조사한다. 그 조사에 기반하여 잠재적인 개선과 혁신의 권고 목록이 작성된다.

로드맵 – 혁신/개선 제안의 분석

Pro5.2.2 새로운 프로세스, 서비스, 기술, 방법론, 도구가 요청 수준에서 평가되고 도입된다[S3m; Camelia 1994, 1.5.1.4].

이전의 조사 및 권고 사항에 근거하여, 개선 또는 혁신은 잠재력(potential)을 더 잘 파악하기 위해 평범한(non-critical) 유지개선 요청의 하나로서 평가된다.

로드맵 – 혁신/개선 제안의 전파

Pro5.2.3 몇몇 유지개선 프로세스, 서비스, 기술, 방법론, 도구에 대한 개선은 국지적으로 통제된 방식으로 시작된다[S3m; Camelia 1994, 1.5.1.3; ITIL 2007e, 8.3.3].

개선과 혁신에 대한 평가결과에 기반하여, 일부가 단위조직에 전파된다.

B.5 레벨 3

개요설명: 이 성숙 단계에서는 혁신적인 개선 및 기술 혁신에 대한 적극적인 연구가 실행되어야 한다. 작업 그룹, 품질 동아리 또는 기술위원회가 모든 자원을 활

용하여 이 실행에 참여할 수 있도록 인프라스트럭처가 구축된다. 제안은 파일럿 테스트를 통해 확인하고 검증해야 한다. 중요한 변경 사항을 프로젝트를 통해 전체 소프트웨어 유지개선 조직에 전파하기 전에 측정 가능한 목표를 설정하고 실증해야 한다. 전파 프로젝트는 조직의 다른 프로젝트와 동일한 프로세스를 따른다. 따라서 제안은 조직의 이익과 비즈니스 우선순위에 따라 순위가 매겨져야 한다. 목표 달성을 측정하고 예상 이익을 실증하는 방법을 결정하기 위해서 선택된 제안에 대한 파일럿 테스트가 수행될 것이다. 결과적으로 통제된 전파 관리 및 결과의 사후 조치는 조직에 혁신을 성공적으로 도입하게 해준다.

예시 프랙티스
-이벤트/요청 관리 도메인-

프로세스 도메인	핵심 프로세스 영역	로드맵
이벤트/요청 관리	이벤트/요청 관리	• 소통과 연락 구조 • 이벤트와 서비스 요청의 관리
	유지개선 계획	• 유지개선 계획 (1 ~ 3년) • 프로젝트 배포 전 공정과 이행 계획 • 재해복구 테스트 계획 • 용량 계획 • 버전/릴리스와 업그레이드 계획 • 영향도 분석(PR, MR)
	요청/서비스 감시와 통제	• 계획/승인 활동의 후속 조치 • 진척 검토와 분석 • 긴급 변경과 오류수정 조치 실행
	SLA와 공급자 계약 관리	• 고객사 관리 • SLA와 계약 체결 • SLA와 계약당 서비스 실행 • 서비스 보고, 설명, 청구

9.1 이벤트/요청 관리 – 상세한 예시 프랙티스들

C.1 레벨 0

> **Req1.0.1** 소프트웨어 유지개선 조직은 이벤트와 접수되는 서비스 요청을 관리(기록, 지정, 통제, 측정)하지 않는다[S3m].

C.1 레벨 1

> **Req1.1.1** 고객 요청과 시스템 이벤트가 소프트웨어 유지개선 조직 내에서 비공식적으로 관리된다[S3m].

> **Req1.1.2** 고객 요청과 시스템 이벤트의 관리를 위해서 개별적인 방안이 존재한다. 이것은 주로 유지개선 프로그래머와 고객/사용자 조직 내 인력 간의 개인적인 관계에 기반하고 있다. 고객/사용자는 이 관계의 성격에 따라 서로 다르게 상호작용한다[S3m].

C.1 레벨 2

로드맵 – 소통과 연락 구조

> **Req1.2.1** 모든 고객/사용자와 시스템은 유지개선 서비스를 제공하는 문서화된 담당 연락처 정보를 갖고 있다[ISO 90003 7.2.3].

로드맵 – 이벤트와 서비스 요청 관리

> **Req1.2.2** 모든 고객 요청과 시스템 사고(incident)는 유지개선 조직 또는 조직의 요원들(예: 헬프데스크)에 의해 기록되며 지원 요청(SR), 변경 요청(MR), 문제 보고(PR)를 생성한다[IEEE 1998a, 4.1; ITIL 2007e, 4장; Kajko-Mattsson 2001, PDR].

이 프랙티스를 달성하기 위해서는, 모든 요청과 이벤트가 포착되고 기록되어야 한다. 예를 들어 고유 ID 번호가 부여되고, 각 요청에 대한 요약 설명이 존재한다.

> **Req1.2.3** 모든 고객 요청과 이벤트는 우선 받아들여지거나 거절된다. 만약 받아들여진다면, 서비스 범주와 우선순위가 지정되고, 그것의 규모와 범위에 대한 사전 견적(preliminary estimation)이 이루어진다[IEEE 1998a, 4.1.2; ITIL 2007e, 4장; Kajko-Mattsson 2001, PI].

요청은 거절될 수 있으며, SLA 조항에 기반하여 다른 조직으로 보내질 수도 있다. 만약 받아들여진다면, 요청은 정의된 표준 서비스 유형에 따라 분류된다. 소프트웨어를 담당하고 있는 개인은 신규 서비스 요청에 적용할 수 있는

트레이드 오프(trade-off)를 고민한다.

샤리 플리거(Shari Pfleegr)의 설명에 따르면 많은 이슈들이 신규 요청을 평가하는 동안에 발생한다[Pfleeger 2001]. 따라서 유지개선 팀은 변경 적용 대비 소프트웨어의 안정성(stability)과 가용성에 주는 영향을 평가할 것이다. 또한 공식 프로세스의 관점(예: 계획수립, 영향도 분석, 테스트 등)에서, 요청의 긴급성 및 고객에게 청구될 수 있는 비용에 대비하여 정말로 필요한 것이 무엇인지가 평가되어야 한다.

> **Req1.2.4** 수용된 변경 요청은 예비적으로 소프트웨어의 미래 버전에 할당된다 [IEEE 1998a, 4.1].

요청을 소프트웨어의 미래 버전에 배정한다.

9.2 유지개선 계획수립 – 상세한 예시 프랙티스들

개요설명: 이 KPA에서는 다섯 가지 측면(1. 연간 계획, 2. 이행 계획, 3. 버전 및 업그레이드 계획, 4. 정상 복구 계획, 5. 변경 요청 계획)에서 소프트웨어 유지개선의 가장 중요한 계획 활동들을 설명한다. 새로운 릴리스의 계획을 위해 우리는 변경 사항들이 신규 소프트웨어 버전 또는 새로운 문서의 형태로 통제되고 배포되도록 관리해야 한다[ITI01]. 변경 요청의 계획이라는 측면에서, 특정 요청을 검토 및 분석하고 유지개선 프로그래머가 설계한 계획을 다룬다. 특정

MR이나 PR 분석 결과로부터 작성된 이같은 계획은 현재 발표된 몇몇 표준들에서 언급되고 있다. "변경 분석(modification analysis)"이라는 용어는 다음의 참고 문헌에서 사용된다: (a) ISO / IEC 14764, 8.2절, (b) ISO 12207, 5.5.2절. "실행가능성 분석(feasibility analysis)"이라는 용어는 IEEE 1219, 4.2.2.1절에서도 사용된다. 한편 ISO 9001: 2000, 항목 7.1 및 7.2는 자체 기술을 사용하여 제품 변경을 계획하는 데 필요한 활동과 이 작업을 수행하기 전에 고객과 합의할 필요성에 대해 설명한다. 모든 표준은 이 운영 계획의 전형적인 내용을 제공한다. 이 계획은 1~5 페이지로 다양하며 고객을 위한 솔루션 제안을 설명한다. 승인시 유지개선 담당자는 세부 소프트웨어 변경 작업(소프트웨어의 진화에서 설명됨)을 진행하고 제안된 계획을 따른다.

C.2 레벨 0

> **Req2.0.1** 유지개선 조직은 계획수립 활동을 수행하지 않으며 계획을 작성하거나 공표하지도 않는다[IT Governance Institute 2007, P01].

프로젝트 수준(배포 전 공정과 이행) 또는 요청 수준(영향 분석)에서 연간 계획이 전혀 없다. 애플리케이션 포트폴리오 또는 서비스에 대한 전략적인 계획이 실행되지 않는다. 유지개선 팀은 소프트웨어 유지개선의 전략적, 전술적, 운영적 계획이 비즈니스 목표들을 지원하는 데 중요한 역할을 한다는 것을 이해하지 못한다.

C.2 레벨 1

Req2.1.1 소프트웨어 유지개선 조직에서 계획수립은 비공식적인 방식으로 수행된다[IT Governance Institute 2007, P01].

계획이 중요하다는 것은 알고 있지만, 현재 유지개선 조직 내에 구조화된 계획수립 프로세스는 없다. 소프트웨어 유지개선 포트폴리오의 전략적인 계획 수립은 대응적(reactive)인 방식으로 수행된다. 배포 전 공정과 이행 계획은 산발적이고 일관성이 없으며 마지막 순간에 작성된다. 계획의 필요성과 이슈들이 유지개선 회의에서 가끔 논의되지만 후속 조치는 거의 수행되지 않는다. IS/IT 개발과 지원 활동(개발, 애플리케이션 소프트웨어 구매, 인프라스트럭처, 운영, 소프트웨어 유지개선)의 연계는 이루어지지 않는다. IS/IT 내에서 지원과 유지개선 활동은 조직 전략에 의해서 가이드되는 것이 아니라 대응적으로 이루어진다.

Req2.1.2 계획수립을 위한 개별적인 이니셔티브들은 주로 고객에게 특정한 요청과 임시 요청의 처리 가능성을 구두로 알리기 위한 것이다[S3m].

유지개선 담당자는 자신이 처리할 수 있는 것에 따라 각자의 수준에서 작업을 계획한다.

Req2.1.3 고객 요청, 프로젝트 배포 전 공정과 이행은 계획된 방식이 아니라 대응적인 방식으로 진행된다[S3m].

업무량은 요청에 따라 다양하다. 유지개선 담당자는 작업량을 예측하거나 계획할 수 없다.

C.2 레벨 2

개요설명: 소프트웨어 유지개선 계획은 경영진에 의해 이해되지만 명백하게 문서화되지는 않는다(단기 또는 장기). 소프트웨어 유지개선 계획수립은 진행되지만 다른 단위조직들과 공유되지 않는다. 연간 계획은 경영진이 요구할 때에만 준비된다. 또한, 계획된 것은 다양한 유지개선 단위 조직들에 의해 확실히 사용되지도 않는다[IT Governance Institute 2007, PO1]. 이 수준의 성숙도에서, 배포 전 공정과 이행 계획은 개발자(또는 구매의 경우에는 공급자)에 의해서 규정된 조건에 따라 작성된다. 유지개선팀은 개발자와 공급자의 배포 전 공정과 이행 요건들에 영향을 주고 토의하기 위해 표준화된 조건들의 작성에 착수한다. 운영 수준에서, 유지개선 담당자는 각 변경에 대한 영향 분석도를 작성한다. 유지개선 업무량은 그것에 영향을 주지 않으면서 여전히 대응적으로 관리된다. 업무량의 상태는 소프트웨어 유지개선 서비스 범주들에 대해 국지적으로 개발된 용어를 사용하여 보고된다. 긴급한 상황에 대비한 서비스 확약은 특정한 개인(챔피언)을 지정하는 능력에 달려 있다.

로드맵 – 유지개선 계획(1~3년)

> **Req2.2.1** 조직 수준에서 계획수립 정책이 있다. 소프트웨어 유지개선 조직은 1~3년 전망에 대한 유지개선 계획을 공표한다. 이 계획은 대상, 범위, 목적, 목표, 인도물, 그리고 서비스, 프로세스, 자원, 제품과 관련된 소프트웨어 유지개선 계획 주제들에서 중요한 기타 사항을 포함한다[ISO 90003 5.4; Camelia 1994 2.2 (a1)].

이 수준의 성숙도에서는, 소프트웨어 유지개선을 관리하는 조직(재무, IS/IT, CIO)의 계획수립 요건을 달성하기 위한 니즈가 존재한다. 예를 들어, 유지

개선 조직의 니즈는 다음과 같다:

- 조직의 계획수립 주기를 이해한다.
- 요구되는 양식과 일정에 따라 계획을 제출한다.
- 계획된 내용의 품질(quality)을 확보하고 다른 조직들과 그 내용을 정렬 (alignment)한다.
- 연중에 계획을 보고하고, 사용하고, 업데이트한다.
- 편차(variations)를 설명한다.

Req2.2.2 유지개선 계획(1~3년)이 공들여 작성되고 문서화된 절차에 따라서 매년 업데이트된다[ISO 90003 5.4; IEEE Std. 1058.1; Zitouni 1996, MCA2.02/01].

소프트웨어 유지개선의 연간 계획수립 프로세스가 실행된다[Zitouni와 Abran 1996, RBA2.02/08]. 소프트웨어 유지개선에 대한 계획은 무엇보다도 계획된(planned) 유지개선과 예측하지 못한(unforeseen) 유지개선 둘 다를 다룬다[Camelia 1994, 9.4.2.15].

Req2.2.3 유지개선 계획수립 활동은 조직의 표준을 따르며, 조직의 핵심 지원 인터페이스들(예: 개발자와 운영자)과 조화롭게 진행된다[S3m].

이 예시 프랙티스를 달성하기 위해서는 계획이 이들 3개의 단위조직 관점에서 조화롭게 수립되어야 한다. 이를 위해서, 계획을 위한 내부 공동활동과 그룹간 소통(혹은 둘 중 하나)이 사전 계획 단계에서 수립되어야 한다.

Req2.2.4 유지개선 계획(1~3년)은 소프트웨어 포트폴리오의 회춘 가능성을 고려한다[S3m].

유지개선 계획은 주요 회춘 활동으로부터 어떤 소프트웨어가 이득을 보는 지에 대해 토의한다. 이것을 위해서, 어떤 특정한 회춘 활동이 소프트웨어에 이익을 주는지 설명하는 사례 연구가 제시되어야 한다. 이 연구는 회춘의 비용 과 편익을 대략적으로 설명하는데, 연간 SLA가 체결되는 고객사 관리 세션 동 안에 승인을 위해 사용자들에게 제시될 것이다.

Req2.2.5 유지개선 계획(1~3년)은 자원(인력, 인프라스트럭처, 툴)에 대한 니즈 를 고려한다[Camelia 1994, 2.2(a4)].

유지개선 계획에는 다른 무엇보다도 소프트웨어 엔지니어링 지원을 위한 인프라스트럭처와 툴에 대한 부분이 포함된다.

로드맵 – 소프트웨어 이행 계획

Req2.2.6 배포 전 공정과 이행 계획이 IS/IT 프로젝트의 초기 단계에 포함되고 시 작된다[SEI 2002, PA166.IG102.SP104; ITIL 2007c, 4.1.5.3].

이 예시 프랙티스를 달성하기 위해서, 유지개선 담당자는 적극적 (proactive)이어야 하며, 초기에 배포 전 공정과 이행 활동을 계획하는 것이 중 요하다는 점을 소통해야 한다. 소통은 다음의 대상과 함께 진행되어야 한다:

- 구매 조직(소프트웨어가 공급자를 포함하는 경우)
- 개발 프로젝트 관리자
- 컴퓨터 운영 조직

> **Req2.2.7** 모든 소프트웨어 프로젝트 이해당사자들이 배포 전 공정과 이행 활동을 계획할 필요성에 대해 알고 있다[S3m; ITIL 2007c, 6.3.2].

이 예시 프랙티스를 달성하기 위해서, 유지개선 담당자는 주요 이해당사자들이 이행계획 수립과 다음 활동의 시도를 토론할 수 있는 기회를 보장해야 한다. 예를 들면:

- 개발자에 의해 제안되는 초기 계획 수립에 참여하기
- 인프라스트럭처와 운영을 책임지는 단위조직을 초대하여 이행 계획 수립에 참여시키기

> **Req2.2.8** 배포 전 공정과 이행 활동은 개발자의 주요 프로젝트 일정 중의 일부분이다[SEI 2002, PA166.IG102.SP104.W101].

이 예시 프랙티스를 달성하기 위해서, 유지개선 담당자는 이행 계획이 다음 사항들을 충족하는지를 검증해야 한다. 예를 들면:

- 개발 프로젝트의 다른 단계들과 동시에 수립된다.
- 개발 계획과 동일한 기준(상세 레벨, 정확성, 문서화)을 따른다.
- 논리적으로 개발 프로젝트 계획으로부터 파생한다.
- 개발 계획과 조화를 이룬다.
- 개발 계획의 수정과 일치하여 수정사항이 반영된다.

> **Req2.2.9** 배포 전 공정과 이행 계획은 다른 개발 계획 및 인프라스트럭처 전개 계획과의 관계를 설명하고 있다[ITIL 2007e, 6.3.2].

유지개선을 위한 계획의 3가지 측면들(연간 계획, 이행을 위한 계획, 요청 관리를 위한 계획)은 다른 이해당사자들의 계획과의 관계에 대해 보여준다; 예를 들면:

- 새로운 소프트웨어를 위한 측정 정보저장소의 개발/채택 계획
- 새로운 소프트웨어의 엔지니어링 지원을 위한 인프라스트럭처와 툴 계획
- 인적자원 교육 계획
- 새로운 소프트웨어를 위한 인프라스트럭처와 운영 계획
- 개발 프로젝트 계획:
  - 형상관리 계획
  - 품질 계획
  - 테스트 계획〈단위, 통합, 시스템(기능, 성능, 인수, 설치), 회귀테스트〉

Req2.2.10 신규 소프트웨어를 위해 필요한 유지개선 테스트, 지원 활동, 기술, 툴이 배포 전 공정과 이행 계획에 정의되어 있다[S3m; ITIL 2007e, 4.4.5.4].

이행 계획은 새로운 소프트웨어에 대한 책임을 맡기 전에 필요한 인프라스트럭처의 요소들을 설명할 수 있어야 한다. 다음은 인프라스트럭처의 예이다:

- 측정 프로세스를 위한 인프라스트럭처
- 유지개선 담당자의 기동(start-up) 지원(예: 숙련 인력 연락과 개발자에게 직접 요청을 전달하는 능력)
- 개발자를 위한 기술적인 툴(환경, 컴파일러, 테스트 툴, 문제 추적, 형상 관리)

> **Req2.2.11** 배포 전 공정과 이행 계획은 기술적 측면, 비용(하드웨어, 소프트웨어, 라이선스), 인적자원 요건, 최종 이행 일정과 연결된 위험을 평가하고, 기록하고, 승인한다[SEI 2002, PA166.IG102.SP104.SubP101; S3m; Zitouni 1994, MCA4.02/01; ITIL 2007c, 8.1.5].

이 수준의 성숙도에서는 주로 개발자의 통제하에서, 이행을 위한 계획의 위험(risk)을 미리 평가해야 한다. 이 평가의 결과는 어려움을 경감시키기 위한 특정한 이행 활동 계획 수립에 영향을 준다. 평가는 유지개선 담당자의 입장에서 수행된다. 예를 들면 다음 사항들이 고려되어야 한다:

- 문서화된 절차에 따라 진행되어야 한다(유지개선을 위한 위험 분석 프로세스라고 특별한 것은 없으며 일반적인 프로세스를 약간 수정해 사용할 수는 있다; 예를 들면 PMBOK의 리스크 관리 부분).
- 고객에게 직접 영향을 주는 위험을 강조한다.
- 소프트웨어 유지개선성에 영향을 미치는 특정 측면을 포함한다.
- 개발자와 고객을 포함시켜서 상황에 대해 균형 잡힌 공동의 평가를 확보하려고 노력한다.
- 인지된 위험들(정량적이고 정성적인)에 대한 합의를 확보하고 이행 계획에 위험 평가의 결과를 포함시키려고 노력한다.

로드맵 - 재해 복구 테스트 계획

Req2.2.12 유지개선되는 모든 소프트웨어 제품들에 대한 재해 복구 서비스가 제공되는지 여부를 식별한다. 유지개선 담당자는 테스트의 역할(애플리케이션 복구 vs. 플랫폼 복구), 테스트의 빈도, 책임의 한계를 식별하고, 기록하고, 소통한다[S3m].

Req2.2.13 데이터, 프로그램, 스크립트, 중요 문서들이 유지개선 사이트 외부에 정기적으로 복사되고 저장된다[S3m; Camelia 1994, 9.4.2.5].

Req2.2.14 재해복구 서비스가 제공될 수 있다. 제공된다면, 상세한 재해복구 계획이 계약에 명시된 조항에 따라 테스트되고(가용하다면 비즈니스 복구와 데이터센터 복구를 포함하는) 검토된다[S3m; Camelia 1994 9.4.2.6].

로드맵 - 버전/릴리스와 업그레이드 계획

Req2.2.15 소프트웨어 버전과 업그레이드가 유지개선 담당자에 의해서 가능한 한 신속하게 제작된다[S3m; ITIL 2007c, 4.4; ISO 90003 6.8].

이 수준의 성숙도에서, 변경을 적용하는 결정은 주로 유지개선 담당자에 의해 내려진다. 업그레이드와 장애 해결에 대해서, 유지개선 담당자는 가능한 빨리 변경을 수행한다. 변경 요청들에 대해서, 유지개선 담당자는 그것을 진행하기 전에 고객에게 알릴 것이다. 소프트웨어의 기술적 관리자와 해당 변경에 의해 영향을 받는 고객 간에 의견 교환이 이루어진다.

Req2.2.16 유지개선 관리자는 요청 작업량을 동적(dynamically)으로 할당한다
[SEI 2002, GP106.N101; Kajko-Mattsson 2001, TA-Resource-3 and 4].

이 수준의 성숙도에서, 유지개선 관리자는 요청을 관련 담당자에게 배정하고, 솔루션 방안을 지시하고, 요청의 처리를 감시한다. 예를 들어 그는 다음 사항들을 책임진다:

- 고객과의 접촉을 유지한다.
- 다음과 같은 애플리케이션 소프트웨어의 모든 관점들을 염두에 두면서 상대적인 우선순위를 조정한다; 예를 들어; (a) 인프라스트럭처와 운영에 가해지는 변경, (b) 현재 개발중인 그리고 이행 중인 프로젝트, (c) 운영의 연간 작업 주기, (d) 현재의 장애, (e) 공급자/아웃소싱 업체와의 계약상 합의, (f) IT 관리자의 기타 우선순위
- 원(原, raw) 영향도 분석 서술과 프로그래머들의 결론을 확인한다.
- 다른 유지개선 인력들이 정해진 우선순위를 알 수 있도록 보장한다.
- 다른 유지개선 인력들이 우선순위에 따라 작업하도록 보장한다.
- 유지개선 프로세스들이 지켜지도록 보장한다.

Req2.2.17 유지개선 운영 계획은 각 고객 요청의 상태를 추적하고, 작업량의 상태를 소통하기 위해 사용된다[SEI 2002, PA162.IG101.SP104.SubP101; ISO 90003 4.5.4].

이 수준의 성숙도에서, 계획은 주로 우선순위가 정해진 유지개선 요청들의 목록으로 구성되는데 각 요청마다 분석요약이 첨부된다. 국제적인 표준은 이

목록이 유지개선 요청들을 관리하는 시스템으로부터 도출되도록 권고한다. 이 목록은 소프트웨어 유지개선 서비스 요청들의 상태를 보여주도록 관리되고, 통제되고, 소통되어야 한다. 그리고 이 목록은 수립된 절차에 따라 관리되어야 한다.

Req2.2.18 문서화된 절차에 따라, 고객 요청의 우선순위가 현업과 긴밀히 협력하여 지정된다[S3m; Kajko-Mattsson 2001, TA-Process-PAC-3 and 4].

이 예시 프랙티스를 달성하기 위해서, 요청 목록은 정기적으로 고객에 의해 승인되어야 한다. 이 프랙티스는 예를 들어 다음과 같은 몇 가지 이차적(secondary)인 목표를 갖는다:

- 고객은 요청과 연결된 우선순위에 대해 통지받는다.
- 요청 목록은 전파되고 업데이트된다.
- 고객이 작업을 통제한다.
- 특정 요청의 서비스 지연에 대한 불만을 방지한다.
- 대기 중인 요청의 진행을 가속화하기 위한 대체 수단 토의를 시작한다.

몇몇 유지개선 조직들은 요청을 추정하고 우선순위를 매기는 데 어려움을 겪는다[Layzell 1990]. 가즈코-매트슨(Kajko-Mattsson)의 연구[Kajko-Mattsson 2001]에 따르면, PR(문제보고)에 빠르게 우선순위를 매기는 방법 중 하나는 그것에 초기값(default value)을 지정하는 것이다. 그러면 그 문제를 미래 버전에 배정하는 것이 가능하고, 또한 초기에 해결 시간을 추정하는 것도 가능하다(수정하는 데 걸리는 평균 시간에 대한 정보를 참조해서). 요청을 초기에 어느 버전에 지정할 것인가에 대한 결정은 여러 기준을 사용함으로써 달성될 수 있다(Martin과 McClure에 의해 기술됨). 또한 각 요청에 재무적인 가치를 부여함으로써 의사결정을 지원하는 것도 가능하다[Camelia 1994, 8.3.2.1]. 재무적인 측면들이 연구되고 영향도 분석에 고려될 수 있다. 재무적인 연구는 다음 사항을 고려한다:

- 비용 모델
- 이익 모델
- 기타 유지개선을 위한 산정 방법들[Camelia 1994, 8.3.2.3]

비용 모델은 초기 비용(오류수정 또는 변경)과 추가 비용(유지개선과 운영)을 고려한다. 이들 비용은 모든 자원의 비용을 포함해야 한다: 조직의 내부 또는 외부, 인력, 재무, 재료, 정보[Camelia 1994, 8.3.2.4]. 모델은 다음과 같이 이익을 구분한다:

- 화폐 단위로 측정되는 이익
- 관리 지표들로 측정되는 이익
- 측정할 수 없는(무형의) 이익

일반적으로 재무적인 이익은 회복할 수 있는 비용(recoverable costs) 또는 회복할 수 없는 비용(nonrecoverable costs)으로 표시된다[Camelia 1994, 8.3.2.5].

Req2.2.19 문제보고(PR)는 현재의 접수자(holder)가 조정(intervention)을 요청할 때에만 적절한 지원 그룹에게 전달된다. 그룹 간 관계와 프로세스가 기록되고 협의된다[SEI 2002, PA163.IG102.SP106.N102].

기존 소프트웨어의 변경은 여러 행위자에게 영향을 줄 수 있다. 이 예시 프

랙티스를 달성하기 위해서, 특정 요청에 대한 허가(authorization)는 영향받는 그룹의 동의를 필요로 한다(예를 들면 운영 그룹, 개발자들, 헬프데스크, 인프라스트럭처, 운영 등). 이 수준의 성숙도에서는, 유지개선 인력이 동의 없이 먼저 변경을 수행한 이후에 이해당사자들에게 성취한 결과를 제시할 수 없다.

로드맵 - 역량관리(capability management)와 계획

> **Req2.2.20** 조직의 유지개선 단위는 모든 계획 및 서비스 계약에 기반한 역량 관리 프로세스를 구현한다[ITI01, 6.2].

역량 관리 프로세스가 다양한 고객 서비스 계획과 SLA를 고려하여 개발된다. 역량관리는 가용한 자원으로 고객의 요구를 처리하는 역량의 평가를 목적으로 하는 수많은 활동들로 구성된다. 이 프랙티스를 달성하기 위해, 유지개선 담당자는 SLA에 명시된 대로 요구가 단위조직 인력들의 역량을 초과하지 않는다는 것을 보여주어야 한다.

서비스 용량(capacity) 관리와 자원 용량 관리를 위한 추가 정보는 ITIL을 참조하라[ITIL 2007b, 4.3].

9.3 요청/소프트웨어 감시와 통제 – 상세한 예시 프랙티스들

C.3 레벨 0

> **Req3.0.1** 소프트웨어 유지개선 조직은 자신의 서비스/제품 확약을 추적하거나 감시하지 않는다[S3m].

C.3 레벨 1

> **Req3.1.1** 소프트웨어 유지개선 서비스/제품에 대한 추적과 감시가 비공식적으로 수행된다[S3m].

유지개선 담당자 각자는 관리진의 통제 없이 자신의 고유한 서비스 확약에 대해 책임을 진다. 소프트웨어는 비공식적인 서비스 수준을 갖고 있으며, 이는 통제되지 않는다.

C.3 레벨 2

로드맵 – 계획되고 승인된 활동의 사후조치

> **Req3.2.1** 유지개선 담당자는 소프트웨어가 감시되고 있으며, 운영 소프트웨어의 기술적 문제를 해결하기 위한 활동이 조정되고 있음을 보장한다[S3m; Niessink et al. 2005, 5.3 activity 7; ITIL 2007b, 4.3.5.4].

이 수준의 성숙도에서, 문제를 해결하고 감시하는 책임은 소프트웨어 유지개선 담당자에게 있다. 이 프랙티스를 달성하기 위해서는, 어떤 장애에 대한 구조적인 서비스 방안이 유지개선 조직 전반에 걸쳐 잘 지켜지고 있음을 보여줄 필요가 있다. 예를 들면:

- 지원 일정(정규 시간 외의)이 알려지고, 승인되며, 준수된다.
- 그룹 간 지원에 대한 프로세스가 알려지고, 승인되며, 준수된다.
- 시간 보고와 상태 보고가 정책에 따라 수행된다.
- 에스컬레이션 프로세스가 알려지고, 승인되며, 준수된다.

> **Req3.2.2** 유지개선 계획에 합의된 대로, 다양한 이해당사자들의 확약이 정기적으로 추적된다[SEI 2002, PA162.IG101.SP107; Niessink et al. 2005, 5.1 activity 6].

이 프랙티스를 달성하기 위해서는 고객과 현업에게 제시한 확약에 비추어, 작업의 진척을 정기적으로 추적할 필요가 있다[SEI 2002, PA162.IG101. SP102]. 유지개선 계획의 확약에 대해, 그리고 허가에 대한 추가 정보에 대해서는 유지개선 계획수립 KPA의 Req2.3.1, Req2.3.2, Req2.3.12, Req2.3.18 프랙티스를 살펴봐라.

확약의 충족을 확인하기 위해 작업은 다음과 같이 추적되고 통제되어야 한다[SEI 2002, PA162.IG101.SP107.N101]:

- 가장 중요한/위험부담이 큰 요청에 대한 확약은 유지개선 관리자와 검토하라.
- 각 요청에 대한 확약의 상태와 진척을 주기적으로 재조사하라.
- 달성하지 못할 것 같은 확약에 대해서는 차이점, 문제점, 중요한 질문/영향을 적극적으로 식별하고 기록하라.

• 고객 및 현업 담당자와 함께 확약을 검토한 결과를 문서화하라.

Req3.2.3 유지개선 담당자들이 감시하는 각 운영 소프트웨어 서비스 수준의 검토 결과가 주별 유지개선 관리 회의에 제시된다[ITIL 2007b, 4.2.5.7; Niessink et al. 2005, 5.3 activity 7 and 14].

하도급계약자와의 내부 SLA는 성과를 위한 정확한 목표를 정의한다. 합의 사항들은 지켜봐야 한다. 이 프랙티스를 달성하기 위해서, 고객이 수용한 SLA에 비춰 서비스 수준들이 추적되어야 한다. 예를 들면:

• 진행 중인 요청이 고객의 모든 기대수준을 충족한다는 보장이 있다.
• 가용성, 장애의 수와 기간, 정규 업무시간 외의 지원 요청, 처리된 요청과 대기 중인 요청이 토의된다.
• SLA를 달성하지 못하는 사례, 그리고 확약을 달성하지 못하는 위험이 식별된다.
• 소프트웨어 서비스의 수준에서 이 검토의 결과가 기록된다.

로드맵 – 진척 검토와 분석

Req3.2.4 외부와 내부 유지개선 확약이 소프트웨어 유지개선 경영진과 함께 정기적으로 관리되고 검토된다[SEI 2002, PA163.IG103.SP102.SubP103; Niessink et al. 2005, 5.3 activity 8].

이 수준의 성숙도에서, 내부와 외부의 유지개선 확약은 소프트웨어 엔지니어에 의해 문서화되고 추적된다. 문제해결 프로세스는 비공식 검토의 대상이

된다.

이 프랙티스를 달성하기 위해서, 모든 유지개선 서비스에 대해 진행 중인 작업의 상태를 아는 것이 필요하다: 유지개선 계획과 확약, 사용자 요청, 지원 요청, 배포 전 공정과 이행, 감시, 업그레이드, 재해복구 테스트 등. 유지개선 중간관리자, 유지개선 담당자, 고객 또는 현업 간의 토의에서 개별 작업항목의 상태에 대한 이해가 서로 현저하게 다르면 안 된다.

로드맵 – 긴급 변경과 오류수정 조치

> **Req3.2.5** 일정을 포함하는 이행 계획은 추적의 대상이며, 필요하면 오류수정 조치가 수행된다[SEI 2002, PA162.N101; ISO 90003 5.4.3].

이 수준의 성숙도에서, 배포 전 공정과 이행 활동 일정(주로 개발자 또는 공급자의 통제하에 있는)은 유지개선 담당자에 의해 추적되어야 한다. 이 예시 프랙티스를 달성하기 위해서, 유지개선 담당자는 다음을 수행해야 한다. 예를 들면:

- 배포 전 공정과 이행 일정의 현재 버전 사본을 확보한다(이 사본은 최신이어야 하고 개발자와 유지개선 담당자의 활동을 반영해야 한다).
- 자신이 책임지는 활동의 진척을 주별/월별로 검토한다.
- 이 프로세스의 진척(늦거나, 일정대로거나, 빠른)을 보고하는 월별 프로젝트 회의에 참석한다.
- 식별된 이슈의 조치와 오류수정을 위한 조치 계획(상호 합의한)을 협상하기 위해 노력한다.
- 배포 전 공정과 이행 활동의 조정과 업데이트를 요청한다.

> **Req3.2.6** 유지개선 확약이 추적되고, 필요하면 재협상된다[ISO 90003 5.4.3].

이 프랙티스를 달성하기 위해서, IS/IT의 이해당사자와 고객은 확약에 대한 변경이 필요할 때 적극적으로 참여하는 것이 필요하다. 유지개선 담당자는 확약을 변경하기 전에 고객과 동의가 이루어졌음을 확인해야 한다.

확약을 수정하고 변경을 소통하기 전에 이해당사자들과 합의에 도달할 필요에 대해서는 유지개선 계획수립 KPA의 Req2.2.20 프랙티스를 살펴봐라.

9.4 SLA와 공급자 계약 관리 – 상세한 예시 프랙티스들

개요설명: 계약 및 협약은 서명 전에 토론과 조정이 가능하도록 소프트웨어 수명주기에서 가능한 한 빨리 작성되어야 한다(유지개선 계획 일정 참조). 소프트웨어 유지개선에 직접 적용되는 계약 및 협약에는 다음과 같은 여러 유형이 있다: (a) 고객과의 SLA, (b) 추가 작업을 위한 서비스 계약, (c) 소프트웨어 사용권, (d) 상업용 소프트웨어 패키지(예: SAP / R3, Oracle HR, JDEdwards) 지원에 대한 제3자와의 서비스 계약, (e) 에스크로우 계약, (f) 소프트웨어 유지개선 아웃소싱 계약.

공급업체는 소프트웨어 유지개선 비즈니스 요구사항에 따라 다음과 같은 여러 가지 유형이 있을 수 있다. 예를 들어, (a) 피크 기간에 도움을 주는 독립 공급업체, (b) 주요 정보 및 유지개선 기술 소프트웨어 및 플랫폼에 관련된 협력업체, (c) 전문적인 에스크로우 회사들, (d) 상업적 재화 및 서비스 공급자,

(e) 아웃소싱 업체[SEI02-PA166.N103].

C.4 레벨 0

> **Req4.0.1** 소프트웨어 유지개선 경영진은 아직 공식적인 계약과 SLA의 필요성을 인식하지 못한다[S3m].

서비스 수준을 수립하고 감시하는 책임이 지정되지 않는다. 공급자 또는 고객과 계약 및 SLA를 체결하는 정책 또는 절차가 없다. 공급자의 유지개선 서비스에 대한 고객만족도를 측정하지 않는다. 유지개선 담당자는 공급자의 만족도에 대한 서베이를 수행하지 않는다. 어떠한 공식적인 관리도 없는 상황에서 유지개선 관리자들은 서비스 품질에 대한 데이터를 갖고 있지 않다[COB00 DS2].

C.4 레벨 1

> **Req4.1.1** 고객, 하도급계약자, 아웃소싱 업체와의 계약은 공급자 및 하도급계약자의 양식, 문서, 계약서를 참고하여 작성된다[S3m].

이 수준의 성숙도에서는, 서비스 수준과 공급자 계약을 관리할 필요에 대한 인식은 있지만, 프로세스는 비공식적이고 대응적이다[IT Governance Institute 2007, DS1 and DS2]. 서비스 실행 통제에 대한 책임도 비공식적이다. 일반적으로 측정은 정성적이며 모호한(ambiguous) 목표를 가진다. 성과 보고서는 드물고, 일관성도 없고, 의사결정에 사용되지 않는다. 계약은 협상되지 않으며 대신 고객, 공급자, 하도급계약자에 의해 일방향으로 제시된다. 공급자가 계약 내용에 강한 발언권을 갖는다. 라풀(Raffoul)의 보고에 따르면, IS/IT 조직의 25%가 이런 식이다[Raffoul 2002]. 이런 상황은 종종 애매하게 정의된 합의, 상호 간 목표의 불일치, 서비스 수준에 대한 통제 부재 또는 보고의 부족, 프로세스 부재, 신뢰 구축과 부가가치를 발생시키는 기반 부족으로 특징되는 불균형적인 관계를 낳는다. 이런 상황에서 고객 불만족을 해결하는 전형적인 전략은 공급자를 변경하는 것이다.

C.4 레벨 2

개요설명: 이 수준의 성숙도에서는[IT Governance Institute 2007, DS2], 서비스 수준과 공급자/하도급계약자의 성과를 측정할 필요에 대한 합의가 존재한다. 그러나 성과 보고서는 매우 기초적이고, 최신 상태로 유지되지 않는다. 이것은 불완전하고, 관련성이 떨어지고, 실행하기 어렵거나 오해하기 쉬워서 결국 개별적인 이니셔티브에 의존할 수밖에 없다. 고객사 관리자가 지정되어 계약과 SLA 협상을 담당한다. 그러나 정의된 책임에도 불구하고 권한은 충분하지 않다. SLA와 공급자 계약은 중요한 변경 또는 협상 없이 "있는 그대로(as is)" 사용된다. 유지개선 대금청구는 상세 내용을 제공하지 않으며, 단지 시뮬레이션(상세한 설명이 요구되거나 제공되지 않는 내부 관계들에서 그런 것처럼)에 불과하다. 고객은 요청에 수반되는 비용을 이해하지 못하고, 유지개선 서비스는 공짜이고 제한이 없다고 생각한다. 라풀(Raffoul)의 연구에 따르면, IS/IT 조직의 50%가 이런 식이다[Raffoul 2002]. 이런 상황을 개선하기 위해 수많은 조치들이 토의된다:

- 하도급계약자, 고객과의 소통 부족을 해결하기 위한 전략을 수립한다; 역할과 책임을 정의하고, 고객의 기대와 관련된 목표를 수립한다.

- 성공적인 분위기를 조성하기 위한 관리구조와 소통구조를 수립한다.
- 결과를 계량화하기 위해 모든 서비스/소프트웨어 하도급계약자와 SLA를 수립한다.
- 서비스 수준을 추적하고 이슈를 탐지/조치하는 프로세스를 수립한다.
- 새로운 서비스에 대한 요청을 처리하기 위해 고객사 관리 프로세스를 수립한다.
- 유지개선 서비스와 협력사의 경쟁력을 평가하고 비교하기 위한 벤치마킹 전략을 제안한다.

로드맵 – 고객사 관리

Req4.2.1 좀 더 공식적인 SLA와 계약 도입에 관한 사전 토의가 수행된다[ITIL 2007b, 4.2.3 & 4.2.4].

이 프랙티스를 달성하기 위해서, 서비스와 계약에 대한 좀 더 공식적인 합의 개념을 도입할 필요가 있다. 이런 토의는 합의/계약을 공식화하는 것에 따른 장점을 부각시켜야 한다. 예를 들면 (a) 더 나은 소통수단, (b) 기대 관리를 위한 메커니즘, (c) 갈등을 줄이고 성과를 공정하게 평가하는 툴, (d) 니즈에 따라 진화/변경할 수 있는 문서이다.

Req4.2.2 유지개선 담당자가 고객사 관리 활동을 계획하고 조정하는 고객사 관리자로 지정된다[S3m; ISO 90003 7.2.2 and 7.2.3].

유지개선 담당자가 현재 담당하고 있는 기능의 전부 또는 일부를 고객사 관리에 투자한다. 일반적으로, 충분한 지식과 원만한 대인관계 기술을 갖춘 선임

직원 또는 존경받는 직원이 그 자리에 임명된다. 이 프랙티스의 목표는 고객, 공급자/하도급계약자와의 비즈니스 관계를 시작하고 관리하는 것이다:

- (상대방의) 인식을 개선하고 기대를 명확히 하기 위해 회의를 활용한다.
- 현 상황의 강점과 약점을 설명한다.
- 품질과 성능 목표를 설정하고 측정할 필요를 식별한다.
- 유지개선 서비스의 내부 벤치마킹(프랙티스 Pro1.2.5를 보라) 개념을 하도급계약자에게 소개한다.
- SLA 내용과 일정표를 개발하기 위한 토의를 시작한다.

이 프랙티스에 대한 추가 정보

이렇게 하려면 서비스 수준에 대한 고객의 현재 인식이 평가되어야 한다 [ITI01, 4.3.3]. 이 평가를 통해 보다 공식적인 서비스 협약 또는 계약 체결이 얼마나 빨리 달성될 수 있는지를 판단해야 한다.

서비스 비용을 지불하는 주체가 반드시 매일 서비스를 이용하는 사람은 아니다[ITI01, 4.3.3]. 따라서 우리는 조직의 모든 수준에서 토론을 해야 하며, 또한 공급업체 및 하도급업체에 대한 인식을 개선하는 것이 필요하다. 아직 측정 수단의 운영은 가능하지 않다. 만족도 설문지를 사용하는 것이 도움이 된다 ("프로세스에 초점을 맞추는" 경로의 정보 수집 사례 참조). 경험에 따르면 설문에 대한 응답을 명확히 하기 위해 대면 회의가 중요하다. 두 가지 방법의 조합이 바람직하다.

형식주의의 도입이 현재의 관계를 훼손시키거나 악화시키지 않도록 해야 하며, 다음과 같은 것을 피해야 한다[Kar05]:

- 공식적인 계약을 상대방에 대한 압박수단으로 사용
- 협상 과정과 협약 또는 계약을 혼동

- 공식 합의에 도달하기 위해 안이하고 섣부른 단기적 기대의 창출.
- 공식 계약의 관리적인 구성요소 누락 및 인간관계에 대한 고려 부족
- 협약 또는 계약 협상의 의도에 대한 저항
- 계약서에 서명할 때 작업이 완료되었다고 생각하고, 실제로 이의 이행을 게을리하는 것

로드맵 – SLA와 계약 수립

> **Req4.2.3** 이해당사자들(고객, 현업, 유지개선 담당자, 개발자, 운영자, 공급자)은 소프트웨어 유지개선에 관련된 좀 더 공식적인 SLA와 계약의 필요성에 대해 합의한다[S3m; ISO 90003, 7.5.1.g].

프랙티스 4.2.1의 실행 결과는 계약과 SLA의 공식화가 필요하다는 데 모든 이해당사자들이 동의하는 것이 되어야 한다. 만약 이해당사자들의 의견이 상충된다면, 이 프랙티스를 달성하는 것은 불가능할 것이다. 프랙티스 4.2.1에 대한 지속적인 과업 수행이 권고된다.

일단 긍정적인 태도가 지배적이라면, 첫 번째 조치는 공식적인 합의가 비즈니스 관계를 위해 적절한지 여부를 확인하는 것이다. 적절하다면, 당사자들은 서비스 정의와 기타 내용(소프트웨어 인벤토리, 성능과 비용의 기존 베이스라인들)뿐만 아니라 프로세스, 책임, 합의/계약을 관리하기 위한 확약을 개발하는 데 동의해야 한다. 이 수준을 달성하기 위해서, 다음의 조건이 충족됨을 보장할 필요가 있다[Raffoul 2002]:

- 고객과 유지개선 담당자가 서비스 정의, 현재의 성과 수준, 그것을 측정하는 수단의 핵심 요소에 대해 합의한다.

- 변경 프로세스와 비용에 대한 연간 협상 회의가 개최된다.
- 지속적이고 긍정적인 관계를 생성하고 유지하기 위한 관리 구조가 수립된다. 고객과 유지개선 담당자 간의 인터페이스를 위한 책임과 프로세스가 식별된다.
- 잘못된 소통과 부족하게 정의된 역할과 책임을 처리하기 위한 전략이 수립된다.
- 소프트웨어 유지개선 서비스의 일부분이 아닌(제외되는) 서비스 요청을 처리하기 위한 프로세스가 수립된다.

이 프랙티스에 대한 추가 정보

서비스 계약은 종종 많은 문제들을 겪는다[Bou99]. 이 부분을 신중하게 연구하고 다음 항목에 주의를 기울여야 한다.

- 불완전한 서비스 사양(specification)
- 애매한 서비스 사양
- 불충분한 비용 관리
- 결과물이 아니라 공수로 제공되는 서비스

서로 다른 인식에 이르지 않기 위해서는 서비스, 우선순위 및 책임에 대한 공통된 이해를 바탕으로 잘 설계되고 협상된 계약이 체결되어야 한다[Bou99]. 서비스 계약은 커뮤니케이션 및 충돌 방지 도구로 사용되어야 한다[Kar03].

Req4.2.4 유지개선 담당자는 공급자와 하도급계약자를 선정하고 재평가한다. 선정과 평가는 SLA에 명시된 특정 조건과 확정된 기준을 충족하는 그들의 역량에 대한 평가에 기반한다[SEI 2002, PA166.IG101.SP102; Niessink et al., 5.4 activity 2].

이 프랙티스를 달성하기 위해서, 유지개선 담당자는 하도급계약자와 공급

자의 선정을 위해 수립된 절차(종종 구매 또는 재무 조직에 의해서 공표되는)를 준수해야 한다.

이 프랙티스에 대한 추가 정보

여기서의 목표는 구매 프로세스의 독립성을 보장하고 최상의 하도급업체 및 공급업체를 선정하는 것이다. 이렇게 하려면 다음과 같은 여러 가지 요소를 고려해야 한다[SEI02-PA166.IG101.SP102.N101].

- 지리적 위치
- 유사한 작업 수행 성과
- 후보 업체의 능력
- 직원 및 기술
- 유사한 작업에 대한 공급자의 경험

그러므로 우리는 다음에 관한 정보를 확인할 수 있어야 한다.

1. 잠재적인 공급자 목록[SEI02-PA166.IG101.SP102.W101]
2. 공인된 제공 업체 목록[SEI02-PA166.IG101.SP102.W102]
3. 공급자 선정을 위한 추론[SEI02-PA166.IG101.SP102.W103]
4. 각 후보자의 장단점[SEI02-PA166.IG101.SP102.W104]
5. 평가 기준[SEI02-PA166.IG101.SP102.W105]
6. 제안요청 자료와 요구사항[SEI02-PA166.IG101.SP102.W106]

이 문서를 사용하여 선택 과정의 독립성을 보장하기 위한 최소한의 활동을 수행해야 한다. 아래 사항들이 제안된다[SEI02].

1. 잠재적 공급자 평가 기준을 설정하고 문서화한다[SEI02-PA166.IG101.SP102.SubP101].

2. 잠재적 공급자를 확인하고 제안요청 자료를 배포한다[SEI02-PA166.

IG101.SP102.SubP102].

3. 평가 기준에 따라 제안서를 평가한다[SEI02-PA166.IG101.SP102.SubP103].

4. 제안된 각 공급자와 관련된 위험을 평가한다[SEI02-PA166.IG101.SP102.SubP104].

5. 공급자가 요구사항에 기술된 작업을 수행할 수 있는 능력을 갖췄는지 평가한다[SEI02-PA166.IG101.SP102.SubP105]. 공급자의 작업 수행 능력을 평가하는 방법의 예는 다음과 같다[SEI02-PA166.IG101.SP102.SubP105.N101].

 - 유사한 서비스에서의 이행 성과 평가
 - 참조 사이트에서 수행된 작업 수행 평가
 - 기술 역량 및 관리 역량 평가
 - 역량 평가(S3m과 같은 모델 사용)
 - 업무 수행을 위한 인원의 가용성 평가
 - 기술 환경 및 기타 이용 가능한 자원의 평가
 - 제안된 공급업체와의 호환성에 대한 평가

6. 공급업체를 선택한다[SEI02-PA166.IG101.SP102.SubP106].

Req4.2.5 유지개선 SLA, 공급자, 하도급계약자 계약 양식이 정의되고, 문서화되고, 승인된다[SEI 2002, PA166.IG101.SP103; ITIL 2007b, 4.2.5.2, 4.4.1; IT Governance Institute 2007, DS1; S3m].

서비스 정의 프랙티스(Req4.2.1를 참조)와 현행 합의를 기반으로 당사자들은 조정된 양식에 따라 새로운 계약과 SLA에 동의하고 승인한다. 공식적인 합의는 법적인 계약처럼 취급된다. 이 합의는 계약, 라이선스, 양해 각서가 될 수 있다[SEI 2002, PA166.IG101.SP103.N101]. 이 수준의 성숙도에서, 공급자는 종종 계약에 관한 지식 측면에서 우위를 가지며 초기 SLA 또는 계약 조항을

제안할 수도 있다. 약간의 수정을 거치면서 이 문서가 채택될 것이다. 계약은 문서화되고, 조직의 대표가 승인한다[Camelia 1994, 2.2.14]. 일반적으로 SLA는 고객/현업 계약과는 다르게 기술적인 관점(유지개선 서비스 제공자의)을 반영하는 것이 보통이다. 이 합의는 유지개선 담당자와 고객의 관점을 고려하여 협상되어야 한다.

이 프랙티스에 대한 추가 정보

공식 계약에 도달하기 위해서는 다음과 같은 활동들이 제안된다[SEI02]. 예를 들어:

- 공급업체와의 협상을 위해 공급업체가 충족해야 할 조건을 개정한다 [SEI02-PA166.IG101.SP103.SubP101].
- 공급업체가 수행해야 하는 것과 적용 가능한 조건을 문서화한다[SEI02-PA166.IG101.SP103.SubP102].
- 공급업체와의 계약을 문서화한다[SEI02-PA166.IG101.SP103.SubP103].
- 계약에 서명하기 전에 모든 당사자가 모든 조건을 이해하고 수락하는지 확인한다[SEI02-PA166.IG101.SP103.SubP104].
- 필요한 경우 계약을 개정한다[SEI02-PA166.IG101.SP103.SubP105].

이 성숙도 수준에서 유지개선 담당자의 관점은 유지개선 서비스 운영 내부에 대한 기술적인 프로세스의 분석에 집중되어 있다. 따라서 경제적 관점 및 고객 관점에서의 적절한 평가 없이 혁신기술 도입을 선호하는 경향이 있다. 제공되는 가격 및 수량 측면에서 시장 관계를 나타내는 이러한 협약 및 계약에는 비즈니스 관점이 없다. 비즈니스 관점에서 고객은 공급업체의 재화 및 서비스 제공으로 충족되는 그들의 니즈를 중요하게 여긴다.

이 성숙 단계에서는 고객의 요청, 제공되는 서비스의 수량 및 제공되는 서비스의 가격을 명확하게 확인할 수는 없다. 이 시나리오에서 고객은 제공받은 유지개선 서비스, 수량, 가격, 공급업체 또는 계약을 관리할 수 없다. 경제적 측면에서 볼 때 이는 심각하게 비효율적인 요소이다.

유지개선 담당자는 자신에게 인도되는 물량, 단가 및 관련 비용을 정확하게 알 수 없다. 따라서 경쟁사와 비교할 수 없으며 운영하는 서비스를 경제적으로 통제할 수 없다.

시장 정보가 부족하기 때문에 고객이나 유지개선 담당자는 이러한 서비스의 생산성과 수익성을 확립하거나 알 수 있는 위치에 있지 않고, 결과적으로 그들은 모든 조직의 생산성과 수익성에 대한 기여도를 알 수 없다. 따라서 소프트웨어 유지개선은 계약이 성립되고 관련 비용의 투입에도 불구하고 계속 까다롭게 관리되는 블랙 박스로 남는다[Abr96].

로드맵 – SLA와 계약 서비스 실행

> **Req4.2.6** 유지개선 담당자와 고객 간에 결론지어진 SLA는 관계 관리(relationship management)의 기반을 구축한다[SEI 2002, PA166.IG102.SP102; ITIL 2007b, 4.2.5.3, 4.5.1; S3m; Niessink et al. 2005, 5.4 activity 3].

서비스 또는 계약에 대한 합의가 체결되기 전에, 이에 대한 추적 역량이 구축되어야 하며, 현행 성능의 베이스라인이 문서화되어야 한다. 고객과 유지개선 담당자 간(유지개선 담당자와 공급자들/하도급계약자들 간)의 활동은 SLA에 명시된 대로 수행된다[SEI 2002, PA166.IG102.SP102]. 서비스가 실행이 되며, 합의/계약을 관리하고 추적하는 프로세스가 존재한다. 이 과업을 수행하는 데 성과 지표에 대한 추적, 회의, 보고가 필요하다.

> **Req4.2.7** 하도급계약자에게 부여된 업무의 범위, 하도급을 위한 계약 양식, SLA
> 에 대한 변경은 문서화된 절차에 따라 진행된다. 확약의 변경은 검토되고 이해
> 당사자들 간에 합의된다[SEI 2002, PA166.IG102.SP102.SubP108; ITIL 2007b,
> 4.2.5.2, 4.5.4; S3m; Niessink et al., 2005, 5.4 activity 6].

서비스에 대한 합의, 내부 합의, 계약은 업데이트되어야 한다. 이것들은 유지개선 담당자의 비즈니스 니즈에 최적화되고 잘 정렬되어 있음을 보장하기 위해, 적어도 매년 정기적인 변경의 대상이 된다. 합의가 필요한 경우에 공급자들과 함께 검토되어야 한다[SEI 2002, PA166.IG102.SP102.SubP108].

계약 정보는 문서화된 절차에 따라 공식적으로 검토되고, 수정되고, 조정된다[ISO 90003 5.2.1 and 5.2.2; Camelia 1994, 2.2.15]. 이런 검토는 서비스가 투명하고 목적이 일관되며, 합의를 변경하거나 또는 무효로 돌리는 심각한 내용이 없음을 보장한다. 만약 변경이 발생한다면, 협상이 뒤따라야 한다.

> **Req4.2.8** 제공되는 서비스의 수행과 결과에 대한 공식적인 검토가 정해진 주
> 요 이정표에 문서화된 절차에 따라 수행된다[ITIL 2007b, 4.2.5.7, 4.5.2; S3m;
> Niessink et al. 2005, 5.4 activity 7].

하도급계약자의 성과에 대한 고객과 하도급계약자 간의 검토와 의견교환은 정기적으로 시행된다[Camelia 1994, 2.2.2.8]. 계약의 성과는 유지개선 담당자에 의해 정기적으로 평가되고 검토된다. 이런 회의는 매월 또는 적어도 일년에 4회 개최된다. 심각한 성과 차이가 드러날 때 수정 조치는 반드시 토의되어야 한다. 그 같은 모든 조치는 매 회의에서 문서화되고 추적된다. 계약 정보(예를 들면 이력 데이터, 협상 데이터, 계약 데이터)에 관한 파일들은 보관된다[ISO 90003 5.2.1 and 5.2.2].

이런 회의는 장애와 누락에 대한 설명을 제시하고, 이 상황이 재발되지 않도록 하기 위해서 무엇이 수행되어야 하는지 결정하기 위한 토론의 장을 제공한다. 또한 달성할 수 없는 서비스 수준과 그럴 경우에 가능한 다른 수준의 서비스에 대한 합의는 언제 가능한지 식별한다. 이 같은 변경은 하도급계약자의 내부 계약에 영향을 줄 수 있다.

공식적인 계약에 명시된 대로 공급자와 검토를 수행하라[SEI 2002, PA166. IG102.SP102.SubP103]. 공급자와의 검토를 어떻게 관리하고 추적하는지에 관한 추가 정보는 검토에 관한 섹션을 참조하라.

로드맵 – 보고, 설명, 대금청구 서비스

Req4.2.9 유지개선 조직은 서비스 대금청구를 위한 정책을 수립한다[ITIL 2007b, 4.2.5.6].

이 프랙티스는 유지개선 담당자가 서비스에 대한 대금청구 정책을 수립할 것을 요구한다. 그리고 해당 기능을 지원하는 대금청구 시스템의 구축을 요구할 것이다. 이 활동은 간결하고, 공정하고, 현실적이어야 한다. 유지개선 서비스에 대한 대금청구는 다음을 수행하기 위한 수단이다:

- 고객이 그들의 요청을 통제하도록 강제한다.
- 비용을 절감하고, 이익을 창출하지 못하는 활동을 식별한다.
- 조직이 자신의 비용과 서비스의 중요성을 정당화할 수 있게 해준다.

이 프랙티스에 대한 추가 정보

시스템을 관리하는 요소에 대한 자세한 내용은 ITIL, 섹션 5.4.2를 참조하면 된다.

소프트웨어 유지개선, 특히 송장(invoice)의 경우 청구는 고객 수요를 관리하는(잠재적으로는 줄이는) 데 사용된다. 비용은 수요 계획에 따라 매년 결정된다. 유지개선 담당자는 충족해야 하는 서비스 수준에 따라 비용을 설정한다. 유지개선 담당자는 공급과 수요를 적절하게 추정하기 위해 비일상적(non-routine), 선택적(optional), 임시(occasional) 활동을 고정 비용에서 제외한다. 이 방법은 서비스 비용의 정확성을 향상시킬 것이다[ITI01, 5.4.3]. 추가 역량은 외주화 하거나, 사안에 따라(case-by-case) 부과될 수 있다.

Req4.2.10 IS/IT 유지개선 담당자의 서비스를 받는 내부 고객은 시뮬레이션 대금 청구에 관여할 것이다[ITIL 2007a, 5.1.4.2].

이 프랙티스를 달성하기 위해서, 유지개선 그룹은 고객과의 관계를 시뮬레이션 해봐야 한다. 이러한 전환은 다음 단계를 수행하여 달성할 수 있다.
- 단계 1 – 고객과 무상 유지개선 서비스를 묶는다.
- 단계 2 – 고객과 공표된 비용 지표를 묶는다.
- 단계 3 – 고객과 공표된 실비용을 묶는다(내부 대금청구).
- 단계 4 – 고객과 청구 실비용을 면제한다.

대금청구가 없는 경우에 비용에는 영향을 주지 않기 때문에 서비스의 남용이 발생하곤 한다. 따라서 점진적인 대금청구의 도입이 바람직하다. 이러한 대금청구는 초기에 가설 수준에 머무를 것이다. 초창기에는 회사가 경쟁력을 갖출 수 있도록 내부 공급자에게 보조금을 지급하는 것이 드문 일이 아니다.

Req4.2.11 유지개선 조직은 자신의 수많은 서비스 고객들(개발자, 운영자, 고객/현업)에게 대금청구를 설계하고, 기록하고, 제시한다[ITIL 2007a, 5.1.3.2].

이 프랙티스는 유지개선 담당자가 수행한 서비스에 대한 대금청구를 이해할 것을 요구한다. 결과적으로 이 기능을 지원하는 대금청구 시스템을 구축하는 것, 그리고 대금청구 지원을 위한 상세 데이터 수집이 필요할 것이다.

이 프랙티스에 대한 추가 정보

청구 목표는 다음과 같다.

- 표현의 단순화
- 청구 항목들은 고객에게 통보되며 표현된 사용 내역은 유지개선 서비스 및 운영 소프트웨어의 소비를 합리적으로 반영한다
- 세부 정보는 발행된 송장의 항목을 설명하는 데 사용된다

Req4.2.12 SLA 지표들이 대금청구 목적으로 사용된다[S3m].

이 수준의 성숙도에서, SLA 측정 프로세스와 성과 보고서는 유지개선 서비스 대금청구를 위해 사용되며, 대금청구는 비용의 지표가 될 수 있다.

Req4.2.13 일부 유지개선 자원(인력, 시스템, 계약/라이선스)에 대한 비용을 기술하는 원천 데이터가 가용하다. 유지개선 대금청구는 가장 중요한 비용 요소들을 식별하고, 제시하고, 설명한다[S3m].

정해진 기간(월별)에 처리된 모든 서비스와 요청의 목록을 제시할 수 있어야 한다[ISO 14764, p.6]. 유지개선 범주에 따라 수행된 과업을 분석하는 것은 비용을 더 잘 이해하는 데 도움이 된다.

C.4 레벨 3

개요설명: 서비스 협약을 개발하는 프로세스는 서비스 수준과 고객만족도를 재평가하는 작업과 함께 진행된다. 측정 수단을 확보하는 것뿐만 아니라 측정 그 자체는 고객과 함께 진행할 때 더 잘 정의되고 합의된다. 하지만 그것은 IT부서에 의해 시작되며 종종 IT 관점에 중점을 두고 있다. 서비스 수준의 문제점들은 식별되지만, 그것에 대한 해결책은 여전히 비공식적이다. 두 당사자는 비용과 서비스 수준의 타협을 설명하고 선택한다. 동일한 접근 방식으로 모든 하도급업체를 관리하기 위해 표준 계약서가 개발된다. 또한 조직은 표준 서비스 협약 템플릿을 개발하여 모든 이해당사자를 위한 용어의 표준화, 지표/측정 및 목표의 표준화를 시행한다. 유지개선 담당자는 사용률에 따라 조직을 상대로 상세한 비용을 청구한다. 라풀[Raf02]은 2002년 IT조직의 20%가 이 성숙도 수준을 달성한 것이라 예측했다. 레벨 3 수준은 다음 기준을 충족함으로써 달성할 수 있다.

- 서비스 협약 목표의 성취도가 정기 보고서에 기술된다.
- 외주업체는 사전 요구사항을 정식 서비스 계약에 적용하기 위해 "성과표 (scorecard)" 유형(또는 이와 동등한 수준)의 측정이 어떻게 수행되는지 평가한다.
- 변경 관리 프로세스를 사용한다.
- 에스컬레이션 프로세스를 통해 서비스 문제를 신속하게 해결할 수 있다.
- 하도급업체 서비스는 최소한 1년에 한 번씩 벤치마킹된다.
- 비즈니스 측정과 IT 측정 간의 상관관계를 분석하고 정기적으로 보고한다.

C.4 레벨 4

개요설명: 성숙도 레벨 4에서 서비스 수준은 점차 소프트웨어 개발 단계에서 정의되며 애플리케이션 설계 및 운영 환경에 통합된다[Cob0 0DSL1]. 고객만족도는 지속적으로 측정되고 평가된다. 측정의 실행은 사용자들의 요구를 점점 더 많이 반영한다. 사용자는 산업 표준을 반영하는 표준화된 측정 레벨의 기준을 관리한다. 서비스 수준을 통제하는 관리 시스템 및 보고서가 점점 더 자동화되고 있다. 라풀[Raf02]24은 IT조직의 5%가 이 범주에 속한다고 언급한다. 레벨 4는 다음과 같은 조건을 충족함으로써 달성할 수 있다.

- 협력업체와의 프로세스 및 합의 사항은 산업 표준을 준수한다.
- 비용 절감, 서비스 품질 향상, 서비스 수준 향상 등의 성과가 확인되고 소통된다.
- 서비스 수준 목표를 지속적으로 충족한다.
- 역량 모델 및 관리 프로세스는 연간 프로필을 수립하고, 계획에 따라 월별 작업을 추적하고, 가능한 솔루션, 날짜, 비용의 사전 통보에 사용된다.
- 명령, 통제 및 하도급업체 측정 프로세스가 통합되고 자동화된다.
- 외부의 도움에 의존하지 않고 조직 자체에 의한 벤치마킹이 수행된다(블랙박스)(Pro1.4.8).
- 하도급업체, 공급업체 및 아웃소싱 업체의 프로세스는 모범 사례 또는 이와 동등한 프랙티스를 사용한다.
- 관찰된 서비스 수준에 따라 청구서와 상세 내역을 모두 제공함으로써 대금청구가 수행된다.

---

24 Raffoul, W. (2002). The road to outsourcing success: Outsourcing maturity management model, Meta Group, [En ligne] http://www.techupdate.com/techupdate/stories/main/0 %2C14179 %2C2851971-2 %2C00.html (Consulté le 6 Janvier 2003).

CHAPTER
10

예시 프랙티스
-진화 엔지니어링 도메인-

프로세스 도메인	핵심 프로세스 영역	로드맵
진화 엔지니어링	배포 전 공정과 이행 서비스	• 개발자, 고객, 구매와의 협업과 소통 • 배포 전 공정과 이행 프로세스의 관리와 통제 • 교육과 지식 이전 통제 • 최종 이전 준비(제품, 환경, 문제 로그) • 시스템 테스트와 인수테스트 참여
	운영지원 서비스	• 운영 소프트웨어 감시 • 업무 외 시간 지원 • 업무 규칙과 기능 지원 • 임시 요청/보고/서비스
	소프트웨어 진화와 오류수정 서비스	• 상세설계 • 진화/오류수정 • 테스트(단위, 통합, 회귀) • 문서화
	검증 및 확인	• 검토 • 인수테스트 • 설치(변경 또는 버전의 운영으로의 이전)

10.1 배포 전 공정과 이행 - 상세한 예시 프랙티스들

개요설명: 개발 프로젝트 기간 중에 고객, 하도급업체 및 개발자들의 주관심사는 시스템 구축에 있기 때문에 유지개선성에 대한 고려는 좀처럼 하지 않는다. 반면에 유지개선 담당자와 인프라스트럭처 및 운영 부서의 단위조직은 유지개선 및 서비스 수준의 운영 측면에 대해 끊임없이 우려하고 있다. 이 두 가지 유형의 우선순위와 서로 다른 관점은 많은 논란을 불러 온다[Lie81; Mar83; Sch87; Jon91; Pig97]. ISO/IEC 14764, 6.7은 가능하다면 개발 프로젝트 초기에 유지개선 담당자의 참여를 권고한다. 데이터에 따르면 소프트웨어를 유지개선하는 비용뿐만 아니라 유지개선 담당자가 고객을 지원할 수 있는 기술과 역량은 소프트웨어 개발 과정에 크게 영향을 받고 있다.

극단적인 경우는 유지개선 담당자가 소프트웨어 개발 프로젝트에 관여하지 않을 때 발생한다. 유지개선 담당자는 소프트웨어를 넘겨 받으면 소매를 걷어붙이고 자신의 판단하에 최선을 다해 지원 및 유지개선을 해야 한다. 지나치게 대규모이거나 너무 성급한 변경은 원하는 것과는 정반대의 결과를 낳을 수 있다. 다른 관점에서 보면, 유지개선 담당자는 신규 소프트웨어 유지개선을 거부하거나 저항할 수 없다. 안정성에 대한 과도한 엄격함은 자칫 조직의 정체로 이어지고 비즈니스 위상을 침식하며 경쟁 업체의 입지를 강화시켜줄 수 있다. 그러므로 달성하기 힘들고 비용이 많이 드는 환상적(illusory)인 품질을 목표로 하지 않는 것이 바람직하다. 이 KPA에서는 유지개선 소프트웨어가 정확한 경로(즉, 이행)에 도달했는지 확인해야 한다[SEI02-PA161.N105]. 이 KPA의 프랙티스를 신중하게 사용하고 자신의 조직 문화에 적용할 필요가 있다.

D.1 레벨 0

> **Evo1.0.1** 소프트웨어 유지개선 조직은 소프트웨어를 인수하기 전에 소프트웨어
> 배포 전 공정과 이행에 관한 활동을 수행하지 않는다[S3m].

D.1 레벨 1

> **Evo1.1.1** 소프트웨어 유지개선 조직 내에서 배포 전 공정과 이행은 비공식적으로
> 수행된다[S3m].

일정한 주기로 유지개선 조직은 가동에 들어가는 신규 소프트웨어의 책임
을 떠맡아야 한다. 소프트웨어 유지개선을 담당하는 유지개선 담당자는 자신
이 가진 최선의 지식을 활용하여 배포 전 공정과 이행 활동을 수행한다. 이것
에 관한 주요 결정은 이미 계약 또는 개발자에 의해 내려진다.

D.1 레벨 2

개요설명: 이 수준의 성숙도는 배포 전 공정과 이행 활동이 개발자의(또는 공급
자의) 관점에서 수행된다는 점이 주요 특징이다. 이 수준에서 배포 전 공정과
이행 프로세스는 핵심 활동과 산출물의 측면에서 분명한 목표이다.

소프트웨어 유지개선 조직은 표준화된 배포 전 공정과 이행 계약 조항 및
프로세스를 수립한다. 이는 개발 계약과 프로젝트 계획 등에 영향을 미친다.
개발자가 수행하는 배포 전 공정과 이행 활동의 다양한 측면들을 토의하고, 설
명하고, 영향을 파악하기 위해(유지개선 담당자에 의해 제안되는 활동들을 수

행하기 위해) 점검항목(checklist)이 사용된다. 고객은 배포 전 공정과 이행의 편익 및 책임의 이전에 대해서 통보받는다. 유지개선 인력은 개발자로부터 지식 이전과 교육을 받는다.

로드맵 – 개발자, 고객, 구매와의 협업과 소통

> **Evo1.2.1** 소프트웨어 유지개선 조직은 소프트웨어에 필요한 배포 전 공정과 이행 활동을 명확히 하고 합의하기 위해 개발자와 소통한다[S3m; ITIL 2007c, chapter 8].

개발자가 소프트웨어 유지개선보다는 제품 인도에 더 집중한다는 것은 널리 알려진 사실이다. 이 예시 프랙티스는 개발자와 유지개선 담당자 간의 소통이 소프트웨어 개발 초기부터 시작되어야 한다고 요구한다. 이러한 소통은 소프트웨어의 배포 전 공정과 이행 기간 동안에 어떤 활동이 수행되어야 하는지 명확히 하는 것을 목표로 한다. 운영과 유지개선으로의 순조로운 이전을 철저히 준비해야 하며, 다음 사항을 고려해야 한다[Pigosky 1997, p.129].

- 프로젝트 기간 동안 수명주기의 어느 단계에서 유지개선 담당자가 참여할 것인가?
- 어떤 중간 단계 산출물, 툴, 지식이 유지개선 담당자에게 이전될 것인가?
- 이전된 소프트웨어의 유지개선 개시를 선언하는 데 어떤 기준이 사용될 것인가?

유지개선 조직은 초기에 개발자와 긴밀한 소통을 구축하고, 관리 회의에 참여하는 것을 확실히 해둬야 한다.

> **Evo1.2.2** 소프트웨어 유지개선 조직은 개발자, 고객과의 관계를 적극적으로 관리한다. 이것의 목적은 소프트웨어 배포 전 공정과 이행 활동에서 빚어질 수 있는 갈등 또는 저항을 없애려는 것이다[S3m; ISO 90003, 7.3.1 a8; ITIL 2007c, 4.1.5.1].

배포 전 공정과 이행의 이슈를 성숙하고 협조적인 방식으로 제기하는 것은 유지개선 담당자의 책임이다. 일반적으로, 개발자의 우선순위는 새로운 소프트웨어를 예산 범위 내에서 제때 인도하는 것이지, 배포 전 공정과 이행 또는 소프트웨어 유지개선성에 있지 않다. 고객의 신뢰를 확보하기 위해서는 유연한 이행이 매우 중요하다. 개발자와 유지개선 담당자 간에 충돌이 발생하고(때론 이런 갈등이 두 진영 모두에게 정당한 것처럼 보일 때도 있지만), 이런 갈등이 고객에게 노출되면, 경영진의 지원이 사라질 위험이 있다. 가끔 고객 경영진은 예산 내에서 가능한 빨리 소프트웨어 인도(delivery)를 요구함으로써 개발자 편을 들기도 한다[Pigosky 1997, p.83]. 일반적으로 고객은 새로운 소프트웨어에 대해 큰 기대를 가지며, 초기 몇 개월 동안의 운영 중에 긴급한 변경이 이루어지는 가운데서도 서비스의 연속성을 기대한다. 이행을 주의 깊게 관리하지 않으면 유지개선 조직은 고객의 신뢰를 잃을 수 있다[Pigoski 1997].

> **Evo1.2.3** 소프트웨어 유지개선 조직은 배포 전 공정과 이행에 대한 고려사항들이 계약 및 프로젝트 개발 계획과 일정에 포함되도록 구매 조직과(또는 개발자들과 직접) 적극적으로 소통한다[S3m].

외부 계약의 경우, 개발자의 역할과 책임은 주로 프로젝트의 인도물과 일정에 대한 조항에 한정된다. 그러므로 유지개선성에 초점을 맞추기 위해서는 프로젝트 계획에 유지개선 담당자가 영향력을 행사하는 것이 이상적이다.

유지개선 담당자는 개발 프로젝트의 초기 단계에 구매 조직과 함께(또는 개발자들과 직접) 일하면서 소프트웨어의 유지개선성과 관련된 요건 및 배포 전 공정과 이행 프로세스를 포함시킬 기회를 갖는다.

이 예시 프랙티스를 달성하기 위해서, 계약 조항들뿐만 아니라 배포 전 공정과 이행 프로세스 문서가 개발된다. 개발 프로젝트 계획 안에 인도물, 핵심 활동, 이행 활동 기간이 포함되는데, 이에 대한 예제가 개발된다. 최종 이행과 관련된 성공 요인과 종료 기준이 이 문서에 기록된다.

계약조항, 프로세스, 활동에 대해 토의하고 수정하고 합의하기 위한 회의가 개최된다.

Evo1.2.4 소프트웨어 유지개선 조직은 배포 전 공정과 최종 이행 활동이 잘 이해되도록 고객과 소통한다. 추가로, 이 소통 활동은 소프트웨어 SLA의 기본 개념을 소개하기 위해 사용된다[S3m; ITIL 2007c, 4.1.5].

개발자로부터 유지개선 담당자로의 역할과 책임의 이전은(특히 외부 계약인 경우에는), 고객과의 중요한 회의 주제로 다루어진다. 새로운 소프트웨어에 SLA 개념을 도입하는 것(최종 이전 활동이 운영에 이르기 전에)이 바람직하다. 이 프랙티스를 달성하기 위해서, 유지개선 담당자는 다음에 제시된 사항을 수행해야 한다:

- 고객에게 배포 전 공정과 이행 활동을 설명한다.
- 가능하면 최종 이행 기간 동안에 개발자로부터 전달된 미해결 문제/변경 (그리고 그것들의 우선순위들)의 목록을 보여주고 설명한다.
- 새로운 소프트웨어를 유지개선하는 데 필요한 인력의 규모와 유지개선 서비스를 설명한다.
- 유지개선과 지원 프로세스를 명확히 한다(예: 몇 월 몇 일 몇 시에, 고객이 서비스(헬프데스크, 연락처, 요청 처리 등)를 담당하는 유지개선 담당자와 접촉할 수 있는지).

• SLA의 일반 조건을 설명한다.

소프트웨어 유지개선 SLA에 대한 추가 정보를 위해서는 SLA와 공급자 계약 관리 KPA를 참조하라.

로드맵 – 배포 전 공정과 이행 프로세스의 관리와 통제

> **Evo1.2.5** 소프트웨어 유지개선 조직은 소프트웨어 배포 전 공정과 이행의 핵심 활동과 인도물에 대한 후속 조치를 위해 점검목록을 개발하고, 수정하고, 사용한다 [S3m].

이 프랙티스를 달성하기 위해서, 소프트웨어 유지개선 조직은 여러 가지 소프트웨어 배포 전 공정과 이행 활동에 기반을 두고 있으며, 순조롭고 효과적인 이전에 기여하는 중요한 구성요소들을 기술한 점검목록을 개발한다. 이 점검 항목은 이해당사자들과의 배포 전 공정 및 이행에 대한 토의를 돕고, 진척 보고를 하는 데 사용된다.

이 프랙티스에 대한 추가 정보

피고스키(Pigoski)[Pig97, p.127]는 이행 계획에 점진적으로 중요한 영향을 미치는 점검목록(checklist) 요소를 설명한다.

• 개발 환경과 테스트 환경이 제공되고(delivered), 설치되었으며 (installed), 평가되었는가(evaluated)?

• 소프트웨어 패키지에 대한 라이선스 계약이 올바르게 이전되었는가?

• 소프트웨어 개발 프로세스에서 사용된 문서, 품질 기록 및 매뉴얼이 확인되고, 개정되고, 유지개선 담당자에게 전달되었는가?

- 변경 요청(RM)과 문제 보고(PR)가 모두 전달되었는가? 고객 소프트웨어 추적 시스템에서 모든 애플리케이션을 이행 중 소프트웨어로 분류하고 우선순위를 지정했는가?
- 소프트웨어의 형상관리가 완료되고 공식적으로 개정되었는가?
- 점검 항목 목록에서 가장 중요한 항목이 완료되었거나 또는 수정되었는가?
- 점검 항목이 프로젝트의 변경 관리 프로세스에서 문서화되고 전달되는가?
- 최종 형상이 유지개선 담당자에게 전달되었는가?
- 소프트웨어 유지개선 초기부터 많은 양의 서비스 요청에 필요한 수준의 지식과 기술을 갖춘 충분한 인력이 확보되었는가?
- 완성된 프로젝트 계획에서 확인되고 예정된 기술 및 기능 교육이 만족스러운가?
- 새로운 유지개선 기능을 위한 충분한 작업 공간, 기술 인프라스트럭처 및 저장 공간이 있는가?
- 완전한 소프트웨어 버전 생성 프로세스가 수행되었는가? 유지개선 담당자가 서비스 계약에 따라 소프트웨어를 생성하고 유지개선할 수 있는 능력이 입증되었는가?
- 서비스 계약과 예산이 승인되었는가? 그리고 예정된 공수로 유지개선을 수행할 수 있는가?
- 소프트웨어 및 하드웨어 유지개선 책임을 올바르게 파악하여 고객과 사용자에게 전달했는가?

로드맵 – 교육과 지식 이전 통제

> **Evo1.2.6** 소프트웨어를 지원하는 데 투입된 소프트웨어 유지개선 담당자들은 개발에서 유지개선으로의 소프트웨어 최종 이행을 촉진하기 위한 정보와 지식을 획득한다[S3m].

이 프랙티스는 이행 프로세스, 인도물, 종료/인수 절차가 사전에 개발자와 유지개선 담당자 간에 합의될 것을 요구한다. 소프트웨어 유지개선 업무에 지정된 담당자는 반드시 이수해야 하는 교육과 지식을 확인한다. 또한 최종 이행 마감시한을 맞추기 위해 계획되고 실행되어야 하는 활동을 이해하고 있어야 한다.

> **Evo1.2.7** 소프트웨어 유지개선 조직은 최종 이행 전에 개발자에 의해 제공되는 교육(인프라스트럭처, 아키텍처, 소프트웨어, 문서에 대한)의 효과성을 평가한다 [S3m].

이 프랙티스를 충족하기 위해, 배포 전 공정과 이행을 위해 합의한 유지개선 교육은 다음을 준수해야 한다:

- 성공적으로 개최된다.
- 지식 이전의 목표를 충족하는지 여부를 판단하기 위해 평가된다.
- 교육의 목적을 달성한다.

유지개선 담당자의 기술 교육은 중간관리자에 의해 평가된다. 부족함이 발견되면, 소프트웨어 배포 전 공정과 이행 활동이 완료되기 전에 조치를 취해야 한다(교육 프랙티스 Pro3.2.9와 Pro3.2.10을 보라).

Evo1.2.8 소프트웨어 유지개선 조직은 사용자를 위해 개발자가 제공한 사용자 교육(접근, 기능성, 헬프 기능, 사용자 문서의 측면에서)의 효과성과 효율성을 평가하고 토의한다. 이것은 최종 소프트웨어 이행 전에 수행되어야 한다[S3m].

이 프랙티스를 달성하기 위해, 유지개선 단위조직은 사용자 교육이 다음의 조건을 충족함을 확실히 해야 한다:

- 교육이 실행되어야 한다.
- 고객의 니즈를 충족한다.
- 개발자에 의해 수립된 목표를 달성한다.

사용자의 기능 교육은 유지개선 중간관리자에 의해 평가된다. 부족함이 발견되면, 소프트웨어 유지개선 조직은 담당자(또는 개발자)가 이행 이후에 제공해야 하는 교육 측면들을 개발자 및 사용자와 함께 토의할 것이다. 프랙티스 Pro3.2.12를 살펴보라.

로드맵 – 최종 이행 준비 (제품, 환경, 문제 로그)

Evo1.2.9 최종 이행의 수행을 책임지고 있는 소프트웨어 유지개선 담당자들은 제품 문서를 구하여, 그것의 인터페이스, 데이터, 운영 환경을 이해하고, 최종 이행 전에 남아 있는 문제 로그를 업데이트한다[S3m; ISO 90003, 7.3.1 d and 7.3.3].

이 수준의 성숙도에서, 유지개선 조직은 라이선싱 계약, 환경, 사용자와 기술 문서/제품, 소프트웨어 개발 수명주기 동안에 발생한 미해결 문제 로그들이 요약되고 검토되어 유지개선 담당자에게 전달되고 이해되도록 보장해야 한다.

> **Evo1.2.10** 최종 이행의 수행을 책임지고 있는 소프트웨어 유지개선 담당자는 최종 이행 이후 소프트웨어의 진화에 사용될 소스코드의 최종 형상을 확보한다 [S3m; ISO 90003, 7.5.1.a3 and 7.5.1.e10].

이 프랙티스는 유지개선 담당자가 해당 소프트웨어를 인수하기 전에 최종 형상이 개정되고 검증될 것을 요구한다. 소프트웨어 형상관리에 관한 추가 정보는 다음 장의 형상관리 KPA를 참조하라: 형상관리. 유지개선 담당자는 이때 소프트웨어에 소규모 변경을 적용하고, 그것을 컴파일하고, 테스트하고, 운영에 넘길 수 있어야 한다.

로드맵 – 시스템 테스트와 인수테스트 참여

> **Evo1.2.11** 최종 이행을 책임지고 있는 소프트웨어 유지개선 담당자들은 시스템 테스트, 인수테스트 기간 동안에 발견되어 계속 남아 있는 문제의 목록을 확보한다. 담당자는 각 문제에 대해서 최종 이행 이후에 개발에서 유지개선으로 인계되는 요청 대기목록의 범위를 식별하고 고객이 이해할 수 있도록 그것의 범주, 우선순위, 상태를 기록한다[S3m; ITIL 2007c, Table 4.12].

이 프랙티스는 유지개선 담당자들이 시스템 테스트와 인수테스트에 참여하거나 지원할 것을 요구한다. 참여하고 있는 동안에, 유지개선 담당자는 시스템에 관한 정보와 지식을 모으고, 최종 이행을 향한 진척을 확인할 필요가 있다.

새로운 소프트웨어의 인수테스트 단계에서 개발자는 인수테스트 결과의 산출물로 미해결 문제(사고 보고서)의 목록을 기록하고 공유해야 한다. 일반적으로 이 목록은, 각 사고 보고서에 대해, 각각의 결정사항(우선순위, 범주, 상태(오픈 또는 종료)을 포함할 것이다. 여기에는 개발자에 의해 해결될 것인지, 또는 현재 상태로 유지개선 담당자에게 인계될 것인지에 대한 결정이 포함되어야 한다.

이 프랙티스를 달성하기 위해서, 유지개선 조직에 해결 책임이 있는 각 사고 보고는 유지개선 관리체계에서 PR 또는 MR로 분류되어야 한다. 이 목록은 인지도(awareness)를 높이고 유지개선 서비스의 범주와 우선순위 부여를 위해 고객과 함께 검토되어야 한다.

D.1 레벨 3

개요설명: 이 성숙도 수준의 주요 특징은 IT 표준 프로세스에 따라 이행이 수행된다는 점이다. 이러한 성숙도 레벨 3에서는 이행 프로세스가 문서화되고, 이와 관련된 활동, 릴리스, 검토 및 권한이 확립된다. 이행 프로세스에 대한 지원 요청은 새 프로젝트의 수명주기가 시작될 때 유지개선 담당자에게 곧바로 전달된다. 유지개선 조직은 개발자, 계약 및 프로젝트 계획에 영향을 미칠 수 있는 기회를 창출하기 위해 전략적으로 행동한다. 유지개선 담당자는 유지관리성(maintainability)을 개선하기 위해 프로젝트 릴리스의 형식과 바람직한 내용을 순서대로 상세히 설명한다. 유지개선 담당자는 개발자를 돕기 위해 작업을 수행하고 지식을 전달하고 원활한 이행을 지원한다. 고객은 이행 후 수행되어야 할 작업과 이행에 뒤이어 수행될 자원 수준 및 서비스 수준에 관한 결정에 관여한다. 유지개선 자원 계획은 지식 전달 및 관련 교육의 필요성을 식별하고 이 정보를 개발자에게 전달한다. 관련 유지개선 담당자는 교육을 이수하며 개발자와 유지개선 담당자 간 소통의 중심에 있다. 이러한 진화 엔지니어링 프로세스는 기본적인 고려 사항을 다루며 소프트웨어 유지개선 조직에 따라 상이하게 나타난다.

10.2 운영지원 서비스 – 상세한 예시 프랙티스들

D.2 레벨 0

> **Evo2.0.1** 유지개선 조직은 운영지원 서비스를 제공하지 않는다[S3m].

소프트웨어 사용자로부터의 질문에 답하는 운영지원 서비스가 없다. 조직은 이것의 필요성을 인식하지 못하며, 이런 활동을 서비스로 여기지도 않는다.

D.2 레벨 1

> **Evo2.1.1** 소프트웨어 유지개선 조직에서 운영지원 서비스는 비공식적으로 제공된다[S3m].

운영지원 서비스와 관련 활동이 수행되지만, 이에 대한 분명한 정의나 이 활동에 대한 정보를 구하는 것이 불가능하다. 이 활동은 근무시간 기록표 또는 유지개선 관리 시스템에 기록되지 않으며, SLA에서도 명확히 식별되지 않는다. 운영 소프트웨어의 각 구성요소를 감시하는 책임(유지개선, 운영, 공급자 간의)이 분명하지 않다.

D.2 레벨 2

개요설명: 유지개선 조직은 운영지원 서비스의 필요성을 인식하고 있다. 운영지원은 내용을 잘 아는 개인들의 네트워크에 의해 기본적인 방식으로 제공된다. 고객의 정보 요청을 처리하는 일관된 프로세스가 있다. 운영 소프트웨어를 감시하고 정규 업무시간 외에 지원할 책임이 분명히 식별되어 있다.

로드맵 – 운영 소프트웨어 감시

> **Evo2.2.1** 소프트웨어 운영 일정(온라인과 배치)이 존재하며 유지개선 인력의 역량과 소프트웨어 작업량에 기초하여 수립된다[S3m].

이 프랙티스를 달성하기 위해서는 유지개선 운영 일정이 유지개선 담당자에게 알려지고 관리되어야 한다. 이 프랙티스는 배치(batch) 일정 업데이트 활동, 특별한 스크립트 업데이트, 시스템 간의 데이터 전달을 위한 소프트웨어 업데이트를 포함한다. 유지개선 담당자는 변경에 대해 통보받아야 하며 소프트웨어 동작을 감시해야 한다.

> **Evo2.2.2** 유지개선 담당자와 운영 조직은 운영 소프트웨어의 각 부분을 감시(monitor)하는 서로의 책임에 대해 알고 있다. 유지개선 담당자는 일반적으로 인프라스트럭처(메모리, 통신 링크, 디스크 공간)를 감시하는 컴퓨터 운영팀과 협력하여 적극적으로 소프트웨어를 감시한다[S3m].

이 프랙티스는 각 지원 조직이 각 시스템 구성요소들의 감시와 지원을 식별할 것을 요구한다. 유지개선 담당자는 소프트웨어의 모든 측면을 지원하고 있지 않다 하더라도, 때때로 전체 시스템의 큰 그림을 파악하기 위해 직접적으로 책임지지 않는 측면도 감시해야 한다(장애가 발생할 경우 그들이 종종 1차 기술 인력으로 전화를 받기 때문이다). 이 감시는 대규모 장애를 예방하고 적극적으로 징후를 파악하며 지원 인력에게 경고를 해줌으로써 장애를 감소시킨다. 유지개선 담당자와 컴퓨터 운영자 간의 지원과 감시 책임은 각 소프트웨어별로 명확하다. 예를 들어, 유지개선에 의존하는 활동과 운영팀에 의존하는 활동은 잘 알려져 있다. 예를 들면:

- 스토리지 장비들의 기본 관리 기능, 백업(backup), 조각모음 (defragmentation), 스토리지 장비의 클러스터링[Camelia 1994, 9.4.2.10]
- 기본적인 데이터베이스 관리 기능
- 장애 복구를 위한 프로세스와 소프트웨어 테스트 활동
- 운영-일정-업데이트 활동(자동화된 일정표)

각 조직은 소프트웨어의 동작과 그것의 인프라스트럭처를 감시하고, 문제가 식별되었을 때 다른 상대방에게 알리고 협력한다. 이렇게 함으로써 "불분명한 영역(grey areas)"과 "내부적인 갈등(internal conflicts)"이 줄어든다. 갈등 영역이 식별되고 그것을 해결하기 위한 조치가 취해진다.

> **Evo2.2.3** 유지개선 담당자는 운영 소프트웨어의 각 부분과 각 서비스에 대하여 핵심 특징들에 관한 감시 보고서를 작성한다[S3m].

운영 소프트웨어와 운영지원 서비스의 수준을 설명하는 감시 보고서가 작성된다. 이런 보고서는 장애의 예방과 잠재적인 문제를 식별하는 데 유용하다. 데이터가 출력되고, SLA 관리를 위해서 사용될 수 있으며, 고객과 소통된다.

로드맵 – 업무 외 시간 지원

> **Evo2.2.4** 지원 일정이 수립되고, 업데이트되고, 공표된다. 이것은 SLA에서 합의되고 명시된 서비스 적용범위를 보장하기 위해 작성된다[S3m].

지원 일정은 정규 업무시간 동안 또는 업무 외 시간에 장애가 발생하는 경우 연락할 수 있는 엔지니어를 지정한다. 이 지원 일정은 고객 SLA에 기록된 합의에 따라 서비스 범위를 보장한다. 지원시간은 컴퓨터 운영팀과 소통되고 알려진다. 장애가 발생할 때 유지개선 담당자를 부르는 프로세스는 잘 알려져 있다.

로드맵 – 업무 규칙과 기능 지원

> **Evo2.2.5** 유지개선 담당자는 그가 유지관리하는 소프트웨어에 대하여 기능적인 전문성(functional expertise)과 업무 규칙 전문성(business rules expertise)을 보유하고 있다[S3m].

이 프랙티스는 그가 지원하는 소프트웨어의 업무 규칙(소프트웨어와 데이터 요소들의)과 사용(기능성)에 대한 질문들에 답하는 유지개선 담당자의 능력을 강조한다. 유지개선 담당자는 소프트웨어의 기능적 동작을 설명하기 위해 소프트웨어의 소스코드와 데이터 구조를 조사할 수 있다. 이 활동과 연관된 노력은 소프트웨어 유지개선의 인지된 서비스이므로 공표되고 기록되며, 다른 소프트웨어 유지개선 서비스와 마찬가지로 측정된다.

로드맵 – 임시(ad hoc) 요청/보고/서비스

Evo2.2.6 유지개선 담당자는 온디맨드(on demand) 임시 서비스를 제공한다[S3m].

이 수준의 성숙도에서, 유지개선 담당자는 새로운 보고서와 데이터 추출 작업을 수반하는 운영 요청에 답할 수 있다. 이 서비스는 여러 형태가 될 수 있는데, 예를 들면:

- 고객이 데이터 또는 추출 규칙을 이해할 수 있게 돕는다.
- 고객에게 최종 답변을 제공하는 신속한 "1회성 – 임시 보고서"를 설계하고 수행한다(개발된 소프트웨어는 운영 소프트웨어의 일부분이 아니다).
- 고객이 원할 때마다 실행할 수 있는 새로운 보고서를 작성하여 전달한다.
- 사용자를 위해 실행할 새로운 보고서를 작성한다. 그러나 이것은 운영 소프트웨어에는 포함되지 않는다.
- 애플리케이션 소프트웨어 지식을 요구하는 컴퓨터 운영 프로젝트/활동을 수행한다.

이 활동과 연관된 노력은 소프트웨어 유지개선의 인지된 서비스이므로 공표되고 기록되며, 다른 소프트웨어 유지개선 서비스와 마찬가지로 측정된다.

D.2 레벨 3

개요설명: 운영 지원은 표준화되어 있으며 소프트웨어 유지개선의 기본적인 서비스로 인식된다. 지원은 지식이 풍부한 개인들의 네트워크를 통해 간단명료하게 처리되며 가용한 상태가 된다. 일반적인 문제와 해결해야 할 문제에 대한

의사 소통이 이루어진다. 정규 업무 시간 이외의 운영 소프트웨어 모니터링 및 지원에 대한 책임이 명확하다.

10.3 소프트웨어 진화와 오류수정 서비스 – 상세한 예시 프랙티스들

개요설명: 이 측면의 활동들은 소프트웨어 유지개선 표준: (a) ISO14764, (b) IEEE1219, 조항 4.3, 4.4, 4.5에 설명되어 있다. 또한 일부 표준은 ISO12207, 조항 5.3의 개발자 프로세스를 참조한다.

가능한 한 빨리 소프트웨어 운영 서비스를 복구해야 하는 오류수정 요청은 이 KPA의 모든 프랙티스를 구조적으로 따를 필요가 없다. 중요한 것은 서비스가 복원되면 이러한 오류수정 요청은 다른 요청 유형들(상세 설계, 문서화, 테스트 세트 등)과 동일한 방식으로 문서화된다는 것이다.

유지개선의 범위가 변경되는 것은, 개발자의 활동 일부가 실행되지 않거나 그것의 복잡성이 크게 감소할 것임을 시사한다. 변경사항의 중요도 유형에 따른 다양한 관리 프로세스는 성숙도 레벨 3부터 필요하다[Cam94, 9.4.3.18]. 점진적으로 유지개선 조직은 더 엄격하게 유지해야 하는 상황을 인식해야 한다.

이에 앞서 유지개선 담당자는 유지개선 프로세스 정의 KPA에서 운영 소프트웨어 변경이 필요한 고객 요청을 처리하는 표준 활동을 정의해야 한다. 이 측면에서 유지개선 담당자는 조직의 표준 프로세스에 따라 소프트웨어의 변경 또는 수정을 수행한다.

마지막으로 본 KPA는 코드가 상세한 설계를 거치고, 프로그래머가 규정된

상세 설계의 내용대로 소스코드를 작성하는 것을 보장하기 위한 단위테스트와
통합테스트를 기술한다.

D.3 레벨 0

> **Evo3.0.1** 소프트웨어 유지개선 조직은 소프트웨어에 대한 오류수정과 진화 서비
> 스를 제공하지 않는다[S3m].

D.3 레벨 1

> **Evo3.1.1** 소프트웨어 유지개선 조직은 소프트웨어에 대한 오류수정과 진화 서비
> 스를 비공식적으로 제공한다[S3m].

고객의 모든 요청은 개별 유지개선 조직들의 선호(preferences)에 기반하여
소프트웨어 담당자에게 지정된다. 담당자는 소프트웨어를 진화시키거나, 오류
를 수정하거나, 요청을 개시/종료하기 위해 자신의 개인적/국지적 프랙티스를
따른다. 일반적으로 유지개선 오류수정과 진화는 대응적(reactive)인 방식으로
수행된다. 공식적인 문서와 통제는 거의 없으며(현재의 업무량 목록을 발견하
기가 어렵고, 몇몇 요청들은 상실된다), 성공에 대한 분명한 측정기준도 없다.

D.3 레벨 2

개요설명: 레벨 2에서 상세설계는 소프트웨어 유지개선을 위한 국제 표준이 기술하는 의무 사항들이 충족됨을 보장한다. 이 수준에서 유지개선 담당자는 자신이 익숙한 기술을 사용하여 상세설계를 진행한다.

로드맵 – 상세설계

> **Evo3.2.1** 상세설계는 사용자의 요건을 반영하며 문서화된 절차에 따라 진행된다 [ISO 12207, 5.3.6; IEEE 1219, 4.3; S3m].

이 프랙티스를 충족하기 위해, 수많은 활동들이 유지개선 담당자에 의해 수행되어야 한다. 예를 들어, 일단 유지개선을 위한 변경요청(MR)에 대한 상세설계를 수행하면서 소프트웨어에서 영향을 받는 구성요소를 식별한다. 유지개선 담당자는 이들 구성요소에 대한 문서를 수정하고, 검증을 위한 테스트 케이스를 작성하고, 새로운 설계를 검증하고(보안과 안전에 관한 질문들을 포함하여), 회귀테스트 케이스를 식별하여 작성하고, 마지막으로 변경 목록의 문서를 업데이트한다.

이 프랙티스에 대한 추가 정보

ISO12207은 이 과업을 수행하기 위해 개발자와 유사한 프로세스를 사용할 것을 권장한다[ISO12207,8.3.2.2]. 우리는 Pro2.2.4 프랙티스에서 유지개선 담당자가 소프트웨어 유지개선 표준을 숙지하고 사용해야 한다는 것을 사전에 언급했다. 따라서 유지개선 담당자는 이 권장사항을 따라야 한다.

시스템 요구사항에 대한 변경은 소프트웨어에 대한 영향을 파악하기 위해 이미 분석되었다. 따라서 유지개선 담당자는 고객이 승인한 영향도 분석 결과와 상세설계 작업 초기의 문서들 또는 다음의 데이터를 사용해야 한다. 예를 들면[ISO14764]:

- 영향분석 요약
- 소프트웨어 설명서
- 데이터베이스와 주석을 포함한 소스코드

또한 다음과 같은 질문에 대한 답을 고려해야 한다: 데이터가 어디서 오는가? 이 거래의 데이터는 어떻게 되는가? 이 화면에서 어떤 선택권이 주어지는가? 이벤트 순서는 무엇인가?

상세설계의 결과는 예를 들면 다음과 같다[ISO 14764].

- 업데이트된 변경 목록
- 상세설계
- 업데이트된 테스트 계획
- 요구사항 검증
- 현장 계획
- 제약 조건 및 위험 요소 목록

유지개선 담당자는 이러한 수준의 성숙도에서 소프트웨어의 상세설계와 다음의 요구사항을 고려해야 한다: 요구사항은 성능(performance), 안전성(safety), 신뢰성(reliability), 보안(security) 및 기밀성(confidentiality)을 비롯한 고객 요구사항을 충족하는 데 필요한 모든 측면을 포함한다. 이러한 요구사항은 소프트웨어 인수에 대한 검증을 허용할 정도로 충분히 정밀하게 표현되어야 한다[ISO9003: 2004, 5.2.1, Cam94, 3.2.2.2]. 확립된 신뢰성 및 유지개선성의 계획과 목표는 타협되어서는 안 된다[Cam94, 6.9.2.1].

시스템의 요구사항과 설계는 일관된 양식으로 이미 작성되었으며, 명확하게 기술되어 있고, 검증 가능하며 테스트가 가능하다[ISO64, 3.1.2.4, ISO9003:2004, 5.2.1]. 이러한 수준의 성숙도에서는 이것을 양호한 상태로 유지할 필요가 있다. 소프트웨어 요구사항 및 설계에 대한 변경 사항은 사용자 요구사항에 따라 추적할 수 있다[Cam94, 3.1.2.5]. 시스템 요구사항은 관련된 모든 엔지니어링 그룹에 의해 검토된다[Cam94, 3.1.2.6]. 하드웨어, 소프트웨어, 운영 절차 및 기타 시스템 구성요소에 대한 시스템 요구사항을 분석하고 할당하는 기능이 있는 경우, 변경 사항을 수락하기 전에 승인되었는지 확인해야 한다[Cam94, 3.1.2.7]. 시스템 요구사항에 대한 변경 사항은 검토되고 모든 관련 계획 및 활동에 통합된다[Cam94, 3.1.2.9].

Evo3.2.2 장애와 연관된 조사와 설계 활동(PR에 기록됨)은 문서화된 절차에 따라서 수행된다[S3m].

일반적으로 문제 보고(PR)는 변경 요청과 다르게 처리된다. 가장 큰 차이라면 장애 상황시에는 고객 승인 요청에 필요한 공식적인 영향도 분석(impact analysis)이 없다는 사실이다. 사실상, 고객은 유지개선 담당자가 승인 없이 장애를 처리하기 위해 빠르게 작업하는 것에 동의한다. 유지개선 담당자는 장애 해결을 직접적으로 진행하며, 나중에 변경을 기록할 것이다.

로드맵 – 진화/오류수정

Evo3.2.3 프로그래밍 활동은 문서화된 절차에 따라 수행된다[S3m].

유지개선 담당자는 변경(예: 코딩)을 적용하기 위해 단위조직의 프로그래밍 표준과 명명 규칙을 준수한다. 이를 위해서, 유지개선 담당자는 결과를 기록하는 것에 신경 쓰면서 유지개선 수명주기의 단계를 준수해야 한다.

이 프랙티스에 대한 추가 정보

여기서 중요한 점은 세부 설계가 소스코드에서 모든 특성을 유지하기 위해 (간결성, 구조, 모듈성, 결합, 응집, 입력 및 출력 집중 또는 격리) 잘 구성되어야 한다는 것이다. 사용된 프로그래밍 언어에 관계없이 프로그래밍의 각 측면에는 제어 구조, 알고리즘, 데이터 구조의 세 가지 요소가 포함된다. 코드가 불투명하고 이해하기 어렵고, 테스트하고 유지하기에 너무 많은 비밀스러운 명령어를 사용하지 않도록 주의해야 한다[Apr00].

소프트웨어 표준에 프로그래밍 가이드에 대한 명확한 지침이 포함되어 있지 않은 경우, 당신의 조직에서 소프트웨어를 변경할때 소스코드, 데이터, 현행 문서의 무결성을 유지하고 소프트웨어를 진화시키는 방법을 설정하는 프로그래밍 표준 및 BOM(bill of material) 표준을 만들어야 한다. 플리거(Pfleeger)는 이것의 필요성을 역설하고 Microsoft의 접근법을 설명한다[Pfl01, p.308].

> **Evo3.2.4** 운영 데이터 수정과 관련된 유지개선 담당자의 역할과 책임이 공식적으로 정의된다[S3m].

유지개선 담당자는 그가 지원하는 소프트웨어에서 데이터 수정을 진행해야 할 것이다(예를 들어, 기존 데이터를 수정하거나 데이터를 삭제하거나). 이 운영 데이터는 사용자와 고객의 자산이다. 필요하다면, 다음 사항을 점검해 이 프랙티스를 충족해야 한다.

• 데이터 소유자는 운영 데이터가 수정되거나 삭제되기 전에 승인한다.

- 데이터를 책임지고 있는 이해당사자들은 데이터에 발생하는 이벤트와 수정에 대해 통보받는다.
- 유지개선 담당자는 요청(내부 감사, 외부 감사, 관리 검토)의 기록/소통/승인을 보관한다.

> **Evo3.2.5** 유지개선되는 소프트웨어의 원래 프로그래밍 언어가 소프트웨어의 오류수정과 진화에 사용된다[S3m].

이 프랙티스를 충족하기 위해, 소프트웨어는 주 프로그래밍 언어로 오류수정되거나 진화되어야 한다. 소프트웨어의 복잡성은 수많은 프로그래밍 언어들이 최소한으로 사용될 때 감소하게 된다.

이것이 달성되지 않으면, 왜 이 언어가 선택되었는지 설명되어야 하고, 이 언어의 사용에서 검증된 장점이 미래의 비용 절감과 유지개선성을 위한 것임을 진술해야 한다.

> **Evo3.2.6** 관리적인 절차, 모듈, 프로세스, 데이터 간의 상호관련성(추적성)은 소프트웨어가 오류수정되고 진화할 때 업데이트된다[S3m].

이 수준의 성숙도에서, 변경과 관련된 문서와 모든 구성 요소는 식별되고 업데이트되어야 하며 추적성이 유지되어야 한다. 이 프랙티스는 다음과 같은 변경 전체의 추적을 보존하는 데 필요하다:

- 검증(verification) 및 확인(validation) 수행
- 측정과 복구(장애로부터의) 이력의 유지
- 미래 문제들의 역추적(backtracking)
- 소프트웨어의 다양한 구성요소를 통해 요청 정보를 저장하려면 오류수정

이 수행된 곳에 요청에 대한 고유 ID를 포함하여 변경을 표시하는 것이 좋은 방법이다. 유지개선 담당자는 검색 소프트웨어를 사용하여 오류수정이 수행된 정확한 지점을 발견할 수 있을 것이다.

로드맵 – 테스트(단위, 통합, 회귀)

> **Evo3.2.7** 단위테스트가 오류수정의 대상이 되는 각 구성요소에 대해 수행되어야 한다[IEEE 1219, 4.4.2.1].

이 프랙티스를 달성하기 위해, 유지개선 담당자는 테스트되는 모든 조건을 설명하는 (a) 단위테스트 계획과 (b) 테스트 데이터를 작성해야 한다. 유지개선 담당자는 변경(형상에서 식별된 여러 구성요소들에 영향을 주는)이 요건을 충족함을 보장해야 한다. 또한 유지개선 담당자는 기존의 구성요소와 변경된 구성요소가 소프트웨어를 불안정하게 만들지 않으며, 변경된 구성요소가 여전히 고객의 요건을 충족해야 한다는 목표 하에서 단위테스트의 결과를 기록해야 한다[ISO 12207, 5.5.3.2].

이 프랙티스에 대한 추가 정보

테스트 세트는 잘 정의된 기법들을 사용하기보다는 유지개선 담당자의 지식을 최대한 활용하여 만들어진다. 요구사항이 충족되는지 확인하기 위해 각 구성요소 및 데이터베이스의 테스트가 수행된다. 이 테스트의 결과는 문서화되어야 한다[ISO 12207, 5.3.7.2].

> **Evo3.2.8** 통합테스트와 회귀테스트가 오류수정의 대상이 되는 각 구성요소에 대해 수행되어야 한다[S3m].

이 프랙티스를 달성하기 위해 유지개선 담당자는 모든 테스트 조건을 언급하는 (a) 통합테스트와 회귀테스트 계획, (b) 통합 테스트와 회귀테스트를 위한 데이터를 식별해야 한다. 유지개선 담당자는 변경을 겪는 구성요소들이 소프트웨어 전체에 통합되고, 부작용을 일으키지 않는다는 것을 보장해야 한다. 유지개선 담당자는 테스트의 결과를 기록해야 한다[ISO 12207, 5.3.8].

Evo3.2.9 단위테스트와 통합테스트 기간 동안에 테스트를 위한 사용자 문서(가이드)가 유지개선 담당자에 의해 제시된다[S3m].

유지개선 담당자는 사용자에게 전달되는 어떤 형태의 문서라도 그것이 소프트웨어에 적용되는 변경을 잘 반영하고 있음을 확실히 테스트해야 한다. 소프트웨어가 무엇을 하는지 문서에 기록되지 않으면, 머지않아 문서의 오점이 알려지게 되고, 유지개선 담당자는 곧이어 그것을 수정해야 할 것이다.

로드맵 – 문서화

Evo3.2.10 소프트웨어의 내부 문서는 문서화된 절차에 따라 수정이 되고 최신 상태로 유지된다[S3m].

유지개선 담당자는 오류수정 및 진화가이드의 권고사항을 준수함으로써 소프트웨어의 내부 문서를 수정하고 최신 상태로 유지한다. 유지개선 담당자는 소프트웨어에 적용된 오류수정과 개선을 반영하도록 문서를 업데이트해야 한다.

이 프랙티스에 대한 추가 정보
내부 문서는 간결하고 프로그래머에게 적합한 수준으로 작성된다[Pfl01,

p.321]. 이 성숙 단계에서 유지개선 담당자는 다음에 대한 기본 규칙을 준수해야 한다.

- 수정된 프로그램 또는 모듈의 헤더 주석 변경
- 진술(statements)과 구조(structures) 내에서의 주석
- 소스코드의 포맷팅(formating)
- 새로운 프로그램, 모듈, 라이브러리, 스크립트 및 데이터 요소의 명명 (nomenclature)

> **Evo3.2.11** 소프트웨어의 외부 문서는 문서화된 절차에 따라 수정되고 최신 상태로 유지된다 [S3m].

외부 문서는 예를 들면 분석가나 설계자처럼 소스코드를 한 번도 살펴볼 필요가 없는 인력을 위해 작성된다. 이 문서는 좀 더 일반적이고, 특정 구성요소보다는 전체의 개요와 그것의 상호관계를 설명한다. 소프트웨어는 여러 구성요소를 포함하기 때문에, 문서는 종종 상호관계를 설명하는 다이어그램과 텍스트를 활용한다. 유지개선 담당자는 기존의 문서를 업데이트해야 할 것이다. 이 수준의 성숙도에서, 유지개선 담당자는 다음의 측면에서 기본적인 규칙을 따라야 한다[Pfleeger 2001, p.321]:

- 이 변경에 의해서 어떤 문제가 해결되는지와 고려해야 하는 선택
- 데이터 구조에 적용되는 알고리즘 또는 변경에 대한 기술
- 수정된 데이터 스트림의 문서화
- 데이터 사전에 대한 수정을 문서화
- 사용자를 위한 문서 업데이트

10.4 검증 및 확인 - 상세한 예시 프랙티스들

개요설명: 이 모델에서는 번스타인(Burnstein)이 제안한 성숙도 모델의 접근법을 참조한다[Bur96; Bur96a]. 테스트 활동을 분할하는 것은 매우 실용적이며 유지개선 담당자의 상황에 잘 적용된다. 그러나 전문화된 유지개선 팀이 거의 없다는 점을 염두에 두어야 한다.

D.4 레벨 0

> **Evo4.0.1** 소프트웨어 유지개선 조직은 유지관리되는 소프트웨어에 대해 검증 및 확인 활동을 수행하지 않는다[S3m].

유지개선 조직은 자신의 유지개선 방안에 검증 및 확인 활동을 위한 계획을 포함시키지 않는다. 경영진뿐만 아니라 소프트웨어 유지개선 중간관리자들도 검증 및 확인 활동이 필요하다는 점을 인식하지 못한다.

D.4 레벨 1

개요설명: 레벨 1은 디버깅 활동과 크게 다르지 않으며 혼란스러운 프로세스로 특징지워진다. 테스트는 마지막 순간에, 즉 변경이 프로그래밍된 직후에 대응적으로 수행된다. 자격을 갖춘 인력의 참여, 전문 테스팅 툴 또는 환경은 거의 없거나 전혀 없다[Burnstein et al., 1996: Staab 2002]. 개발기간 동안에 고객,

하도급계약자, 개발자는 소프트웨어의 유지개선성 테스트 또는 유지개선 담당자에게 전해질 테스트 환경을 만드는 것에 대한 고려를 거의 하지 않는다.

> **Evo4.1.1** 소프트웨어 유지개선 조직은 구조화(structured)되고 조정(coordinated)된 방식으로 검증 및 확인을 위한 활동을 수행하지 않는다[S3m].

각 유지개선 담당자는 요청에 대한 자신의 과업을 확인하고 검증하기 위해 독립적으로 작업한다. 검증 및 확인 작업은 대응적인 방식으로 수행되고, 문서화 또는 후속조치는 거의 없다(유지개선 서비스가 검증 및 확인을 받는다는 어떠한 증거도 없다). 디버깅 프로세스가 테스트 프로세스로 잘못 이해되고 있다[Pfleeger 1997, s17.7.1].

D.4 레벨 2

개요설명: 레벨 2에서, 테스트 활동은 디버깅 활동과는 뚜렷하게 구별된다. 테스트 활동은 유지개선 방법론에서 정의되며, 소프트웨어에 가해지는 어떤 변경에도 적용된다. 테스트는 계획되지만, 낮은 성숙도 때문에 이 작업은 종종 지연되거나 가장 마지막 순간에 이뤄진다. 여전히 테스팅은 소스코드에만 필요하다는 믿음이 있다[Burnstein et al., 1996b; Staab 2002].

> **Evo4.2.1** 검증 및 확인 활동은 기록되고, 알려지며, 계획된다. 계획은 문서화된 절차에 따라 기록된다[S3m; ISO 90003, 5.7.2; ITIL 2007c, 4.5.5].

이 수준의 성숙도에서, 테스트를 위한 활동이 설명되고 책임이 알려지고, 툴과 환경에 대한 정의가 알려진다(프랙티스 Req2.2.10 참조). 프로세스가 수립되고 기록된다. 디아스(Dias)의 예를 보라[Dias et al., 2003]). 테스트 계획을 위한 양식이 작성된다. 테스트와 검토를 위한 기술이 조사되고 기록된다. 검토와 테스트 계획 수립은 이행 프로젝트와 변경 요청 각각에 대해 수행되어야 한다. 따라서 검증 및 확인을 위한 활동이 요청을 테스트하는 공식적인 계획 안에 식별되었을 것이라는 기대를 갖게 된다. 또한 조직은 테스트에 영향을 주고 테스트 성공을 보장하는 중요한 측면을 잘 알고 있을 것이라 기대된다[Gilb 1995]. 이런 간단한 목표들이 수립되고, 각 테스트 유형에 대한 책임이 지정된다. 테스트의 복잡성은 적용할 변경과 노력에 따라 달라진다.

로드맵 – 검토

> **Evo4.2.2** 몇몇 핵심 중간 산출물을 완성한 후에 검토와 확인 및 검증이 선택적으로 수행된다[S3m; ISO 90003, 7.3.1 b].

이 수준의 성숙도에서, 유지개선 조직은 좀 더 중요하다고 판단되는 몇몇 산출물에 대해 선택적인 동료 그룹의 검토를 실시한다. 이 검토가 반드시 독립적으로 수행되지는 않는다. 하지만 이것은 공식적으로 수행되며 요청이 있으면 기록에 접근이 가능하다. 공식적인 검토와 상세한 설계(이 경우에는 영향도 분석)가 더 나은 품질을 제공한다.

> **Evo4.2.3** 공급자의 유지개선 활동은 정해진 단계에서 선택적으로 검토된다[SEI 2002, PA166.IG102.SP102.SubP103.N101].

검토는 공식적으로 수행되지만 간단하며, 다음의 단계들을 밟는다:
• 검토를 준비한다.

- 관련 이해당사자들이 검토에 참여하도록 한다.
- 검토를 수행한다.
- 검토 후에 수정되어야 할 모든 항목을 식별하고, 기록하고, 추적한다.
- 검토 회의록을 작성하여 관련 이해당사자들에게 배포한다.

SEI는 중간 산출물이 표준과 요건을 충족하는지 여부를 확인하기 위한 기술적 검토를 식별한다[SEI 2002, PA166.IG102.SubP104]. 이 기술적 검토는 다음의 활동을 포함한다[SEI 2002, PA166.IG102.SP102.SubP104.N101]:

- 하도급계약자가 고객과 현업의 니즈와 요건을 잘 이해했음을 확인한다.
- 기술적 활동에 대해 재조사하고, 하도급계약자가 상세설계를 잘 해석하고 구축했는지 확인하며, 제품이 표준에 부합하는지 판단한다.
- 기술적 책임이 충족되었고, 기술적인 질문들이 소통되었으며, 적절한 방식으로 해결되었음을 확인한다.
- 공급자에게 적절한 정보와 기술적 지원이 제공되었는지 확인한다.

또한 SEI는 고객 계약을 염두에 두면서 하도급계약자와의 계약을 재조사하는 데 사용되는 관리적 검토를 식별한다[SEI 2002, PA166.IG102.SP102.SubP105]. 일반적으로 이 관리적 검토는 다음의 활동을 포함한다[SEI 2002, PA166.IG102.SP102.SubP105.N101]:

- 중요한 종속조건(dependencies)들을 재조사한다.
- 과업과 연관된 위험(risk)을 재검토한다.

SEI는 이러한 검토를 합동으로 수행할 것을 권고한다[SEI2002, PA166.IG102.SP102.SubP105.N102]. 유지개선 담당자는 공급자의 실행을 개선하고,

몇몇 선호되는 공급자와의 장기적 관계를 수립하는 데 검토 결과를 사용한다
[SEI 2002, PA166.IG102.SP102.SubP106].

로드맵 – 인수테스트

Evo4.2.4 인수테스트는 수정된 제품이 고객의 요건에 부합하고 충족함을 보여주
기 위해 문서화된 절차에 따라 수행된다[ISO 90003, 5.7.4 and 5.7.5].

변경 요청들에 대한 규칙적(regular)인 인수테스트(기능 테스트, 성능 테스
트, 인수와 설치 테스트를 포함하는)가 수행되고 소프트웨어 변경이 고객의 요
건을 충족하는 것을 보여주기 위해 기록된다.

Evo4.2.5 회귀테스트는 오류수정을 포함하여 수정에 의해 영향받는 소프트웨어
의 모든 부분에 대해 체계적으로 그리고 공식적으로 수행된다[ISO 14764, 8.3.2.2;
S3m].

베넷(Bennett)[Bennett 2000]은 유지개선에 고유한 기타 활동들이 있음을
지적한다: 헬프데스크 콜센터와 지원 소프트웨어에 의해서 수행되는 다양한
변경 요청 유형에 관한 연구, 변경의 영향도 평가를 위한 활동, 테스트 전문화
와 회귀 검증 등.

ISO 14764는 유지개선 기간 동안에 특별한 니즈를 식별하는데, 이것은 변
경의 대상이 되지 않는 소프트웨어의 기존 구성요소들이 변경으로 인해 간접
적으로 영향을 받지 않음을 보장하는 것이다[ISO 14764, 8.3.2.2 a and b]. 여
기서 유지개선 담당자는 전체 시스템을 확인하기 위해 회귀테스트를 위한 기
술을 사용할 것이다.

로드맵 – 설치 (변경 또는 출시 버전의 운영 적용)

Evo4.2.6 소프트웨어 설치, 현장 테스트 및 유지개선에 대한 사용자와의 조정 (coordination)은 문서화된 절차에 따라 수행된다[ISO 90003, 5.9.3; S3m].

최종 구축은 고객의 동의와 함께 수행되며, 문서화된 절차를 따른다.

Evo4.2.7 소프트웨어 수정 적용에 대한 프랙티스는 시스템의 일상적인 과업 중단 을 최소화하도록 설계된다[S3m].

구현(implementation)은 지속적인 서비스를 보장해야 한다.

Evo4.2.8 유지개선 담당자는 하도급계약자, 공급자로부터의 소프트웨어 최종 이 행 기간 동안에 정해진 절차에 따라 인수테스트에 참여한다[ISO 90003, 6.7.3; S3m].

이것은 애플리케이션 소프트웨어의 최종 배포를 위한 활동에 참여할 마지 막 기회이다.

D.4 레벨 3

개요설명: 레벨 3에서 테스트 활동은 더 이상 프로그래밍 단계 후에만 수행되는 것이 아니라 모든 소프트웨어 진화/수정 단계에서 수행된다. 유지개선 담당자 가 그들의 일상적인 활동에 품질이 포함되도록 보장하는 단계가 바로 이 성숙 도 레벨 3이다. 테스트 계획은 영향도 분석에서부터 시작한다. 목표 및 성공

기준이 수립되고 소통된다. 테스트 수행은 전문 지식을 바탕으로 하며, 조직은 이 전문 지식을 갖춘 인력을 보유하고 있어야 한다. 일부 기본적인 도구가 테스트 활동을 지원한다. 그렇지만 유지개선 수명주기 동안에 여전히 구조적인 검토(structural reviews)는 이루어지지 않는다. 결함, 문제 및 사고를 측정한다는 개념은 초기 단계에 머물러 있다[Bur96a, Sta02].

D.4 레벨 4

개요설명: 레벨 4에서 테스트 활동은 정량적으로 측정되고 관리된다. 검토 기법은 보다 향상되고 유지개선 수명주기 전반에 걸쳐 진행된다. 테스트 결과는 작업 진행에 대한 의사결정과 운영으로 업그레이드할 권한을 부여하는 데 사용된다. 더욱 광범위한 유지개선 제품 세트가 테스트되고, 테스트 관점 또한 더 확대된다(즉 신뢰성, 유지관리성, 사용성 등). 테스트 시나리오는 각 운영 소프트웨어에 대한 회귀 테스트 라이브러리에서 자동화되고 업데이트된다. 결함과 사고는 기록되고, 추적되며, 심각도 등급이 지정된다[Bur96a, Sta02].

예시 프랙티스
-진화 엔지니어링 지원 도메인-

프로세스 도메인	핵심 프로세스 영역	로드맵
진화 엔지니어링 지원	형상과 버전 관리	• 변경 관리 • 베이스라인 형상 • 예약, 사후조치, 제품의 통제
	프로세스, 서비스, 소프트웨어 품질보증	• 객관적으로 평가하기 • 부적합을 식별하고 기록하기 • 부적합을 소통하기 • 오류수정/수정에 대한 후속 조치
	유지개선 측정과 분석	• 측정 프로그램 정의하기 • 측정 데이터를 수집하고 분석하기 • 유지개선 측정의 정보저장소 생성하기 • 측정 분석을 소통하기
	원인 분석과 문제해결	• 결함과 장애 조사하기 • 원인을 식별하고 분석하기 • 솔루션 제안
	소프트웨어 회춘, 마이그레이션, 폐기	• 재문서화 • 리스트럭처링 • 리버스엔지니어링 • 리엔지니어링 • 마이그레이션(이행) • 폐기

11.1 형상과 변경 관리 – 상세한 예시 프랙티스들

개요설명: 유지개선 담당자는 작업의 특성상 매 요청마다 형상관리 계획을 수립할 필요가 없다. 일반적으로 소프트웨어는 형상관리와 함께 인도된다. 형상관리가 빠지는 경우에는 그것을 개발하고 구현할 필요가 있을 것이다. 동일한 형상관리 툴과 절차를 사용하는 것은 같은 IS/IT 조직을 위해 일하는 유지개선 담당자와 개발자 공동의 이해 관심사이다. 형상관리 프로세스와 툴의 이해와 사용에 일찍 참여하는 것이 유지개선 담당자의 전략적 이해에 속한다는 것은 이미 앞에서 설명했다(배포 전 공정과 이행 KPA를 참조하라). 형상관리 하에 놓여진 소프트웨어 제품은 고객에게 인도되는 제품, 문서, 유지개선 수명주기의 중간 산출물, 공급자로부터 구매한 제품, 툴, 이 산출물들을 만들거나 설명하는 데 사용된 기타 항목들을 포함한다[SEI 2002, PA159.N102].

E.1 레벨 0

> **Sup1.0.1** 소프트웨어 유지개선 조직은 소프트웨어 형상관리 활동을 수행하지 않는다[S3m].

유지개선 조직은 형상관리를 자신의 방법론의 일부로서 포함하고 있지 않다. IS/IT와 유지개선 관리는 이 프로세스의 부가가치를 인식하고 있지 않다. 서비스 및 유지관리 제품은 품질이나 개선을 위해 자체적(locally)으로 검사되지 않는다.

E.1 레벨 1

개요설명: 레벨 1은 표준 플랫폼 라이브러리와 파일들에서 실행되는 혼란스러운 (chaotic) 프로세스를 특징으로 한다. 감독받지 않는 직원들이 디렉토리 구조를 사용하여 형상을 관리한다. 자격을 갖춘(qualified) 직원의 관여도 없고, 특화된 툴도 사용하지 않는다.

> **Sup1.1.1** 소프트웨어 유지개선 단위조직은 구조화(structured)되고 조정된 (coordinated) 방식으로 소프트웨어 형상관리 활동을 수행하지 않는다[S3m].

각 소프트웨어 유지개선 담당자는 소프트웨어 산출물의 위치에 신경 쓰고 있다. 일반적으로 산출물과 소스코드는 개인적이고 문서화되지 않은 방식으로 폴더에 보관되고 있다. 각 직원은 자신만의 방식으로 요청에 대한 작업을 검증하고 확인한다. 작업은 대응적으로 이루어지며, 문서화 및 후속 조치가 거의 없고(유지개선 작업 및 서비스가 검증 및 확인의 대상이 된다는 증거가 없음) 이 작업을 기록하지도 않는다.

E.1 레벨 2

개요설명: 레벨 2에서는, 유지개선 담당자들만이 접근할 수 있는 형상관리 소프트웨어가 사용된다. 절차는 애플리케이션 시스템에 따라 다양하다. 주로 변경요청(MR)과 소스코드에 집중된 변경 식별과 통제 프로세스의 후속 조치가 있다. 종종 플랫폼에 의존해야 하기 때문에, 또는 역사적 이유 때문에 서로 다른 수많은 형상관리 툴이 사용된다. 형상은 이 툴을 사용하여 감독받지 않는 직원들이 구성한다.

로드맵 – 변경관리

> **Sup1.2.1** 변경 요청은 애플리케이션 소프트웨어에 변경을 적용하기 전에 기록되고, 우선순위가 조정되고, 고객의 승인을 받는다[S3m].

이 수준의 성숙도에서, 애플리케이션에 대한 변경은 적용되기 전에 승인을 받아야 한다. 변경은 개별적으로 처리되며, 고객에게 알리기 위한 회의(또는 접촉)가 열린다(Req2.2.15와 Req2.2.18을 보라).

로드맵 – 베이스라인 구성

> **Sup1.2.2** 개발자에 의해 문서화되고 승인된 형상관리 계획이 가용하다면, 이것은 유지개선 담당자의 형상관리 활동을 시작하는 데 기초로 사용된다[S3m].

애플리케이션의 기본적인 형상을 수립하기 위해 제시되는 개발자의 계획(프랙티스 Req2.2.9)과 툴(프랙티스 Req2.2.10)이 평가되고, 우선적으로 고려된다. 이 형상은 애플리케이션의 최종 이행 전에 확보되어야 한다(프랙티스 Evo1.2.10을 보라).

> **Sup1.2.3** 유지개선되는 소프트웨어의 운영 버전들을 관리하기 위해 형상관리 시스템이 사용된다[ITIL 2007c, 4.3; Niessink et al., 2005, 5.5. activities 3 and 4].

유지개선 담당자는 애플리케이션 소프트웨어의 형상을 관리하기 위해 많은 자동화 지원 애플리케이션을 사용한다. 이것은 안전한 소스코드의 저장과 통제된 현재 버전과 이전 버전의 추출을 보장한다[Camelia 1994, 6.7.2.4 and

5]. 그것은 또한 모든 구성요소와 형상 이미지의 상태와 수정 이력에 대한 기록을 보유한다[Camelia 1994, 6.7.2.6].

> **Sup1.2.4** 유지개선되는 소스코드는 형상관리 통제에 의해서 관리된다[S3m].

유지개선 담당자의 형상관리는 공식적으로 소프트웨어의 소스코드를 취급한다.

로드맵 – 예약(reservation), 후속조치(follow-up), 통제(control)

> **Sup1.2.5** 유지개선 조직 내에 각 변경 요청(MR)에 대한 문서 관리가 갖춰져 있다 (문서 작성, 수정, 버전, 아카이빙, 배포, 파기, 검증)[S3m].

> **Sup1.2.6** 형상 요소와 형상 이미지가 문서화된 절차에 따라 공식적으로 수정된다 [ISO 90003, 6.1; S3m].

형상 소프트웨어의 절차가 준수된다.

> **Sup1.2.7** 변경 요청(change request), 요건, 상세설계, 소스코드, 통합테스트 간의 추적성이 확보된다[S3m].

> **Sup1.2.8** 생성되는 이미지의 내용과 형상관리 활동을 기록하는 표준화된 보고 서가 개발되고 관련 그룹과 사람들에게 배포된다[SEI 2002, PA159.IG103.SP101; Niessink et al., 2005, 5.5 activity 10].

E.1 레벨 3

개요설명: 성숙도 레벨 3에서는 형상관리를 위한 소프트웨어 도구가 IT 조직 전체에 걸쳐 표준화된다. 이제 이러한 소프트웨어 툴은 유지개선 담당자 또는 인프라스트럭처 및 운영 단위조직에 있는 기능에 의해 지원된다. 또한 정보저장소 콘텐츠에는 기술 문서와 사용자 설명서가 수록된다. 구성요소를 예약하고 추출하는 것은 표준화된 프로세스를 통해 감독되고 모니터링된다. 유지개선 과업 할당과 제품의 추적성은 전체 유지개선 수명주기에 걸쳐 수행된다.

11.2 프로세스, 서비스, 소프트웨어 품질보증 – 상세한 예시 프랙티스들

개요설명: 품질보증(quality assurance)이 유지개선 조직에 없는(absent) 경우가 종종 있다[Pigoski 1997, p.173]. 품질보증의 주 관심사는 일상의 과업에서 사용되는 내부 프로세스들의 준수(compliance)이다. 품질보증 분석가들은 운영 업무에 영향을 주거나 지체되지 않게 하기 위해서 검토의 영향을 최소화해야 한다[SEI 2002, PA145.N103]. 유효한 결론을 보장하기 위해서는, 측정, 후속조치, 활동의 통제, 일반적인 개선, 품질보증 프로세스와 평가에서의 객관성(objectivity)이 매우 중요하다. 이러한 객관성은 독립성(independence)과 기준의 사용(use of criteria)을 통해 달성된다. 그들의 규모에 따라서, 유지개선 단위조직들은 내부 품질보증 부서를 보유하거나 보유하지 않을 것이다[SEI 2002, PA145.N104]. 만약 품질보증 부서가 유지개선 단위조직의 한 부분이면,

객관성을 담보하기 위해 많은 이슈들이 처리되어야 한다. 품질보증 활동을 수행하는 모든 인력들은 그 주제에 정통해야 하고 교육받아야 한다. 이 기능은 일상적인 소프트웨어 유지개선에 직접 관련된 업무로부터 분리되어야 한다(그러나 애플리케이션 A를 지원하는 인력이 애플리케이션 B에 수행된 작업의 품질보증을 수행하는 것은 가능하다). 어떤 경우에도, 부적합을 관리 팀에 보고하는 것이 허용되는 구조를 갖춰야 한다[SEI 2002, PA145.N105].

E.2 레벨 0

> **Sup2.0.1** 소프트웨어 유지개선 조직에 의해 품질보증이 수행되지 않는다[S3m].

유지개선 조직은 독립적인 품질보증 프로세스를 갖고 있지 않다. 경영진은 이 프로세스의 필요성을 인식하고 있지 않다[IT Governance Institute 2007, M3].

E.2 레벨 1

> **Sup2.1.1** 유지개선 조직은 품질보증 활동을 비공식적으로 수행한다[S3m].

유지개선 조직은 자신의 프로세스/서비스를 평가하고, 다른 소프트웨어 유지개선 단위들과는 독립적으로 그리고 국지적으로 소프트웨어에 변경을 적용한다. 유지개선 인력은 자신의 과업을 책임지고 있으며, 유지개선 담당자가 문제의 원인 또는 특정한 부적합을 검토하는 것은 오직 문제가 발생했을 때 뿐이다(종종 외부 행위자 또는 고객에 의해 제기되기도 한다). 품질보증은 종종 비숙련 인력에 의해서 수행된다. 이런 비공식적인 접근은 부적합을 기록하지 않으며, 독립적인 외부 검토에서 사용하지도 않는다[IT Governance Institute 2007, M3].

E.2 레벨 2

개요설명: 레벨 2에서, 품질보증 활동은 반복적이지만 여전히 직관적(intuitive)이다. IS/IT는 품질보증 프로세스를 구축한다. 하지만, 품질보증은 주로 개발 프로젝트들에 초점을 맞추며, 유지개선 활동에 대한 관심은 매우 빈약하다. 독립적인 검토는 여전히 소프트웨어 장애와 사용자 불만이 동시에(혹은 별도로) 발생하면 진행된다. 품질보증 요건은 조직의 니즈에 의존하며, 우선순위를 정하는 사람은 IS/IT 관리자들이다. 고위 경영진은 이 활동을 지원한다.

> **Sup2.2.1** 책임, 권한, 품질에 영향을 주는 과업을 관리하고 실행하고 검증할 책임을 지는 개인들 간의 관계가 정의된다[S3m].

> **Sup2.2.2** 소프트웨어 유지개선 프로세스/서비스를 포함하는 품질보증 계획이 수립되고, 문서화되고, 승인되고, 감시된다[SEI 2002, GP110; ISO 90003, 4.2.3 and 5.5; IEEE Std. 730 and 983; Niessink 2005, 5.7 activity 1].

로드맵 – 객관적인 평가

> **Sup2.2.3** 중요한 제품 또는 대규모 변경에 대한 독립적인 정합성 검토(conformity review)가 수행된다[S3m].

Sup2.2.4 품질보증 활동이 유지개선 방법론 기준에 따라서 수행된다[SEI 2002, GP113; S3m].

Sup2.2.5 유지개선 조직은 정의되고 수용된 프로세스를 준수하는지에 대해 감사(audit)를 받는다[SEI 2002, PA150.IG101.N102; S3m].

Sup2.2.6 제품 형상관리에 대한 감사가 문서화된 절차에 따라 수행된다[SEI 2002, PA159.IG101.N101; S3m].

로드맵 – 부적합 식별과 기록

Sup2.2.7 제품이 품질 시스템의 의해서 정해진 절차에 따라 유지개선된다[ISO 90003, 5.9 and 5.10; S3m].

Sup2.2.8 유지개선 조직은 정해진 절차에 따라서 협력사와 개발자의 품질보증 활동을 감시한다[SEI 2002, PA166.IG102.SP102.SubP101; S3m].

공급자의 품질보증 부서는 고객사 품질보증 직원과 함께 공급자의 활동과 결과를 정기적으로 검토한다[S3m].

Sup2.2.9 중간단계 산출물과 최종 유지개선 제품의 견본이 고객 요청의 요건들에 부합하는지 검토된다[SEI 2002, PA150.IG103; S3m].

Sup2.2.10 유지개선 활동 중에 관찰되는 부적합 부분들은 문서화된 절차에 따라 기록되고 국지적으로 처리된다[SEI 2002, PA145.N107; ISO 9001, 4.4; S3m].

로드맵 – 부적합 소통

> **Sup2.2.11** 품질보증 활동의 결과는 유지개선 경영진과 엔지니어들에게 제공되는 정기적인 보고서의 대상이다[SEI 2002, PA145.IG102.SP101; Niessink et al., 2005, 5.7 activity 6].

> **Sup2.2.12** 독립적인 정합성 검토 결과가 정기적으로 고위 경영진과 검토된다 [S3m].

로드맵 – 오류수정과 변경의 후속조치

> **Sup2.2.13** 품질에 영향을 주는 과업을 관리하고, 실행하고, 검증하는 유지개선 담당자들은 품질 이슈를 보고하는 데 필요한 자유(freedom)와 권한(authority)을 갖고 있다[ISO 9001, 4.1.2.1; SEI 2002, PA145.EL115].

유지개선 담당자들은 다음 활동에 대한 자유와 권한을 갖는다:

- 제품 부적합을 방지하기 위한 조치를 취한다.
- 제품과 관련한 어떠한 품질 문제라도 식별하고 기록한다.
- 이전에 구축된 소통 채널을 활용하여 해결책을 이끌어내고, 권고하고, 제공한다.
- 솔루션의 구현을 검증한다.
- 결함 또는 불만족 요소들이 수정될 때까지 부적합 제품의 처리, 인도, 설치를 관리한다.

E.2 레벨 3

개요설명: 성숙도 레벨 3에서는 유지개선 프로세스, 서비스 및 소프트웨어에 대한 품질보증 활동이 계획되어 있다. IT부서는 유지개선 관리자와 합의한 바에 따라 필요한 전문지식(expertise), 민감성(sensitivity) 및 독립성(independence) 측면에서 내부 또는 외부 자원의 사용을 결정한다. 핵심 유지개선 프로세스가 인증(certified)된다. 독립적인 검토는 보다 광범위하며 다음을 포함한다: 계약과 서비스 협약의 법적 측면, 유지개선 측정, 청구, 인증 요구사항, 조직 효율성, 유지개선 모범사례에 대한 비교. 품질보증 요구사항은 조직의 요구사항과 직결되며, IT관리자가 우선순위를 정한다.

E.2 레벨 4

개요설명: 성숙도 레벨 4에서는 소프트웨어 유지개선 핵심 프로세스에 특정한 품질보증 계획이 수립되어 있다. 감사는 그룹 간 인터페이스(고객, 개발자, 하도급업체, 공급업체, 헬프데스크, 인프라스트럭처 및 운영)를 포함하는 IT효율성에 대한 전반적인 관점을 사용한다. 품질보증 측정 결과가 공표된다. 감사 결과는 프로세스를 개선하기 위한 입력 자료로 사용된다. 이 활동은 모범사례가 시행되고 있는지 확인하는 데 그리고 선택한 벤치마킹을 수행할지를 결정하는 데 사용된다. 비용/편익 분석을 통해 이 활동에 외부 컨설턴트를 참여시킬지 여부를 결정한다[Cob00 M3].

E.2 레벨 5

개요설명: 성숙도 레벨 5에서 경영진은 모든 핵심 비즈니스 프로세스는 자신을 지원하는 품질보증 프로세스를 갖고 있다는 사실을 확인할 수 있는 조치들을 적용한다. 조직은 인증 획득을 위해 모범사례를 사용하는 지속적인 개선 프로그램을 유지한다. 관리자는 품질보증 관찰 결과를 전체 프로세스 그룹에 신속하게 배포할 수 있는 능력을 개발한다. 공급업체와 하도급업체 또한 이러한 평가의 일부이다. 소프트웨어 유지개선의 국가 및 국제 표준에 대한 준수와 조직인증에 관한 전략이 명시되어 있다. 유지개선 리더는 인증의 중요성과 이것이 경쟁우위로서의 큰 장점이라는 것을 인지하고 있다[Cob00 M3].

11.3 유지개선 측정과 분석 – 상세한 예시 프랙티스들

개요설명: 유지개선 측정 및 분석 모범 사례의 목적은 소프트웨어 유지개선 팀 및 해당 경영진의 정보 요구사항을 지원하는 데 사용되는 측정 역량을 개발하고 지원하는 것이다. 이 핵심 프로세스 영역의 주요 목적은 소프트웨어 유지개선 활동 및 제품의 정보 요구가 정의되고 직원, 고객 및 소프트웨어 유지개선 관리자가 사용할 측정, 분석 기술, 데이터 수집 활동, 저장소 및 보고서를 지정하는 것이다.

E.3 레벨 0

Sup3.0.1 유지개선 조직은 프로세스/서비스, 소프트웨어, 인적 자원을 측정하지 않는다[S3m].

유지개선 조직은 자신의 활동 또는 자원을 분석하거나 측정하지 않는다. 추정, 목표, 공수 추적이 없다. 프로세스의 목표를 이해해야 하는 필요성을 전혀 인식하고 있지 않다[IT Governance Institute 2007, MEI].

E.3 레벨 1

Sup3.1.1 유지개선 조직에서, 측정과 분석은 각 관리자에 의해 개별적으로 수행된다[S3m].

유지개선 담당자는 유지개선 지표들을 수집하고 분석해야 할 필요성을 인식하고 있다. 그러나 수집과 분석을 위한 표준화된 프로세스가 아직 식별되지 않았다. 특정한 고객 니즈 또는 관리 필요에 따라 분석과 측정이 사안별로 선택되고 수행된다. 이 분석은 주로 유지개선 조직을 수세에 몰아넣는 소프트웨어 장애 또는 다른 문제들이 발생한 이후에 수행된다. 측정과 분석은 다른 IS/IT 조직에서는 존재하지만, 소프트웨어 유지개선 조직에는 여전히 없다. 소프트웨어 유지개선에 고유한 소프트웨어, 자원, 프로세스/서비스의 측정은 아직 개발되지 않았다.

E.3 레벨 2

개요설명: 레벨 2에서는, 기본적인 측정과 분석이 정의되고 실행된다. 수집과 분석 절차가 국지적으로 정의되고 유지개선 조직별로 다양하다. 분석은 아직 대응적이고, 특별한 개인들에게 의존한다. 데이터 수집 툴로의 접근은 제한적이고, 아직 충분히 활용되지는 않는다. 유지개선 조직은 단편적인 시각으로 실제 기여를 분석하지 않은 채 제한적인 분석을 수행한다. 예를 들면 매출 창출 기여 같은 비용/편익의 관점에서만 분석하는 것이다.

> **Sup3.2.1** 유지개선 담당자는 소프트웨어 유지개선 측정 목표를 충족하는 기본적인 운영 측정기준들을 정의한다[SEI 2002, PA154.IG101.SP102; ISO 90003, 8.2].

이 프랙티스를 달성하기 위해서 선정된 기본적인 측정 기준은 측정 목표를 충족해야 한다. 프랙티스 Pro4.2.1의 기본적인 측정에 대한 정의를 살펴보라. 이 수준의 성숙도에서 측정은 단순하며, 주로 다음으로 구성된다:

- 서베이(Pro1.2.3을 보라)
- 정성적인 관찰(Pro1.2.4를 보라)
- 내부 벤치마킹(Pro1.2.5를 보라)
- 장애 데이터(Pro1.2.6을 보라)
- ISO 9001 감사(Pro1.2.7을 보라)
- 프로세스 평가(Pro1.2.8을 보라)

이 프랙티스에 대한 추가 정보

측정은 정확하고 평가하기 쉬운 기본 측정을 식별할 수 있도록 정제되어야 한다[SEI02-PA154.IG101.SP102.N101]. 기본 측정은 직접 측정으로 얻을 수 있다.

1. 문서화된 목표에 근거하여 측정 후보를 식별한다[SEI02–PA154.IG101.
SP102.SubP101]. 측정 목표는 각각의 특정 측정에 대해 정제된다. 식별된
측정값들은 그것의 명칭과 측정 단위로 분류되고 기술된다[SEI02–PA154.
IG101.SP102.SubP101.N101].

2. 작은 조정으로 업무를 수행할 수 있는 기존 측정을 탐색한다[SEI02–
PA154.IG101.SP102.SubP102]. 이러한 측정에 대한 설명은 이미 조직 내의 다
른 목적을 위해 존재할 수 있다[SEI02–PA154.IG101.SP102.SubP102.N101].

3. 측정에 대한 운영상 정의를 기술한다[SEI02–PA154.IG101.SP102.
SubP103]. 운영상의 정의는 정확해야 한다. 측정은 두 가지 중요한 기준을 충
족해야 한다. 예를 들면[SEI02–PA154.IG101.SP102.SubP103.N101] 다음과
같다.

- 측정 가이드: 무엇을 측정하고, 어떻게 측정되며, 측정 단위는 어떠하며,
  무엇이 포함되고 또는 제외되는가?
- 반복: 측정을 반복할 수 있는가?(즉, 두 명의 다른 사람들이 측정 가이드
  를 사용하여 동일한 결과를 얻는다)

4. 기본 측정값의 우선순위를 결정하고 검토하며 업데이트한다[SEI02–
PA154.IG101.SP102.SubP104].

Sup3.2.2 유지개선 담당자는 특정한 요청을 분석하고, 그것을 처리하는 보고서를
작성한다[S3m; ISO 90003, 7.6].

이 수준의 성숙도에서는, 간단한 분석과 보고서가 개발되고 문서화된다. 직
원들은 기본적인 분석에 대해 교육받는다. 그러나 맥락적(contextual)인 정보
는 많지 않으며, 이것의 사용도 일반적이지 않고 빈번하지 않다. 측정은 보통
내부적으로 사용되고, 분석은 요청에 의해서 수행된다. 그것도 주로 서비스 장

애 또는 문제에 대한 설명이 필요할 때이다. 분석의 전파는 종종 제한되며, 설명은 관련된 행위자들로 한정된다.

E.3 레벨 3

개요설명: 성숙도 레벨 3에서 유지개선 관리자는 유지개선 측정과 분석을 위한 표준과 프로세스를 제도화(institutionalized)하고 소통한다. 교육 및 훈련 프로그램이 시행된다. 과거 실적의 데이터베이스가 구축된다. 분석은 여전히 특정 프로세스와 서비스에만 국한된다. 측정 및 분석 도구가 사용되고 있다. 측정과 분석은 기술적인 부분에 초점을 맞추고 있으며, 비재무적인 측정과 전략적 조치는 여전히 비공식적이다. 고객만족도와 서비스 수준에 대한 측정 작업이 전개되고 있다[Cob00 M1].

E.3 레벨 4

개요설명: 성숙도 레벨 4에서는 유지개선 관리자가 소프트웨어 유지개선 핵심 운영 프로세스의 허용 오차를 정의한다. 기본적인 수준의 측정들이 표준화되어 있다. 모든 단위조직 및 소프트웨어 유지개선 프로세스에 의해 측정이 공유된다. 측정 및 분석은 일반적으로 IT부서에 통합되어 있다. 측정 분석 도구 및 보고서가 배포된다. 성과의 핵심 지표뿐만 아니라 이에 대한 설명을 제공하고, 질문에 정확하게 답변한다. 유지개선 조직의 평가 기준은 성숙도 모형을 사용하여 정의된다. 조직 목표를 충족하기 위해 조직 성과의 측정[Sin85]이 광범위하게 수행된다[Cob00 M1].

11.4 원인 분석과 문제해결 – 상세한 예시 프랙티스들

개요설명: 원인 분석은 결함 및 기타 문제의 원인을 식별하고 향후 재발을 방지하기 위해 취할 조치를 식별한다. 비즈니스 프로세스와 운영 소프트웨어 간의 상호 의존성(interdependence)은 중요한 소프트웨어에 장애가 발생할 경우 전체 조직이 마비될 수 있음을 의미한다. 서비스 연속성(service continuity) 및 소프트웨어 가용성(software availability) 및 대응성(responsiveness)은 많은 이해관계자들 간의 효과적인 문제 해결 프로세스를 필요로 한다. 이 핵심 프로세스 영역의 주요 목적은 우선순위를 파악하고 조사를 수행하며 개선을 위한 권장사항을 제공하는 것이다. 우리는 장애를 제거하려는 목적으로 실패의 원인을 파악하기 위해 노력해야 한다. 또한 프로세스, 서비스 및 제품의 전반적인 품질을 개선하기 위한 노력도 병행해야 한다.

E.4 레벨 0

> **Sup4.0.1** 유지개선 조직은 원인 분석과 문제해결 프로세스의 필요성을 인식하고 있지 않다[S3m].

유지개선 관리는 원인 분석 프로세스와 문제해결 프로세스에 대한 필요를 인식하고 있지 않다. 문제해결은 대응적인 방식으로 각 개인이 처리하도록 맡겨져 있다[IT Governance Institute 2007, DS10].

E.4 레벨 1

Sup4.1.1 유지개선 조직은 원인 분석 프로세스와 문제해결 프로세스를 갖춰야 할 필요성을 인식하고 있다[S3m; ISO 90003, 8.3].

유지개선 조직은 문제를 영구적으로 해결하고 그것의 원인을 평가해야 하는 필요성을 인식한다. 또한 문제해결은 고객을 지원하는 많은 조직들 간에 공유되는 프로세스임을 인식한다. 결과적으로 문제의 원인을 식별하고 해결하기 위해, 그들의 전문 도메인과 책임에 따라서 유지개선 담당자들이 지정된다. 정보는 아직 다른 조직들과 공유되지 않으며, 솔루션은 유지개선 담당자에 따라 다양한데, 이것이 다른 문제를 야기하고 생산성의 저하를 가져오기도 한다. 유지개선 관리자들은 해결해야 할 다른 문제들에 대한 초점을 흐리고 직원들에게 내리는 지시를 빈번하게 바꾼다.

E.4 레벨 2

개요설명: 레벨 2에서 IS/IT 고객 지원 조직들뿐만 아니라 유지개선 담당자는 문제를 관리하고 그것의 원인을 제거해야 할 필요성을 잘 알고 있다. 문제해결 프로세스는 진화하고 국지적으로 문서화된다. 몇몇 유지개선 담당자들은 문제를 관리하고, 원인을 찾고, 분석을 수행하는 책임을 진다. 정보는 직원들 간에 공유된다. 그러나 전체적인 IS/IT, 문제 관리 프로세스는 구조화되어 있지 않고 단순하며 대응적이다. 사용자 커뮤니티에 대한 서비스 수준은 다양하고, 서로 다른 IS/IT 고객 지원 조직들 간의 부서간 장벽과 불충분한 지식에 의해 방해 받는다. 문제 관리 보고서, 원인과 의사결정, 분석은 단순하고 제한적이다 [IT Governance Institute 2007, DS10].

로드맵 – 결함과 장애 조사

> **Sup4.2.1** 소프트웨어 유지개선 조직은 원인 분석 프로세스와 문제해결 프로세스를 문서화한다[Kajko-Mattsson 2001, ME-Process-PCI-1 and ME-RCA-1].

이 수준의 성숙도에서, 문제해결 프로세스, 원인 분석 프로세스, IS/IT 지원에서 다른 단위조직들과의 인터페이스를 설명하는 좀 더 간결한 문서가 존재한다. 이 프로세스는 유지개선 조직들과 소프트웨어에 따라 여전히 다양할 수 있다.

로드맵 – 원인 식별과 분석

> **Sup4.2.2** 유지개선 관리는 규칙적으로 품질, 고객, 성능 데이터를 분석한다[S3m; Malcom Baldridge 2005, 2.1, 2.2 and 3.2(a3); ISO 90003, 8.4].

이 프랙티스를 달성하기 위해서, 일반적인 품질, 성능, 고객만족 데이터에 대한 의사결정 분석 활동들이 식별된다. 결과는 소통되며 특정 문제해결 과제의 대상이 될 수 있다.

> **Sup4.2.3** 고위관리자들은 서베이 결과를 분석하고 그들의 분석에 기반하여 조치 계획을 실행한다. 이 결과와 조치 계획은 모든 직원들에게 소통된다[S3m; Malcolm Baldridge 2005, 1.1(b1)].

이 프랙티스를 달성하기 위해, 일반적인 유지개선 담당자 만족도 데이터에 대한 의사결정 분석 활동들이 식별된다. 결과는 소통되며 특정 문제해결 과제의 대상이 될 수 있다.

Sup4.2.4 프로세스 분석과 보고서가 작성되고, 관련 그룹들에게 배포된다[S3m].

E.4 레벨 3

개요설명: 성숙도 레벨 3에서는 모든 IT부서에 적용 가능한 효율적인 문제 관리의 필요성이 수용되며, 장비를 갖추고 원인분석 및 의사결정을 수행할 예산이 책정된다. 문제를 관리하고 원인 분석 및 의사결정을 위한 프로세스가 문서화되고 IT조직 전반에 걸쳐 구축된다. 이해당사자의 책임과 역할은 명확하게 확립되어 있다. 이러한 프로세스는 변경 요구사항을 관리하는 통합 툴에 의해 지원된다[Cob00 DS10].

E.4 레벨 4

개요설명: 성숙도 레벨 4에서는 문제를 관리하는 프로세스가 진화하여 주도적으로 IT목표 달성에 기여하고 있다. 또한 문제를 예상하고 더 나아가 예방할 수도 있다. 문제 발생을 예측하는 모델을 구축하는 데 필요한 지식은 하도급업체, 공급업체 및 전문가와의 정기적인 접촉을 통해 유지관리된다. 데이터 수집, 보고서, 문제 및 원인 분석은 자동화되고 형상관리 데이터와 완벽하게 통합된다. 대부분의 소프트웨어 시스템에는 지속적으로 사용되고 평가되는 데이터 수집 메커니즘과 자동화된 문제 탐지 도구가 구비되어 있다.

개요설명: 소프트웨어의 회춘은 소프트웨어 내부 품질의 저하 또는 운영 환경의 주요 변화(예: 비즈니스 규칙, 아키텍처, 프로그래밍 언어 등)로 인해 발생하는 문제를 해결하는 것을 목표로 한다. 따라서 우리는 품질, 효율성 또는 일반적인 가용성을 높이려고 노력해야 한다. 경우에 따라 유지관리 및 운영 비용을 줄이는 것은 물론 유지개선과 관련된 대기 시간을 줄이는 것이 목표이다. 이 핵심 프로세스 영역에는 소프트웨어를 다른 기술(플랫폼) 환경으로 마이그레이션하는 작업도 포함된다. 이러한 모든 활동은 예방형 유지개선 활동으로 간주된다[Mil81]. 이러한 활동을 위해서는 소프트웨어 구성요소를 탐색하여 문서화를 더 잘하고, 추가 정보를 얻거나 구조를 개선하여 이해하고 유지개선 할 수 있도록 해야 한다[Pfl01, 11.6장에서 적용]. S3m 모델은, 검증된 프로젝트 관리 기법들을 사용하여 프로젝트로 관리되어야 하는 대규모 활동보다는 소규모 유지개선 활동에 대응한 것이다. 프로젝트 관리는 대규모 유지개선 프로젝트에 필요한 것이다(소규모 유지개선 요청들에 대해서는 아니다). 소프트웨어 유지개선 프로젝트들은 CMMi 모델 권고사항들을 따른다. 소프트웨어 회춘 활동은 유지개선 팀에 의해 관리되기에는 너무 방대할 수가 있다. 그러므로 이 로드맵은 특별한 경우를 고려하면서 조심스럽게 사용되어야 한다.

E.5 레벨 0

> **Sup5.0.1** 소프트웨어 유지개선 조직은 유지관리되는 소프트웨어에 대한 회춘 활동을 수행하지 않는다[S3m].

E.5 레벨 1

> **Sup5.1.1** 소프트웨어 유지개선 조직에서, 특정한 변경을 적용하는 동안에 어떤 사전 계획도 없이, 회춘활동이 비공식적으로 수행된다[S3m].

애플리케이션 소프트웨어는 정기적으로 유지개선되어야 한다. 재문서화(redocumentation), 리스트럭처링(restructuring), 리버스엔지니어링(reverse engineering) 또는 리엔지니어링(reengineering)에 대한 결정은 변경을 수행하는 직원들에 의해 내려진다. 소프트웨어는 작동하지만, 직원들은 문서가 오래되었다는 사실을 깨닫는다[Pressman 2005]. 이 활동은 제한적이고, 유지개선성 또는 미래의 소프트웨어 유지개선 비용에 심각한 영향을 미치지 않는다. 유지개선 담당자는 자신의 주도하에 이 활동을 담당하는데, 고객에 의해서 인정을 받는 경우는 거의 없다.

> **Sup5.1.2** 기능 또는 애플리케이션의 폐기는 모든 소프트웨어 구성 인프라스트럭처들을 그대로 둔 상태에서 그 실행을 막으면서 수행된다[S3m].

이 수준의 성숙도에서 더 이상 사용되지 않는 소프트웨어는 소스코드가 주석 처리 된다. 이 프랙티스는 사용되지 않는 소스코드가 복잡하기 때문에 논쟁의 여지가 있다. 그럼에도 불구하고 이것은 흔한 일이며 성숙도는 매우 낮다.

E.5 레벨 2

로드맵 – 제품의 재문서화

> **Sup5.2.1** 유지개선되는 제품의 재문서화는 변경 또는 오류수정되는 구성요소에 대해서만 수행된다[S3m].

이 재문서화 프랙티스는 변경 또는 오류수정의 경우에 발생한다[Pressman 2005]. 유지개선 분석가는 이 기회를 살려서 특정한 요청에 대해 그가 보유한 정보를 기반으로 소프트웨어 문서를 개선할 것이다. 애플리케이션 운영의 초기 몇 년은 많은 변경을 겪을 것이기 때문에 처음부터 이 기술을 사용해야 한다. 소프트웨어 수명주기의 마지막에 이러한 접근을 채택하는 것은 유효한 결과를 만들어내지 못할 것이다. 이 방안은 최소한의 노력에 기반하고 있으며, 재문서화는 여러 해에 걸쳐 적은 노력으로 수행된다고 여겨질 것이다.

로드맵 – 제품의 리스트럭처링

> **Sup5.2.2** 유지개선되는 제품의 리스트럭처링은 변경 또는 오류수정되는 구성요소에 대해서만 수행된다[S3m].

이 리스트럭처링 프랙티스는 변경 또는 오류수정의 경우에 발생한다. 유지개선 담당자는 이 기회를 살려서 특정 요청에 의해 영향을 받는 소프트웨어의 부분들(소스코드와 데이터 구조들)을 재구조화할 것이다. 이 작업은 수작업으로 이루어지며 국지적으로 수행된다. 이 방안은 최소한의 노력에 기반하고 있으며, 프랙티스 Sup5.2.1과 동일한 원칙이 적용된다.

로드맵 – 제품의 리버스엔지니어링

Sup5.2.3 유지개선되는 제품의 리버스엔지니어링은 변경, 오류수정 또는 운영지원 요청에 대해서만 수행된다[S3m].

리버스엔지니어링 프랙티스는 변경 또는 오류수정의 경우에 발생한다. 유지개선 담당자는 이 기회를 살려서 특정 요청(예: 명세, 설계, 데이터 모델)에 의해 영향받는 소프트웨어 부분들의 문서를 새로 만들 것이다. 이 정보는 소프트웨어의 양식을 갖춰 작성되고 공식 문서에 삽입된다. 이 방안은 최소한의 노력에 기반하고 있으며, 프랙티스 Sup5.2.1과 동일한 원칙이 적용된다.

이 수준의 성숙도에서 유지개선 담당자는 특정한 변경 또는 오류수정 요청 동안에 소프트웨어 실행을 나타내는 소프트웨어 작동을 설명하는 다이어그램을 만들 것이다. 이 리버스엔지니어링 노력은 반드시 툴에 의해서 지원되지는 않는다. 이 활동은 유지개선 담당자가 소프트웨어에서 비즈니스 규칙을 추출하려고 할 때 고객이 작업을 더 잘 이해할 수 있도록 도와준다.

로드맵 – 제품의 리엔지니어링

Sup5.2.4 유지개선되는 제품의 리엔지니어링은 변경, 오류수정 또는 운영지원 요청에 대해서만 수행된다[S3m].

리엔지니어링 프랙티스는 변경 또는 오류수정의 경우에 발생한다. 유지개선 담당자는 이 기회를 살려서 소프트웨어 기능의 변경 없이 개선된 소스코드 설계 또는 새로운 문서를 만들 것이다. 이러한 노력은 특정 요청(또는 구성요소들의 최소한 집합)에 의해 영향을 받는 부분들로 한정된다.

로드맵 – 소프트웨어 마이그레이션

Sup5.2.5 유지개선 조직은 마이그레이션 계획을 수립하고, 고객의 승인을 얻기 위해 소통한다[ISO 12207, s5.5.5; ISO 14764, s8.5.2.2].

유지개선 담당자는 이 프로젝트를 위해 사용될 마이그레이션 계획을 수립한다. 이 계획은 다음의 내용을 포함할 것이다[ISO 12207, 5.5.5.2].

- 요건 분석
- 마이그레이션 툴의 개발
- 제품들과 데이터의 변환
- 마이그레이션 실행
- 마이그레이션 검증
- 구 소프트웨어의 지원 조건

유지개선 담당자는 계획과 활동에 대해 고객과 커뮤니케이션한다. 이러한 소통은 다음의 내용을 포함해야 한다[ISO 12207, 5.5.5.3].

- 왜 구 환경이 더 이상 지원되지 않는지 설명하는 진술
- 신 환경과 그것이 가용한 날짜에 대한 설명
- 구 환경이 더 이상 가용하지 않을 때 사용하게 될 지원 서비스에 대한 설명

유지개선 담당자는 더 나은 이행을 수행하기 위해 2개의 시스템 모두를 병렬로 사용하는 것을 고려해야 한다[ISO 12207, 5.5.5.4]. 이 기간 동안에 교육이 진행된다. 언제 신 환경이 구축되는지, 제품들(소스코드와 문서)은 언제 아카이브되어야 하는지 고객과 적절하게 소통한다[ISO 12207, 5.5.5.5]. 유지개선 담당자는 사후 오류수정을 수행할 것이고, 구 환경의 데이터가 신 환경에서

도 접근 가능하고, 안전하고, 보호된다는 것을 보장한다[ISO 12207, 5.5.5.6, 5.5.5.7].

> **Sup5.2.6** 하나의 기술 플랫폼에서 다른 플랫폼으로의 마이그레이션을 지원하기 위해 소프트웨어 툴이 사용된다[S3m].

코드 변환기가 사용된다[Camelia 1994, 7.1.2.8]. 어느 한 소프트웨어 엔지니어링 툴에서 다른 소프트웨어 엔지니어링 툴로의 형상 요소 마이그레이션은 부분적으로 자동 실행된다[Camelia 1994, 6.10.2.2].

로드맵 – 소프트웨어 폐기

> **Sup5.2.7** 유지개선 조직은 소프트웨어 폐기 계획을 수립하고 고객의 승인을 위해 소통한다[ISO 12207, s5.5.6; ISO 14764, s8.6].

유지개선 담당자는 이 프로젝트를 위해 사용될 소프트웨어 폐기 계획을 수립한다. 이 계획은 다음의 내용을 포함할 것이다[ISO 12207, 5.5.6.1].

• 특정 날짜가 명시된 지원 중단(전체와 부분)
• 소프트웨어 제품들과 문서의 아카이빙
• 소프트웨어 폐기에 따른 활동에 대한 책임
• 필요하다면 새로운 애플리케이션으로의 이전
• 아카이브된 데이터로의 접근

유지개선 담당자는 계획과 활동에 대해 고객과 커뮤니케이션한다. 이러한 소통은 다음의 내용을 포함해야 한다[ISO 12207, 5.5.6.2].

- 대체 소프트웨어에 대한 설명과 가용한 날짜
- 왜 소프트웨어가 더 이상 지원되지 않는지에 대한 설명
- 애플리케이션 폐기 이후에 가용한 지원 대안들에 대한 설명

Software

Maintenance

Management

CHAPTER

12

평가 프로세스, 평가 툴, S3m을 사용한 사례 연구들

· S3m 성숙도 평가 프로세스 개요 ·
· S3m 간이 평가 툴 ·
· 4개의 사례 연구들 ·

이 장에서는 S3m 프로세스 모델의 4가지 검증 및 확인(V&V) 단계들이 제시된다.
중동의 한 통신회사에서 사용된
소프트웨어 성숙도 모델 평가의 사례 연구가 기술될 것이다.

12.1 평가 프로세스와 지원 툴들

1999년 이래, 소프트웨어 엔지니어링 성숙도 모델들은 ISO 15504 참조 모델에 의해 관장되어 왔다. ISO를 따르는 소프트웨어 프로세스 평가라고 주장하려면, ISO 15504 참조 모델에 비춰 해당 모델의 적합도(conformity)가 검증되어야 한다. ISO 15504에 의해 제안된 5개의 프로세스 범주들은 ISO 12207에서 정의된 소프트웨어 수명주기 프로세스 영역들에 따라 그루핑(grouping)된다: 고객-공급자와 엔지니어링 프로세스들은 ISO 12207 기본(primary) 수명주기의 한 부분이고, 지원 프로세스는 ISO 12207 지원(support) 수명주기의 한 부분이며, 2개의 관리 프로세스와 조직 프로세스들은 ISO 12207 조직(organizational) 수명주기의 한 부분이다. 또한 S3m은 [그림 1.13]에 제시된 것과 동일한 관점을 취한다.

ISO 15504는 성숙도 모델의 6개 프로세스 구성요소들을 기술하고 표준화한다:

1. 식별자(Identifier)는 5개의 범주들 중 하나를 식별하는데 일반적인 것부터 구체적인 것까지 나타내는 고유한 일련번호가 매겨진다(예: CUS 1: 구매 프로세스, CUS 1.2: 공급자 선정 프로세스).

2. 이름(Name)은 프로세스의 목표를 담고 있는 짧은 문장이다.

3. 프로세스 유형(Process type)(1부터 5까지):

   1 - 기본 프로세스는 ISO 12207 프로세스와 일치한다.

   2 - 확장 프로세스는 ISO 12207의 기존 프로세스들에 추가된다.

   3 - 신규 프로세스는 ISO 12207에서 다루지 않는 것이다.

   4 - 구성요소는 기존 ISO 12207 프로세스로부터의 활동(또는 활동들의

그룹)이다.

　5 – 확장 구성요소는 추가 요소들을 갖고 기존 ISO 12207 프로세스의 활동들(또는 활동들의 그룹)에 추가되는 것이다.

　4. 프로세스 목적(Process goal)은 프로세스의 상위수준(high-level) 목적에 관해서 설명하는 내용이다.

　5. 프로세스 예상 결과(Expected process results)는 정확한 프로세스 실행의 관찰 가능한 결과들을 서술하기 위한 것이다. 이들은 "성공적인 프로세스 실행" 직후에 나타나야 하는 항목들의 목록을 참조해야 한다.

　6. 참조(Note)는 프로세스에 대한 추가 정보를 담고 있다.

　역량 수준 구축은 일련의 속성들의 도움으로 수행된다. 이 속성들은 하나의 프로세스가 특정 역량 수준에 도달했는지 여부를 판단하는 데 사용된다. 각 속성은 백분율 척도로 프로세스 역량의 특정한 측면을 측정한다. 평가되는 속성들의 표준화된 척도는 다음처럼 4단계의 불규칙한 구간들로 구성된다.

N: 전혀 달성하지 못함: 0 ~ 15%

P: 부분적으로 달성함: 15% ~ 50%

L: 대부분 달성함: 51% ~ 85%

F: 완전히 달성함: 85% ~ 100%

　ISO 15504는 평가를 계획하고 수행하는 데 필요한 조건들의 집합을 정의한다. 만약 평가가 ISO 15504의 조건을 충족하는 방식으로 수행된다면, 그 평가는 ISO 15504 적합(conformant)이라고 불린다.

　ISO 15504 표준은 반복적이고 신뢰할 수 있는 일관된 평가 결과들을 위해 필요한 조건들의 집합을 언급한다. 표준의 목표는 성숙도 측정의 반복성(repeatability)을 증가시키는 것이다. 평가의 맥락에서 반복성은 평가 절차가 반복될 때마다 동일한 성숙도 수준을 획득하는 것으로 정의된다.

S3m Assess로 명명되는 평가지원 프로토타입이 개발되었고 평가를 지원하기 위해 사용되었다. 프로토타입은 KPA의 선정, 예제 프랙티스의 직접적인 사용, 적합 수준의 식별, 등급 판정 배후의 논리를 설명하는 주석의 삽입을 허용했다.

S3m 평가 계획과 평가 지원 툴의 사용은 다음과 같은 ISO 15504의 의무사항들이 충족됨을 보장한다:

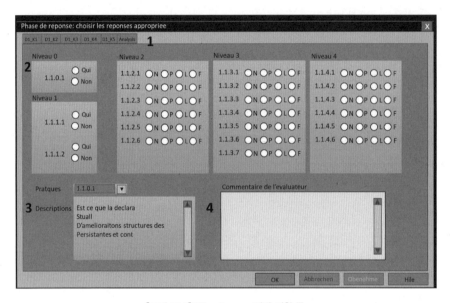

[그림 12.1] S3m Assess 평가 지원 툴

1. 평가를 위한 입력물들이 기록되며, 적어도 다음의 내용을 포함한다:
   - 평가의 후원자(sponsor) 식별
   - 조사되는 각 프로세스에 대한 최대 역량 수준
   - 이 프로세스들을 사용하는 단위조직들
   - 맥락 데이터〈규모, 인구적 정보(demographics), 애플리케이션의 범위,

인도되는 제품들의 중요도와 복잡도, 제품 품질〉

- 평가 제약(자원 가용성, 최대 평가 기간, 제외되는 프로세스들, 샘플 크기, 결과 속성들, 배포 제한)

2. 사용되는 평가 모델에 대한 서술

3. 평가자들의 신원과 책임 평가자의 자격

4. 평가되는 직원들과 그들의 책임

5. 평가를 위해 사용되는 프로세스

- 계획수립
- 데이터 수집
- 데이터 검증
- 각 프로세스의 성숙도 측정
- 결과 보고

6. 평가결과의 보관

- 평가 일자
- 입력물
- 인터뷰와 검토 결과들
- 각 프로세스의 성숙도 측정값
- 사용된 평가 접근법

12.2 평가결과들의 예

S3m 성숙도 모델을 사용하여 조직의 성숙도를 평가하는 활동은 1995년 이 래로 점진적으로 발전하고 있다([그림 12.2]를 보라). 초창기에, 몬트리올 소재 퀘벡 대학교의 소프트웨어 엔지니어링 연구소가 캐나다의 한 대형 통신사로부 터 연구 기금을 후원 받아서, 1995년에 지토우니(Zitouni)와 아브랑(Abran)이 소프트웨어 유지개선에 특화된 초기 성숙도 모델을 개발하여 발표했다. 처음 에 이것은 이론적인 모델이었고, 개선의 목적을 갖고 대형 캐나다 통신사의 소 프트웨어 유지개선 성숙도를 내부적으로 평가하는 데 사용되었다. 이것은 [그 림 12.2]의 V&V1으로 언급되듯이, 모델의 첫 번째 검증이었다.

1998년 한 해 동안, 소프트웨어 유지개선 성숙도 모델에 새로운 관심을 보 이는 다른 전화/통신 회사들로부터 요청이 접수되었다. 일련의 프로젝트가 개 시되어 지토우니(Zitouni)와 아브랑(Abran) 모델을 사용하고 소프트웨어 유지 개선 표준들이 포함되기 시작했다. 반복적인 매핑 활동들로 소프트웨어 유지 개선의 국제 표준들(ISO 12207, ISO 14764, IEEE 1219)을 고려하는 업데이트 된 버전(버전 1.0)이 탄생했다. 버전 1.0은 1999년에 참가하는 조직들을 위해 내부적으로 발표된 것이다. 그리고 [그림 12.2]의 V&V2로 언급되듯이, 중동의 한 통신회사의 지원 아래, 산업 환경에서 실험들이 수행되었다.

평가 프로세스는 성숙도 수준을 확립하는 데 엄격한 접근법이 사용되었음 을 보장하도록 준비되었다. 이것은 이전 섹션에서 나열된 ISO 15504 기준을 충족하는 평가 툴을 개발하기 위한 추가 자원을 필요로 했다. 이런 유형의 평 가들은 개선사항을 제안하고, 활용할 수 있는 강점뿐만 아니라 약점을 지적함 으로써 조직적인 합의를 구축하려는 목표를 갖고 있었다.

고위관리자(IS/IT 계획담당 임원)가 이 활동을 장려했고, 팀은 이미 성숙도

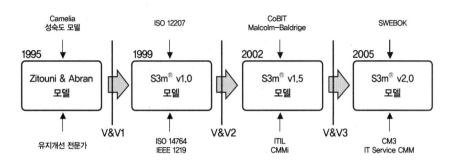

[그림 12.2] S3m 모델의 검증 및 확인

평가들을 진행했으며, 팀 구성에 필요한 사전준비와 훈련된 팀리더 지정이라
는 과제를 끝마쳤다.

평가는 한 명의 선임 평가자, 소프트웨어 프로세스 개선 관리자, IS/IT 계획
선임관리자, 한 명의 소프트웨어 유지개선 담당자, 한 명의 유지개선 프로그래
머, 한 명의 독립적인 테스트 분석가로 구성된 팀에 의해 수행되었다.

준비에는 4주가 걸렸다. 평가 계획이 수립되었고, 회사의 프론트 오피스와
백 오피스 영역을 다뤘다. 계획은 범위, 목표, 참여자들을 식별했다. 평가 목
표들이 IS/IT 계획 선임관리자에 의해 결정되었고, 레벨 1과 레벨 2 프랙티스
들에 대해서 조직을 평가하기로 한정했다. 계획은 회사 대표에게 보고되었고
승인받았다. 회사 대표는 이 활동의 목적을 설명하고 토의하기 위해 모든 소프
트웨어 유지개선 담당자가 참석하는 회의를 개최했다. 토의 항목은 평가 목표
들 중 하나가 S3m 버전 1.0 성숙도 모델의 단점들을, 특히 포괄성(coverage),
사용성(usability), 적용성(applicability) 측면에서 식별하는 것이었으며, 직원
들의 의견제시는 환영받았다.

프로세스 평가는 4일 연속으로 진행되었고, S3m의 4개 프로세스 영역 각각
이 평가되었다.

순위	의견	+/-
1	모델이 다루지 않는 중요한 영역들이 있다(ITIL, COBIT, Malcolm Baldrige)	-
2	모델은 정확하게 조직의 프로세스 상태를 묘사했다	+
3	모델은 무엇이 개선되어야 하는지를 식별하는 데 유용했다	+
4	모델은 소규모 유지개선 조직에서 사용되기에는 너무 많은 프랙티스들을 갖고 있다	-
5	어떤 KPA들은 그 수준을 달성하기에는 너무 많은 프랙티스를 갖고 있다	-

[그림 12.3] S3m 모델의 유용성에 대한 인식

이 V&V2 활동은 2002년 직전에 실시되었는데, 그 당시에는 모델의 버전 1.0이 소규모 유지개선 그룹(6~8명)의 4개 프로세스 평가들에 사용되고 있었다. 각 참여자는 모델 자체에 관해 긍정적인 피드백과 부정적인 피드백을 나열할 수 있는 관찰/PR 양식을 채워줄 것을 요청받았다. ISO 15504 평가판 주석(ISO 15504 trial comment ranking) 순위는 이슈 범주를 제안하여 참가자가 피드백을 작성하는 데 사용되었다. 유지개선 조직의 8명 참가자들 중에서 6명이 관찰/PR을 제출했다. 평가와 개선활동뿐만 아니라 성숙도 모델에 대한 그들의 긍정적이고 부정적인 인식은 [그림 12.3]에 요약되어 있다.

조직은 이미 ISO 9001, Malcolm Baldrige, CoBIT 감사 활동들에 관여하고 있었는데, 이것은 약간의 정렬(alignment) 이슈들을 제기했다. 첫 번째 피드백은 모델의 버전 1.0에는 빠져 있는 품질과 IS/IT 감사 관점의 소프트웨어 유지개선 프랙티스들〈예: 말콤 볼드리지(Malcolm Baldrige), IT 감사 가이드라인(CoBIT), ITIL 예제 프랙티스 가이드라인〉을 지적했다.

긍정적인 측면은, 참가자들이 자신들의 성숙도와 결여된 프랙티스들과 이 상황을 개선하기 위해 다음에 무엇을 해야 하는지 식별하는 데 S3m 버전 1.0 모델이 유용하다는 점을 느꼈다는 것이다. 2명의 참가자는 그 당시에는 모델이 소규모 유지개선 조직에는 너무 무거운 것 같으며, 좀 더 간소한 버전이 적합할 것이라고 지적했다. 소프트웨어 유지개선은 종종 작은 팀에 의해 수행되며, 이들 유지개선 담당자들은 작고 간단한 모델과 툴을 기대한다. 결국 2명의 참가자들은 모델의 다른 영역과 비교할 때 PRO3과 REQ3 KPA들이 심각하게 많은 수의 프랙티스들(21개)을 갖고 있다고 느꼈다. 그들은 이 문제를 "불균형적인 KPA들"이라고 지적했다.

결과 성숙도 프로파일과 평가 보고서가 IS/IT 계획담당 임원에게 제출되었고, 그는 결과에 대해 유지개선 담당자들과 토의했다. 레벨 1 권고사항들을 충족하지 못하는 프로세스들이 잠재적인 프로세스 개선 대상들로서 논의되었다.

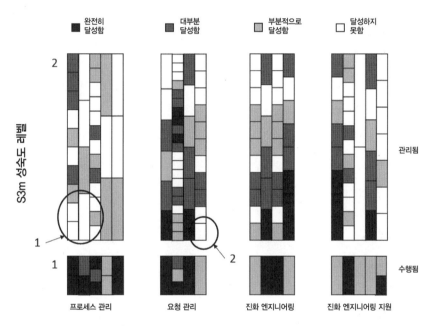

[그림 12.4] 레벨 1과 2에 대한 S3m 성숙도 모델 프로파일의 사례 연구

회사 대표 및 직원들과 평가결과들을 토의한 후에 IS/IT 계획담당 임원은 3개 영역에서 개선(과제들)을 선정했다. 그중 2개 영역은 [그림 12.4]에서 식별된 약점들과 일치한다: (1) 소프트웨어 유지개선 프로세스/서비스 정의, (2) SLA. 결정된 세번째 개선활동은 평가의 범위를 벗어났다. 조직은 진행 중인 이행기간 동안에 긴급하게 자신들이 구매한 제3자 소프트웨어를 평가하는 역량이 필요했다.

이들 프로세스 개선활동들은 시작되었고, 성숙도 모델은 각 이니셔티브의 목표를 설정하도록 이끌어주었다. 이어서 소프트웨어 개선 이니셔티브들이 다음 논문들에 발표되었다:

- "공급자 평가를 위한 소프트웨어 제품 측정", 2000년 10월 18일 ~ 20일, 스페인 마드리드, 소프트웨어 측정 컨퍼런스(FESMA-AEMES)에서 발표됨[April and Al-Shurougi 2000].
- "SLA에서의 소프트웨어 유지개선: 고객의 기대수준 관리하기", 2001년 5월 8일 ~ 11일, 독일 하이델베르그, 제4회 유럽 소프트웨어 측정 컨퍼런스(FESMA 2001)에서 발표됨[April 2001].
- "소프트웨어 유지개선 생산성 측정: 고객의 기대수준 관리하기", 2004년 11월 2일 ~ 5일, 독일 베를린, 제14회 국제 소프트웨어 측정 워크샵 및 Metrikon 총회에서 발표됨[April 2004c].
- "소프트웨어 유지개선 성숙도 모델(S3m)을 사용한 평가결과", 2006년 11월 2일 ~ 5일, 독일 베를린, 제14회 국제 소프트웨어 측정 워크샵 및 Metrikon 총회에서 발표됨[Paquette 2006].

첫 번째 3개 사례 연구에서 얻은 피드백과 교훈은 S3m 버전 1.5를 만드는 데 활용되었다. [그림12.2]의 V&V3 단계는 SWEBOK 프로젝트의 2004~2005 개정본과 함께 수행되었는데, 이것은 소프트웨어 유지개선 지식 체계에 대한 업데이트를 담고 있다. S3m 모델의 최신 버전에 외부 문서들과의 추가적인 매핑이 반영되었다.

S3m의 내용과 검증 결과들이 2003~2004년 소프트웨어 엔지니어링 컨퍼런스에서 논문으로 발표되었다.

- 소프트웨어 유지개선 담당자들의 핵심 프로세스 분류하기[April 2004b]
- 모델의 목적, 범위, 상위수준(high-level) 아키텍처[April 2004d]
- 유지개선 관련 CMM 제안의 도입, 이 모델과 CMMi의 차이, 그리고 모델 생성 프로세스[April 2004b]
- 유지개선 맥락, 모델의 일반 속성들, 상세한 KPA의 제시, 그리고 서비스 요청과 이벤트 KPA 관리를 위한 상세 프랙티스의 예[April 2004a]

12.3 S3m을 사용한 4개의 사례 연구들

여기서는 4개 프로세스 개선 프로젝트들 각각에서 사용된 S3m 프랙티스의 유용성을 서술하고 있다. 이들 이니셔티브에 대한 자세한 기술은 [April and Al-Shurougi 2000, April 2000, April 2004c, Paquette 2006]에서 제공된다.

12.3.1 소프트웨어 유지개선의 정의에 대한 기여

중동 통신회사의 첫 번째 프로세스 개선 이니셔티브는 평가에서 소프트웨어 유지개선 정의에 대한 약점이 식별되었다는 사실에 기초해서 출발했다. 평가는 사용자들과 고객들이 소프트웨어 유지개선이 실제로 무엇을 하는 것인지 알지 못한다는 점을 드러냈다. 이로 인해 유지개선 담당자들이 프로세스 요청에 동의하지 않을 때 혼란을 초래했다. [그림 12.4]는 달성되지 못한 레벨 2 프랙티스를 식별한다([그림 12.4]에서 1로 표시된 부분). 경영진은 고객/사용자 관계를 증진시키기 위해 유지개선 조직의 이러한 측면이 개선되어야 한다는 데 동의했다. 달성되지 못한 프랙티스는 다음과 같다:

Pro2.2.1 유지개선 조직에 의해 제공되고, 고객이 사용하는 유지개선 프로세스/서비스에 대한 설명이 적어도 하나는 존재한다.

소프트웨어 유지개선 조직은 자신의 내부 활동을 위한 표준화된 프로세스를 수립하고 문서화했다.

이 프랙티스를 수행하지 못한다는 것은 유지개선 담당자들이 고객에 의해 이해되고 사용되는 정의를 사용하지 않았음을 의미한다. 유지개선 프로세스/서비스의 설명을 돕기 위해, 개선 팀은 이 KPA가 무엇을 야기할지에 대해 더 좋은 아이디어를 구하려고 고급 프랙티스들을 살펴보았다.

개선 팀은 고급 프랙티스에서 유용한 정보를 발견했는데, 이것은 수많은 유지개선 프로세스/서비스를 나열하고 독자에게 국제 표준들에 기록된 유지개선 서비스 범주들을 알려준다. 이 가이드를 가지고, 개선 팀은 서비스를 정의할 수 있었고 자신을 국제 표준들과 정렬시킬 수 있었다. 이 개선 이니셔티브에 대해 더 많은 것을 배우려면 아프릴 교수의 저작[April 2004c]을 참조하라.

12.3.2 서비스 수준 협약(SLA)의 정의에 대한 기여

두 번째 프로세스 개선 이니셔티브는 평가에서 서비스 수준 협약(SLA)에 대한 약점이 식별되었다는 점에서 출발했다. 평가는 유지개선 조직에는 SLA가 없음을 드러냈다. 이것은 자원들이 어디에, 그리고 서비스가 필요할 때 어떤 우선순위로 배정되는지에 대한 혼란을 초래했다. 평가는 이러한 레벨 2 프랙티스가 달성되지 않았음을 보여주었다([그림 12.4]에서 2로 표시된 부분). 경영진은 유지개선 조직의 이 측면이 개선되어야 한다는 점에 동의했다. 달성되지 않은 프랙티스는 다음과 같다:

> **Req4.1.1** 고객, 하도급계약자, 아웃소싱 업체와의 계약은 공급자와 하도급계약자와의 양식, 문서, 계약서를 참고하여 작성된다.

이 수준의 성숙도에서, SLA와 계약을 관리해야 하는 필요성에 대한 인식은 존재하지만, 프로세스는 비공식적이고 대응적이다[IT Governance Institute 2007, DS1]. 실행을 통제하는 책임이 비공식적이다. 목표는 명확하지 않으며 정성적인 측정이 수행된다. 성과에 대한 보고는 드물고 일관성도 없다. 계약은 협상되지 않으며 공급자와 하도급계약자에 의해서 일방향으로 실행된다. 공급자들은 계약 측면에서 우월한 위치에 있다. 이런 상황은 종종 불분명한 계약, 상호 계약에서의 불일치, 존재하지 않는 프로세스, 신뢰를 구축하고 부가가치를 창출하는 토대의 부재로 특징지워지는 불평등한 관계를 낳는다. 결과적으로 발생하는 문제들을 해결하기 위한 전형적인 전략은 공급자를 변경하는 것이다.

이 프랙티스를 수행하지 않는다는 것은 유지개선 담당자들이 소프트웨어에 대한 서술 또는 그것의 상대적인 우선순위를 갖고 있지 않았음을 의미한다. 그들은 헬프데스크와 컴퓨터 운영팀과 조정된 인터페이스를 보유하고 있지도 않다. 소프트웨어 지원 서비스들은 명확히 정의되지 않았고, IS/IT 조직과 사용자/고객의 책임은 명확히 서술되지 않았다. SLA를 만드는 데 도움받기 위해, 팀은 이 KPA가 어떻게 설계되었는지 더 좋은 아이디어를 구하려고 고급 프랙티스들을 살펴보았다.

개선 팀은 고급 프랙티스에서 유용한 정보를 발견했다. 이에 따르면 좀 더 공식적인 계약의 도입은 처음부터 이해당사자들과 토의되어야 한다고 설명한다. Req4.2.2는 SLA의 수립과 고객/사용자 소통을 조정하기 위해 대표자가 유지개선 고객사 관리자로 지정되어야 한다고 주장한다. Req4.2.3과 Req4.2.5는 계약 또는 SLA를 체결하는 과업을 시작하기 전에 상호 합의가 이뤄져야 함을 강조한다. 많은 레벨3 프랙티스들은 소프트웨어 유지개선 SLA에 포함되어야 하는 내용을 설명하고 있다. 이 개선 이니셔티브에 대해 더 많은 것을 알려면 아프릴 교수의 2000년도 연구[April & Al-Shurougi 2000][25]를 참조하라.

12.3.3 배포 전 공정과 이행 기간 동안의 소프트웨어 제품 품질 평가에 대한 기여

조직이 현재의 전환 과정에서 긴급히 수행해야 했던 세번째 개선활동은 역량 평가의 범위 밖이었다. 평가는 이 영역에서 약점을 드러냈는데, 이것이 고급 프랙티스이고 과거에 평가되지 않았기 때문이다. 그러나 IS/IT 계획담당 임원은 배포 전 공정과 이행 기간 동안에 제3자 소프트웨어를 평가하는 방법을 필요로 했다. 조직은 소프트웨어를 내부적으로 개발하기보다는 구매하기로 결정했다. 그들에게 제안된 제3자 소프트웨어의 품질 평가가 시급히 필요했다.

S3m 성숙도 모델은 조직을 한 번 더 도와줬다. 달성되지 못한 프랙티스는 다음의 레벨3 프랙티스였다:

> **Pro4.3.2** 제품들, 중간산출물들, 애플리케이션 소프트웨어는 프로세스/서비스 실행의 품질 측정에 의해 지원받는다.

---

25 April, A., Al-Shurougi, D., 2000: Software Product Measurement for Supplier Evaluation. In Proceedings of the Software Measurement Conference (FESMA-AEMES), Madrid, Spain, October 18-20, 2000. http://www.lrgl.uqam.ca/publications/pdf/583.pdft25 April2007].

소프트웨어 유지개선의 모든 측면들을 측정할 필요는 없다; 그것은 너무 비싼 작업이고 반드시 효율적이지도 않다. 제품과 기술문서 같은 중간 산출물, 사용자 문서, 테스트, 애플리케이션 소프트웨어는 반드시 측정되어야 한다. 유지개선 담당자는 고객들과 애플리케이션 소프트웨어의 품질에 영향을 미치는 제품 관점을 식별해야 한다. 이 프랙티스를 달성하기 위해, 유지개선 담당자는 제품 측정을 식별해야 하고, 왜 그것들을 수집하고 분석하는지 설명해야 한다.

애플리케이션 소프트웨어뿐만 아니라 유지개선 담당자에 의해 생성되는 중간 산출물들은 반드시 측정되어야 한다. 이것은 특별히 ISO 9126의 품질 모델에 언급된 대로, 소프트웨어의 내부와 외부 측정이라는 개념을 참조한다. 외부 측정은 고객에게 중요하다고 인식되는 소프트웨어 품질의 속성들을 다룬다; 예를 들면 SLA는 정기적으로 측정되고 보고되어야 한다. 조직은 요청들과 관련 기능들의 인도 시간을 측정하고 추적해야 한다. 장애 측정은 실패한 소프트웨어 모듈과 핵심 프로세스들과 연결되어야 한다. 제품들에 대한 데이터는 기록된 절차에 따라 조직의 프로세스 정보저장소에 수집되고 기록된다. 이 예시 프랙티스를 달성하기 위해, 소프트웨어 유지개선을 위한 모든 단위조직들이 서비스 협약에 명시된 대로 소프트웨어의 측정을 정의해야 하고, 그것의 유효성을 보장해야 한다.

내부 측정은 더 기술적이다. 그리고 고객들이 인식하듯이 외부 속성들에 영향을 미치는 내부적인 소프트웨어 특징을 기록하는 데 중요하다; 예를 들면 소프트웨어의 내부 문서화를 고객이 감지하지 못하더라도, 이것은 필요한 변경을 식별하고 찾아내기 위해 인력이 투여하는 시간에 영향을 미친다. 따라서 소프트웨어의 내부 속성들을 통제하는 것이 중요하다. 이 예시 프랙티스를 달성하기 위해, 몇몇 기본적인 내부 속성들이 식별되어야 한다. ISO 9126에 따라, 이들 내부 속성들이 어떻게 고객이 보는 대로 외부 속성들과 측정들에 영향을 주는지 식별되어야 한다. 각 내부 측정은 문서화되어야 하고, 어디로부터(예:

어떤 활동으로부터 또는 어떤 프로세스로부터) 수집되는지 서술되어야 한다. 측정들은 일상적인 활동들 속에서 운영 수준에서 수집되어야 할 것이다. 필요한 유지개선 인력들은 소프트웨어 측정에 대해 훈련받아야 한다. 또한 수집되는 데이터가 유효함을 보장하기 위해 데이터 검증 활동이 필요하다.

이 프랙티스를 수행하지 못하는 것은 유지개선 담당자들이 해당 소프트웨어에 대한 내부 품질 특성들을 정의하거나 측정하는 능력을 갖지 못했다는 것을 의미한다. 특정 소프트웨어의 유지개선성에 영향을 미치는 내부 품질 특성의 평가를 돕기 위해서, 팀은 어떻게 하면 그들이 이 과업에 성공하고 어떤 정보가 그들을 지원할지에 대해 더 좋은 아이디어를 구하려고 고급 프랙티스들을 살펴보았다.

개선 팀은 고급 프랙티스에서 유용한 정보를 발견했는데, 이것은 소프트웨어의 성능 모델들을 설명하고 있으며, 이 목표를 달성하기 위해 사용되는 수단/도구를 논의하고 있다. 많은 레벨3 배포 전 공정과 이행 프랙티스들은 협력과 원만한 이행을 보장하기 위해 공급자와 맺을 필요가 있는 관계를 설명하고 있다. 이 개선 이니셔티브에 대해 더 알려면, 아프릴 교수의 2000년 연구[April 2000]를 참조하라.

12.3.4 매우 작은 유지개선 기능의 개선에 대한 기여

또 다른 사례 연구[Paquette 2006]에서, 평가 대상 조직은 한 대형 고객에게 IT 서비스를 제공하고 있다. IT서비스의 큰 부분은 고객의 운영에 맞춰 구축된 잘 알려진 소프트웨어 패키지를 지원하고 유지개선하는 것이다. 몇 년에 걸쳐, 이 조직은 자체 개발을 줄이고, 점점 더 많은 지원과 유지개선을 수행했다. 이 조직은 ISO 9001:2000 인증을 받은 품질 시스템을 갖추고 있는데, 이것의 범위에는 IT 서비스가 포함된다.

조직이 유지개선하는 소프트웨어 제품들 중의 하나는 송장(invoice)청구 프로세스이다. 이 애플리케이션 소프트웨어는 고객에게 소프트웨어, 컴퓨터 하드웨어, 전화 장비 사용에 대한 청구서를 발행한다. 최근에 이 소프트웨어는 부정확한 대금을 청구했다. 내부 감사 부서는 송장(invoice)청구의 정확성에 대한 확인뿐만 아니라, 소프트웨어의 청구서 내용에 대비하여 수작업 계산의 결과 비교를 요구했다. 감사는 주로 구성요소 재고관리에 집중되었는데, 간헐적인 고객 과도청구와 함께 때때로 조직에 손실을 입히는 결함을 포함해 수많은 부정확함을 지적했다.

이 이슈를 해결하기 위해 프로젝트가 착수되었다. 그러나 이것을 수행하기 위한 계획은 수립되지 않았다. 뿐만아니라 영향도 분석을 수행하는 데 단지 한 명의 직원으로도 충분하다고 간주되었다. 이 직원은 당시에 프로그래밍 언어와 데이터베이스 관리 시스템에 경험을 갖고 있는 유일한 가용 직원이었다. 일단 영향도 분석이 완료되자, 데이터 정확성 문제를 해결하기 위해 추가 기능이 개발되어야 한다고 결정되었다. 빨리 처리해야 한다는 경영진의 압박 하에서, 시간을 절약하기 위해 문서화 작업도 없이 필요할 때마다 유지개선과 지원이 프로젝트에 지정된 한 명에 의해서 수행되었다. 이 새로운 소프트웨어의 사용자는 많았다: 감독자, 다양한 인벤토리를 담당하는 직원들(소프트웨어, 하드웨어, 전화 장비), 회계 부서의 직원 한 명. 소프트웨어의 첫 번째 버전은 재고 변동을 감시하고 대금청구 전에 문제들을 탐지했다. 이 버전에서 발견된 에러들은 점차 수정이 되었고, 사용자들은 다양한 잠재적 개선점들을 식별했다. 시간 압박과 직원 부족이란 동일한 프로젝트의 제약 하에서, 두 번째 버전은 기능을 추가했다. 다행히, 두 번째 버전에서 사용자 가이드와 파워포인트 발표자료를 포함하는 시스템을 위한 문서화 작업이 진행되었다.

한 사람의 책임으로 남아 있던 유지개선은 점차 이차적인 과업이 되었다. 이 직원은 유지개선 의무가 다른 유지개선 프로그램으로 넘어가는 시기에 다른 과업을 수행하기 위해 떠났다. 불행히도 지식 이전은 이뤄지지 않았으며 결과적으로 사용자들은 옛날 프로세스로 되돌아가고 말았다.

이제 이 소프트웨어는 송장(invoice)청구 시스템의 중요한 부분이다; 그러나 사용자들은 프로세스의 부정확성에 반대하며, 이것은 과업을 완료하는 것이 현실적으로 매우 어려움을 증명하고 있다. 이런 위기 관리의 맥락 속에서, 새로운 유지개선 담당자는 "즉시 되살아날 불"만 끌 수 있을 뿐이다. 결과적으로 경영진은 안정된 유지개선 프랙티스를 구현하는 것의 중요성을 깨닫기 시작했다.

12.3.4.1 평가 절차

규모가 매우 작은 몇몇 소프트웨어 유지개선 조직들에서, 그리고 SCAMPI 유형의 평가가 비실용적이라 생각하는 다른 조직들에서 유지개선 담당자들은 그들의 프로세스에 대한 피드백을 원하지만 "공식적인" CMMi 유형의 평가에 3주를 온전히 바칠 수 없는 환경이었기에, 간이 S3m 평가 방법이 개발되었다. 이 방법은 신뢰할 수 있는 성숙도 등급을 산출하며, 또한 특정한 관심영역에 대한 조사에 집중하고 평가의 범위를 조정하고, 개별 소프트웨어 유지개선 조직에 맞게 적절한 수준으로 조정할 수 있는 개별 평가 구성요소들의 선정을 허용한다.

S3m 모델의 프랙티스들은 성숙도 레벨 0, 1, 2에 대하여, 엑셀 기반의 질문지에 기록되어 있다. 조직의 평가에서 질문/진술들은 소프트웨어 유지개선 인력 및 고위관리자와의 회의에서 제시되었다. 또한 이 회의는 정보의 교환과 각 레벨에서 제안되는 모델의 프랙티스에 대한 이해를 높이는 데 도움이 되었다. 일단 자료가 취합되자, 그 결과는 현재의 유지개선 프로그램의 강점과 약점, 이에 수반하는 성숙도 수준을 제시했다. 평가방법론 등급 표기는 모델 창작자들의 권고사항을 충실히 따르고 있다. 이 사례 연구의 평가자는 모델 또는 평

가 방법에 사전 경험이 없었다. 따라서 성숙도의 처음 두 레벨(0과 1)과 연관된 각 질문/진술에 대해 객관적인 응답을 높이기 위해 성숙도 등급 부여 절차는 간소화되었다.

레벨 0에 대해서는, 질문/진술들에 인정될 수 있는 응답이 "참"과 "거짓"이다. 모든 진술문들은 특정 소프트웨어 유지개선 프로세스의 현존이 아니라 부재를 확인하려는 취지에서 부정적인 형태로 작성된다. Req1.0.1을 예로 들어보자. 소프트웨어 유지개선 조직은 사용자 요청 또는 소프트웨어 이벤트를 관리하지 않는다. 이 질문에 "참" 응답은 0%의 등급을, "거짓"은 100%의 등급을 가져온다.

레벨 1과 2에 대해서, 응답 선택지는 ISO 15504를 따르고 있다.

N: 달성되지 않음, 0~15%. 프로세스 목표와 목적이 달성된다는 증거가 없거나 거의 없다.

P: 부분적으로 달성됨, 16~50%. 프로세스 목표와 목적이 어느 정도는 달성된다.

L: 대부분 달성됨, 51~85%. 프로세스 목표와 목적의 상당 부분이 달성된다.

F: 완전히 달성됨, 86%~100%. 프로세스 목표와 목적이 완전히 달성된다.

백분율 계산을 쉽게 하고, 평가자의 경험 부족으로 인한 주관성의 개입을 줄이기 위해, 만약 프로세스가 수행되지 않았거나 또는 "달성되지 않음"이면 0% 값이 지정되었다. 다른 등급 레벨들(P, L, F)에 대해서는, 다음에 보여지듯이 중앙값이 사용되었다:

N: 달성되지 않음(0%)
P: 부분적으로 달성됨(50% − 16%)/2 + 16% = 33%
L: 대부분 달성됨(85% − 51%)/2 + 51% = 68%

F: 완전히 달성됨(100% − 86%)/2 + 86% = 93%

조직의 후원자들은 이 등급부여 방안을 검토했고 받아들였다.

12.3.4.2 평가결과들

이 섹션은 송장(invoice)청구 소프트웨어의 유지개선에 대한 S3m 성숙도 평가결과를 제시한다.

성숙도 레벨 0 프랙티스들 평가 레벨 0은 S3m의 진입 지점이며 4개 프로세스 도메인의 각 핵심 프로세스 영역에 대한 개요를 제공한다. 평가결과들은 [그림 12.5]에 표시되어 있다. 유지개선 조직이 각 프로세스 영역의 기준을 일관되게 충족하고 있지 않음이 관찰된다.

이 조직은 프로세스 관리 영역에 대해서 요건들 중에 단지 몇 개만 충족하고 있다; 예를 들어 소프트웨어 유지개선은 수명주기 없이 수행되며, 소프트웨어 유지개선 과업은 이차적인 활동으로 인식되고 있다.

게다가 어떠한 소프트웨어 교육도 계획되어 있지 않고, 유지개선 담당자에게 제공되지 않는다. 유지개선 프로세스 성과에 대한 감시가 없으며, 프로세스 측정도 없다. 과업 수행시간 집계표는 취합되지만 분석되지 않고 소프트웨어 유지관리 개선에 사용되지 않는다. 물론 현재의 소프트웨어 유지개선 활동과 기술을 혁신하고자 하는 목적 아래 행해지는 측정도 없다.

대조적으로, 이 조직은 프로세스 평가에는 관심이 있어서 유지개선 혁신과 전파 KPA에 포함되어 있는 프랙티스 Pro5.0.2(개선을 위한 솔루션 연구)와 프랙티스 Pro5.0.3(개선의 영향도 평가)의 기준들은 충족한다.

프로세스 도메인	프로세스 영역	레벨 0 질문	등급부여	완료율
프로세스 관리	유지개선 프로세스 초점	1.0.1	예	0%
	유지개선 프로세스/서비스 정의	2.0.1	예	0%
	유지개선 교육	3.0.1	예	0%
	유지개선 프로세스 성과	4.0.1	예	0%
	유지개선 혁신과 전파	5.0.1	예	0%
		5.0.2	아니요	100%
		5.0.3	아니요	100%
합계				29%
이벤트/요청 관리	이벤트/요청 관리	1.0.1	예	0%
	유지개선 계획	2.0.1	예	0%
	요청/소프트웨어 감시와 통지	3.0.1	예	0%
	SLA와 공급자 계약 관리	4.0.1	예	0%
합계				0%
진화 엔지니어링	배포 전 공정과 이행 서비스	1.0.1	아니요	100%
	운영지원 서비스	2.0.1	아니요	100%
	소프트웨어 진화와 오류수정 서비스	3.0.1	아니요	100%
	검증 및 확인	4.0.1	아니요	100%
합계				100%
진화 엔지니어링 지원	형상 및 버전 관리	1.0.1	아니요	100%
	프로세스, 서비스, 소프트웨어 품질보증	2.0.1	예	0%
	유지개선 측정과 분석	3.0.1	예	0%
	원인 분석과 문제해결	4.0.1	예	0%
	소프트웨어 회춘, 마이그레이션, 폐기	5.0.1	예	0%
합계				20%
레벨 0 등급 부여				37%

[그림 12.5] 레벨 0 평가결과들의 요약[Paquette 2006]

전반적인 등급이 겨우 29%인 상황이므로, 이 프로세스 영역은 통제되고 있지 않고, 이것은 고객에게 제공되는 서비스 품질에 결정적인 영향을 주고 있다. 이런 결과들은 단기간에 조치가 필요하다는 경영진의 인식을 불러왔다.

또한 S3m모델의 두 번째 영역인 이벤트/요청 관리도 이 조직에는 상응하는 프로세스가 구현되어 있지 않기 때문에 레벨 0으로 평가되었다; 사용자 요청을 관리하는 프로세스가 없으며, 모든 상호작용은 사용자들과 유지개선 담당자들 간에 비공식적으로 이루어지고 있다. 예를 들어, 사용자들은 소프트웨어 문제에 직면하자마자 유지개선 담당자에게 직접 전화하고, 이벤트의 추적도 관리되지 않는다. 유지개선 담당자는 가장 급한 상황들을 처리하는 데 최선을 다한다. 유지개선은 인력 중에서 여력이 있는 사람 기준으로 수행되고 있으며, 만약 유지개선 담당자가 병가 중이거나 다른 과업에 투입되면, 유지개선은 연기된다. 대조적으로, 만약 소프트웨어 월별 주기 작업이 각 월말에 수행될 수 없다면, 고위관리자는 이것을 최우선 순위로 유지개선하도록 지정할 것이다. 요약하면, 이 조직에서는 이 영역의 어떠한 KPA도 수행되지 않는다.

세번째 프로세스 영역인, 진화 엔지니어링은 기본적인 분석과 프로그래밍 활동들을 포함한다. S3m모델의 이 프로세스 영역은 그것이 아주 기본적이라 하더라도 일정 수준의 유지개선이 수행되고 있다면 좀처럼 빠지지 않는 부분이다. 인터뷰를 통해 개발과 유지개선에 한 명의 유지개선 담당자가 지정되어 있는 상황이 확인되었다. 이행과 배포 전 공정 활동들은 소프트웨어를 책임지고 있는 직원에 의해 프로젝트의 각 단계에서 수행된다. 영향도 분석, 프로그래밍, 테스트는 사용자와 함께 검증된다. 오류수정과 변경이 완료된 후에 사용자 지원이 수행된다. 또한 사용자들은 소프트웨어의 운영 중단과 장애 날짜와 시간에 대해 이메일로 통보받는다. 그러나 이메일로 전송되는 장애 데이터는 장애 및 중단에 관한 월간 보고서에는 포함되지 않는다. 유지개선 과업에 지정된 직원은 동일한 기본 프로세스를 사용하여 보고서를 작성하고, 소스코드에 문서화가 거의 없으며, 검증과 내부 통제가 제한적이라고 강조한다. 이 프로세스 영역은 레벨 0에 대한 모든 기준들을 넘어서는 것으로 간주된다.

네 번째 프로세스 영역인, 진화 엔지니어링 지원에서 기준을 충족하는 유일한 프로세스 영역은 형상과 버전 관리 KPA이다; 유지개선 담당자는 소스 버전들을 분류하기 위해 폴더 구조를 사용했다. 매우 기본적인 이 형상관리 기법은 한 명의 유지개선 담당자만 있을 때는 제대로 작동한다. 유지개선 담당자의 작업에 대한 독립적인 품질보증 활동이 없고, 전사 품질 관리시스템에 문서화된 소프트웨어 품질 가이드도 없기 때문에, 네 번째 영역의 다른 어떤 프로세스 영역도 수행되지 않고 있다. 전사 품질보증을 담당하는 개인은 이 분야에 대해 어떠한 감사도 수행하지 않는다. 장애 원인들의 분석은 문제해결 프로세스를 따르지 않으며, 유지개선 담당자의 재량에 맡겨져 있다. 마지막으로 유지개선 되는 소프트웨어의 회춘 계획이 없다. 요약하면 이 프로세스 영역은 단지 기준의 20%만이 충족된다.

4개 프로세스 영역들의 합산된 등급은 37%이다. 이는 S3m의 레벨 0 수준에서 "부분적으로 달성됨", 16%~50% 척도에 해당 된다([그림 12.5]를 보라).

성숙도 레벨 1과 2 프랙티스들 평가 레벨 0 척도 등급은 통과 목표인 86%에 훨씬 못 미치지만, 레벨 1과 2의 프랙티스들도 평가할 필요가 있다.

성숙도 레벨 1에서, 조직에 적용되는 프로세스는 소프트웨어 유지개선을 수행하는 개별 유지개선 담당자의 과업으로 특징지워진다. 이 특징은 특정한 조직에서 어떤 일이 벌어지고 있는지 잘 묘사하고 있었다.

첫 번째 프로세스 영역에 대해서, 몇몇 개선 작업이 진행 중에 있었다.

프랙티스 Pro1.1.1, '소프트웨어 유지개선 프로세스들의 개선은 얼마나 비공식적인지 평가하라'에 부여된 평가는, 핵심적인 개선들이 수행되고 있기 때문에 "대부분 달성됨"이다. 이 조직에서는 프로그래밍 규칙과 파일 구조의 구현으로 구성된 기술적인 개선들 또한 보고되었다.

이런 기초 위에, 진술 Pro1.1.2, '몇몇 개별 개선 이니셔티브들은 대체로 소프트웨어 유지개선 프로세스들의 기술적 측면들을 개선하는 것에 맞춰져 있다'는 "완전히 달성됨"으로 평가되었다. 유지개선 및 서비스 지원 프로세스들은 개별 유지개선 담당자의 전문성과 이니셔티브들에 기반하고 있었다. 개별 유지개선 담당자에 의해 일부 개인적인 주석들과 아직 미숙한 상태인 프로세스들이 임시방편으로 시작되었다.

비록 개별적인 이니셔티브들이 즉흥적이었다 하더라도, 그리고 공식적인 산출물은 적더라도, 이 조직에서 무엇이 수행되는지 정확히 나타내고 있기 때문에 평가자는 그것과 관련된 질문들을 평가했다: Pro2.1.1, 유지개선 프로세스들/서비스들은 비공식적이고 개인들의 경험에 기반하고 있는가? Pro2.1.2, 개별적인 이니셔티브들은 유지개선 프로세스들/서비스들을 정의하기 위해 주로 소프트웨어의 기술적인 측면을 다루거나 또는 특정 유지개선 조직의 활동들을 자기 양식으로 기록하려고 노력하는가?

그리고 Pro5.1.2, 개선과 혁신을 위한 개별 이니셔티브들은 주로 소프트웨어 유지개선의 기술적인 측면들을 목표로 한다.

이 프로세스 평가 활동은 질문(Pro5.1.3, 유지개선을 위한 새로운 프로세스들, 기술들, 방법론들, 툴들의 평가가 비공식적으로 수행되는가?)에 대해 "대부분 달성함"이라는 등급을 부여하는 데 기여했다.

다음 프로세스 영역, 진화 엔지니어링은 다시 한 번 꼼꼼히 평가되었다. 모든 프로세스 영역들이 "완전히 달성됨"으로 평가되었고, 최고 등급은 93%였다. 이런 특수한 맥락에서, 개발자는 또한 유지개선 담당자이기도 하다; 그러므로 이행은 이슈가 되지 않으며, 만점이 주어진다. 비공식적이지만, 초기 소프트웨어를 개발한 개인이 이행을 지원한다; 장애가 발생하면 사용자들은 유지개선 담당자에게 전화를 하거나 또는 자리로 찾아간다. 모든 유지개선 서비스들이 유지개선 담당자의 임시 프로세스들을 사용하여 수행된다. 검증 및 확인은 운영에서 매 변경 이후에 비공식적으로 수행된다. 이 프로세스 영역에 대한 모든 레벨 1 질문들은 이 "한 명"으로 구성된 그룹의 상황을 반영하고 있다.

진화 엔지니어링 지원 프로세스 영역의 KPA들 중에서는 단지 하나만 수행되고 있다. 다시 한 번, 형상관리는 한 명에 의해서 수행된다. 이 직원은 필요한 전문성을 보유한 유일한 사람이고, 스스로 자기의 고유 작업을 검토하고 검증한다. 레벨 1의 다른 모든 프랙티스들은 "달성되지 않음"으로 평가되었다. 성숙도 레벨 1에 대한 전반적인 평가는 "부분적으로 달성됨"인 36%이다.

프로세스 도메인	프로세스 영역	레벨 1 질문	등급부여	완료율
프로세스 관리	유지개선 프로세스 초점	1.1.1	L	68%
		1.1.2	F	93%
	유지개선 프로세스/서비스 정의	2.1.1	L	68%
		2.1.2	L	68%
		5.1.2	L	68%
		5.1.3	L	68%
합계				36%
진화 엔지니어링	배포 전 공정과 이행 서비스	1.1.1	F	93%
	운영지원 서비스	2.1.1	F	93%
	소프트웨어 진화와 오류수정 서비스	3.1.1	F	93%
	검증 및 확인	4.1.1	F	93%
합계				93%
진화 엔지니어링 지원	형상 및 버전 관리	1.1.1	아니요	93%
합계				15.5%
레벨 1 등급 부여				36%

L: 대부분 달성됨. F: 완전히 달성됨

[그림 12.6] 레벨 1 평가결과들의 요약(첫 3개 프로세스 도메인들)[Paquette 2006]

[그림 12.6]은 S3m의 레벨 1에 대해 "달성되지 않음"보다 높게 평가된 프랙티스들의 결과를 제시한다.

성숙도 레벨 2에 대한 평가에서는, 단지 2개 프로세스 영역만이 "달성되지 않음"보다 높게 평가된 프로세스들로 식별되었다. 이들 2개 프로세스 영역들은 진화 엔지니어링 프로세스 영역에 속한다; 임시 보고와 데이터 추출은 유지개선 담당자에 의해 수행되고 "대부분 달성됨"으로 평가되었는데, 진화와 오류수정은 유지개선을 통틀어 원래의 프로그래밍 언어로 작성되었다.

프로세스 도메인	프로세스 영역	로드맵	레벨 2 질문	등급부여	완료 %
진화 엔지니어링	운영지원 서비스	임시 요청/보고서/서비스	2,2,6	L	68%
	소프트웨어 진화와 오류수정 서비스	진화/오류 수정	3,2,5	F	93%

L: 대부분 달성됨.   F: 완전히 달성됨

[그림 12.7] 레벨 2 평가결과들의 요약(4번째 프로세스 도메인)[Paquette 2006]

[그림 12.7]은 S3m의 레벨 2에 대해 "달성되지 않음"보다 높게 평가된 2개 프랙티스들을 보여준다.

12.3.4.3 사례연구 요약

평가를 받은 조직에서, S3m 평가는 어떤 애플리케이션 소프트웨어의 유지개선에 대한 현재 작업 상태뿐만 아니라 개발 과정에서 생긴 장애들로부터 발생한 유지개선 이슈들까지도 더 잘 이해할 수 있게 해주었다. 예를 들어, 고위 경영진으로부터의 압박은 빠르고 기능적인 프로젝트를 이끌었지만, 오직 한 명만이 거기에 지정됨으로써 매우 취약한 문서화 수준을 보여주었다. 그 직원은 초기에 이 소프트웨어의 유지개선에 배치가 되었지만, 얼마 지나지 않아 떠나 버렸다. 그가 떠난 후에, 프로세스의 취약점은 더 심각해지고 분명해졌다. 예를 들어, 이 소프트웨어의 유지개선에 지정된 새 직원은 소프트웨어에 대한 교육을 받지 못했고, 그가 참고할 거라곤 부실한 문서뿐이었다. 비즈니스 운영에 중요한 소프트웨어의 유지개선 활동이 소모적이 되어버린 것이다. 이런 조건들 아래서, 경영진의 집중이 필요했고, S3m이 이 소프트웨어의 유지개선 성숙도 수준을 평가하여 실태분석 결과를 얻는 데 사용되었다.

평가의 결과는 이 소프트웨어 유지개선 조직의 송장(invoice)청구 애플리케이션이 S3m 성숙도 모델의 레벨 0 요건들도 충족하지 못했음을 보여준다. 비록 진화 엔지니어링 프로세스 영역은 레벨 1로, 그리고 하나의 KPA는 레벨 2로 평가되었지만, 다른 3개 프로세스 영역들 중의 2개는 레벨 0 등급의 "대부분 달성함"(예: 51~85% 범위 내)도 받지 못했다.

평가결과들 제시에 이어서, 몇 개의 이메일이 경영진에 회람되었다. 이제 경영진은 유지개선 중인 이 소프트웨어를 위한 그들의 유지개선 프로세스가 성숙도 척도에서 레벨 0에 머물고 있다는 증거를 제시하는 S3m 모델의 벤치마킹 결과를 인지하고 있다! 이 이슈를 만족스럽게 해결하기 위해서 다양한 조치들이 취해져야 했다.

그들의 소프트웨어 유지관리를 개선하기 위해 S3m모델에 기반한 다양한 권고사항들이 경영진에게 제시되었는데, 받아들여진다면 조직의 유지개선 성숙도 수준을 향상시키는 계획의 첫 번째 단계를 구성할 것이다. 그것들을 구현하는 데 핵심 성공요인은 고위 경영진의 확약과 다음에 제안되는 조치 사항들에 대한 지속적인 지원이다:

첫째, 조직 내에서 소프트웨어 유지개선의 중요성을 공식적으로 인식하기 위해 고위 경영진의 지원을 확보하는 것이 무엇보다 중요하다.

둘째, 소프트웨어 유지관리 개선 프로젝트는 적절한 예산과 자원이 뒷받침되어야 하며 꾸준히 지원되어야 한다.

셋째, 유지개선 담당자에게 제출되는 동시 다발적인 유지개선 요청들에 대한 우선순위 부여와 문서화를 통해 경영진이 관련 공수의 양을 인지하고 이해할 수 있도록 하는 것이 좋다.

넷째, 유지개선 담당자는 실행할 수 있는 가능한 모든 단기 개선사항들의 목록을 준비해야 한다.

다섯째, S3m에 기반한 개선활동들은 그들의 전문성에 따라 각기 다른 개인들에게 할당되어야 한다. 예를 들어, 프로세스와 관리를 포함하는 프로세스 영역들은 관리자에게 할당되고, 좀 더 기술적인 프로세스는 프로그래머에게 할당되어야 한다.

여섯째, 권고되는 마지막 조치 사항은 조직이 어떻게 유지개선 활동을 진척시키는지 감시하기 위해 한 번 더 성숙도 평가를 수행하는 것이다.

S3m을 사용하는 소프트웨어 유지개선 평가는 이 조직이 현행 프로세스의 약점을 더 잘 식별하고 이해할 수 있게 해주었고, 그들의 관리 팀에게 변화를 위한 로드맵을 제공했다.

12.4 요약

    이 장에서 설명된 평가 활동들은 현재의 성숙도 수준을 식별하기 위한 성숙도 모델의 유용성을 확인하고, 이 상황을 개선하기 위해 다음에 무엇을 할지 결정하는 것을 돕는 데 집중되어 있다. 이 장에서는 프로세스 모델의 각기 다른 영역을 다루는 4개의 사례 연구들을 제시했다. 이러한 시도로부터의 피드백이 S3m 버전 2.0을 만드는 데 사용되었다.

Software
Maintenance
Management

CHAPTER

13

—

요약

이 책은 유지개선 담당자들이 스스로 자신들의 프로세스 성숙도 수준을 식별하고, 더 높은 성숙도 프로세스로 나아가는 데 도움이 되는 소프트웨어 유지개선 성숙도 모델을 제시하고 있다. 소프트웨어 유지개선 활동의 개선에 관심이 있는 조직들은 이미 운영 중인 개선 프로그램을 갖고 있을 것이다. 이 유지개선 성숙도 모델은 소프트웨어 유지개선의 독특한 측면을 다루기 위해 개발되었다.

이 소프트웨어 유지개선 성숙도 모델(S3m)은 소프트웨어 유지개선 프로세스의 성숙도를 평가하고, 개선활동의 방향을 제시하는 데 도움을 주기 위해 개발되었다. 즉 CMMi와 ISO 15504를 보완하기 위해 개발된 것이다. S3m 성숙도 모델의 주요 목적은 소규모 유지개선 활동에 관여하는 소프트웨어 유지개선 담당자들의 개선활동을 지원하는 것이다. 개발과 유지개선 기능들 간의 핵심적 차이에 대한 식별은 업계 경험, 국제 표준, 소프트웨어 유지개선 문헌에 기반하고 있다.

제1장에서는 주요 유지개선 이슈들의 개요를 소개했으며, 유지개선 활동/프로세스와 프랙티스의 목록을 제시했다. 또한 프로세스와 제품 품질을 평가하는 데 측정이 얼마나 중요한 역할을 하는지 다뤘다.

제2장은 성숙도 모델 아키텍처, 개발 단계, 검증 방안을 포함하여 소프트웨어 엔지니어링 성숙도 모델에 관한 문헌의 개요를 소개했다. 다양한 유지개선 프로세스를 다루고 있는 가용한 모델들이 식별되었고, 유지개선 활동/프로세스와 프랙티스의 상세한 목록이 제시되었다.

이론적인 공식화뿐만 아니라 S3m 모델의 아키텍처, 설계에 대한 의사결정, 상세한 프로세스들이 제3장에서 소개되었다. S3m의 상세한 내용, 각 KPA의 목적과 목표, 성숙도 레벨 0~2의 상세 프랙티스들이 이어지는 4장부터 11장까지 소개되었다.

제12장에서는 S3m 성숙도 모델이 소프트웨어 유지개선 프로세스 개선을 위해 사용된 4개의 사례 연구들을 소개했다. 부록 A는 기존의 소프트웨어 유지개

선 국제 표준 프로세스 모델을 향상시킬 수 있는 제안을 담고 있다.

이 장의 나머지 부분에서는, 몇몇 유지개선의 핵심 이슈들이 다뤄질 것이며, 아울러 성숙도 모델들이 어떻게 솔루션에 기여하는지에 대한 요약이 이어진다.

13.1 유지개선 이슈들을 다시 살펴보다

소프트웨어 유지개선 프로세스들은 얼마나 독특한가? 그리고 소프트웨어 유지개선 프로세스들은 어떻게 하면 개선될 수 있는가?

1. 소프트웨어 유지개선은 소프트웨어 엔지니어링의 특수한 영역인가? 그렇다면 이것의 특수한 프로세스와 활동은 무엇인가?

2. 소프트웨어 유지개선의 독특한 프로세스는 현재의 국제 표준들에 잘 반영되어 있는가?

3. 기존의 성숙도 모델 제안은 소프트웨어 유지개선의 독특한 활동 전체를 다루고 있는가? CMMi는 소프트웨어 유지개선의 특수한 프로세스와 활동을 충분하게 다루는가?

4. 독특한 소프트웨어 유지개선 활동의 전체를 다루는 역량 성숙도 모델을 위해 제시되는 아키텍처는 무엇인가?

5. 그러한 모델은 실전에서 소프트웨어 유지관리의 개선을 지원하기 위해 어떻게 사용될 수 있는가?

질문 1과 2는 소프트웨어 유지개선이 자신의 특수하면서 고유한 활동들로 인해 다른 소프트웨어 엔지니어링 영역들과 얼마나 다른지, 그리고 이것이 국제 표준에 잘 표현되어 있는지 여부를 고려한다. 질문 3은 소프트웨어 유지개선 영역을 전체적으로 다루는 성숙도 모델 제안이 이미 존재하는지 여부를 살펴본다. 질문 4는 성숙도 모델은 어떤 것이어야 하는지를 물어본다. 질문 5는 이와 같은 모델들이 유지개선 담당자에게 소프트웨어 유지개선 프로세스를 개선하는 데 어떻게 도움을 주는지 묻고 있다.

13.2   질문 1과 2 - 유지개선은 소프트웨어 엔지니어링의 특수한 영역인가?

문헌에 따르면 소프트웨어 유지개선은 소프트웨어 엔지니어링의 특수한 영역이라는 것을 확인할 수 있다. 이것은 소프트웨어 유지개선이 SWEBOK 가이드, ISO TR 19759[Abran et al. 2005]에 포함되었다는 것에서 추가로 확인된다. 실제로 이 연구의 결과들은 2004년 유지개선 챕터를 검토하면서 SWEBOK의 내용을 개정하는 데 사용되었다. SWEBOK은 소프트웨어 엔지니어링의 특수한 도메인 지식으로 수용되는 소프트웨어 유지개선의 상세를 확인하고 제시한다.

두 번째 질문에 답하기 위해서, 소프트웨어 유지개선 표준(ISO 14764)이 연구되었다. 소프트웨어 개발과 소프트웨어 유지개선은 실제로 몇몇 활동들을 공통분모로 한다는 것이 확인되었다. 유지개선 역시 국제 표준에도 분명히 명시되어 있는 특정한 소프트웨어 개발 활동들을 참조한다. 또한 유지개선 담당자들은 이 표준을 개발자들이 의도한 대로만 사용하는 것이 아니라, 분명히 특수한 유지개선 맥락에 맞게 적용해야 한다고 말한다.

아직까지는 S3m 모델에 포함된 많은 독특한 프로세스와 활동들이 현재의 국제 소프트웨어 유지개선 표준의 일부는 아니다.

13.3 질문 3 – CMMi는 소프트웨어 유지개선을 충분하게 다루고 있나?

CMMi는 소프트웨어 유지개선을 충분하게 다루지 않는다. 이것의 주 관심은 기본적으로 프로젝트 관리 방안을 사용하는 소프트웨어 프로젝트이며, 소프트웨어 유지개선의 독특한 프로세스들과 활동들에 초점을 맞추지 않는다. 어떠한 문헌 연구도 독특한 유지개선 프로세스와 활동의 품질을 평가하는 종합적인 분석 기술을 내놓지 않았다; 이전의 어떠한 작업도 여기 소개되는 프로세스 모델에 포함된 전체 활동을 다루지 않는다. 그러나 S3m 모델은 CMMi의 중요한 공헌들을 포함하고 있으며 가즈코–매트쓴(Kajko-Mattson), 니에씽크(Niessink), ITIL, CoBIT의 기여를 매핑하여 반영하고 있다.

13.4 질문 4 - 소프트웨어 유지개선 성숙도 모델의 아키텍처는 어떠해야 하는가?

이 책은 유지개선 담당자들의 독특한 프로세스에 맞는 고유의 성숙도 모델을 만들기 위해 CMMi 아키텍처를 결합하여 ISO 12207 같은 프로세스 모델을 제시했다. CMMi 아키텍처와의 정렬은 이점이 많다고 여겨지는데, 이는 많은 개선 이니셔티브들이 이미 이 모델과 이것의 평가 기법들을 사용하고 있기 때문이다. 이 책은 S3m 모델의 아키텍처와 성숙도 척도들을 설명했고, 각 성숙도 수준별로 성숙도 레벨 0~2에 대한 상세 프랙티스들을 제공했다.

13.5 질문 5 - 이 모델은 실전에서 어떻게 사용되는가?

제12장에서 설명된 V&V 활동에서 수행된 단계들은 업계 상황에서 S3m 성숙도 모델을 테스트하려는 의도였다. 이 시도들은 S3m 성숙도 모델의 유용성과 성숙도를 평가하고 개선 이니셔티브들을 지원하는 능력을 식별하려는 목적 아래 이루어졌다. 이것은 프로세스 모델의 서로 다른 영역들을 다루고 있는 사례 연구들에서 문서화되었다. 시도된 모델의 사용자들은 모델이 제시하는 성숙도 개념이 평가받는 조직의 상태를 반영한다고 확인해주었다. 그들은 모델의 프랙티스들이 소프트웨어 유지개선 프로세스를 개선하는 데 사용되면 유용하다고 주장했다.

13.6 교훈과 공헌

이 책에서 설명된 주요 교훈과 공헌은 다음과 같다:

1. 현재의 국제 표준(예: ISO 12207과 ISO 14764)에 표현된 소프트웨어 유지개선은 실무자들이 경험하는 소프트웨어 유지개선 활동들의 일부만을 다루고 있을 뿐이다.

2. 지금까지 SWEBOK에 기술된 대로, 소프트웨어 유지개선의 고유한 활동 전부를 다루는 성숙도 모델 제안은 없었다.

3. 소프트웨어 유지개선 영역의 독특함을 반영한 성숙도 모델 아키텍처와 구조를 살펴보았다.

4. 최초의 모델과 상세 프랙티스들은 점진적으로 더 도전적인 성숙도 수준의 소프트웨어 활동들을 구축하기 위해 제공되었다.

5. 검증과 실증을 위한, 업계 맥락에서의 사례 연구들이 필요하다.

이 S3m 모델의 일부 내용들은 소프트웨어 유지개선을 중점적으로 다루는 SWEBOK 2004~2005 버전의 해당 챕터에 포함되어 있다[Abran et al. 2005].

13.7 추가 자료

이 모델의 시사점(insight)에 관심 있는 독자들은 부록에서 좀 더 자세한 정보를 구할 수 있다.

부록 A – 유지개선 표준 모델들과 개선 제안. 이 부록은 다양한 유지개선 표준 모델들에서 발견되는 모델의 개요를 제시하고 있을 뿐만 아니라 그것들을 어떻게 개선할지에 대한 저자들의 견해를 담고 있다.

부록 B – 학생들을 위한 학기 과제들. 이 부록은 학생들이 학기 중에 선정하여 조사하도록 도움을 주는 다양한 유지개선 문제들을 31개의 과제로 제시한다. 이들 과제들 중 어떤 것들은 소프트웨어 유지개선에 관한 문헌을 분석함으로써 대응할 수 있으며, 다른 것들은 학생들이 관련 업계와 상호 협력함으로써 과제를 완성할 수 있을 것이다.

부록 C – 약어와 용어. 이 책과 S3m 모델에서 사용되는 유지개선 관련 400여 용어와 약어 목록. 이들 용어의 대부분은 국제 표준에 기반하고 있다.

부록 A

유지개선 표준 모델들과 개선 제안

A.1 소프트웨어 유지개선 표준들

현재까지 소프트웨어 유지개선 표준들에 포함되지 않은 많은 독특한 프로세스들이 이전에 식별되었다면 어땠을까? 이 문헌 검토는 국제 표준에서는 아직 다뤄지지 않은 수많은 독특한 소프트웨어 유지개선 활동들을 식별한다. 독특한 유지개선 활동들이 포함된 목록은 다음과 같다.

- Annual planning and management of maintenance(유지개선의 연간 계획과 관리)[Pigoski 1994, Zitouni and Abran 1996]
- Management of maintenance employees(유지개선 담당자들의 관리)

[Zitouni and Abran 1996]

- Management of customer service agreements and their roles(고객 서비스 계약들과 그것의 역할 관리)[Mueller 1994, April 2001, Bouman 1999, McBride 1996, Karten 2007, IT Governance Institute 2006]

- Interception/surveillance of application software currently in production(problem prevention)(현재 운영 중인 애플리케이션 소프트웨어의 요격/감시)(문제 예방)[ITIL 2007b]

- Maintenance and support—specific service measures(유지개선과 지원 특화 서비스 측정)[Abran 1991, Abran 1993, Stark et al. 1994, McGarry 1995]

- Customer service(problem—response system) in regard to outages, preventive maintenance, and postoutage return to service(고객 서비스(문제 대응 시스템) - 운영정지, 예방형 유지개선, 정지후 서비스 복구)[April 2001]

- The study of different types of requests for changes handled by a help desk call center and its support software(헬프데스크 콜센터에 의해 처리되는 변경 요청의 유형들과 지원 소프트웨어에 관한 연구)[Bennett 2000]

- Activities to evaluate the impact of a change(변경의 영향을 평가하는 활동들)[Bennett 2000]

- Test specialization and regression verification(테스트 전문화와 회귀 검증)[Bennett 2000]

- Investigation and answering questions concerning business rules of application software(애플리케이션의 업무 규칙 조사와 관련 질문에 답하기)[Pressman 2001, April 2001]

- Unique process of approval/refusal of work for application software

MRs, according to their size(애플리케이션 소프트웨어 MR 작업 - 규모에 따라 승인/거절하는 독특한 프로세스를 중심으로)[April 2001]

- 24/7 scheduled management for operations support and escalation in case of problems(운영지원을 위한 24/7 관리와 문제 에스컬레이션)[ITIL 2007d, McBride 1995]

- Management of the personnel interface and the role of operations (change management, calls concerning a system failure, environment and data recovery after a disaster, data recovery and restart of work, processing time investigations, automated scheduling, backups, and management of disk space and tape libraries)〈인원 인터페이스의 관리와 운영의 역할(변경 관리, 시스템 장애 관련 콜, 재난후 환경과 데이터 복구, 데이터 복구와 작업 재시작, 처리시간 조사, 자동 스케줄링, 백업, 디스크 용량과 테이프 라이브러리 관리)〉[ITIL 2007b]

- Management of subcontracting, maintenance and support contracts, licensing, escrow delivery, and outsourcing(하도급, 유지개선과 지원계약, 라이센싱, 에스크로우, 아웃소싱)[Carey 1994, April 2001, Barry 2002]

- Obligation to improve the application software portfolio's performance(애플리케이션 소프트웨어 포트폴리오의 성능을 개선하기 위한 의무)[Zitouni and Abran 1996]

국제 표준들은 발표 시점에 일반적으로 수용되는 활동들만을 포함하기 때문에, 1998년 표준이 2005년 업계에서 일반적으로 받아들여지는 모든 유지개선 활동들을 포함하지 않는 것은 당연하다. 목록은 캐나다 국립 논평 프로세스를 통해 ISO 14764의 새 버전 준비를 책임지고 있는 ISO 위원회에 제출되었다. 위원회의 답변은 다음과 같다:

이 논평(comment)은 IEEE 1219의 내용을 ISO 14764로 통합시키려고 하는 NWI가 다룰수 있는 범위 밖이다. 이 논평은 미래의 개정판을 위해 "유예된 논평 데이터베이스(deferred comment database)"에 보관될 것이다. 개정은 SC7과 JTC1의 승인을 받은 후에 NWI 제안에 의해서 착수될 것이다.

이 대답은 위원회가 목록에는 관심이 있지만, 그들이 새로운 작업항목들을 떠맡기보다는 IEEE 1219와 ISO 14764의 합병에 집중하고 있음을 분명히 밝히는 것이다.

베넷(Bennett)[Bennett 2000, s9.3]의 주장에 따르면, ISO 소프트웨어 유지개선 표준들(예: ISO 14764)은 "고전적인(classic)" 활동들을 지향하고 있으며, 소프트웨어 유지개선을 지원하는 프로세스들의 어떤 특정 측면들은 다루지 않는다. 베넷(Bennett)은 현재의 표준화된 소프트웨어 유지개선 프로세스 모델들은 거의 SEI 프랙티스 레벨 2에 해당한다고 설명하고 있다[SEI 2001]. 사실상 이것은 [그림 1.8] 표준 피라미드에서 위치가 정해진 그대로이다.

결론적으로, 현재 소프트웨어 유지개선 주제를 포함하는 수많은 공표된 소프트웨어 표준들이 있다. ISO 14764의 2006년 버전이 최신 소프트웨어 유지개선 표준이다. 유지개선 도메인은 소프트웨어 개발 표준들과 그것의 지원 프로세스들을 참조한다. 그러므로 유지개선 담당자들은 소프트웨어 개발 표준들을 유지개선의 특수한 맥락에 맞게 고쳐가면서 사용해야 한다[ISO 1998, s8.3.2.1 and s8.3.2.2]. 흔한 일이지만, 본질상 표준들은 새롭게 부상하는 기술에 관한 주제들은 포함하지 않는다. ISO에 제시되는 소프트웨어 유지개선의 독특한 목록은 미래 버전의 표준에 포함될 수 있는 후보이다.

또한 애플리케이션 소프트웨어의 중요성, 규모, 조직의 프로세스 성숙도와, 외부 프로세스 요건들과 표준에 대한 조직의 점진적인 채택 사이에는 관련이 있다는 연구가 있다.

이전 섹션에서 기록된 관찰로부터, 우리는 ISO 12207과 연계되는 ISO

14764의 내용은 소프트웨어 유지개선 프로세스와 활동의 더 새로운 견해를 반영하도록 업데이트되어야 한다고 제안한다. [그림 3.4]는 ISO 14764와 ISO 12207의 유지개선 주제에 업데이트를 제안할 목적으로 만들어졌다.

[그림 A.1]은 소프트웨어 유지개선의 업데이트된 프로세스 관점이, 국제 표준들의 기존 프로세스 모델에 어떻게 통합될 수 있는지를 강력하게 보여주고 있다.

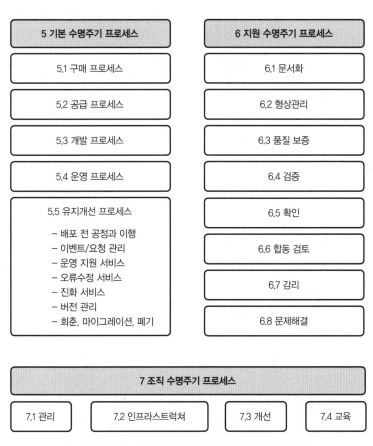

[그림 A.1] ISO 12207 유지개선 프로세스에 제안된 업데이트

부록 B

학생들을 위한
학기 과제

과제 #1 2005년 이후 발표된 소프트웨어 유지개선을 논의하는 책과 논문을 찾아라. 이 문서들에서, SWEBOK 가이드 버전[Abran et al. 2005]의 유지개선 장을 업데이트하고, ISO 14764 표준에 기여할 만한 유지개선 주제들과 활동들을 식별하라.

과제 #2 조직에 유지개선 표준 성숙도 모델을 제시하고 테스트하라. 당신이 업계를 관찰한 것에 기반하여 이 이론적인 모델의 교훈을 기록하라.

과제 #3 당신의 조직에서 유지개선을 위해 사용되는 조직 모델을 식별하라. 유지개선 담당자와 토론하여 이 조직 모델을 선정한 이유와 이것의 찬반 양론을 기록하라.

과제 #4 당신의 조직에 유용할 것 같은 유지개선 관련 국제 표준들을 식별하고 제시하라. 제안을 하고, 참가자들로부터의 피드백을 기록하라(찬성과 반대).

과제 #5 SWEBOK 가이드의 유지개선 장에서 다뤄지는 모든 주제들을 포함하면서 소프트웨어 유지개선 온톨로지의 3가지 제안들 중 하나에 대해 확장을 제시하라. 지침과 시작 지점으로는, Kitchenham[1999] 또는 Ruiz[2004]가 제시한 제안들을 활용하라.

과제 #6 ISO 14764 표준에 업데이트를 제안해보라. 이를 위해서 당신은 현재 표준을 논평하기 위한 공식 ISO/IEC/JTC1 프로세스와 논평 양식을 사용해야 한다.

과제 #7 CMMi의 활동들과 과제 #2에서 발견되는 과제들을 비교하라. CMMi는 소프트웨어 유지개선을 다룬다고 주장한다. 소프트웨어 유지개선에 대한 CMMi의 견해를 기록하라.

과제 #8 내부적인 그리고 외부적인 소프트웨어 유지개선 문제들을 식별하기 위한 소프트웨어 유지개선 조직(50명이 넘는 유지개선 담당자들과 고객들을 대상으로)의 현장 연구를 수행하라. 그리고 당신의 결과를 데클레바(Dekleva)의 연구와 비교하고 토론하라.

과제 #9 유지개선 측정에 관한 문헌들을 꼼꼼히 검토하여 특별히 소프트웨어 유지개선 담당자에게 맞춰진 프로세스 모델의 측정을 제시하라. 당신 제안의 강점과 약점을 논하라.

과제 #10 소프트웨어 유지개선 문서들의 품질을 평가하라. 소프트웨어 소스코드 분석 툴(예를 들면 Checkstyle, Logiscope 등)을 사용하여 소프트웨어의 유지개선성을 분석하라. ISO 9126 유지개선성 측정 중 어떤 것이 평가될 수 있는지 식별하라.

과제 #11 당신 조직의 유지개선 서비스 협약을 분석하고, 그것의 개선사항을 제시하라. 업계의 사이트에 접속할 수 없다면, 당신 자신만의 유지개선 서비스 협약 성숙도 모델을 개발하라.

과제 #12 당신 조직의 소프트웨어 유지개선 계약들을 평가하라. 이를 위해서, 이 주제에 관한 문헌 검토를 실시하고 이상적인 계약을 식별하라(고객의 관점에서). 그 다음에 계약을 분석하고 중요도 순으로 공급자와의 계약에서 논의해야 하는 10가지 항목들을 식별하라.

과제 #13 소프트웨어 유지개선 벤치마킹의 주제를 더 심도있게 조사하라.
  A) 만약 당신이 컨설턴트가 수행한 유지개선 벤치마킹 연구에 접근할 수 있다면: 벤치마킹 접근방식, 데이터의 유효성, 이 연구에서 도출된 결론들을 서술하라. 벤치마킹 연구의 결론들을 분석하고, 연구에서 제시하는 권고사항들에 대해 소프트웨어 유지개선 담당자들의 피드백을 토의하라.
  B) 만약 컨설턴트가 수행한 유지개선 벤치마킹 연구에 접근할 수 없다면, 당신은 몇몇 유지개선 요청들에 대해 벤치마킹 테스트를 진행할 수 있는데, 요청들에 대해 ISBSG 벤치마킹 프로세스를 사용하고 당신의 데이터를 ISBSG에 제출하라; ISBSG 데이터와 당신 고유의 데이터 둘 다를 사용하여 당신 스스로 벤치마킹 연구를 실시하라.
  C) 만약 컨설턴트가 수행한 유지개선 벤치마킹 연구에 접근할 수 없고 벤치마킹 테스트를 수행하는 업계 사이트에도 접속할 수 없다면, 벤치마킹에 관한

문헌 연구를 수행하여 당신의 소프트웨어 유지개선 성숙도 모델을 개발하라.

과제 #14 소프트웨어 유지개선 그룹의 ISO 9001 자격취득에 참가하라. 이것이 여의치 않다면, 자격증에 의해 다뤄져야 하는 ISO 9001 항목들을 ISO 90003 가이드에서 식별하고 자격취득 계획을 제안하라.

과제 #15 소프트웨어 유지개선 성숙도 모델의 평가 방법을 개발하라.

과제 #16 ISO 15504 표준을 분석하여 평가 지원 소프트웨어(S3m Assess)를 개선하는 데 사용하라.

과제 #17 ISO 15504 표준을 분석하여 소프트웨어 유지개선 성숙도 모델이 이 국제 표준의 권고사항들에 부합한다고 주장하기 위해 필요한 개선사항들을 식별하라. 필요한 개선사항들을 수행하라.

과제 #18 소프트웨어 성숙도 모델들에 관한 문헌 검토를 수행하고 모델의 인벤토리를 업데이트하라.

과제 #19 유지개선 프랙티스의 진화에 관한 파리히(Parikh)의 연구를 업데이트하기 위한 서베이를 실시하라. 당신의 서베이 결과를 파리히(Parikh)의 연구와 비교하라.

과제 #20 성숙도 모델을 위해 유용한 프랙티스들의 기타 후보 원천들을 식별하라. 이들 새로운 원천들의 타당성을 설명하라.

과제 #21 소프트웨어 유지개선 성숙도 모델의 아키텍처를 위해 선정된 핵심 영역들을 분석하라.

과제 #22 사베인−옥슬리(Sarbane−Oxley) 법률(또는 동등한 기타 국내법)을 연구하고 이 새롭고 강제적인 법률 요건이 어떻게 성숙도 모델에 통합될 수 있는지 토의하라.

과제 #23 선임 평가자가 소프트웨어 유지개선 성숙도 모델을 사용하기 위해 충족해야 하는 기준들을 연구하라. 새로운 평가자를 위한 교육 가이드를 작성하라.

과제 #24 CMMi 교육 가이드를 참조로 활용하여, 팀이 소프트웨어 유지개선 프로세스의 평가를 수행할 수 있도록 준비시키는 교육 과정을 개발하라. 이 책에서 제시된 모델의 과정을 기초로 삼아라. 평가를 위해 필요한 자료를 분명히 식별하라.

과제 #25 소프트웨어 개선에 전념하는 회사들이 보여준 성공의 기저에 있는 요인들에 관한 서베이(설문지와 인터뷰)를 계획하고 실시하라. 데이터를 수집한 후에, 그 요인들을 중요도 순으로 정렬하고, 이런 종류의 서베이 성공을 보장하기 위해 전문가들이 무엇을 해야 하는지 논평하라.

과제 #26 성숙도 모델의 사용과 관련된 문제들의 인벤토리를 작성하라. 소프트웨어 개선에 전념하는 조직들이 맞닥뜨리는 문제들에 관한 서베이를 계획하고 실시하라. 더 이상 관련 없는 문제들과 새롭게 등장한 문제들을 식별하라.

과제 #27 소프트웨어 유지개선에 일반적인 프랙티스들을 식별하라.

과제 #28 각 성숙도 수준을 설명하는 텍스트를 검토하여 일관성이 없는 부분과 개선이 가능한 부분을 식별하라.

과제 #29 모델의 로드맵을 검토하여 아직 식별되지 않은 새로운 로드맵들을 식별하라. 그것들의 중요성과 왜 우리가 이 새로운 관점을 추가해야 하는지 정당성을 밝혀보라. 당신 조직의 예를 들어보라.

과제 #30 소프트웨어 유지개선 성숙도 모델을 지원하는 지식 기반의 시스템(S3m DSS)을 계속 개선하고 진화시켜보라(http://www.gelog.etsmtl.ca/S3mDSS/).

과제 #31 몇몇 레벨 2 프랙티스들을 추가하기 위해 모델의 이벤트/요청 관리 KPA를 검토하라.

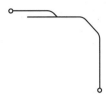

부록 C

약어와
용어 사전

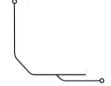

약어 *Acronyms*

약어	영문 용어	한글 용어
4GL	fourth-generation language	4세대 언어
ASQC	American Society for Quality Control	미국 품질 통제 협회
CASE	Computer Aided Software/System Engineering	컴퓨터 지원 소프트웨어 엔지니어링
CI	Continuous Improvement	지속적 개선
CM	Configuration Management	형상관리
CMM	Capability Maturity Model	역량 성숙도 모델
CMMi	Capability Maturity Model, Integrated	통합 역량 성숙도 모델
COCOMO	Constructive Cost Model	비용 추정 모델
DP	Defect Prevention	결함 예방
ERD	Entity Relationship Diagram	엔티티 관계도
FMECA	Failure Mode Effect and Criticality Analysis	장애 모드 영향 및 중요도 분석
FSM	Functional Size Measurement	기능 점수 산정
FTE	Full Time Equivalent	전일 공수(FTE)

약어	영문 용어	한글 용어
GPC	General Purpose Computer	범용 컴퓨터
HLL	High Level Language	고수준(high-level) 언어
HMI	Human Machine Interface	인간 기계 인터페이스
HR	Human Resources	인적 자원
H/W	Hardware	하드웨어
IC	Intergroup Coordination	내부 그룹 협업
IEEE	Institute of Electrical and Electronics Engineers	전기 전자 엔지니어링 학회
IPD	Integrated Product Development	제품 통합 개발
IPT	Integrated Product Team	제품 통합 개발팀
IS	Information System	정보 시스템
ISBSG	International Software Bemchmarking Standards Group	국제 소프트웨어 벤치마킹 표준 그룹
ISM	Integrated Software Management	통합 소프트웨어 관리
ISO	International Organization for Standardization, Geneva	국제 표준화 기구
ISO/IEC	joint ISO and IEC work	ISO/IEC 합동 위원회
IT	Information Technology	정보기술
Kloc	thousands of lines of source code	소스코드 1,000행
LCC	Life Cycle Cost	수명주기 비용
Mngmt	Management	관리
MIS	Management Information System	경영 정보 시스템
Mloc	millions of lines of source code	소스코드 1,000,000행
MR	Modification Request	수정 요청
OO	Object Oriented	객체 지향
OOA	Object Oriented Analysis	객체 지향 분석
OOD	Object Oriented Design	객체 지향 설계
OPD	Organization Process Definition	조직 프로세스 정의
OPF	Organization Process Focus	조직 프로세스 초점
OS	Operating System	운영 시스템
OSS	Operation Support System	운영지원 시스템
PCM	Process Change Management	프로세스 변화 관리
PCTE	Portable Common Tool Environment	이식 가능 공용 도구 환경
PM&A	Process Measurement and Analysis	프로세스 측정 및 분석
PR	Problem Report	문제 보고
PROM	Programmable Read-Only Memory	피롬 - 프로그램 가능 읽기전용 메모리
QAI	Quality Assurance Institute	품질보증 연구소

약어	영문 용어	한글 용어
QC	Quality Control	품질 통제
QE	Quality Engineering	품질 엔지니어링
QPM	Quality Process Management	품질 프로세스 관리
S3m	Software Maintenance Maturity Model	소프트웨어 유지개선 성숙도 모델
SA/SD	Structured Analysis/Structured Design	구조적 분석/설계
SCM	Software Configuration Management	소프트웨어 형상관리
SDL	Specification Design Language	명세설계 언어
SEI	Software Engineering Institute	소프트웨어 엔지니어링 연구소
SEPG	Software Engineering Process Group	소프트웨어 엔지니어링 프로세스 그룹
SLA	Service Level Agreement	서비스 수준 협약
SPE	Software Product Engineering	소프트웨어 제품 엔지니어링
SPP	Software Product Planning	소프트웨어 제품 계획
SPT&O	Software Project Tracking and Oversight	소프트웨어 프로젝트 추적 및 감독
SQA	Software Quality Assurance	소프트웨어 품질보증
SQM	Software Quality Management	소프트웨어 품질관리
SSM	Software Subcontract Management	소프트웨어 하도급 관리
S/W	Software	소프트웨어
SWEBOK	Software Engineering Body of Knowledge, public (IEEE, www.swebok.org)	소프트웨어 엔지니어링 지식 체계 (IEEE, www.swebok.org)
TCM	Technology Change Management	기술 변경 관리
TP	Training Program	교육 프로그램
V&V	Verification and Validation	검증과 확인

용어 *Glossary*

정의

S3m 모델에서 사용된 용어들은 업계에 널리 받아들여진다. S3m 평가를 준비하는 과정에서, 조직 문화에 맞게 용어들을 수정해야 할 필요가 있을 것이다. 망설이지 말고 그렇게 하되, 용어의 핵심을 보존하려는 전문가적 판단은 유지하라. 일반적으로 다음의 우선순위가 관찰된다:

- Camelia 모델의 용어
- Abran-Zitouni 모델의 용어
- ISO/IEC JTC1/SC7 어휘
- ISO 15504 어휘
- ISO/IEC 14764 어휘
- 다른 원천들(CMMi, CoBIT, ITIL)

영문 용어	한글 용어	해석과 설명
Acceptance criteria	인수 기준	사용자, 고객, 또는 기타 공인된 실체에게 수용되기 위해 시스템 또는 시스템의 구성요소가 반드시 충족시켜야 하는 기준
Acceptance testing	인수테스트	시스템이 인수 기준을 충족하는지 여부를 확인하기 위해, 그리고 고객이 그 시스템을 수용할지 여부를 결정할 수 있도록 돕기 위해 수행되는 공식적인 테스트
Acquirer	구매자	공급자로부터 시스템 또는 시스템의 구성요소를 획득하거나 또는 구매하는 당사자. 보통은 회사(기관)를 말한다
Acquirer-supplier agreement	구매자와 공급자 간의 계약	수행되어야 하는 과업과 인도물에 적용되는 인수기준을 정의하는 두 당사자(공급자와 구매자) 간의 계약

영문 용어	한글 용어	해석과 설명
Acquisition	구매	계약을 통해 목표하는 어떤 것을 획득하는 절차
Acquisition organization	구매 조직	소프트웨어 구매를 포함하여, 수많은 프로젝트 또는 계약 활동에서 발생하는 구매 행위들을 감독하고 승인 권한을 보유한 실체
Acquisition organization's standard software acquisition process	구매 조직의 소프트웨어 구매 표준 프로세스	정의된 소프트웨어 구매 절차에 따라 각 프로젝트를 진행하도록 가이드하는 구매 조직의 근본적인 소프트웨어 구매 절차
Action item	실행 항목(조치 사항)	(1) 처리를 위해 어떤 개인 또는 그룹에게 부여되는 (작업)목록 중의 한 단위. (2) 수용된 실행 제안
Action proposal	실행 제안서	결함 예방 활동의 결과로 식별된 결함들이 향후 재발하지 않도록 프로세스 또는 프로세스 관련 항목에 변경을 제안하는 문서(소프트웨어 프로세스 개선 제안 참조)
Activity	활동	어떤 목적을 달성하려고 수행되는 기능 또는 취해지는 하나의 단계. 정신적이거나 육체적인 것 중의 하나
Adaptive maintenance	적응형 유지개선	변경된 또는 변경 중인 환경에서 컴퓨터 프로그램이 인도 이후에도 사용가능한 상태를 유지하도록 하기 위해 수행되는 소프트웨어 제품에 대한 변경. 적응형 유지개선은 운영 환경 또는 하드웨어 환경에서 변경을 수용하는 데 필요한 개선들을 제공한다. 이것들은 신시스템 인터페이스 요건, 신시스템 요건, 신규 하드웨어 요건을 실행하기 위한 변경들을 포함한다
Age(of a problem)	문제 발생 경과일	(1) 문제 티켓이 아직 오픈되어 있는 경우, 그 티켓이 발행된 날과 기준이 되는 날(보통은 오늘) 사이의 일수, 또는 (2) 문제 티켓이 발행된 날과 티켓이 종료된 날 사이의 일수
Agreement	협약(계약)	근로 관계가 수행되는 조항 및 조건에 관한 상호간 승인(인지)
Allocate	할당	성능 요건을 기능, 프로세스, 활동, 또는 기타 시스템의 논리적 요소에 배정하는 것
Allocated baseline	할당된 기준선	시스템 또는 상부 하위시스템의 요건들로부터 부여된 하위시스템의 기능, 성능, 상호운영성, 인터페이스 요건을 설명하는 최초의 승인된 문서; 하위시스템들을 인터

Software Maintenance Management

영문 용어	한글 용어	해석과 설명
Allocated baseline	할당된 기준선	페이스하는 인터페이스 요건; 설계 제약, 파생 요건(기능과 성능); 이같은 요건들 성취와 제약들을 드러내는 검증 요건들과 방법들. 일반적으로 개발되는 각 하위시스템당 하나의 할당된 기준선이 있다
Application domain	애플리케이션 도메인	관련된 시스템들의 경계 내 집합(예: 특정 유형의 문제를 해결하는 시스템들). 애플리케이션 도메인에서 개발과 유지개선은 보통 특별한 스킬과 자원을 필요로 한다. 포함되는 예는 급여와 인사 시스템, 항공전자 및 지휘 통제 시스템, 수출 시스템 등이다
Appraisal method	심사 방법	시스템 엔지니어링 심사를 수행하는 단계 또는 절차의 집합. 심사 방법은 5개 단계로 구성된다: 약속, 준비, 실사, 후심사, 심사 후조치
Appraisal team	심사 팀	심사를 수행하기 위한 방법을 훈련받은 숙련된 엔지니어링 전문가들의 팀
Appraise	심사	대상의 가치, 중요성, 상태를 평가하는 것
Approved modification architecture	승인된 수정 아키텍처	하나 또는 그 이상의 소프트웨어 구성 항목(SCI: Software Configuration Item)에 대한 변경을 허가하는 단일 또는 다수 변경 제안건의 처리. 제품이 해결할 문제에 관하여 내려진 결정들, 구성요소 기술들, 구성요소 간 관계들, 동적 운영 기술을 제공하는 고수준의 설계
Artifact	산출물	작업 결과물을 보라
Assessed capability	평가된 역량	ISO/IEC 15504의 규정에 따라 최근에 수행된 하나 또는 그 이상의 관련 프로세스 평가결과
Assessment constraints	평가 제약	평가의 수행과 평가결과의 사용에 관하여 평가팀 재량(선택의 자유)에 부가된 제한들
Assessment indicator	평가 지표	실행되고 있는 프로세스의 역량 또는 성과를 평가하기 위해 이를 뒷받침하는 작업 산출물 또는 프랙티스의 객관적인 속성이나 특징
Assessment input	평가 입력물	프로세스 평가가 시작되기 전에 필요한 정보의 집합
Assessment instrument	평가 도구	평가의 전 과정에서 평가자가 프로세스의 역량 또는 성과를 측정하고, 평가 데이터를 처리, 기록할 수 있도록 도와주는 툴 또는 툴의 집합

영문 용어	한글 용어	해석과 설명
Assessment output	평가 출력물	평가로부터 획득한 실체적인 모든 결과물(평가 기록을 보라)
Assessment participant	평가 참가자	평가의 범위 내에서 책임을 지고 있는 개인
Assessment purpose	평가 목적	평가 수행의 이유를 정의하면서 평가 입력물로 제공되는 (목표) 진술
Assessment record	평가 기록	평가와 관련하여 정연하게 문서화된 정보의 집합으로, 평가에 의해 생성되는 프로세스 프로파일의 이해와 검증을 돕는다
Assessment scope	평가 범위	평가 입력물의 한 부분으로 제공되는 해당 평가 영역에 대한 정의로서, 평가에 대한 조직적인 제한, 평가에 포함되는 프로세스, 프로세스가 운영되는 맥락 등을 포괄한다(프로세스 맥락을 보라)
Assessment sponsor	평가 스폰서	평가 수행을 요청하고, 그것을 수행하는 데 필요한 재정적 또는 기타 자원을 제공하는 피평가 조직의 내부 또는 외부 인물
Associated documentation	관련 문서	작업 결과물을 보라
Associated processes	관련 프로세스	하나 또는 그 이상의 최종 산출물이 서비스에 투입되거나, 유지관리되거나, 서비스의 결과로 처리되도록 하는 프로세스들
Attribute	속성	어떤 항목의 특징; 예를 들어 해당 항목의 색상, 크기, 형태. 어떤 실체의 측정 가능한 물리적인 또는 추상적인 특성
Attribute indicator	속성 지표	어떤 특정 프로세스 속성의 달성 정도를 판단하는 데 도움을 주는 평가 지시자(지표)
Attribute (of software)	(소프트웨어) 속성	신뢰성, 유지개선성, 이식성, 복잡성 등의 소프트웨어 특성. 이 같은 특성들은 때때로 품질 속성으로 언급된다
Audit	감리(감사)	명세서, 표준, 계약, 기타 기준에 부합하는지를 평가하기 위해 실시되는 단일 산출물 또는 집합 산출물에 대한 독립적인 조사
Audit client	감리 의뢰인	감리를 요청하는 개인 또는 조직

영문 용어	한글 용어	해석과 설명
Audit conclusion	감리 결론	감리에서 발견된 모든 사항을 고려하여 감리팀이 내리는 결과
Audit criteria	감리 기준	취합된 감리 증거들이 비교되는 정책들, 절차들, 또는 요건들의 집합
Audit evidence	감리 증빙	감리에 관련된 기록들, 검증된 사실관계(진술)들, 또는 기타 정보
Audit findings	감리 발견사항	감리 기준에 비춰 도출된 취합 증빙에 대한 평가결과
Audit program	감리 프로그램	정해진 기간 동안 수행되는 감리 활동들의 전체
Audit scope	감리 범위	실시되는 감리의 정도와 다루는 영역
Audit team	감리팀	감리를 수행하는 한 명 또는 그 이상의 감리원들로, 이 중에 한 명이 리더로 지정된다
Auditee	피감리인	감리(감사)를 받는 조직
Auditor	감리인	감리(감사)를 수행할 능력이 되고 자격을 갖춘 사람
Availability	가용성	소프트웨어 가동시간의 비율. 일반적으로 (월 일수×24시간)−(비가동 시간)/(월 일수×24시간)으로 계산된다
Base practice	기준 프랙티스	특정 프로세스의 목적을 처리하기 위한 소프트웨어 엔지니어링 또는 관리 활동
Baseline	기준선(베이스라인)	구성 항목의 수명주기 동안 공식적으로 지정되며(ISO/IEC 12207), 매체를 불문하고 특정 시기에 고정된 형상항목의 공식 승인된 버전
Baseline configuration management	형상관리 기준선	공식적으로 검토되고 승인된 베이스라인을 수립하는 것이며, 추가 개발의 기초로 작용한다. 어떤 소프트웨어 작업 결과물들, 예를 들면 소프트웨어 설계와 코드는 미리 정해진 시기에 수립된 기준선(베이스라인)을 갖고 있어야 하며, 강력한 변경 통제 프로세스가 이러한 항목들에 적용되어야 한다. 이 같은 기준선은 고객과 상호작용할 때, 안정성과 통제력을 제공한다(기준선 관리를 보라)

영문 용어	한글 용어	해석과 설명
Baseline management	기준선 관리	형상(구성)관리에서, 형상관리의 수명주기 동안 특정 시점에 공식적으로 기준선(베이스라인)을 식별하고 수립하는 문서들을 지정하고, 그러한 문서들에 발생하는 변경을 다루는 기술적이고 관리적인 지침의 적용
Benchmark	벤치마크	측정 또는 비교가 수행되는 표준
Benchmarking	벤치마킹	강력한 경쟁자들 또는 업계 리더로 인정되는 회사들에 비춰서 제품, 서비스, 프랙티스를 측정하는 지속적인 프로세스
Boundary	경계	다뤄지는 소프트웨어와 이의 사용자들 간의 개념적인 인터페이스
Capability	역량	해당 제품에 대한 요건을 충족하는 제품을 실현하는 조직, 시스템, 프로세스의 능력
Capability dimension	역량 차원	프로세스 참조 모델의 역량 측면과 프로세스 역량을 구성하는 프로세스 속성들의 집합
Capability evaluation	역량 평가	숙련된 전문가 팀에 의한 독립적인 프로세스 평가
Capability level	역량 수준	조직이 성숙도 모델의 맥락에서 정의된 대로 소프트웨어 엔지니어링의 필수 구성요소를 잠재적으로 달성할 수 있는 정도. 역량은 인력, 기술, 프로세스의 속성들을 포함한다. 역량 수준은 시작(레벨 0)에서부터, 수행중, 관리됨, 정의됨, 측정됨, 최적화(레벨 5)까지 올림 순서로 등급이 부여된다
Capability maturity model	역량 성숙도 모델	조직들이 그들의 프로세스를 정의하고, 실행하고, 측정하고, 통제하고, 개선하면서 거치는 단계들의 설명. 모델은 현행 프로세스의 역량을 판정하는 것과 품질과 프로세스 개선에 가장 심각한 이슈들을 식별하는 것을 촉진함으로써 프로세스 개선 전략의 선택을 위한 지침을 제공한다
Causal analysis	원인 분석	결함들의 기저에 있는 근본 원인을 판정하기 위한 분석(활동)
Causal analysis meeting	원인 분석 회의	해당 과업의 수행 중에 드러난 결함들을 분석하기 위해, 그 특정 과업이 완료된 후에 진행하는 회의
Cause	원인	분석에 의해 확인되는 결함 또는 장애의 기원

영문 용어	한글 용어	해석과 설명
Change agent	변경 담당자	변화(변경)을 적용할 책임이 있거나, 촉진하고 후원하는 개인 또는 그룹. 대표적인 변화(변경) 담당자의 예는 소프트웨어 엔지니어링 프로세스 그룹이다. 변화(변경) 후원자와 대비된다
Change authority	변경 책임자	개별적인 변경 요청들을 수용하고 그것들의 우선순위를 결정하도록 임명된 개인 또는 조직
Change control	변경 통제	어떤 항목에 대해 제시된 변경들의 검토, 승인/거절, 실행, 추적, 종료, 상태 보고(변경 관리)
Change management	변경 관리	시스템 기본 아키텍처, 성능, 비용, 일정 기준의 측면에서 제기된 변경의 영향도를 분석함으로써, 시스템에 미치는 요건 또는 설계 변경의 충격을 평가하는 프로세스. 변경 관리는 요건, 설계, 실행 변경을 채택하는 결정들이 시스템 문서, 엔지니어링 도면, 또는 기타 시스템에 반영되는 것을 보증하기 위해 형상관리에 의해서 지원되어야 한다
Change request	변경 요청	우선순위를 가진 사용자로부터의 문서화된 요청. 애플리케이션에 대한 개선 또는 수정은 요청 이후 유지개선 담당자가 생성하는 티켓에 기록되거나 헬프데스크를 통해 소프트웨어 유지개선 팀에게 전달된다. 운영환경에서 제품의 특정 측면에 대한 변경을 위해 제기되는 공식적인 요청
Characteristic	특성	구별되는 특징
Co-engineering	코엔지니어링	하위 시스템의 다양한 특성들을 함께 개발하는 것을 촉진하는 엔지니어링 프로세스와 관리 기법 및 활동
Commitment	확약	모든 이해당사자에 의해서 자유롭게 받아들여지고, 가시적이며, 지켜질 것으로 기대되는 협약
Common cause (of a defect)	(결함의) 일반적 원인	선천적으로 프로세스 또는 시스템의 일부분인 결함의 원인. 공통 원인(들)은 프로세스의 모든 결과와 프로세스를 운영하는 모든 구성원에게 영향을 미친다(비교를 위해 특별 원인을 보라)

영문 용어	한글 용어	해석과 설명
Common cause of variation	변이의 일반적 원인	프로세스 또는 시스템에 내재하는 자연적인 변이의 원인. 변이의 공통 원인을 제거하는 것은 프로세스 자체에 가하는 변경을 포함한다. 이러한 원인들은 보통 사소하며 프로세스가 통제를 벗어나는 상황을 야기하지 않는다. 예를 들면 패스트푸드 식당에서 음료 주입기에 더 큰 내구력 변이를 발생시키는 장비에 대한 마모 같은 것이다
Common features	공통 기능	CMM 핵심 프로세스 영역의 세부 범주들이다. 공통 기능들은 핵심 프로세스의 실행과 제도화가 효과적이고, 반복적이고, 영구적인지 여부를 가늠하는 속성들이다. CMM 공통 기능들은 다음과 같다: – 실행 확약(commitment to perform): 프로세스가 수립되고 지속될 것이라는 점을 보증하기 위해 조직이 취해야 하는 활동들. 일반적으로 실행 확약은 조직의 정책을 수립하는 것과 고위 경영진의 후원을 확보하는 것을 포함한다 – 실행 능력(ability to perform): 소프트웨어 프로세스를 유능하게 실행하기 위해 프로젝트 또는 조직 내에 존재해야만 하는 선제 조건들. 일반적으로 실행 능력은 자원, 조직 구조, 교육을 포함한다 – 수행 활동(activities performed): 핵심 프로세스 영역을 실행하는 데 필요한 역할과 절차에 관한 설명. 일반적으로 수행 활동은 계획과 절차를 수립하고, 과업을 수행하고, 그것을 추적하고, 필요하면 교정 활동을 취하는 것을 포함한다 – 측정과 분석(measurement and analysis): 프로세스 측정과 측정 분석의 필요에 대한 설명. 일반적으로 측정과 분석은 수행 활동의 상태와 효과성을 판단하기 위해 취해진 측정의 예들을 포함한다 – 실행 검증(verifying implementation): 활동들이 수립된 프로세스에 맞게 수행되는지를 보장하기 위한 조치들. 일반적으로 검증은 경영진과 소프트웨어 품질보증팀에 의한 검토와 감사를 포함
Compatible assessment model	호환성 있는 평가 모델	참조 모델과의 일치를 위해 미리 정의된 요건들(모델의 목적, 범위, 구성요소들, 지표들, 참조 모델에 매핑, 그리고 결과의 변환을 위한)을 충족하며 평가를 수행하는 데 사용되는 운영 모델

영문 용어	한글 용어	해석과 설명
Competent assessor	전문 심사원	프로세스 평가를 수행하는 데 필요한 스킬, 역량, 경험을 실제 보여주는 요원
Completeness	완전성	요건에 적용할 때, 상위 수준의 요건으로부터 기인하는 모든 영향을 전부 고려하는 것
Compliance	준수	표준으로부터의 요건을 충족하거나, 또는 특수한 요건을 충족하는 것
Compliance article	준수 검사항목	특수한 요건에 부합하는지를 검사할 목적으로 생성되고 구축된, 또는 코드화된 항목
Component	컴포넌트(구성요소)	시스템 안에서 분리된 구조를 가지면서 시스템의 다른 구성요소들과 상호작용하고, 그럼으로써 가장 낮은 수준에서 시스템 속성과 특징에 기여하는 실체. 컴포넌트는 하드웨어가 될 수도, 소프트웨어가 될 수도 있으며, 또한 다른 구성요소들로 잘게 나눠질 수도 있다
Composite results	종합 결과	특정한 개인이나 프로그램에 한정적이지 않은 결과물. 주로 평가 후 단계에서 고위 경영진에게 제출되는 보고서를 지칭한다
Concession	허용	정의된 요건에 부합하지 않는 제품을 사용하거나 출시하는 것을 승인하는 것
Concession waiver	허용 증서	이미 만들어졌으나 정의된 요건에 부합하지 않는 일정량의 자료나 구성요소 또는 저장물을 사용하거나 출시하는 것을 승인한 문서
Conditional	조건부	관련되는 모든 패키지에 제공되는 정보
Configuration	형상	구성 관리에서, 제품의 기술적 문서에 기록되거나 저장된 하드웨어 또는 소프트웨어의 기능적이고 물리적인 특성들. 과업 또는 인도 산출물의 부분 또는 구성요소들의 배열
Configuration baseline	형상 기준선	시스템 또는 서브시스템의 수명주기 동안 특정 시점에 공식적으로 지정된 구성 정보. 형상 기준선과 그 기준선의 승인된 변경은 현행 형상 정보를 구성한다
Configuration control	형상 통제	형상을 공식적으로 식별한 후에 형상에 발생하는 변경들에 대한 평가, 조정, 승인 또는 거부, 실행으로 구성되는 형상관리의 한 요소
Configuration identification	형상 식별	시스템을 위한 형상 항목들을 선정하는 것과 기술 문서 안에 그것들의 기능적이고 물리적인 특징들을 기록하는 것으로 구성된 형상관리의 한 요소

영문 용어	한글 용어	해석과 설명
Configuration item	형상 항목	형상관리를 위해 지정되고, 형상관리 프로세스에서 단일 실체로 취급되는 하드웨어, 소프트웨어 또는 두 가지 모두의 집합체
Configuration management	형상관리	(1) 형상 항목의 기능적이고 물리적인 특성들을 인식하고 기록하며, 그 특성들에 대한 변경을 통제하고, 변경 처리와 실행을 기록하고 보고하고, 특정된 요건과 부합하는지 검증하기 위한 기술적이고 관리적인 지침과 감독을 적용하는 분야. 또한 이런 지침과 감독을 (a) 항목의 기능적이고 물리적인 특징을 식별하고 문서화하기 위해, (b) 그런 특징에 발생하는 변경을 통제하기 위해, (c) 변경 처리와 실행을 기록하고 보고하기 위해 적용하는 기법. (2) 잘 준비된 변화(변경) 관리를 사용하여 제품의 성능, 요건에 맞는 기능적이고 물리적인 속성들, 제품 생애 전반에 걸친 설계와 운영 정보를 확립하고 유지하기 위한 통제 활동
Configuration management library system	형상관리 라이브러리 시스템	소프트웨어 베이스라인 라이브러리와 그것의 내용에 접근하기 위한 툴과 절차들
Configuration unit	형상 단위	형상관리 라이브러리 시스템에 위치할 수 있으며, 그리고 검색될 수 있는 형상 항목 또는 구성요소의 최저 수준 실체
Conformity	적합성	요건의 충족
Consequence	결과	손실, 손해, 불이익, 이익 등 정량적으로 또는 정성적으로 표현되는 이벤트 또는 상황의 성과
Consistency	일관성	시스템 또는 구성요소의 부분들 또는 문서들 간의 모순됨이 없는 통일성, 표준화의 정도(IEEE STD 610)
Cosmetic defect	사소한 사용상의 결함	시스템을 가동할 수 없게 만드는 것은 아니지만 사용자들에게 불편을 야기하는 사소한 문제
Constraint	제약	(1) 제한, 한계, 또는 규제, (2) 다른 요건들과 맞바꿀 수 없는 요건의 한 유형
Constructed capability	집합된 역량	특별하게 명시된 요건을 달성하기 위해 합쳐진 단위 조직들 또는 다른 조직들의 구성요소로부터 구축된 역량
Contingency factor	비상대비 요소	애플리케이션 도메인과 그 외의 추정에서 불완전한 사양, 무경험 등의 사유로 과소평가될 소지가 있는 규모, 비용, 일정 계획의 조정(증가)

영문 용어	한글 용어	해석과 설명
Continuous architecture	연속적 아키텍처	중점 영역들을 구현하는 데 명백히 모두 등등한 우선순위를 갖고, 증가하는 역량을 보여주기 위해 동일한 일반적인 프랙티스가 집합에 추가되는 역량 모델. 이 모델은, 증대하는 성숙도의 우선 순서에서 기타 영역의 집합보다 이전에 수행되어야만 중점 영역들의 집합을 확립하는 단계적 모델과 대비된다
Contract	계약	소프트웨어 서비스의 제공 또는 소프트웨어 제품의 공급, 개발, 제작, 운영, 유지개선을 위해 특별히 법에 의해, 또는 전적으로 한 조직 내에서의 유사한 내부 협약에 의해 강제되는 두 당사자 간의 강제력 있는 협약
Contract integrity	계약 무결성	계약상의 그리고 법적인 정책들, 규정들, 기타 지침의 고수 및 순응
Contract terms and conditions	계약 조항 및 조건	명백히 규정된 계약의 법률적, 재무적, 행정적인 측면들
Contractor	계약자	구매되는 제품을 인도하거나 또는 서비스를 수행하는 실체. 구매하는 조직의 일부분일 수 있다
Control	통제	상태의 변경을 식별하기 위해 정기적으로 수행하는 활동 및 조치 또는 시스템의 진도를 모니터링하고 관찰하고 기록하는 것
Convertibility	전환성	어느 한 측정 방법을 사용하여 획득한 규모를 다른 방법을 사용한다면 얻을 수 있는 정확한 규모의 표현으로 전환하는 능력
Correction	교정	검출된 불일치(모순)를 제거하기 위해 취해진 조치
Corrective action	교정 조치	검출된 불일치 또는 기타 바람직하지 않은 상황의 원인을 제거하기 위해 취해진 조치
Corrective maintenance	교정형 유지개선	발견된 문제점을 고치기 위해 인도 후에 소프트웨어 제품을 대상으로 수행하는 변경. 이 변경은 요건들을 만족시키기 위해 코드를 수정한다
Cost	비용	돈, 시간, 노동, 분열, 선의, 정치 및 무형의 손실을 포함해 부정적인 영향을 미치는 직간접적 활동 및 서비스 비용
Critical computer resource	핵심 컴퓨터 자원	해당 자원에 대한 잠재적인 필요가 실제 가용한 범위를 초과하기 때문에 프로젝트의 위험 요소로 기능할 것으로 여겨지는 컴퓨팅 자원의 파라미터. 예로는 목표컴퓨터의 메모리와 호스트컴퓨터의 디스크 용량을 들 수 있다
Critical technical parameter	핵심 기술 파라미터	기준선(베이스라인) 문서에 지정되어 있으면서 성능에 결정적인 파라미터

영문 용어	한글 용어	해석과 설명
Customer	고객	제품을 인수하는 조직 또는 인물. 또한 공급자가 제공하는 제품의 인수인. 또한 제품을 인수하고 개발 조직에 대금을 지불할 책임이 있는 개인 또는 조직
Customer dissatisfaction	고객 불만족	고객의 니즈와 기대를 충족하지 못하는 거래에서 그 정도에 대한 고객 의견
Customer expectations	고객 기대	공급자가 제품 또는 시스템 요건에 대한 확약을 전달했을 때 고객이 공급자로부터 받을 것으로 예상하는 것
Customer requirements	고객 요건	고객이 무엇을 왜 원하는지로 표현되는 핵심적인 고객 니즈의 집합. 요건들은 고객이 해결하기를 원하는 문제의 윤곽을 드러낸다. 과업, 목표, 환경, 제약, 효과성 측정의 형태로 시스템에 대한 기대를 정의하는 가정들과 사실에 대한 진술. 이러한 요건들은 검증된 니즈 진술(과업은 진술을 필요로 한다), 구매와 프로그램 결정 문서, 주 시스템 수명주기 기능들 각각에 대한 임무 분석으로부터 정의된다
Customer satisfaction	고객만족	고객의 니즈와 기대를 충족하는 거래에서 그 정도에 대한 고객 의견
Data	데이터	모든 영역에서 프로그램을 지원하는 데 필요한 기록의 다양한 형태들. 데이터는 어떠한 형태라도 될 수 있다(예: 다양한 매체에 출력되거나 묘사됨, 전자미디어, 또는 사진). 데이터는 고객에게 전달되는 산출물이 될 수도 있고, 또는 사내 사용에 한정되는 비인도물일 수도 있다
Data management	데이터 관리	인도물과 비인도물 모두에 대한 프로그램 데이터의 관리적인 통제. 관리적인 통제는 프로그램 데이터의 식별, 요건 해석, 계획, 일정수립, 통제, 저장, 검색 등을 포함한다
Database administration	데이터베이스 관리	데이터베이스에서 정의, 구성, 관리, 제어 기능을 수행하고, 데이터를 보호하는 기능을 수행한다
Defect	결함	의도된 또는 명시된 사용과 관련된 요건의 미충족. 요청되는 기능을 수행할 수 없게 만드는 시스템 또는 구성요소상의 결함 또는 비정상. 이 모델에서 결함들은 4개 척도를 가진 사고 보고서를 통해 보고된다: (1) 결정적인 결함(showstopper), (2) 중대한 결함(serious defect), (3) 대책이 있는 심각한 결함(serious defect with workaround), (4) 표면적인 결함(cosmetic defect)

영문 용어	한글 용어	해석과 설명
Defect density	결함 밀도	제품에서 식별되고 제품 구성요소의 규모로 나눠지는 결함의 수(그 제품의 표준 측정 용어로 표현됨)
Defect prevention	결함 예방	결함들 또는 잠재적인 결함들을 식별하거나, 그것들이 제품에 포함되지 않도록 방지하는 활동들
Defect review	결함 검토	중간 작업 산출물이든 공식 인도물이든 간에, 다음 프로세스 단계로 해당 작업 결과물이 넘어가기 전에 진행되는 작업 결과물에 대한 검토. 객관성을 위해, 다음 작업단계에서 사용하기에 적합하지 않는 제품 내 결함을 식별하고, 작업 결과물에 대한 공통 비전을 제시하는 외부 검토자를 포함하여 제품 제작자와 해당 분야의 동료 연구자들이 검토에 참여한다. 이것은 작업결과물의 산출 이전에 진행하는 정적 테스트와 커뮤니케이션 메커니즘의 형태이다. 동료 검토를 참고하라
Defect root cause	결함 근본 원인	결함을 유발하는 근저의 원인(예: 프로세스 결함)
Defined level	정의된 수준	성숙도 수준을 보라
Defined process	정의된 프로세스	입력, 진입 기준, 활동, 역할, 측정, 검증 단계, 출력, 종료 기준을 명확히 설명하는 반복적인 프로세스. 일반적으로 정의된 프로세스는 조직 수준에서 정의되며, 조직의 표준 프로세스 집합을 사용하여 맞춤 제작이 된다. 예외사항들은 문서화되고, 검토되고, 승인된다. 정의된 프로세스는 역할, 표준, 툴, 방법론의 관점에서 설명되고, 특징 지워지고, 이해된다. 관리자들과 수행자들이 조직에서 사용하는 정의된 프로세스는 공식적으로 설명된다. 예를 들어, 이런 기술은 문서에 담기거나 또는 프로세스 자산 라이브러리에 보관된다. 정의된 프로세스는 조직의 구성원이 따라야 하는 것이다. 정의된 프로세스는 조직이 의도하는 특수한 사용 특성들에 맞추기 위해 조직 프로세스를 손보면서 개발된다(조직 프로세스를 보라)
Degree of confidence	신뢰도	이 책에서, "신뢰도"라는 용어는 소프트웨어가 요건에 부합하는 확신의 정도를 의미하는 것으로만 사용된다
Deliverable	인도물	구매자–공급자 계약에 명시된 대로 구매자에게 인도되기로 합의된 항목. 이것은 문서, 하드웨어, 소프트웨어 또는 어떠한 형태의 작업결과물이 될 수 있다
Delivered products	인도된 제품	고객이 수령하는 작업결과물. 이것은 최종 종료 산출물뿐만 아니라 명세서, 중간 문서들, 프로토타입을 포함한다

영문 용어	한글 용어	해석과 설명
Dependability	의존성	가용성 성능과 그것에 영향을 주는 요인들(신뢰성 성능, 유지개선성 성능, 유지개선 지원 성능)을 설명하기 위해 사용되는 용어
Dependency item	의존 항목	(먼저 작업하는) 개인 또는 그룹이 두 번째 개인 또는 그룹이 계획된 과업을 수행할 수 있도록, 반드시 제공해야 하는 제품, 활동, 정보
Derived requirements	파생 요건	(1) 주 원천 요건 또는 상위 수준에서 파생된 요건들로부터 추가 정제된 요건. (2) 시스템 요소를 위한 특수한 이행을 선택함으로써 발생한 요건
Design	설계	제품에 관한 일련의 의사결정은 제품이 표방하고자 하는 공통 비전과 그것을 전달하는 방법 또는 충족하는 방법을 정한다. 일반적으로 설계는 운영상의 개념(사용자들이 어떻게 제품을 사용하기를 기대하고 또는 의도하는지), 구성 요소들, 그들의 관계, 그리고 때때로 이것을 생성하고, 전파하고, 지원하는 프로세스에 관한 결정들을 포함한다
Design and development	설계와 개발	요건을 명시적인 특성들로 전환하고, 그리고 제품 구현 프로세스의 명세로 전환시키는 일련의 프로세스들
Design authority	설계 담당자	시스템 설계를 진행하는 책임을 갖는 개인 또는 조직
Design recovery	역공학 설계	도메인 지식, 외부 정보, 연역 추론 또는 퍼지 추론이 해당 시스템 관찰에 추가되는 역공학(reverse engineering)의 부분집합으로서의 설계 복구. 역공학 설계의 목표는 시스템 자체를 검사함으로써 직접적으로 획득되는 것을 초월하여 의미 있는 고수준의 추상을 식별하는 것이다
Design review	설계 검토	설계 요건들을 평가하고, 설계 역량이 이런 요건들을 충족하는지와 문제점 식별 및 해결책을 제시하는지를 평가하기 위한 공식적이고 문서화된, 그리고 종합적이고 체계적인 설계 검사
Detailed design baseline	상세설계 기준선	상세화된 설계 단계 활동들을 통한 설계 솔루션(예: 상세 그림, 상세 사양, 형상 통제하의 상세 솔루션 기술). 참고: 기준선은 시스템 확인 및 검증 프로세스 활동들과 과업들에 사용되는 준수 조항들을 만들거나 구성하는 데 쓰인다
Developer	개발자	소프트웨어 수명주기 프로세스 동안에 개발 활동들을 수행하는 조직(요건분석, 설계, 인수테스트)
Development baseline	개발 기준선	변경을 정의하고, 최종 산출물과 관련된 프로세스가 특정 시점에 기록되었는지 판단하는 근거로 기능하는 구성물의 속성에 대한 합의된 서술

영문 용어	한글 용어	해석과 설명
Development environment	개발 환경	초기의 소프트웨어 개발 노력을 완료하기 위해 필요한 일련의 자동화 도구, 펌웨어 장비, 하드웨어. 자동화 도구는 컴파일러, 어셈블러, 링커, 운영체제 로더, 디버거, 시뮬레이터, 에뮬레이터, 테스트 툴, 문서화 툴, 데이터베이스 관리시스템에 한정되지 않는다. 다른 사람에게 영향을 주지 않으면서 데이터와 테스트 도구를 생성할 수 있는 공간이다. 개발 플랫폼에서 개발자가 자신의 과업을 수행하기 위해 예약하고 관리하는 환경이다
Development life cycle	개발 수명주기	시스템 개발의 시작에서부터 종료시까지의 진행(경과)
Development phase	개발 단계	수명주기의 개발 단위에서 정의된 일군의 활동들
Deviation	편차	검토되는 적절한 기준, 계획, 표준, 절차, 변수들로부터의 주목할 만한 또는 뚜렷한 이탈
Deviation permit	허용 편차	제한된 수량의 제품에 대해 또는 제한된 기간 동안, 그리고 특별한 사용을 위해, 제품이 구현되기 전에 최초로 명시된 요건들로부터 허용되는 이탈(정도)
Direct measure	직접 측정	다른 어떤 속성의 측정에도 의존하지 않는 속성의 측정
Direct measurement method	직접 측정 기법	다른 측정 방법들로부터 독립적으로 고안된 측정 방법
Discrimination	판별력	측정되는 속성의 차원에서 작은 변경에도 반응하는 측정 방법의 능력
Disposition	처분	어떤 문제에 책임 있는 담당자의 최종 결정
Document	문서	보고서, 명세서, 매뉴얼 또는 책자처럼 사람들이 사용할 수 있도록 고유하게 식별된 정보 단위. 그것이 기록되는 매체에 관계 없이, 일반적으로 영속적이고 인간 또는 기계에 의해 읽혀지는 데이터의 모음
Documentation	문서화	하나 또는 그 이상의 관련된 문서들의 취합. 물리적인 또는 전자적인 매체에 정보가 기록되는 것을 의미한다. 이것은 고객 또는 형상관리 사용자들이 사용할 수 있고 쉽게 접근할 수 있도록 정리되고 구조화되고 최신상태를 유지한다
Documentation profile	문서 프로파일	하나 또는 그 이상의 문서들 내용을 기록하는 정보 항목들의 테이블
Domain	도메인	(과업)수행자들에게 편익을 제공하는 주제 영역. 예로 소프트웨어 또는 시스템 엔지니어링, 인사, 마케팅, 재무, 시설 구축, 리노베이션 및 해체, 접객, 병원 운영 또는 응급실, 법률 또는 전문적 조언 등을 포함한다

영문 용어	한글 용어	해석과 설명
Effective	효과적	의도하는 목적을 달성하는 데 적합한
Effective process	효과적인 프로세스	적절하게 수행되었을 때 의도된 결과(예를 들어 바라던 대로 대상물의 상태가 변화하는 것)를 생성하는 일련의 활동. 똑같이 효과적인 프로세스가 여러 개 있을 때, 자원의 소비 측면에서 그들의 상대적인 효율성을 실증적으로 결정할 수 있다. 효과적인 프로세스란 실행되고, 문서화되고, 집행되고, 교육되고, 측정되고, 향상시킬 수 있는 것이라고 특징지을 수 있다
Effectiveness	효과성	계획된 활동이 실현되어서 예측한 결과를 달성하는 정도에 대한 측정
Effectiveness assessment	효과성 평가	설계 솔루션과 연관된 제품이 미리 예견된 용례를 얼마나 잘 수행하는지 또는 운영하는지에 대한 분석
Efficiency	효율	달성된 결과와 거기에 사용된 자원 간의 관계
Effort	공수	과업에 바쳐지는 인당 시간
Empowerment	권한 이양	달성할 목표를 수행하기 위해 의사결정과 그 권한, 결과, 정보, 그리고 역량을 정렬하는 것
Enabling system	작동 지원 시스템	목표 시스템이 아니며, 수명주기 동안 그 시스템을 보완해주지만 직접적으로 기능성에 기여하지는 않는 시스템: 예를 들어 목표 시스템이 가동 단계에 들어갈 때 작동지원 시스템이 필요하다
End system	최종 시스템	구성 구조물의 계층 구조상 가장 상부에 위치하는 구성 구조물. 사용과 운영 관점에서 모든 것을 완비하고 있는 시스템
End user	최종 사용자	해당 환경에 시스템이 구축될때 의도한 운영상 사용을 위해 그 시스템을 쓰는 개인 또는 그룹
End user representative	최종 사용자 대표	사용자 전체를 대표하여 선발된 사용자
Engineering group	엔지니어링 그룹	엔지니어링 분야를 대표하는 개인들의 모임(관리자들과 기술 요원 모두). 엔지니어링 분야의 예는 시스템 엔지니어링, 하드웨어 엔지니어링, 시스템 테스트, 소프트웨어 엔지니어링, 소프트웨어 형상관리, 소프트웨어 품질보증을 포함한다
Engineering plan	엔지니어링 계획	프로그램의 기술적 공수에 관한 지침 및 통제 계획. 엔지니어링 계획은 시스템 수명주기 요건 충족에 연관된 모든 요소들의 균형을 맞추는 제품 개발을 책임지는 통합된 기술적 노력을 반영한다

영문 용어	한글 용어	해석과 설명
Enhanced capability	개선된 역량	신뢰할 수 있는 프로세스 개선 프로그램에 의해 정당화되는, 현재 평가된 역량보다 향상된 역량
Enterprise	기업	조직이 귀속하는 법적인 실체. 하나의 법적 실체 또는 여러 개의 실체에 걸치는 단위로서, 그 안에서 하나 또는 그 이상의 프로그램들이 전체로서 관리된다. 기업 내의 모든 프로그램들은 보고 체계의 최정점에 공통의 관리자와 정책을 공유한다(조직을 보라)
Environment	환경	(1) 최종 제품 및 해당 제품의 설계 솔루션을 제한하는 자연적인 조건들(날씨, 기후, 해양, 토양, 식생, 먼지 등)과 유도된 조건들(전자기 인터페이스, 열, 진동 등). (2) 조직 또는 프로그램에 영향을 미치는 외적인 요소들. (3) 개발 툴, 방법론, 프로세스에 영향을 미치는 외적인 요소들. (4) 시설, 하드웨어, 소프트웨어, 펌웨어, 절차, 그리고 소프트웨어를 개발하고, 테스트하고, 유지하고, 운영하기 위해 필요한 문서. 소프트웨어 엔지니어링 환경과 테스트 환경을 보라
Error prevention analysis	오류 예방 분석	일반적으로 문제가 되고 있는 문서/제품을 개발한 엔지니어링 전문가 작업그룹에 의해 수행되는 프로세스. 이것은 각 오류(에러)와 그것의 원인, 그리고 이를 예방하기 위한 조치들에 대한 객관적인 평가이다. 비난을 퍼붓기보다는 실수, 교육과 훈련의 적절성, 툴 역량, 지원의 효과성 등에 대한 질문들이 분석에 적합한 영역이다
Evaluation	평가	소프트웨어 제품 또는 서비스가 명시된 요건을 충족하는지 판정하기 위한 검토, 조사, 테스트의 활용
Evaluation method	평가 방법	특정 제품 또는 제품의 구성요소에 전반적으로 적용되는 구체적인 측정 또는 검증 결과를 얻기 위해 평가자가 수행하는 활동을 설명하는 절차
Evaluation module	평가 모듈	특정 소프트웨어 품질 특성 또는 하위 특성들에 대한 평가 기술 패키지
Evaluation records	평가 기록	평가 프로세스에서 수행된 모든 활동과 수행 결과들의 문서화된 객관적 증빙
Evaluation report	평가 보고서	평가결과와 평가와 관련한 기타 정보를 제공하는 문서
Evaluation requestor	평가 요청자	평가를 요구하는 인물 또는 조직
Evaluation technology	평가 기술	평가에 사용되는 기술, 툴, 지표, 측정기준, 기타 기술적 정보를 포함하는 일반적인 용어(기술, 방법론, 기타 기술적 정보의 적용을 위한 일반적인 용어)

영문 용어	한글 용어	해석과 설명
Evaluation tool	평가 도구	데이터를 수집하고, 해석하고, 또는 활동의 일부분을 자동화하기 위해 평가 기간에 사용되는 도구
Evaluator	평가자	평가를 진행하는 조직
Event	이벤트	특정한 시간 주기 동안에 특별한 장소에서 발생하는 사건 또는 사태
Event-driven basis	이벤트 지향 기반	프로젝트에서 이벤트의 발생에 기반하여 수행되는 검토(예: 수명주기 단계의 공식적인 검토 또는 완료 검토)(비교를 위해 주기적인 검토를 살펴보라)
Event-driven review/activity	이벤트 지향 검토/활동	프로젝트에서 이벤트의 발생에 기반하여 수행되는 검토 또는 활동(예: 수명주기 단계의 공식적인 검토 또는 완료 검토)(비교를 위해 주기적인 검토/활동을 살펴보라)
Event-tree analysis	이벤트 트리 분석	개시 이벤트로부터 발생할 수 있는 결과들의 범위와 순서를 설명하는 기법
Executive	경영진	조직 내에서 단기적인 프로그램, 계약 관련 이해관계와 압력보다는, 조직의 장기적인 활력에 주로 관심을 쏟는 고위 관리층
Exit criteria	종료 기준	현행 수명주기 국면 또는 다음 단계로의 이전에서 전진을 하기 전에 만족스럽게 증명되어야 하는 특수한 성취 또는 조건
External attribute	외부 속성	환경과 어떻게 관련되는가 하는 측면에서만 도출되는 어떤 실체의 측정가능한 속성
External measure	외부 측정	시스템의 일부분인 동작(활동)의 측정들로부터 도출되는 간접적인 제품측정
External quality	외부 품질	특수한 조건하에서 사용될 때, 명시된 그리고 내포된 니즈를 제품이 만족시키는 정도
Facilitator	간사	프로세스 심사 활동을 통해 심사 팀원들 지도를 책임지는 프로세스 심사 전문가
Facility	시설	어떤 행위의 성과를 촉진하는 물리적인 수단 또는 설비
Failure	장애	고장으로 인한 작동 불능 또는 소프트웨어 운영 요건으로부터의 이탈. 또는 요청되는 기능을 수행하는 항목의 기능 정지 또는 미리 정의된 한계 내에서의 수행 불능
Failure mode and effects analysis(FMEA)	장애모드와 영향분석	기술적인 시스템에서 잠재적인 장애 모드가 분석되는 절차. 장애모드 영향분석(FMEA)은 장애모드 영향 심각도 분석(FMECA: Failure modes, effects, and criticality analysis)으로까지 확장될 수 있다. 장애모드 영향 심각도 분석에서는, 식별된 각 장애상태는 발생 가능성 및 결과의 심각도라는 결합 영향도에 따라 분류된다

영문 용어	한글 용어	해석과 설명
Fault	고장	컴퓨터 프로그램에서 부정확한 단계, 프로세스, 또는 데이터 식별. 고장은 실행가능한 소프트웨어 코드에서 발견되는 결함(defect)이다. 고장은 결함의 하부 항목이다
Fault isolation	고장 분리	어떤 하부 시스템 내에서의 고장이 다른 하부 시스템들에서의 연쇄적인 고장을 유발하지 못하도록 하는 특정 하부 시스템의 능력
Fault-tree analysis	고장 트리 분석	중요 사건으로 불리는 특별한 이벤트를 야기하는 잠재적인 원인들과 다양한 시스템 상태들의 논리적인 조합을 보여주는 시스템 엔지니어링 기법
Findings	발견 사항	조사대상 영역 내에서 가장 중요한 이슈들, 문제들, 기회들을 식별하는 평가, 사정, 감사, 또는 검토의 결론
Firmware	펌웨어	하드웨어 장치에 읽기만 가능한 소프트웨어로 주재하는 하드웨어 디바이스와 컴퓨터 명령 또는 컴퓨터 데이터의 조합
First-line manager	일선관리자	성과와 월급을 검토할 책임을 지닌 일선의 경영진; 수행 레벨의 인력을 감독할 직접 책임이 있는 관리자; 일선 관리자들은 기술 감독자들과 전문가들을 관리할 책임을 진다
First-line support	1단계 지원	일선 지원 또는 접점 지원으로 불린다. 운영 소프트웨어에 대한 고객의 최초 지원요청 전화를 받는 단위조직. 고차원의 요청을 해결할 수 있는 접점 또는 헬프데스크 조직은 일반적으로 관리 시스템에 요청을 기록하고, 필요한 경우 요청을 다른 곳으로 전파한다
Formal method	정형적 방법	수학적인 방법으로 요건이 탐구될 수 있도록 요건들을 표현하는 기법. 정형적 방법은 요건들이 완전성, 일관성, 다른 요건집합과의 등가성을 갖는지 가늠할 수 있게 해준다. 정형적 방법은 공식 명세서를 산출한다
Formal procedure	공식 절차	사용 지침을 갖고 있는 일련의 문서화된 절차들
Formal review	공식 검토	의견수렴과 승인을 위해 현업, 고객, 또는 기타 이해당사자들에게 제품을 제시하는 공식적인 회의. 이것은 또한 프로젝트 진도에 관한 관리적이고 서술적인 활동들을 검토하는 것이 될 수 있다
Formalization	공식화	작업 프로세스를 운영 조직 전반에 걸쳐 더 공식적이고, 일관되고, 표준화되게 만들기 위한 문서화, 교육, 모니터링, 개선의 전파, 기타의 메커니즘(제도화를 살펴보라)
Frequency	빈도	주어진 시간에 이벤트의 발생 건수로 표현되는 발생가능성 측정기준(발생가능성과 확률을 살펴보라)

영문 용어	한글 용어	해석과 설명
Full-time equivalent (FTE)	FTE(전일 공수)	팀원 각자의 노력에 기반하여 팀 전체의 규모를 표현하는 것으로, 사전에 정의한 작업시간을 기준으로 동일한 기간 동안 투입된 노력의 양을 측정하는 방법. 예를 들어 일주일(보통 5영업일)을 기준으로 3명이 전일제 근무를 하고(3 FTE), 1명이 2일 일한다면(0.4 FTE), 이것의 합은 3.4 FTE이다.
FSM method	기능점수 산정 방법	ISO/IEC 14143의 필수 특징들을 준수하는 일련의 규칙들에 의해 정의된 기능점수 산정 방법의 특수한 적용
Function	기능	프로그래밍 측면에서, 사용자 또는 프로그램이 과업의 전부 또는 일부분을 수행할 수 있도록 프로그램 내에서 구현된 알고리즘. 기능분석의 측면에서, 시스템의 의도된 행위 측면. 인적 자원 측면에서, 정해진 목표 또는 목적을 달성하기 위해 개인들에 의해서 수행되거나 또는 그들 역할에 지정되거나 맞춰진 도구를 활용하는 일련의 관련 행위들(과업, 행위, 추구하는 결과를 달성하기 위해 수행된 활동)
Functional analysis	기능 분석	해당 기능의 달성에 필요한 모든 하부 기능들을 식별하고, 기능적 관련성과 인터페이스(내부와 외부)를 식별하고, 이것들을 기능 아키텍처에서 포착하고, 상위수준의 성능 요건을 아래로 내려보내고, 이 요건들을 하위단계의 하부기능으로 지정하기 위해 정의된 기능을 검사하는 것
Functional architecture	기능 아키텍처	기능들의 위계적인 배열, 그들의 내부와 외부 기능별 인터페이스(external to the aggregation itself)와 외적인 물리적 인터페이스, 그것들의 기능적인 요건들과 성능 요건들 그리고 설계 제약들
Funcational baseline	기능 기준선	시스템 또는 형상 항목의 기능적 성능 요건, 상호운영성 요건, 인터페이스 요건, 그리고 이같이 명시된 요건들의 달성을 보여주기 위해 필요한 검증을 설명하고 있는 최초에 승인받은 문서
Functional domain	기능 도메인	기능점수 산정 방법과 관련된 기능적 사용자 요건들의 특성에 기반한 소프트웨어 분류
Functional requirement	기능 요건	개발 중인 시스템의 기능을 정의하는 요건
Functional size	기능 크기	기능적 사용자 요건들을 계량화함으로써 도출되는 소프트웨어 규모
Functional test	기능 테스트	각 시스템 특성의 기능 테스트는 적어도 하나의 테스트 명세를 사용하여 수행된다. 테스트의 목적은 시스템의 기능적 특성을 검증하는 것이다
Functional user requirements	기능에 대한 사용자 요건	사용자 요건들의 부분 집합. 기능에 대한 사용자 요건은 소프트웨어가 사용자들의 니즈를 충족시키기 위해 수행해야 하는 사용자 프랙티스와 절차들을 나타낸다. 이것은 품질 요건들과 기술적 요건들은 배제한다

영문 용어	한글 용어	해석과 설명
Generic practice	일반 프랙티스	더 나은 역량 프로세스를 만들기 위해 초점 분야의 특수한 프랙티스들에 추가되는 프랙티스. 일반적으로 일반 프랙티스는 어떤 초점 영역에 적용 가능해야 한다
Goals	목표	어떤 조직 또는 프로젝트가 핵심 프로세스 영역을 효과적으로 구현하고 있는지를 판단하기 위해 사용될 수 있는 핵심 프로세스 영역(KPAs)의 핵심 프랙티스 요약. 목표는 범위, 영역, 각 KPA의 의도를 나타내는 것이다
Grade	등급	제품, 프로세스 또는 동일한 기능 활용을 갖는 시스템의 각기 다른 품질 요건들에 부여된 순위 또는 범주
Group	그룹	일련의 과업들 또는 활동들에 대해 책임을 지는 개인들, 관리자들, 부서들의 집합. 그룹은 한 명으로 지정된 비정규직부터 여러 부서에 지정된 다수의 비정규직 개인들, 다수의 정규직 개인들까지 다양하다
Guideline	지침서	권고 또는 제안을 설명하고 있는 문서
Hazard	위험 요소	손해를 야기할 수 있는 가능성을 지닌 잠재적인 피해 또는 상황의 원천
Host computer	호스트 컴퓨터	소프트웨어를 개발하기 위해 사용되는 컴퓨터(비교를 위해, 목표 컴퓨터를 살펴보라)
Human/user centered	사용자 중심	주된 의도 또는 집중의 대상으로 시스템의 결과물을 산출하거나 사용하게 될 개인들과 그룹들의 이해관계나 니즈를 고려하는 접근 방식
Impact analysis	영향 분석	기존 소프트웨어에 가해지는 변경의 영향도를 식별하는 것과 연관된 분석 활동
Implementation	구현	제품의 수명주기 맥락에서, 제품 설계를 제품으로 실현하는 프로세스
Implementation model	구현 모델	결과물 또는 산출물을 생산하기 위해 어떠한 인력, 방법, 장비를 어떻게 적용해야 할지에 대한 설명
Impremented process	구현된 프로세스	조직의 프로그램 구성원들이 실제로 사용하는 프로세스. "수행 중인 프로세스"와 동일하다
Implied needs	내재적 니즈	설명되지는 않았지만, 특별한 조건하에서 그것이 사용될 때 드러나는 실질적인 니즈
Improvement	개선	프로세스 관점에서, 프로세스 개선을 살펴보라. 제품 관점에서는, 기존 소프트웨어의 개선(향상); 완전형 유지개선과 동의어
Incident	사고	소프트웨어의 테스트 단계 동안의 결함. 소프트웨어가 아직 출시되기 전이므로, 사고로 인해 고객에게 타격은 없다. 사고들은 사고보고서를 통해 보고된다

영문 용어	한글 용어	해석과 설명
Incident Category	사고 범주	고객에 의해서 수행되는 최종 인수테스트에서 적용되는 사고 보고의 분류이며, 예를 들면 다음과 같다. 범주1: 해결될 때까지는 더 이상의 인수테스트 진행을 막는 장애 또는 시스템 결함(showstopper) 범주 2: 소프트웨어 운영 작동을 방해하는 소규모 결함이지만 추가 인수테스트는 지속할 수도 있다 범주 3: 임시 솔루션을 적용할 수 있는 사고이며, 그렇지 않으면 범주 1 또는 2가 될 수 있다 범주 4: 소프트웨어의 운영 작동을 방해하지 않는 표면적인 장애이지만 사용자들은 귀찮게 여긴다. 신규 요건 및 추가 요건 누락, 요구사항 또는 업무규칙의 불분명 등
Incident report	사고 보고(서)	사고를 설명하는 문서. 이 보고서는 사고를 식별한다. 인수테스트 동안 테스트 결과는 문제추적 도구에 보고된다. 이 작업의 목적은 소스코드, 비즈니스 규칙, 데이터 및 문서에 결함과 장애, 원인, 솔루션 및 영향에 대한 완전한 기록을 작성하는 것이다
Indicator	지표	다른 측정기준을 평가하거나 예측하는 데 사용되는 기준. 평가 지표를 살펴보라
Indirect measure	간접 측정	하나 또는 그 이상의 속성들을 측정함으로써 도출되는 속성의 측정
Indirect measurement method	간접 측정 방법	다른 측정 방법으로부터 고안된 측정 방법
Informal review	비공식 검토	임시로 수행되는 검토
Information item	정보 항목	정보 구성요소들의 정의된 그룹. 하위항목은 정보항목의 부분이다
Infrastructure	인프라스트럭쳐(기반구조)	이니셔티브 또는 노력을 유지하는 데 필요한 모든 시스템 구성요소들. 최소한 이것은 인력의 기술과 지식 또는 이를 사용하게끔 하는 데 따르는 교육, 방법론 또는 기술, 재료(입력), 시설, 툴을 총 망라한다
Initial level	초기 수준	성숙도 수준을 보라
Initiating event	개시 이벤트	위협을 초래할 수 있는 이벤트
Inspection	검사	제품 또는 서비스의 하나 또는 그 이상의 특성들이 명시된 요건에 부합하는지 비교하기 위한 측정, 조사, 테스트, 검침 등의 활동들. 제품과 관련 문서가 요건에 부합하는지 판단하기 위한 조사(검토)
Installation test	설치 테스트	설치 테스트는 소프트웨어가 운영에 들어가기 전에 수행되는 최종적인 기술 테스트이다. 이 테스트는 소프트웨어의 최종 제작에 이어 수행되고 사용자를 위한 운영상 기능을 확인하다

영문 용어	한글 용어	해석과 설명
Institutionalization	제도화	비즈니스를 영위하기 위한 방법론, 프랙티스, 절차들을 지원하는 기반구조와 조직문화가 최초에 정의된 이후에 계속 유지되도록 이를 다지고 강화하는 것
Instrumentation	장치화	관찰, 측정, 또는 통제를 위한 메커니즘(또는 수단)의 적용
Integrated database	통합 데이터베이스	시스템 구축을 위한 프로세스 구현에서 얻어진 작업산출물과 결과를 담고 있는 데이터베이스. 참고: 1. 이 데이터베이스는 여러 전문분야에 걸친 팀들과 관리자들이 부여된 과업을 효과적이고 효율적으로 수행하는 데 필요한 정보를 제공한다. 2. 이 데이터베이스는 (a) 시스템의 현재 구성, (b) 현재의 형상 베이스라인, (c) 시스템 구성에 영향을 미치는 결정을 이끌어내는, 또는 계획된 수명주기 이벤트들을 검증하는 데 사용되는 모든 분석과 테스트 결과들을 포함할 것이다
Integrated product development (IPD)	제품 통합 개발(IPD)	고객의 니즈를 더 잘 만족시키기 위해 제품 수명주기 전 기간에 걸쳐 필요한 원칙들을 제때 성공적으로 동원하는 체계적인 제품(또는 서비스) 개발 접근법
Integrated product team (IPT)	제품 통합 개발팀(IPT)	주요 이해당사자들이 제품 성공에 관여하고, 후일 수명주기 분야를 포함하여 제품 생산에 책임을 갖도록 하는 팀. 이것은 또한 상대적으로 덜 중요한 이해당사자, 그리고 사용자는 아니지만 영향을 받는 그룹(예를 들면 화학공장의 순방향 지역 공동체 대표들)에 대한 비구성원 인터페이스를 포함한다
Integrated software management	소프트웨어 통합 관리	소프트웨어 엔지니어링과 관리 활동을 조직의 표준 소프트웨어 프로세스와 관련 프로세스 자산에 기초하여 일관되고 명확한 형태로 통일하고 통합하는 것
Integration	통합	두 개 또는 그 이상의 구성요소들(구성요소들, 부품들, 형상 항목들)을 기능적이고 물리적인 인터페이스를 충족시키면서 고차원 구성요소로 기능하게끔 합치고 묶는 것
Integration test	통합테스트	통합테스트는 사용자 인수테스트 이전에 수행되는 소프트웨어의 최종 기술테스트이다. 목적은 운영 인터페이스, 전환 데이터, 데이터와 사용자 인터페이스 문서를 포함하여 신규 소프트웨어/시스템의 완전한 테스트를 수행하는 것이다. 이것은 소프트웨어/시스템 전반에 걸쳐 기능 트랜잭션을 추적하는 테스트 주기를 가지며, 운영 환경에서 수행되는 모든 구성요소들의 종합적인 테스트이다. 이 테스트의 성공 이후에 인수테스트가 진행된다
Integrator	통합사업자	산출물의 모든 면에 대해서 책임을 지는 공급자. 통합사업자는 통상적으로 다른 공급자들의 산출물에 대해서 책임을 진다
Integrity (of data)	(데이터) 무결성	소프트웨어 자체에 저장되거나 또는 소프트웨어에 의해 처리되는 데이터의 완전성과 신뢰성

영문 용어	한글 용어	해석과 설명
Integrity assurance authority	무결성 담당자	무결성 요건을 지키고 있는지에 대한 평가를 책임지는 독립적인 개인 또는 조직
Integrity level	무결성 수준	허용되는 한계 내에서 시스템 리스크를 유지관리하는 데 필요한 항목의 속성값 범위를 나타냄. (리스크를) 완화시키는 기능을 수행하는 항목들에 대해서, 완화 기능을 수행할 때 그 항목에 필요한 속성은 신뢰성이다. 실패시 위협을 초래할 수 있는 항목들에 대해서는 그 실패의 빈도에 대한 제한이 필요하다
Interested party	이해당사자	조직의 성과 또는 성공에 관심을 쏟는 개인 또는 그룹
Interface partner	인터페이스 파트너	운영, 유지개선, 개발 프로세스에서 소프트웨어 제품의 지원을 함께 준비하기 위해 필요한 개인 또는 조직
Intermediate software product	중간 소프트웨어 제품	소프트웨어 개발 공정의 다른 단계에 입력으로 사용되는 소프트웨어 개발 공정상의 제품
Internal attribute	내부 속성	순전히 제품 자체의 측면에서 도출될 수 있는 측정가능한 실체의 속성
Internal measure	내부 측정	직접적이든 간접적이든 제품 자체에 대한 측정
Internal quality	내부 품질	제품이 특수한 조건하에서 사용될 때 명시된 니즈와 내재된 니즈를 만족시키는 능력을 결정하는 속성들의 총체
Item	항목	예를 들어 부분, 구성요소, 하부시스템, 장비, 시스템처럼 개별적으로 고려될 수 있는 하나의 실체. 항목은 하드웨어, 소프트웨어, 또는 둘 다로 구성될 수 있다
Key factors of functional user requirements	사용자 기능 핵심 요건	소프트웨어에 중대하거나 지배적인 영향력을 미치는 기능적인 사용자 요건들에 의해 표시되는 중요하고, 필수적인 기준
Key practices	핵심 프랙티스	핵심 프로세스 영역의 효과적인 구현과 제도화에 가장 크게 기여하는 기반구조와 활동들
Key process area	핵심 프로세스 영역	집합적으로 수행될 때 해당 영역에서 프로세스 역량 수립에 중요한 것으로 간주되는 일련의 목표를 달성하는 소프트웨어 영역 내 관련 활동들의 묶음. 핵심 프로세스 영역들은 단일 성숙도 수준에 존재하도록 정의된다. 이것은 조직의 소프트웨어 획득 프로세스 역량을 결정하고, 더 높은 성숙도 수준으로 나아가는 데 필요한 개선을 이해하는 데 도움이 되는 주요한 기초 요소이다
Life cycle	수명주기	인지된 고객 니즈의 확인에서부터 시작하여 개발, 테스트, 제조, 운영, 지원, 교육, 처분까지의 다양한 업그레이드와 평가를 지속하는 것 등의 시스템 또는 제품 진화의 범위. 요건의 정의부터 사용 종료까지의 시스템 생애 전체에 걸친 개발, 운영, 유지개선(소프트웨어 수명주기를 살펴보라)

영문 용어	한글 용어	해석과 설명
Life cycle cost	수명주기 비용	제품의 설계에서부터 더 이상 사용되지 않을 때까지의 전체 비용
Life cycle model	수명주기 모델	요건 정의부터 제품의 사용종료까지 시스템의 생애 전반에 걸친 소프트웨어 제품의 개발, 운영, 유지개선에 포함된 프로세스, 활동, 과업을 포함하는 프레임워크
Likelihood	개연성	확률과 빈도의 정성적(qualitative)인 설명
Local customization	현지 맞춤제작	로컬 사용을 위해 수정된 측정 방법으로, 수정 이전에 얻은 것과 다른 크기를 생성할 수 있는 사용자 맞춤 조정이다
Loss	손실	재정적인 사유 또는 기타의 사유에 기인한, 어떤 형태를 띠는가에 관계없이 부정적인 결과
Maintainability plan	유지개선성 계획	소프트웨어와 관련된 특수한 유지개선 프랙티스, 자원, 활동 순서를 설명하는 문서. 개발자는 유지개선성(유지관리성) 계획을 준비한다
Maintainer	유지개선 담당자	유지개선 활동을 수행하는 개인 또는 조직
Maintenance	유지개선	고객 인도 후에 결함을 수정하고, 변경된 환경에 적응하고, 성능 또는 기타 속성을 개선하고, 하드웨어 구성 요소의 라인 및 저장소 유지개선을 수행하기 위한 제품 또는 구성요소를 정정하는 프로세스. 소프트웨어 유지개선의 범주는 사용자 지원, 교정형 유지개선, 적응형 유지개선, 예방형 유지개선, 완전형 유지개선이다
Maintenace enhancement	유지개선 향상	유지개선 향상은 소프트웨어에 변경을 가하는 것으로 결함 교정은 아니다. 소프트웨어 개선은 2가지 유형이 있다: 적응형 유지개선과 완전형 유지개선
Maintenance plan	유지개선 계획	소프트웨어 제품 유지개선에 관련된 특수한 유지개선 프랙티스, 자원, 활동의 순서를 설명하는 문서. 유지개선 담당자는 유지개선 계획을 준비한다. (유지개선) 계획은 제품이 유지개선 단계로 넘어가면 활성화되어야 한다
Maintenance process	유지개선 프로세스	유지개선 프로세스는 유지개선 담당자의 과업과 활동을 담고 있다. 이 프로세스는 소프트웨어의 문제해결 또는 개선 적용 필요성 때문에 코드와 관련 문서에 수정을 진행할 때 활성화된다. 목표는 소프트웨어의 무결성을 보존하면서 기존 소프트웨어 제품을 수정하는 것이다. 이 프로세스는 소프트웨어 제품의 이행(마이그레이션)과 폐기를 포함한다
Maintenance program	유지개선 프로그램	유지개선 계획을 구현하는 데 사용되는 조직적인 구조, 책임, 절차, 프로세스, 자원. ("프로그램"이라는 용어는 "기반구조"와 동의어이다)

영문 용어	한글 용어	해석과 설명
Managed and controlled	관리 및 통제	베이스라인의 한 부분으로 소프트웨어 작업 산출물을 식별하고 정의하는 프로세스이다. 따라서 구성 관리에서는 다뤄지지 않지만 프로젝트 진전을 위해서는 정연한 방법으로 통제가 되어야 한다. "관리되고 통제되는"의 의미는 어느 시점(과거이든 아니면 현재이든)에 사용되는 작업 산출물의 버전이 알려지고(예: 버전 통제), 변경이 통제 가능한 방식으로 통합되어야 함(예: 변경 통제)을 내포한다
Management	관리	조직을 지도하고 통제하는 조정된 활동들
Management practice	관리 프랙티스	특수한 프로세스 속성을 구현하거나 제도화하는 관리 활동 또는 과업
Management system	관리 시스템	정책과 목표를 수립하고, 그러한 목표들을 달성하기 위한 시스템
Manager	관리자	관리자의 책임 영역 내에서, 과업 또는 활동을 수행하는 개인들에게 기술적인 지침 및 관리 지침을 설명하고 통제를 수행하는 역할. 관리자의 전통적인 기능은 책임 범위 안에서 과업의 계획, 자원 확보, 조정, 지시, 통제를 포함한다
Mandatory provision	필수 규정(조항)	지시 또는 요구사항의 형태를 띠는 규범적인 문서의 내용 표현이고, "shall"이라는 단어로 표시된다
Marginal effectiveness	미미한 효과	노력은 투입되지만 투자한 노력으로부터 받는 이득이 노력에 들어간 비용의 가치가 있는지는 불분명하다. 노력은 프로그램 또는 조직에 심각한 영향을 미치지 않고 제거될 수 있다
Marginal value	한계 가치	제품들은 활동에 의해 생성되지만, 그 제품들이 의도한 사람들에게 유용한지는 분명하지 않다. 제품들은 프로그램 또는 조직에 심각한 영향을 초래하지 않고 제거될 수 있다
Maturity level	성숙도 수준	성숙한 습득(acquisition) 과정을 달성하기 위해 잘 정의된 진화 토대
Maturity of process	프로세스 성숙도	특정 프로세스가 명시적으로 정의되고, 관리되고, 측정되고, 통제되고, 효과적인 정도
Maturity questionnaire	성숙도 설문서	CMM 각 핵심 프로세스 영역의 핵심 프랙티스를 샘플로 삼은 소프트웨어 프로세스에 관한 일련의 질문들. 성숙도 설문서는 소프트웨어 프로세스를 안정적으로 실행하는 조직 또는 프로젝트의 역량을 평가하기 위한 출발점으로 사용된다
Measurably significant effectiveness	측정 가능한 중대한 효과성	소비되는 노력과 효용이 측정돼서 어떤 프로그램이나 조직에 중대한 가치가 있는 것으로 발견된 효과

영문 용어	한글 용어	해석과 설명
Measurably significant value	측정 가능한 중대한 가치	활동에 의해서 창출되는 각 제품의 편익은 측정되고, 프로그램이나 조직에 중요한 가치가 있는 것으로 밝혀진다
Measure(noun)	측정	측정을 실시하면서 대상 실체의 속성에 지정된 번호 또는 범주
Measure(verb)	측정하다	측정을 실시하다
Measurement	측정	프로세스, 과업, 활동에서 수집되는 데이터, 또는 언급되는 데이터를 수집하는 행위
Measurement process	측정 프로세스	상호연관된 자원, 활동, 및 측정과 관련된 영향의 집합
Mechanism	메커니즘	과업, 절차, 프로세스의 성능이 보장되는 방법 또는 기법. 메커니즘은 여러 개의 조직적 요소들을 포함할 수 있으며, 관련 문서는 기능 진술서, 운영 계획서, 직무 설명서, 공식적인 절차서의 조합을 포함할 수 있다. 문서는 무엇을 수행해야 하는지, 어떻게 수행해야 하는지, 누가 결과에 대해 책임을 지는지 정의하고 있다
Method	방법	정확하고 반복적으로 과업을 수행하고 원하는 결과에 도달하는 길을 정하는, 합리적으로 구성된 규칙과 기준의 전체 집합
Methodology	방법론	제품을 개발하는 통합적인 종합 엔지니어링 접근법을 정의하는 방법, 절차, 표준들의 묶음
Method of measuring the size of a software	소프트웨어 크기 측정 방법	소프트웨어의 크기를 결정하는 데 사용되는 기술. 예: 기능점수(IFPUG, NESMA, MKII, COSMIC)
Migration	이행	리스트럭처링의 한 형태로 분류됨. 프로그램 이행(마이그레이션)은 한 (프로그램) 언어에서 다른 언어로 옮겨가는 것이다. 엄격한 의미에서 이행은 소프트웨어의 기능을 변경하지는 않는다
Minor Fault	미미한 결함	사소한 운영 중단을 유발하는 결함. 소프트웨어의 문제로 사용자에게 비효율을 초래하지만 작동은 가능한 상태이다. 예를 들면 (a) 잠깐 동안 데이터값이 참을 수 있을 정도로 틀어진, (b) 일부 소수의 기능이 가용하지 않은 정도. 이 정도의 미미한 서비스 저하인 상태에서도 애플리케이션 소프트웨어의 사용은 유지될 수 있다
Minor Improvement (or enhancement)	소규모 (기능)개선	기존 애플리케이션 소프트웨어의 작은 부분을 재배열하거나 조정하는 것이다. 기존 애플리케이션 소프트웨어의 재설계를 요구하는 소규모 소프트웨어 인터페이스 항목들의 개발 또는 설계. 기존 애플리케이션 소프트웨어의 데이터 구조, 소스코드, 문서에 대한 작은(5일 이하의 공수) 변경. 애플리케이션 소프트웨어를 수정하는 다음과 같은 유지개선 요청들에 적용된다: (a) 적응형, (b) 완전형, (c) 예방형

영문 용어	한글 용어	해석과 설명
Model	모델	실제 세상의 어떤 측면을 단순화해서 표현하는 것
Modification request (MR)	변경 요청(MR)	유지개선되고 있는 소프트웨어 제품에 요청되는 변경들을 식별하기 위해 사용되는 일반적인 용어. 변경 요청은 나중에 교정, 또는 개선으로 분류되고, 교정형 유지개선, 적응형 유지개선, 완전형 유지개선으로 범주화될 수 있다. MR은 또한 변경 요청으로 언급된다
Monitor	감시하다	변경을 식별하기 위해 시스템, 활동, 조치의 진도를 정기적으로 체크하고, 감독하고, 정밀하게 관찰하고, 기록하는 것
Monitoring	감시	제품 또는 프로젝트의 상태를 조사하는 것; 예를 들어, 구매자의 활동들과 구매자 또는 제3자의 그러한 활동 결과들을 추적조사하는 것. 다른 예로는 운영 중인 소프트웨어를 추적감시하는 것이다
Multidisciplinary teamwork	범부서간 팀워크	효과적으로 다방면의 기여를 균형 있게 맞추는 솔루션을 구축하기 위해 하나의 팀으로 기능하는 사람들에 의한 모든 적절한 원칙들의 협력적인 적용
Need	필요성	신기술 적용 또는 돌파구, 또는 비용 절감의 이유로 새로운 시장 또는 역량 요건을 만족시키려는 기회 또는 사용자 관련 역량의 부족(예를 들어 니즈 진술서, 현장 결함 보고서, 또는 엔지니어링 변경 지시서에 문서화된 것들). 또한 니즈는 원하는 서비스를 제공하는 것과 관련이 있을 수 있다
Nonconformity	부적합	명시된 요건의 미충족
Nondeliverable item	비인도 항목	계약상으로는 인도될 필요가 없지만, 소프트웨어 제품 개발에는 포함될 수 있는 하드웨어 또는 소프트웨어 제품
Nondevelopmental item	비개발 항목	계약 수주 이전에 인도 및 수용이 가능한 소프트웨어 항목
Nontechnical requirements	비기술 요건	소프트웨어 프로젝트의 관리 활동들을 결정하고 영향을 미치는 합의, 조건, 계약 조항
Normative	규범적인	규범 또는 표준과 관련되거나 이에 대해 서술하고 있는
Objective evidence	객관적 증거	관찰, 측정, 테스트에 기반하고 있으며 검증될 수 있는, 프로세스 요소의 구현과 존재 또는 서비스 또는 항목의 특징과 관련된 정량적이거나 정성적인 정보, 기록, 사실의 진술(정의된 프로세스를 살펴보라)
Offered product	제공 제품	제공하는 조직의 외부인 고객에게 전달한 제품
Offeror	제공자	제안요청 패키지에 대응하여 제안서를 제출하는 계약자
Off-the-shelf product	기성 제품	이미 개발되어서 가용한, "있는 그대로" 또는 약간의 변경으로 사용할 수 있는 제품

영문 용어	한글 용어	해석과 설명
Operational scenario	운영 시나리오	시스템 제품의 운영 도중에 기대되는 이벤트들의 순서. 예상 자극(입력)과 반응(출력)뿐만 아니라 환경적 조건과 사용률을 포함한다
Operational software	운영 소프트웨어	고객에게 전달되고 예정된 환경에 배포될 때 시스템에서 사용되고 운영되기로 의도된 소프트웨어
Operational support	운영 지원	사용자 지원을 보라
Operations product	운영 제품	시스템의 운영 기능을 단독으로 또는 함께 수행하는 하나 또는 그 이상의 제품들
Operator	운영자	기능에 기여하는 지식과 절차들을 뽑아내고, 시스템의 기능성에 기여하는 개인 또는 조직
Opinion leader	오피니언 리더	동료 연구자들로부터 존경받는 엔지니어링 전문가로, 그들의 의견은 동료 연구자들에게 상당한 영향을 미친다
Optimal effectiveness	최적 효과성	소비된 노력이 노력의 양 대비 최대의 효용을 제공하는 것. 즉 노력을 이 이상으로 더 쏟아 붓는다 하더라도 프로그램이나 조직에 성과가 더 생기지 않으며 오히려 줄어드는 결과를 가져온다
Optimal value	최적값	프로그램 또는 조직에 최대의 효용을 주는 활동에서 발생하는 제품값
Optimizing level	최적화 수준	성숙도 수준을 보라
Optional	선택적	제조사 또는 마케팅 조직이 재량으로 제공하는 정보
Optional provision	선택 조항	성명(진술) 또는 권고의 형태를 띠는 규범적인 문서의 내용 표현이고, "should"라는 단어로 표시된다
Organization	조직	공개적으로 또는 사적으로, 그리고 법인 여부와는 상관없이, 자신만의 기능과 관리를 소유한 회사, 상사, 기업, 연합체 또는 기타의 법적 실체 또는 그것의 부분
Organization process maturity	조직 프로세스 성숙도	문서화되고, 관리되고, 측정되고, 통제되고, 지속적으로 개선되는 프로세스를 조직이 명시적이고 일관되게 전개하는 정도
Organizational process	조직 프로세스	조직 내에서 프로그램에 의해 사용되도록 서술되는 조직 수준의 프로세스. 조직에서 빈번하게 발생하는 프로세스들의 상이한 분류를 포착하기 위한 일군의 프로세스. 특수한 프로그램의 니즈를 충족하기 위해서는 조직 프로세스를 잘 정의된 프로세스로 맞춰나가야 한다
Organizational structure	조직 구조	책임, 권위, 사람들 간의 관계를 정연하게 배치함
Organizational unit	단위조직	단일하게 정의된 조직 구성요소(예: 부서, 섹션, 프로젝트, 프로그램)

영문 용어	한글 용어	해석과 설명
Organization's measurement program	조직 측정 프로그램	조직의 측정 니즈를 처리하는 관련 요소들의 집합. 조직 수준의 측정, 조직 측정 데이터를 수집하고 분석하는 방법 및 프랙티스, 조직의 측정 목표에 대한 정의를 포함한다
Organization's software process assets	조직 소프트웨어 프로세스 자산	조직에 의해 유지되고, 소프트웨어 프로세스를 개발, 변경, 유지개선, 구현하는 프로젝트에서 사용되는 실체들의 집합. 일반적으로 소프트웨어 프로세스 자산은 다음을 포함한다: 조직의 표준 소프트웨어 프로세스, 사용 승인을 받은 소프트웨어 수명주기에 대한 설명, 조직의 표준 소프트웨어 프로세스를 가다듬는 기준과 가이드라인, 소프트웨어 프로세스 관련 문서 라이브러리. 프로세스 정의와 유지개선을 수행하는 데 유용하다고 여기는 어떠한 것이라도 프로세스 자산에 포함될 수 있다
Organization's software process database	조직 소프트웨어 프로세스 데이터베이스	소프트웨어 프로세스에서 데이터를 수집하고 가용한 상태로 만들기 위해서, 그리고 특별히 작업 산출물이 조직의 표준 소프트웨어 프로세스와 관련될 때 이것을 위해 구축한 데이터베이스. 이 데이터베이스는 실제 측정 데이터와 측정 데이터를 이해하고 합리성과 적합성을 평가하기 위해 필요한 관련 정보를 포함하거나 참조한다. 프로세스와 작업 산출물 데이터의 예는 소프트웨어 규모, 노력과 비용에 대한 추정과 실 데이터, 생산성 데이터, 동료 검토의 범위와 효율, 소프트웨어 코드에서 발견된 결함 수와 심각도를 포함한다
Organization's standard software process	조직 표준 소프트웨어 프로세스	조직 내 소프트웨어 프로젝트에 걸쳐 있는 공통 소프트웨어 프로세스 수립을 가이드하는 조직적인 기본 프로세스 정의. 이것은 각 소프트웨어 프로젝트가 자신의 기존 소프트웨어 프로세스로 통합하기를 기대하는 근본적인 소프트웨어 프로세스 요소들을 설명한다. 이것은 또한 이들 소프트웨어 프로세스 요소들 간의 관계들(예: 지시 및 인터페이스)을 설명한다
Orientation	오리엔테이션	해당 주제 영역을 수행할 책임을 지는 개인들을 감독하거나, 상호작용하는 주제의 개요 또는 소개
Outsourcing	아웃소싱	계약의 일부로 회사의 자산과 인력을 아웃소싱 업체에게 넘기는 것을 포함하여, 재화 또는 서비스의 외부 제공. 아웃소싱 계약은 보통 5~10년 단위이다
Package documentatior	패키지 문서화	제품 기술 문서와 사용자 문서
Pareto analysis	파레토 분석	결함의 원인을 가장 심각한 것에서부터 가장 덜 심각한 것까지 정렬하는 분석. 파레토 분석은 19세기 경제학자 빌프레도 파레토의 이름을 딴 것으로, 대부분의 결과는 상대적으로 적은 원인으로부터 발생한다는 것. 예를 들어 결과의 80%는 가능한 원인들의 20%에서 발생한다는, 원칙에 기반하고 있다

영문 용어	한글 용어	해석과 설명
Partition	분할	논리적인 요건들의 배열을 잠재적인 최종 제품들, 수동 운영, 또는 관련 프로세스들에 배정함
Patch	패치	진화 엔지니어링의 표준화된 프로세스를 따르지 않고 수행되는 운영 소프트웨어 변경. 서비스를 신속하게 복원하기 위해 절차를 우회하여 이러한 변경 작업을 신속하게 수행한다. 우리는 나중에 다시 돌아와서 제대로 일을 수행하기로 하고 이러한 유형의 변화를 만든다. 종종 업무의 성격과 우선순위 때문에 직원들이 다시 돌아오지 않으며 소프트웨어는 (a) 점점 더 문서화가 부족하고, (b) 점점 더 복잡해지고, (c) 덜 구조화된다
Peer review	동료 검토	결함과 개선점을 식별할 목적으로 제품 제작자의 동료에 의해서, 정해진 절차에 따라 수행하는 작업산출물의 검토
Peer review leader	동료 검토 리더	동료 검토를 계획하고, 조직하고, 이끌 수 있도록 특별히 훈련받고 자격을 갖춘 개인
Perfective maintenance	완전형 유지개선	고객 인도 후에 소프트웨어 제품의 성능 또는 유지관리성(maintainability)을 개선하기 위해 수행되는 변경. 완전형 유지개선은 소프트웨어 성능(예: 사람-기계 인터페이스 개선)과 유지개선성, 또는 기타 소프트웨어 속성을 향상하기 위한 개선들을 제공한다. 완전형 유지개선은 새로운 시스템 요건을 구현하지는 않는다
Performance	성능	임무의 수행 또는 기능과 관련된 물리적인 또는 기능적인 속성의 특징을 잡아내는 정량적인 측정. 성능 속성들은 양(얼마나 많이 또는 얼마까지), 질(얼마나 잘), 범위(어디까지, 얼마나 많은 영역), 적시성(얼마나 신속히, 얼마나 자주), 준비성(가용성, 평균 장애간 시간)을 포함한다. 성능은 개발, 검증, 배포, 운영, 지원, 교육, 처분을 포함하여 모든 제품, 프로세스, 관련 인력들을 위한 속성이다. 따라서 지원성 파라미터, 제조 프로세스 변동성, 신뢰성 등은 성능 측정값들이다
Performance criteria	성능 기준	계약 관점: 성능 목표와 성능을 맞추지 못할 경우의 계약 조항들을 설명하는 계약상의 합의. 성능 관점: 애플리케이션 거래 성능(응답시간) 목표. 프로세스 관점: 활동 수행의 소요시간
Performance requirement	성능 요건	기능이 수행되는 조건과 함께, 시스템 제품이 기능을 얼마나 잘 수행해야 하는지에 관한 설명
Performance test	성능 테스트	이 테스트의 목적은 기능 트랜잭션의 역량과 응답시간, 장비, 통신 네트워크, 데이터베이스 접근을 검증하고 확인하는 것이다. 사용자가 경험하게 될 운영 볼륨을 본뜬 거래량, 복잡도, 빈도, 배치 처리가 적용된다. 테스트 실행은 하드웨어와 소프트웨어가 운영에서 요구될 운영 볼륨과 배치 프로세스를 충분히 통제할 수 있음을 확인한다. 이 테스트를 통해 하드웨어, 네트워크 또는 데이터베이스 파라미터에 대한 필수 변경이 식별될 것이다

영문 용어	한글 용어	해석과 설명
Performed process	수행된 프로세스	조직의 구성원들이 실제로 사용하는 것. 또한 "구축된 프로세스"라고 불린다
Periodic review	정기 검토	규칙적으로 명시된 시간 간격으로 수행하는 검토(비교를 위해, 이벤트 기반 검토/활동을 살펴보라)
Periodic review/activity	정기 검토/활동	규칙적으로 명시된 시간 간격으로 수행하는 검토 또는 활동(비교를 위해, 이벤트 기반 검토/활동을 살펴보라)
Plan	계획	일반적으로 연관된 일정, 예산, 자원, 조직 기술, 작업분할 구조(WBS)를 포함하는, 목표를 달성하기 위해 필요한 일련의 과업들을 문서화한 것
Planning and control measure	계획과 통제 측정	어떤 프로그램의 수명주기 동안에 프로그램의 건실도(health)과 상태를 주기적으로 평가하는 데 사용되는 측정들의 조합. 이런 측정들은 나쁜 경향들의 존재를 일찍 발견해서 교정 활동이 제때 수행되도록 해준다. 계획과 통제 측정 방법의 예는 일정의 실적 vs. 계획, 비용의 실적 vs. 계획, 인력 수준의 실제 vs. 계획 등이 있다
Policy	정책	의사결정, 활동, 또는 기타 사항에 영향을 주거나 확정하기 위해 의도된 지도 원칙
Practice	프랙티스	프로세스의 결과를 만들어내거나, 프로세스의 역량을 개선하는 데 기여하는 기술적인 또는 관리적인 활동
Practitioner	수행자	시스템 엔지니어링 프로세스에 참여하는 인력. 수행자는 시스템 엔지니어링 과업의 완수를 책임지는 개인들, 시스템 엔지니어링의 산출물을 사용하는 개인들, 시스템 엔지니어링 프로세스 구현을 가능케 하는 자원을 제공하는 개인들이 될 수 있다
Preventive action	예방 활동	잠재적인 불일치 또는 기타 잠재적으로 원치 않는 상황에 대한 원인을 제거하기 위해 취해지는 활동
Prime contractor	주계약자	하나 또는 그 이상의 제품을 설계하고, 개발하고, 제조하는 부계약자를 관리하는 개인, 파트너십, 회사, 또는 관련 조직
Priority	우선순위	자원을 언제 할당해야 하는지 결정해야 하는 문제 또는 요청에 주어지는 순위. 또한 사고에도 적용된다: 소프트웨어 인수테스트 중 사고보고에 주어지는 등급, 예를 들면 우선순위 1: 해결할 수 없는 심각한 문제가 제기된다 (showstopper) 우선순위 2: 중대한 오류로 인해 시스템이 작동하지 않는다 우선순위 3: 손쓰지 않으면 범주 1 또는 2로 발전할 수 있는 문제에 대해 회피책(workaround)이 제공된다 우선순위 4: 시스템의 작동을 방해하지 않지만 사용자에게 불편을 초래한다

영문 용어	한글 용어	해석과 설명
Probability	확률	(발생)가능한 결과의 총 경우의 수 대비 특정 결과의 비율로 측정되는, 특정 결과의 발생 가능성. 확률은 0과 1 사이의 수로 표현되는데, 0은 불가능한 결과를 나타내고 1은 확실한 결과를 나타낸다
Problem report	문제 보고	운영 소프트웨어 제품에서 탐지되는 결함을 식별하고 설명하기 위해 사용되는 용어. 유지개선 인력은 현재의 일을 중단하고, 보고된 문제를 심각한 것으로 여기고 해결작업에 참여해야 한다
Procedure	절차	주어진 과업을 수행하기 위해 취해지는 활동의 흐름을 적어놓은 설명
Process	프로세스	입력을 출력으로 전환하기 위해 자원을 동원하는 활동의 체계. 또한 주어진 목적을 위해 수행되는 단계들의 흐름; 예를 들어, 소프트웨어 개발 프로세스
Process assessment	프로세스 평가	참조 모델과 호환되는 모델에 비춰서 조직의 소프트웨어 프로세스를 정연하게 평가하는 것
Process category	프로세스 범주	동일한 일반적인 활동 영역을 다루는 일련의 핵심 프랙티스들의 그루핑이며 (a) 프로세스 도메인, (b) 프로세스 경로, (c) 모델의 핵심동인과 동의어이다
Process asset library	프로세스 자산 라이브러리	조직에서 유지관리하고, 조직의 정의된 프로세스를 개발, 변경, 유지개선, 구축하는 데 프로그램이 사용하는 프로세스 자산의 집합. 이 집합은 예제 프로세스, 프로세스 단편, 프로세스 관련 문서, 프로세스 아키텍처, 프로세스 변경 규칙과 툴, 프로세스 측정의 구조를 잡아주는 정의된 아키텍처 안에서 존재한다
Process assets	프로세스 자산	조직에서 유지관리하고, 조직의 정의된 프로세스를 개발, 변경, 유지개선, 구축하는 데 프로그램이 사용하는 항목들의 집합. 일반적으로 이들 프로세스 자산은 다음을 포함한다: 조직의 표준 프로세스, 프로그램에서 사용 승인을 받은 수명주기 모델에 대한 설명, 조직의 표준 프로세스를 변경하는 지침과 기준, 조직의 측정 데이터베이스, 프로세스 관련 문서 라이브러리. 프로세스 정의와 유지개선 활동을 수행하는 데 유용하다고 간주되는 어떠한 항목이라도 프로세스 자산에 포함될 수 있다
Process attribute	프로세스 속성	프로세스에 적용하여 프로세스의 역량을 측정할 수 있는 특징
Process attribute rating	프로세스 속성 평가	평가받는 프로세스의 정의된 역량에 대한 아키텍처 수준을 판단하는 것
Process capability	프로세스 역량	프로세스를 준수함으로써 달성될 수 있는 예상 결과들의 범위. 요청되는 목표를 달성하는 프로세스의 능력(비교를 위해, 프로세스 성능(성과)을 살펴보라)

영문 용어	한글 용어	해석과 설명
Process capability baseline	프로세스 역량 기준선	전형적인 환경 하에서 특정 프로세스를 준수함으로써 정상적으로 달성되는 예상 결과들의 범위를 문서로 특징짓기. 일반적으로 프로세스 역량 기준선은 조직 레벨에서 수립된다(비교를 위해 프로세스 성능 기준선을 살펴보라)
Process capability determination	프로세스 역량 판단	조직 내의 목표 역량에 비춰서 강점, 약점, 그리고 명시된 특별 요건을 충족하기 위해 프로세스를 전파하는 데 관련된 위험들을 식별하는 목적으로 실시된, 선택된 소프트웨어 프로세스에 대한 체계적인 평가와 분석
Process capability determination sponsor	프로세스 역량 판단 스폰서	프로세스 역량 결정을 시작하는 개인, 또는 조직, 조직의 일부분
Process capability level	프로세스 역량 수준	수행된 프로세스의 역량 발전을 나타내는 6점 순위척도의 한 지점; 각 단계는 하위 단계의 역량 위에서 구축된다
Process capability level rating	프로세스 역량 수준 등급	평가되는 프로세스의 프로세스 속성 등급으로부터 도출되는 달성된 프로세스 역량 수준에 대한 표현
Process category	프로세스 범주	동일한 일반적인 활동 영역을 다루는 프로세스의 집합. 성숙도 모델에서 널리 사용되는 그루핑은 도메인, 핵심 프로세스 영역, 그리고 로드맵이다
Process context	프로세스 맥락	평가 입력물에서 문서화된 요인들의 집합이며, 판단, 이해, 그리고 프로세스 속성 등급의 비교에 영향을 미친다
Process database	프로세스 데이터베이스	모든 프로세스 데이터가 입력되는 저장소. 이것은 프로세스 그룹에 의해 관리되는 중앙집중화된 자원이다. 이 데이터베이스의 중앙집중 통제는 모든 프로그램으로부터의 프로세스 데이터가 영구적으로 유지되고 보호된다는 점을 보증한다
Process description	프로세스 설명	프로세스의 주요 구성요소에 대한 운영상의 정의. 완전하고, 정확하고, 검증가능한 방식으로 요건, 설계, 행위, 프로세스의 기타 특징들을 설명하는 문서. 이것은 또한 이런 규정들이 충족되는지 여부를 판단하는 절차를 포함할 수 있다. 프로세스 설명은 과업, 프로젝트, 또는 조직 수준에서 발견될 수 있다
Process development	프로세스 개발	프로세스를 정의하고 설명하는 활동. 이것은 계획, 아키텍처, 설계, 구현, 검증을 포함한다
Process dimension	프로세스 차원	프로세스 참조 모델의 기능적 측면과 프로세스 역량으로 구성되는 프로세스들의 집합
Process domain	프로세스 도메인	성숙도 모델의 맥락에서 사용될 때, 프로세스 도메인은 서로 논리적으로 관련되는 핵심 프로세스 영역들의 재그루핑이다. 예를 들어, 프로세스 도메인은 조직의 프로세스들을 정의하고, 개선하고, 측정하고, 혁신하는 모든 핵심 프로세스 영역들을 포함할 것이다

영문 용어	한글 용어	해석과 설명
Process effectiveness	프로세스 효과성	프로세스 효과성은 프로세스 수행의 결과들에 집중한다. 이런 결과들은 프로세스 관련 속성들뿐만 아니라 많은 속성들을 포함하는 조직적인 맥락에 기반하고 있다. SECM에 의해서 측정되는 효과성의 측면들은 프로세스와 그것의 전개에 대한 접근이다. 이 접근은 조직적 맥락에서 적절히 사용될 때 증대하는 이득을 산출할 것으로 기대되는 프랙티스로 특징지워진다. 일군의 프랙티스를 수행하면 드러날 것으로 기대되는 최종 상태를 반영하는 목표들에 의해 이것의 전개가 특징지워진다
Process group	프로세스 그룹	조직에 의해 사용되는 프로세스의 정의, 유지관리, 개선을 촉진하는 전문가 그룹
Process improvement	프로세스 개선	조직의 비즈니스 니즈를 충족하고 비즈니스 목표를 보다 효과적으로 달성하기 위해서 조직의 프로세스를 변경하는 활동
Process improvement action	프로세스 개선활동	소프트웨어 프로세스의 전부 또는 일부를 개선하기 위해 계획되고 실행되는 활동
Process improvement program	프로세스 개선 프로그램	명시된 개선목표의 달성과 연관된 모든 전략, 정책, 목표, 책임, 활동
Process improvement project	프로세스 개선 프로젝트	구체적인 개선을 달성하기 위한 일관된 활동들을 구성하는 프로세스 개선 프로그램의 부분집합
Process infrastructure	프로세스 인프라스트럭처	소프트웨어 유지개선 프로세스를 지원하는 인프라스트럭처 구성요소, 예를 들어 (a) 가이드라인, (b) 측정, (c) 서술, (d) 양식, (e) 예제 중간 산출물, (f) 프로세스 조정 기준, (g) 유지개선 프로세스 데이터베이스, (h) 프로세스 지원도구, (i) 프로세스 문서 라이브러리. 유지개선 직원들이 그들의 운영 목표를 달성하도록 지원하기 위해 개발되거나 획득되는 인프라스트럭처
Process management	프로세스 관리	프로세스 정의, 구현, 감시, 개선에 적용되는 활동들, 방법들, 도구들의 집합. 프로세스 관리는 프로세스가 정의되어 있음을 내포한다(왜냐하면 정의되지 않은 것을 예측하거나 통제할 수는 없으니까). 프로세스 관리에 집중한다는 것은 프로그램 또는 조직이 제품과 계획, 성과, 평가, 감시, 교정활동에서 프로세스 관련 요소들을 고려하고 있음을 내포한다
Process maturity	프로세스 성숙도	프로세스가 명시적으로 문서화되고, 관리되고, 측정되고, 통제되고, 그리고 지속적으로 개선되는 정도
Process measurement	프로세스 측정	프로세스를 이해하고 특징을 파악하기 위한 목적에서 프로세스와 그것의 결과물을 측정하는 데 사용되는 정의, 방법, 활동의 집합

영문 용어	한글 용어	해석과 설명
Process measures	프로세스 측정값	프로세스의 효과성을 측정하고 수행되는 교정활동을 식별하는 데 사용되는 정량적인 데이터
Process model	프로세스 모델	비즈니스 활동의 훌륭한 관리 및 엔지니어링에 기본이 되는 프랙티스에 대한 문서화된 설명. 이 프랙티스가 특정 목적을 달성하는 프로세스에서 결합되는 방법을 정의한다
Process outcome	프로세스 결과물	성공적인 프로세스 구현에 대한 관찰 결과
Process performance	프로세스 성능	프로세스의 실행이 그것의 목적을 달성하는 정도. 프로세스를 수행함으로써 달성되는 실제 결과의 측정(비교를 위해, 프로세스 역량을 살펴보라)
Process performance baseline	프로세스 성능 기준선	프로세스를 준수함으로써 달성되는 실제 결과의 문서화된 특징. 비록 초기의 프로세스 성능 기준선은 프로세스 역량 기준선으로부터 도출될 것이지만, 일반적으로 프로세스 성능 기준선은 프로젝트 수준에서 수립된다(비교를 위해, 프로세스 역량 기준선을 살펴보라)
Process profile	프로세스 프로파일	평가된 프로세스에 대한 프로세스 속성 등급(ratings)의 집합
Process purpose	프로세스 목적	프로세스 수행에 대한 고차원의 측정가능한 목표들과 효과적인 프로세스 구현으로 가능한 산출들
Process tailoring	프로세스 테일러링(조정)	프로세스 요소의 상세와 기타 불완전한 명세를 잘 다듬고, 고치고, 완성함으로써 프로세스 설명을 작성하는 활동. 프로젝트의 특수한 비즈니스 요건들은 보통 프로세스 테일러링(조정) 동안에 다뤄질 것이다
Productivity	생산성	제품 제조의 상대적 용이성 측정
Product	제품	고객 또는 최종 사용자에게 인도하기로 의도된, 서비스로부터의 산출을 포함한 활동의 결과, 또는 프로세스의 결과 또는 관찰가능한 결과. 다음을 포함한다: (1) 시스템 엔지니어링의 목표인 항목, (2) 시스템의 구성 부분, (3) 재화와 용역 참고: 8개의 주요 시스템 기능 중 하나 또는 그 이상을 수행하는 요소: 개발, 제조, 검증, 전파, 운영, 교육, 지원, 처분 제품은 시스템의 하나 또는 그 이상의 시스템 요소 유형으로 구성될 것이다: 하드웨어, 소프트웨어, 시설, 데이터, 재료, 인력, 서비스, 기술
Product description	제품 설명	잠재적인 구매자가 제품을 구매하기 전에 그것의 적합성을 평가하는 데 도움을 주는 것을 주목적으로 하는, 소프트웨어 패키지의 특성들을 설명하는 문서

영문 용어	한글 용어	해석과 설명
Product liability	제조물책임법	제품 또는 서비스로 야기된 개인적 부상, 재산 또는 기타의 피해와 관련된 손실을 배상하기 위해 제조자 또는 기타 관련자에게 가해지는 부담을 설명하는 데 사용되는 일반적인 용어. 또한 서비스책임이라고 불린다
Product measures	제품 측정	시간 경과에 따라 일반적으로 변하지 않는 제품의 크기 또는 결함 수와 같은 측정 가능한 특성(즉, 제품 측정값은 언제든지 측정할 수 있음)
Production deviation permit	생산 편차 허용	생산 이전에 또는 서비스 제공 이전에, 특정한 양 또는 특정한 시간만큼 명시된 요건으로부터 이탈하는 정도를 문서로 작성한 허용치
Production environment	운영 환경	변경 통제하에서 고객이 일상적으로 사용하는 운영 애플리케이션 소프트웨어와 자료. 고객에게 즉각적인 영향을 미치지 않게 하기 위해 어느 누구도 통제 없이는 변경을 수행할 수 없는 통제된 환경을 말한다
Profile	프로파일	일반적으로 오랜 시간에 걸쳐, 통상 그래프 형태로 보여지는 계획 또는 설계 vs. 실제의 비교
Program	프로그램	구체적으로 명시된 목표들을 충족하기 위해 일군의 개인들에 의해 추구되고 달성되는 과업들의 집합. 일반적으로 과업들은 본질상 복잡하고, 중요지점을 연결하는 예정된 일정에 따라 정해진 기간(시작과 종료 사이의 기간은 때때로 수년간 걸리기도 한다) 내에 수행된다
Program manager	프로그램 관리자	과업을 완료하고, 목표와 일정, 그리고 프로그램의 재무적 요건들을 충족하는 데 궁극적으로 책임을 지는 개인. 프로그램에 투입된 모든 요원은 프로그램 관리자에 의해 또는 권한을 위임받은 부관리자에 의해 직접적으로 또는 간접적으로 과업을 부여받는다
Project	프로젝트	시간, 비용 및 자원의 제약을 포함하여 특정 요구 사항을 준수하는 목표를 달성하기 위해 착수된 시작 및 종료 날짜가 있는 조정되고 통제된 일련의 활동으로 구성된 고유한 프로세스. 또한 합의된 요건들을 충족하기 위해 조직에 의해서 수립된 권위, 자원, 통제의 구조. 또한 특수한 제품을 개발하고 유지개선하는 데 초점이 맞춰져서 요구되는 일치된 노력을 수행하는 것. 제품은 하드웨어, 소프트웨어, 기타 구성요소를 포함할 수도 있다. 일반적으로 프로젝트는 고유의 자금조달, 비용, 회계, 인도 일정을 갖는다
Project manager	프로젝트 관리자	전체 프로젝트에 총괄 비즈니스 책임을 지는 역할; 소프트웨어, 하드웨어/소프트웨어 시스템, 또는 서비스를 획득하면서 프로젝트를 지도하고, 통제하고, 관리하고, 규제하는 개인. 프로젝트 관리자는 현업에게 궁극적으로 책임을 지는 개인이다

영문 용어	한글 용어	해석과 설명
Project office	프로젝트 사무국	계약된 공수에서 소프트웨어 획득의 주된 책임을 부여받은 개인들의 집단. 프로젝트 사무국은 한 명의 비정규직 개인부터 대규모 정규직 조직까지 규모가 다양할 수 있다
Project representatives	프로젝트 대표	평가받는 프로젝트를 대표하는 엔지니어링 전문가들. 통상적으로 프로젝트 리더와 프로젝트의 기술 전문가 한두 명의 지원 인력으로 구성된다
Project team	프로젝트 팀	계약된 공수에서 소프트웨어 획득의 책임을 부여받은 모든 개인들. 프로젝트 팀은 비정규직 한 명부터 대규모 정규직 조직까지 규모가 다양할 수 있다
Project's defined process	프로젝트에 정의된 프로세스	구체적인 프로젝트에서 사용될 때 프로세스의 운영상의 정의. 제대로 정의되고 이해된다면, 이것은 역할, 표준, 절차, 도구, 방법의 관점에서 설명된다. 이것은 프로젝트의 구체적인 특징과 목표에 적응하기 위해 조직의 프로세스를 맞춤 제작함으로써 수립된다
Promotion	승진(승급, 승격)	소프트웨어 형상 항목(SCI: Software Configuration Item)에서는 상태의 이전(transition)을 말함. 기준선에서는 소프트웨어 수명주기를 통과하는 것을 말함
Proposed capability	제안된 역량	조직이 구체적인 요건을 달성하기 위해 노력을 쏟고 제안하는 프로세스 역량
Proposed change	제안된 변경	아이디어가 기록된 시간부터 지정된 변경 당국에 의해 처분될 때까지 변칙에 대한 보고서와 필수적이거나 권고되는 개선
Prototype	프로토타입	다음의 목적을 위해 만들어진 또는 구축된 제품의 모델(물리적인, 전자적인, 디지털의, 분석적인, 기타). (a) 새로운 또는 잘 알려지지 않은 기술의 적용가능성을 평가하고, (b) 기술적인 위험도를 평가하거나 줄여나가고, (c) 요건들을 검증하고, (d) 중요한 특징들을 시연하고, (e) 제품의 적격 여부를 확인하고, (f) 프로세스의 적격 여부를 확인하고, (g) 성능 또는 제품 특징을 확인하고, (h) 실제 원칙들을 명료하게 한다
Qualification	자격	인사적인 측면에서, 개인적 속성들, 최소 교육, 훈련, 업무, 감사 경험, 감사관이 보유한 능력의 조합. 검사와 타당성 측면에서, 실체가 구체적인 요건을 감당해낼 수 있는지 여부를 시연하는 프로세스
Qualification requirement	자격 요건	소프트웨어 제품이 명세서와 일치하여 목표 환경에서 사용할 준비가 된 것으로 적합하기 위해 충족시켜야 하는 일련의 기준 또는 조건
Qualification testing	자격 테스트	소프트웨어 제품이 명세서를 충족하고 목표 환경에서 사용할 준비가 되었는지 시연하기 위해 개발자에 의해서 수행되고, 구매자에 의해 확인되는 테스트

영문 용어	한글 용어	해석과 설명
Qualify	적격	(1) 설계 솔루션이 개발 베이스라인의 구체적인 요건들을 충족하는지 공식적으로 판단하는 것, (2) 제작, 전개, 교육, 운영, 지원, 처분에 적합한지와 준비가 되어 있는지 선언하는 것
Quality	품질	고객과 기타 이해당사자의 요건을 충족하는 제품, 시스템, 프로세스의 내재적인 특성들의 능력. 또한 명시된 또는 내재된 니즈를 충족시키는 능력을 포함한 제품 또는 서비스의 특징과 특성의 총체. 또한 요건 충족을 측정할 수 있는 제품의 속성(들)
Quality assurance	품질보증	제품 또는 서비스가 품질 요건들을 충족한다는 충분한 확신을 제공하는 데 필요한 모든 계획된 그리고 체계적인 활동들. 또한 관련된 품질 요건이 충족될 것이라는 확신을 제공하는 데 초점을 맞춘 품질관리의 한 부분(소프트웨어 품질보증을 보라)
Quality audit	품질 감사	품질 활동과 관련 결과가 계획된 합의에 일치하는지와 이런 합의가 효과적으로 구현되고 목표 달성에 적합한지를 결정하기 위한 체계적이고 독립적인 조사
Quality characteristic	품질 특성	요건으로부터 도출된 제품, 프로세스, 시스템의 내재적인 특징
Quality control	품질 통제	품질에 대한 요건을 충족하기 위해 사용되는 운영상의 기술과 활동들. 또한 품질 요건을 충족하는 데 초점을 맞춘 품질관리의 한 부분
Quality evaluation	품질 평가	실체가 구체적인 요건들을 충족할 수 있는 정도에 대한 체계적인 조사
Quality function deployment	품질 기능 배포	고객의 니즈와 그것을 달성하기 위한 조직적인 능력을 확립하고 우선순위를 매기고, 그 후에 프로세스의 전개와 운영과 제품 또는 서비스의 배포를 통해 확보되는 개선된 역량을 추적하는 공식적인 방법
Quality goals	품질 목표	달성되었을 때, 제품의 품질이 만족스럽다는 확신의 수준을 제공할 수 있는 구체적인 목표
Quality improvement	품질개선	효과성과 효율성을 증대하는 데 초점을 맞춘 품질관리의 한 부분
Quality in use	사용중 품질	특수한 사용 맥락에서 효과적으로, 생산적으로, 그리고 만족스럽게 구체적인 목표를 달성하기 위해 제품이 특정한 사용자들의 니즈를 충족하는 정도
Quality loop	품질 루프(순환)	니즈의 식별에서부터 이러한 니즈가 만족되었는지 여부를 평가하는 것까지 아우르는 다양한 국면에서 제품 또는 서비스의 품질에 영향을 주는 상호 활동의 개념적인 모델. 혹은 품질 나선이라고 불린다

영문 용어	한글 용어	해석과 설명
Quality management	품질 관리	품질 정책을 결정하고 실행하는 전반적인 관리 기능 측면. 또한 품질에 관련하여 조직을 지도하고 통제하는 조직화된 활동
Quality management system	품질 관리 시스템	품질 정책과 품질 목표들을 수립하고 그러한 목표들을 달성하기 위한 시스템
Quality manual	품질 매뉴얼	조직의 품질 관리 시스템을 구체적으로 명시하는 문서
Quality model	품질 모델	품질 요건을 특정하고 품질을 평가하는 데 기초를 제공하는 일련의 특징들과 그것들간의 관계
Quality objective	품질 목적	품질과 관련하여, 목표로 하고 추구의 대상이 되는 것
Quality plan	품질 계획	특별한 제품, 서비스, 계약, 요청관 관련한 구체적인 품질 프랙티스, 자원, 활동의 순서를 설명하는 문서. 또한 특수한 경우에 적용되는 품질 관리 시스템 구성요소와 자원을 설명하는 문서
Quality planning	품질 계획 수립	품질 목표를 설정하고, 품질 목표를 충족하기 위해 필요한 운영 프로세스와 관련 자원을 설명하는 데 초점을 맞춘 품질관리의 한 부분
Quality policy	품질 정책	고위 경영진에 의해 공식적으로 표명된 품질에 관련된 조직의 전반적인 의도와 지침
Quality requirement	품질 요건	제품, 프로세스, 시스템의 내재적인 특징들에 대한 요건. 요건 품질 모델(예: ISO 9126)에 정의된 것처럼, 소프트웨어 품질과 관련된 어떤 요건
Quality surveillance	품질 감독	품질에 대한 구체적인 요건이 충족되었음을 보증하기 위해 정해진 선호와 관련하여 절차, 방법론, 조건, 프로세스, 제품, 서비스의 상태와 기록의 분석을 지속적으로 감시하고 검증하는 것
Quality system	품질 시스템	품질 관리를 구현하기 위해 사용되는 조직의 구조, 책임, 절차, 프로세스, 자원
Quality system review	품질 시스템 검토	품질 목표와 변경된 환경에서 기인하는 새로운 목표와 관련하여 품질 시스템의 상태와 적합성에 대한 고위 경영진의 공식 평가
Quantitative control	정량적 통제	소프트웨어 획득 프로세스를 분석하고, 소프트웨어 획득 프로세스의 성과에서 특별한 변이 원인들을 파악하고, 잘 정의된 한계 내에서 소프트웨어 획득 프로세스의 성과를 얻는 데 적합한 정량적인 기술 또는 통계에 기초한 기술
Quantitative level	정량적 수준	성숙도 수준을 보라
Random error	무작위 오류	동일한 속성의 수많은 측정 과정에서 예측 불가능한 방식으로 다양한 측정 오류의 구성요소

영문 용어	한글 용어	해석과 설명
Rating	등급(부여)	측정값을 적절한 등급 수준으로 매핑하는 행위. 구체적인 품질 특성에 대해 소프트웨어와 연관된 등급 수준을 결정하기 위해 사용된다
Rating level	등급 수준	측정 척도를 범주화하는 데 사용되는 서열척도에서의 한 지점
Reception test	인수테스트	사용자 승인테스트의 동의어. 소프트웨어/시스템이 인수 기준을 충족하는지 여부와 고객이 그 소프트웨어/시스템을 인수할지 여부를 결정하기 위한 공식적인 테스트이며 대부분은 기능적인 테스트이다(예: IEEE 610: 1991). 이 테스트를 성공적으로 완료한 후에 소프트웨어는 운영을 위해 준비된다
Record	기록	달성된 결과들을 설명하는 또는 수행 활동의 증빙을 제공하는 문서
Redocumentation	재문서화	의미상으로는, 결과적으로 동등한 표현인 소프트웨어 리스트럭처링의 한 형태이며, 바람직한 형태로 사람들을 위해 의도된 대안적 견해이다. 재문서화는 동등한 의미 표현을 생성하거나 수정하는 동시에 동일한 추상화 수준을 유지한다. 결과 표현은 다른 사람을 위한 대안으로 고려된다. 목표는 애플리케이션에서 기존 문서 또는 존재했어야 하는 문서를 검색하는 것이다. 재문서화를 위해 일반적으로 사용되는 도구는 표현 소프트웨어(논리적 방식으로 정보를 출력), 다이어그램 생성기 및 상호참조 목록 생성기이다
Reengineering	리엔지니어링(재공학)	새로운 형식으로 주제 시스템을 재구성하기 위한 주제 시스템의 검사와 변경, 그리고 이어지는 새로운 형식의 구현. 일반적으로 새로운 형식의 추상화 수준은 원래의 주제 시스템과 동일하거나 더 높다
Refactoring	리팩토링	일반적으로 프로그램 수준에서 객체지향 프로그래밍의 맥락에서는 항상 사용된다는 의미로 리스트럭처링으로 분류되는 행위보존 프로그램 변환. 어떤 종류의 소프트웨어 산물, 어떤 종류의 프로그램 언어, 어떤 수준의 추상화에도 적용될 수 있다는 점에서 리스트럭처링이 더 일반적이다
Reference model	참조 모델	어떤 속성을 측정하는 데 벤치마킹으로 사용되는 모델
Reference user requirements (RUR)	참조 사용자 요건(RUR)	기능적인 크기의 결과를 도출하기 위해 FSM 방법(기능점수 산정방법)을 사용하는, 또는 FSM 방법을 참조하는 사용자 요건들의 집합
Regrade	재등급	최초의 것과는 다른 요건들을 일치시키기 위해 비순응 제품의 등급을 변경하는 것

영문 용어	한글 용어	해석과 설명
Regression testing	회귀테스트	시스템 구성요소에 가해지는 변경이 기능성, 신뢰성, 또한 성능에 역으로 영향을 미치지 않는지 판단하기 위한 테스트. 이 테스트는 변경이 우발적인 부작용을 낳지 않도록 소규모 개선 또는 오류 수정에 뒤이어 수행되어야 한다. 예를 들어 (a) 기존 기능의 로직 흐름과 제어에 문제를 유발하지 않으며, (b) 계산상의 오류를 유발하지 않으며, (c) 표현 또는 내비게이션에서 오류를 범하지 않음을 검증한다
Rejuvenation	회춘	소프트웨어를 유지개선하기 좀 더 쉽게 만드는 것을 겨냥하는 모든 기술들(역공학, 재공학, 리스트럭처링, 재문서화 등)을 포함하는 일반적인 용어(Pfleeger가 처음으로 사용했다)
Release	릴리스(판)	특정 목적을 위해 사용가능한 형상 항목의 특별한 버전(예: 테스트 릴리스). 또한 프로세스의 다음 단계로 나아가는 것의 허용
Reliability	신뢰성	특정한 시기에 정해진 조건하에서 시스템 또는 구성요소가 필요한 기능들을 수행하게 될 가능성. 또한 어떤 항목이 특정한 기간에 특정한 조건하에서 필요한 기능을 수행하는 능력
Repair	보수	비순응 제품이 의도한 사용 용례에 맞도록 하기 위해 취하는 조치
Repeatable level	반복 수준	성숙도 수준을 보라
Repeatable process	반복 프로세스	조직의 정책에 의해 지도되고, 문서화되고, 계획되고, 적절한 자원이 배분되고, 책임이 부여된 직원들로 채워지고, 훈련받은 개인들에 의해 실행되고, 측정되고, 적절한 교정 활동으로 추적되고, 적절한 관리진에 의해 검토되는 것을 목적으로, 본질적으로 동일한 방식으로 많은 프로그램에 수행되는 일련의 활동들
Request for proposal	제안요청서(RFP)	구체적인 시스템, 소프트웨어 제품 또는 소프트웨어 서비스를 구매하기 위해 구매자가 잠재적인 입찰 참여자들에게 자신의 의도를 공표하는 수단으로 사용하는 문서. 또한 입찰이라고도 불린다
Request management system	요청 관리 시스템	서비스에 대한 고객 요건들을 포착하는 관리 시스템. 종종 COTS 시스템(Vantive, IncidentMonitor, c-Support, ServiceWise, Revelation, Ibehelpdesk, Heat, TrakIT, HelpTrack, Harmony, TechExcel, and many more). 종종 일선 접점 지원 또는 헬프데스크 조직에 의해 운영된다. 일반적으로 소프트웨어 유지개선 조직이 그 시스템의 사용자이다

영문 용어	한글 용어	해석과 설명
Required training	필수 교육	특수한 역할을 수행하는 데 필요하여 조직이 지정한 교육
Requirement	요건	명시적으로, 관습적으로, 묵시적으로 또는 의무적으로 요구되거나 기대되는 것. 또한 제품이 특정 특성을 갖거나 무엇이, 얼마나 잘, 어떤 조건 하에서 주어진 목적을 달성할 것인지를 결정하는 것
Requirements analysis	요건분석	고객의 니즈, 요건, 그리고 목표의 분석에 기초한 시스템 고유의 성능과 기능적 특징들의 결정; 사명/운영; 사람, 제품, 프로세스를 위해 투사된 활용 환경; 제약; 효과성 측정. 고객 요건과 주요 시스템 기능 및 특징을 위해 솔루션이 생성되는 시스템 고유의 요건들 사이의 가교
Requirements document	요건 정의서	소프트웨어 패키지에 의해 충족되어야 하는 권고사항, 요건, 또는 규제사항들의 조합을 담고 있는 문서
Requirements traceability	요건 추적성	요건과 그것의 부모 요건 간의, 또는 요건과 그것의 구현 간의 연관성에 대한 증빙
Residual risk	잔여 위험	리스크 처리 수단이 취해진 후에도 잔존하는 위험의 수준
Resourcing, resourced	자원 동원	어떤 프로세스나 활동에 필요한 자원을 식별하고, 획득하고, 적용하고, 배치하는 것에 관한 행동
Responsibility	책임	특정한 결과 혹은 산출물을 제공하거나 또는 특별한 방법으로 공헌할 의무, 그리고 그러한 예상 결과들을 제공할 책무
Restructuring	리스트럭처링	동일한 상대적 추상화 수준에서 하나의 표현 형태로부터 다른 형태로의 변형. 새로운 표현은 기존의 의미와 외양을 보존한다. 리스트럭처링이 소스코드에 적용된다면, 이것은 고전적인 의미에서 프로그램 전환이다. 그러나 이것은 또한 설계 또는 아키텍처와 같이, 더 높은 수준의 추상화에도 적용될 수 있다
Retirement	폐기	새로운 시스템으로의 전체 또는 부분 교체, 업그레이드된 시스템의 설치, 운영과 유지개선 조직에 의한 현행 지원의 철회
Return on investment (ROI)	투자대비효과(ROI)	투자와 운영 비용 대비 산출(제품)에서 나오는 소득의 비율이며, 조직이 무엇을 만드는 행위로부터 이득을 얻고 있는지를 판단한다
Reverse engineering	역공학	다음의 목표를 염두에 두고 주제 시스템을 분석하는 프로세스: (1) 시스템의 구성요소들과 그것들의 관계를 식별한다, (2) 또 다른 형태로 또는 더 높은 추상화 수준에서 시스템을 표현한다. 역공학은 검사만 하는 프로세스이다; 고려 중인 소프트웨어 시스템은 수정되지 않는다

영문 용어	한글 용어	해석과 설명
Review	검토	수립된 목표를 달성하기 위해 해당 주제의 적합성, 충분함, 효과성, 효율성을 보장하기 위해 취하는 활동(공식 검토, 비공식 검토, 동료 검토를 살펴보라)
Review data	검토 데이터	요건들 또는 설계 검토로부터 수집되는 데이터. 이런 데이터들은 2가지 유형이다. 첫째는 검토 프로세스와 관련되는데, 일반적으로 준비 시간, 준비 중에 식별한 에러(범주별로), 준비에서 발견된 에러당 시간, 검토 시간, 요건들 또는 검토되는 설계 기술서들의 수, 시간당 요건들 또는 검토되는 진술 기술서들의 수, 검토 인력/시간당 발견되는 에러들(범주별로)을 포함한다. 두 번째 유형은 검토되는 제품 데이터와 관련되는데, 일반적으로 요건 또는 설계 기술서당 발견된 에러수, 각 검토에서 식별된 조치 항목들, 각 검토에서 종결된 검토 항목들, 검토가 필요한 항목들, 수행된 재검토들을 포함한다
Review efficiency	검토 효율성	검토 프로세스를 통해 발견된 에러의 백분율. 이것은 일반적으로 백분율로 설명되는데, 검토 동안 발견된 총 에러의 수를 시스템 통합테스트 완료까지의 테스트와 검토를 통해 발견된 총 에러로 나눠서 계산한다
Rework	재작업	비순응 제품이 요건에 맞춰질 수 있도록 취해지는 조치
Risk	리스크(위험)	알려진 위험이 발생할 가능성과 그 위험의 발생으로 인한 잠재적인 해로운 결과들의 함수. 또한 기대 달성의 불확실성. 또한 손실을 겪을 가능성
Risk acceptance	리스크 수용	특정한 위험의 가능성과 결과를 받아들이는 정보에 근거한 결정
Risk analysis	리스크 분석	특별한 이벤트가 얼마나 자주 발생하는지와 발생할 것 같은 결과들의 규모를 판단하기 위해 가용한 정보를 체계적으로 사용하는 것
Risk assessment	리스크 평가	리스크 분석과 리스크 평가(evaluation)의 전반적인 프로세스
Risk avoidance	리스크 회피	리스크 상황에 개입되지 않기 위해 고지한 결정
Risk control	리스크 통제	기업이 당면하고 있는 위험을 제거하고, 피하고 또는 부정적인 위험을 최소화하기 위한 정책들, 표준들, 절차들의 제공을 포함하는 위험 관리의 부분
Risk identification	리스크 식별	무엇이 발생하는지, 왜 발생하는지, 어떻게 발생하는지 판단하는 프로세스
Risk management	리스크 관리	위험을 식별하고, 분석하고, 평가하고, 처리하고, 감시하는 과업에 있어 관리정책, 절차, 프랙티스를 체계적으로 적용하는 것

영문 용어	한글 용어	해석과 설명
Role	역할	한 명 또는 그 이상의 개인들이 떠맡는 정의된 책임의 단위
Safety	안전성	정의된 조건하에서 시스템이 인간의 삶, 건강, 재산, 또는 환경을 위험에 빠뜨리지 않을 것이라는 기대
SCI types	소프트웨어 형상 항목 유형	SCM(소프트웨어 형상 관리)에 의해서 관리되는 수많은 유형의 전자 문서들, 파일들, 다이어그램들, 모델들, 스키마, 기타 등등
Scrap	말소	원래 의도된 용도를 가로막는 불일치 제품에 취해지는 조치
Second-level support	2단계 지원	1단계 지원을 보유한 조직들에서 2단계 지원은 고객에게 제공되는 모든 소프트웨어 유지개선 서비스를 염두에 둔다. 소프트웨어 유지개선에 의해 제공되고, 사용자들이 종종 요청하는 전형적인 2단계 지원은 다음과 같다: (a) 소프트웨어에 대한 일반적인 도움, (b) 1회성 데이터 추출과 임시 보고서, (c) 교정형 작업(장애 해결), (d) 적응형 작업, (e) 완전형 작업, (f) 예방형 작업, (g) 데이터 복구
Security	보안	허가받지 않은 직원들 또는 시스템들이 정보와 데이터를 읽거나 수정할 수 없고, 허가받은 직원들이 그것에 접근하는 것이 거부되지 않도록 정보와 데이터를 보호함
Self-appraisal	자체 심사	(a) 평가팀 전원 또는 대부분이 평가받는 조직의 구성원이고(반드시 평가자의 지역이 같을 필요는 없음), (b) 평가받는 조직이 계획과 촉진의 주요 책임을 갖는 시스템 엔지니어링 평가
Senior manager	고위관리자	단기적인 프로젝트 또는 계약적인 이해 및 압력보다는 조직의 장기적인 활력에 주안점을 두는 조직에서 충분히 높은 위치에 있는 경영진 역할. 일반적으로 엔지니어링 고위관리자는 여러 프로젝트들에 대해 책임을 떠맡는다
Sensitivity analysis	민감도 분석	개별적인 가정들이 변경됨에 따라 계산 또는 모델의 결과가 어떻게 변화하는지 조사하는 것
Service	서비스	소프트웨어 유지개선 담당자와 고객 간의 인터페이스에서 적어도 하나 이상의 수행활동 결과로 보여지는 실체적인 성과
Service call	서비스 호출	소프트웨어 유지개선 서비스를 위해 소프트웨어 유지개선 담당자에게 전달하는 요청. 이것은 직접적이거나 또는 헬프데스크를 통하거나 혹은 또 다른 접점 지원 조직을 통할 수 있다
Service level agreement(SLA)	서비스 수준 협약(SLA)	서비스가 정의되고, 성능 수준 목표가 기록되고, 소프트웨어 예산이 기록되는 소프트웨어 유지개선 담당 측과 고객 간의 승인 문서(때때로 계약의 형태로)

영문 용어	한글 용어	해석과 설명
Significant effectiveness	중대한 효과성	소비되는 노력이 명백하게 프로그램과 조직에 이익이 됨
Significant value	중대한 가치	그 활동에 의해서 만들어지는 제품들이 그 제품을 사용하는 사람들에게 명백하게 이익이 된다. 중대한 가치를 갖는 제품들이라면 그것들이 의도한 사용자들이 열광적으로 찾고 사용한다
Simulation	시뮬레이션	운영 중인 제품 또는 그 구성요소(들)의 모델. 시뮬레이션은 비디오 게임 또는 툴을 이용한 또는 이용하지 않는 운영의 프랙티스 역할극처럼 제품에 대한 컴퓨터 기반의 유추가 될 수 있다
Small enhancement	소규모 개선	소소한 개선과 작은 변경의 동의어. 유지개선 인력에게 적은 노력을 요구하는 변경 또는 리팩토링. 변경은 기존 소프트웨어에 데이터 개선 또는 작은 기능 부분에 대한 설계와 개발을 의미한다. 기존 소프트웨어의 문서화, 인터페이스, 소스코드, 데이터 구조에 가해지는 작은 변경(5영업일 미만의 노력을 의미)을 포함한다. (a) 적응형, (b) 완전형, (c) 예방형 변경 요청들에 적용된다
Software	소프트웨어	정보시스템의 프로그램, 절차, 규칙, 관련된 문서의 전부 또는 일부분. 또한 지원 매체에 담긴 정보로 구성되는 지적 산물. 컴퓨터의 프로그램 실행 영역에 탑재될 때 컴퓨터가 동작하게 하는 프로그램, 규칙, 관련 데이터로 구성되는 지적 산물
Software acquisition management personnel	소프트웨어 구매 관리 인력	소프트웨어 구매 관리 분야에서 훈련받고, 교육받고, 경험을 쌓은 개인들, 그리고 소프트웨어 구매 활동의 실행에서 프로젝트팀에 투입되거나 또는 프로젝트 팀을 지원하는 인력
Software acquisition plans	소프트웨어 구매 계획	소프트웨어 구매 활동들이 어떻게 수행되는지 표현하기 위해 사용되는 공식적인 그리고 비공식적인 계획의 전체; 예를 들어 소프트웨어 구매 리스크 관리 계획 또는 프로젝트 관리 계획
Software acquisition process	소프트웨어 구매 프로세스	소프트웨어와 관련 제품들을 구매하는 데 사용하는 일련의 활동들, 방법들, 프랙티스들, 변화들
Software acquisition process assets	소프트웨어 구매 프로세스 자산	프로젝트에서 소프트웨어 프로세스를 개발하고, 고치고, 유지하고, 실행하는 데 사용되며, 조직에서 유지개선하는 실체들의 전체. 소프트웨어 구매 프로세스 자산의 예로는 다음을 포함한다: 구매 조직의 표준 소프트웨어 구매 프로세스, 사용 허가를 받은 소프트웨어 수명주기에 관한 기술, 구매 조직의 소프트웨어 구매 프로세스를 변경하는 지침과 기준, 조직의 소프트웨어 구매 프로세스 데이터베이스, 소프트웨어 구매 프로세스 관련 문서의 라이브러리. 프로세스 정의 및 유지개선 활동을 수행하는 데 조직이 유용하다고 여기는 어떠한 것이라도 프로세스 자산에 포함될 수 있다

영문 용어	한글 용어	해석과 설명
Software acquisition process group	소프트웨어 구매 프로세스 그룹	이 그룹은 구매 조직의 표준 소프트웨어 구매 프로세스와 관련 프로세스 자산의 정의, 개선, 유지개선뿐만 아니라 특수한 상황에서 표준 소프트웨어 구매 프로세스를 변경하기 위해 모든 프로젝트에 지침을 줄 책임을 진다. 이는 소프트웨어 프로젝트들, 관련된 조직의 요소들을 프로세스 활동들과 조정한다
Software acquisition process repository	소프트웨어 구매 프로세스 저장소	소프트웨어 구매 정의와 개선활동을 지원하는 구매 조직에 의해 유지개선되고, 소프트웨어 구매 프로젝트로부터 모아지는 소프트웨어 구매 프로세스 정보(예: 소프트웨어 프로젝트 규모, 공수, 비용의 추정 데이터와 실제 데이터; 그리고 프로젝트 팀(생산성과 품질 데이터)의 모음
Software acquisition process–related documentation	소프트웨어 구매 프로세스 관련 문서	구매 조직의 표준 소프트웨어 프로세스를 조정할 때 향후 프로젝트 팀에게 유용할 수 있는 문서들 또는 문서 단편들. 예로는 프로젝트의 정의된 소프트웨어 구매 프로세스, 표준, 절차, 소프트웨어 구매 리스크 관리 계획, 교육 자료를 포함할 수 있다
Software acquisition project	소프트웨어 구매 프로젝트	시스템의 소프트웨어 구성 요소 및 관련 문서를 획득하는 데 중점을 둔 사업. 소프트웨어 프로젝트는 하드웨어 또는 소프트웨어 시스템을 구축하는 프로젝트의 부분이 될 수 있다
Software–acquisition–related group	소프트웨어 구매 관련 그룹	직접적인 책임을 지진 않으나 소프트웨어 구매를 지원하는 소프트웨어 영역을 나타내는 개인들의 집합(관리자들과 기술 요원). 소프트웨어 영역들의 예로는 형상관리와 소프트웨어 품질보증을 포함한다
Software architecture	소프트웨어 아키텍처	소프트웨어 또는 모듈의 조직적인 구조
Software baseline audit	소프트웨어 기준선 감사	기준선이 그것을 설명하고 있는 문서들과 일치하는지 검증하기 위해 취해진 소프트웨어 기준선 라이브러리의 구조, 내용, 설비를 조사하는 것
Software baseline library	소프트웨어 기준선 라이브러리	형상 항목들과 관련 기록들을 위한 저장소의 내용
Software build	소프트웨어 빌드	최종 소프트웨어 시스템 또는 구성요소가 제공할 역량들의 특정한 부분집합을 통합하는 소프트웨어 시스템 또는 구성요소의 운영 버전
Software capability evaluation	소프트웨어 역량 평가	소프트웨어 작업을 수행하고 기존 소프트웨어에 사용되는 프로세스의 상태를 감시하는 일에 자격을 갖춘 계약자(도급자)들을 식별하기 위해 훈련받은 전문가들에 진행되는 평가
Software configuration control board	소프트웨어 형상 통제 위원회	형상 항목들에 제시된 변경들을 평가하고, 승인하거나 또는 거절하고, 그리고 승인된 변경들의 구현을 보장하는 책임을 갖는 그룹

영문 용어	한글 용어	해석과 설명
Software configuration item(SCI)	소프트웨어 형상 항목(SCI)	ISO 100007에서 "형상 항목"이라고 불리는데, 하드웨어와 서비스는 제외된다. 유의미한 개별 소프트웨어 항목들을 식별하기 위해 반복적으로 사용된다
Software configuration management(SCM)	소프트웨어 형상관리(SCM)	SCI(소프트웨어 형상 항목)의 완전성과 정확함을 보장하기 위해 소프트웨어 수명주기 전반에 걸쳐 구성 관리(ISO 10007을 보라)를 적용하는 프로세스
Software configuration management plan(SCM plan)	소프트웨어 형상관리 계획(SCM 계획)	SCM 활동들에 관한 계획 정보. ISO 10007에서는 "형상(구성)관리 계획"이라고도 불림
Software development plan	소프트웨어 개발 계획	소프트웨어 프로젝트를 위해 수행되는 활동을 설명하는 계획들의 모음. 이것은 소프트웨어 프로젝트의 엔지니어링 그룹에 의해 수행되는 활동의 관리를 관장한다. 이는 어느 특별한 입안 표준의 범위에만 제한되지 않는다
Software engineering environment(SEE)	소프트웨어 엔지니어링 환경(SEE)	소프트웨어 엔지니어링 작업을 수행하는 데 필요한 자동화 툴, 펌웨어 장치, 하드웨어의 집합. 자동화 툴은 컴파일러, 어셈블러, 링커, 로더, 운영체제, 디버거, 시뮬레이터, 에뮬레이터, 테스트 툴, 데이터베이스 관리 시스템을 포함할 수 있으며, 이것들에 한정되지는 않는다
Software engineering group	소프트웨어 엔지니어링 그룹	프로젝트의 소프트웨어 개발과 유지개선 활동들(예: 요건분석, 설계, 코딩, 테스트)을 책임지는 개인들의 집합. 예를 들어 소프트웨어 품질보증 그룹, 소프트웨어 형상관리 그룹, 소프트웨어 엔지니어링 프로세스 그룹처럼 소프트웨어 관련 작업을 수행하는 그룹들은 소프트웨어 엔지니어링 그룹에 포함되지 않는다
Software engineering personnel	소프트웨어 엔지니어링 인력	소프트웨어 엔지니어링에 경험을 쌓고, 훈련받고, 교육받은 개인들이며, 소프트웨어 획득 활동 수행에서 프로젝트 팀에 지정되거나 또는 프로젝트 팀을 지원하는 개인들
Software engineering process group	소프트웨어 엔지니어링 프로세스 그룹	조직이 사용하는 소프트웨어 프로세스의 정의, 유지관리, 개선을 촉진하는 전문가들의 그룹. 핵심 프랙티스에서, 이 그룹은 일반적으로 "조직의 소프트웨어 프로세스 활동들을 책임지는 그룹"으로 언급된다
Software engineering staff	소프트웨어 엔지니어링 담당자	소프트웨어 과업 리더들을 포함하여, 프로젝트의 소프트웨어 개발과 유지개선 활동들을 수행하는 소프트웨어 기술 인력(예: 분석가, 프로그래머, 엔지니어)이며, 관리자들은 아니다
Software integration	소프트웨어 통합	최종 소프트웨어 시스템이 제공할 역량들의 전부 또는 특정한 부분집합을 제공하는 선택된 소프트웨어 구성요소들을 함께 모으는 프로세스
Software integrity level	소프트웨어 무결성 수준	소프트웨어 항목의 일관성 수준

영문 용어	한글 용어	해석과 설명
Software library	소프트웨어 라이브러리	개발, 운영, 유지개선을 돕기 위해 비슷한 상태와 유형을 같이 묶고, 비슷하지 않은 것은 분리하기 위해 지정된 소프트웨어 형상 항목들의 통제된 모음
Software life cycle	소프트웨어 수명주기	소프트웨어 제품을 구상할 때부터 소프트웨어가 더 이상 사용되지 않을 때까지의 기간. 일반적으로 소프트웨어 수명주기는 개념 단계, 요건 단계, 설계 단계, 구현 단계, 테스트 단계, 설치 및 배포 단계, 운영 및 유지개선 단계, 때로 퇴출 단계를 포함한다
Software manager	소프트웨어 관리자	프로젝트 또는 조직 수준에서, 소프트웨어 개발과(또는) 유지개선을 직접적으로 책임지는 관리자
Software plans	소프트웨어 계획	공식적이든 비공식적이든 소프트웨어 개발과(또는) 유지개선 활동들이 어떻게 수행될 것인지 표현하기 위해 사용되는 계획들의 모음. 이 범주에 포함될 수 있는 계획의 예로는 소프트웨어 개발 계획, 소프트웨어 품질보증 계획, 소프트웨어 형상관리 계획, 소프트웨어 테스트 계획, 리스크관리 계획, 프로세스 개선 계획들이다
Software process	소프트웨어 프로세스	소프트웨어와 관련 산출물(예: 프로젝트 계획, 설계 문서, 코드, 테스트케이스, 사용자 매뉴얼)을 개발하고 유지개선하기 위해 사용하는 일련의 활동, 방법론, 프랙티스, 전환
Software process assessment	소프트웨어 프로세스 평가	조직의 현재 소프트웨어 프로세스 상태를 판단하고, 조직이 당면한 소프트웨어 관련 이슈들과 우선순위를 결정하고, 소프트웨어 프로세스 개선을 위한 조직적인 지원을 획득하기 위해 사용되는 훈련받은 전문가 팀에 의한 평가
Software process description	소프트웨어 프로세스 설명	프로젝트의 정의된 소프트웨어 프로세스 또는 조직의 표준 소프트웨어 프로세스에서 식별된 주요 소프트웨어 프로세스 구성요소의 운영상 정의
Software process element	소프트웨어 프로세스 구성요소	소프트웨어 프로세스 기술의 구성적인 요소. 각 프로세스 요소는 잘 정의된, 경계가 있는, 밀접히 관련된 과업들(예: 소프트웨어 추정 요소, 소프트웨어 설계 요소, 코딩 요소, 동료검토 요소) 집합을 다룬다. 프로세스 요소의 설명은 채워 넣어야 하는 양식, 완료해야 하는 단편들, 정제되어야 하는 추상, 또는 고쳐져야 하거나, 고치지 않고 사용해야 하는 전체 기술일 수 있다
Software process improvement plan	소프트웨어 프로세스 개선 계획	소프트웨어 프로세스를 개선하기 위해 취해질 구체적인 조치들을 식별하고, 그 조치들을 실행하기 위한 계획들의 윤곽을 잡는 소프트웨어 프로세스 평가의 권고사항들에서 도출된 계획. 때때로 조치 계획이라고도 언급된다
Software process improvement proposal	소프트웨어 프로세스 개선 제안	소프트웨어 프로세스 역량과 성능을 개선하게 될 프로세스 또는 프로세스 관련 항목에 대한 문서화된 변경 제안(실행 제안을 보라)

영문 용어	한글 용어	해석과 설명
Software process maturity	소프트웨어 프로세스 성숙도	어떤 특수한 프로세스가 명백히 정의되고, 관리되고, 측정되고, 통제되고, 효과적인 정도. 성숙도는 역량의 잠재적인 성장을 내포하며, 조직의 소프트웨어 프로세스의 풍부함과 조직 전체 프로젝트들에 적용되는 일관성을 나타낸다
Software process-related documentation	소프트웨어 프로세스 관련 문서화	조직의 표준 소프트웨어 프로세스를 고쳐서 미래의 프로젝트들에 사용될 것으로 기대되는 예제 문서들과 문서 단편들. 예를 들어 프로젝트의 정의된 소프트웨어 프로세스, 표준, 절차, 소프트웨어 개발 계획, 측정 계획, 프로세스 교육 자료와 같은 주제들을 다룬다
Software product	소프트웨어 제품	고객 또는 현업에게 전달되기로 지정된 컴퓨터 프로그램, 절차, 관련 문서, 데이터의 전체 집합 또는 그것의 개별 항목들 중 어느 하나(IEEE STD 610)(비교를 위해 소프트웨어 작업 산출물을 보라)
Software product developer	소프트웨어 제품 개발자	소프트웨어 제품을 제작하는 사람 또는 조직
Software product evaluation	소프트웨어 제품 평가	특정한 절차에 따라 소프트웨어 제품의 하나 또는 그 이상의 특징들을 평가하는 기술적인 작업
Software project	소프트웨어 프로젝트	시스템의 소프트웨어 구성요소들과 관련 문서를 분석하고, 명시하고, 설계하고, 개발하고, 테스트하고, 유지개선하는 데 요구되는 해당 노력을 수행하는 것
Software quality assurance	소프트웨어 품질보증	(1) 소프트웨어 작업 결과물이 이미 수립된 기술적 요건들을 충족한다는 충분한 확신을 주기 위해 필요한 모든 활동들의 계획되고 체계적인 양식
Software quality goal	소프트웨어 품질 목표	소프트웨어 작업 산출물에 대해 정의된 정량적인 품질 목표들
Software quality managementc	소프트웨어 품질 관리	소프트웨어 제품의 품질 목표들을 정의하고, 그 목표들을 달성하기 위한 계획을 수립하고, 고객과 현업의 니즈와 욕구를 만족시키기 위해 소프트웨어 계획, 소프트웨어 작업 산출물, 활동, 품질 목표들을 감시하고 조정하는 프로세스
Software-related contractual requirement	소프트웨어 계약 요건	구매의 소프트웨어 몫과 관련된 모든 기술적인 그리고 비기술적인 요건들
Software-related group	소프트웨어 관련 그룹	직접적인 책임을 지진 않으나 소프트웨어 개발과(또는) 유지개선을 지원하는 소프트웨어 영역을 나타내는 개인들의 집합(관리자들과 기술 요원). 소프트웨어 엔지니어링 영역은 형상관리와 소프트웨어 품질보증을 포함한다
Software requirement	소프트웨어 요건	사용자가 문제를 해결하거나 목표를 달성하기 위해 소프트웨어가 충족해야 하는 조건 또는 역량(IEEE STD 610)
Software service	소프트웨어 서비스	예를 들어 개발, 유지개선, 운영과 같이 소프트웨어 제품과 연결된 활동들, 작업 또는 임무의 성능
Software support	소프트웨어 지원	소프트웨어 유지개선 인력의 전반적인 활동들을 설명하는 용어

영문 용어	한글 용어	해석과 설명
Software test environment(STE)	소프트웨어 테스트 환경(STE)	소프트웨어의 적격 판단과 기타 테스트를 수행하는 데 필요한 시설들, 하드웨어, 소프트웨어, 펌웨어, 절차들, 문서, 요소들은 시뮬레이터, 코드 분석기, 테스트케이스 발생기, 패스 분석기를 포함할 수 있으며, 여기에 한정되지는 않는다. 또한 소프트웨어 엔지니어링 환경에서 사용되는 요소들을 포함할 수 있다
Software tool	소프트웨어 도구	소프트웨어 수명주기 과업들을 위해 자동화 지원을 제공하는 소프트웨어 제품
Softeware transition	소프트웨어 이행	초기에 소프트웨어 개발을 수행하는 조직들로부터 소프트웨어 유지개선을 수행하는 조직으로의 진행을 위해 통제되고 조정되는 연속적인 조치들. 이행 계획은 새로운 소프트웨어 개발의 초기에 시작된다. 유지개선 인력은 개발에서 유지개선으로의 최종 이전이 수월하게 진행됨을 보증하기 위해 개발의 여러 단계들에 관여한다
Software unit	소프트웨어 단위	분리하여 컴파일할 수 있는 코드의 부분
Software work product	소프트웨어 산출물	고객 또는 현업에게 인도하기로 의도된, 또는 의도되지 않을 수도 있는 프로세스 기술, 계획, 절차, 컴퓨터 프로그램, 관련 문서를 포함하여 소프트웨어 프로세스를 정의하고 유지하고, 사용하는 중에 생성되는 어떠한 형태의 인공물
Solicitation package	제안요청서	특별한 구매를 위한 공급자를 찾는 중에, 요건은 무엇이고, 제안은 어떻게 준비해야 하고, 제안이 어떻게 평가될 것이며, 제안을 언제 제출해야 하는지를 관심 있는 입찰자들에게 적시하여 배포하는 정보. 때때로 제안을 위한 요청(RFP)이라고도 불린다
Special cause (of a defect)	(결함의) 특별 원인	프로세스의 내재적 부분이 아니라 어떤 명백한 상황에서 구체적인 결함의 원인. 특별 원인들은 프로세스 성능에 임의의 변이(노이즈)를 제공한다(비교를 위해 공통 원인을 살펴보라)
Special causes of variation	변이의 특별 원인	변이의 특별 원인들은 사람, 장소, 재료, 이벤트, 기타 등등의 탓으로 돌려진다. 비록 그것들이 실행의 어떤 측면 탓으로 돌려질 수는 있을지라도, 프로세스 자체의 탓으로 또는 프로세스에 내재적인 것으로 돌려지지는 않는다
Specific practice	특정 프랙티스	해당 초점 영역의 목적을 달성하기 위한 핵심 활동을 기술하는 어느 한 초점 영역에 포함된 프랙티스는 모든 영역들에 일반적이지는 않다. 그 프랙티스가 수행되고 있음을, 그리고 얼마나 잘 수행되고 있는지에 대한 증거와 기대, 맥락, "어떻게"에 대한 참조 등등을 포함하는 주석을 발견할 수 있는 전형적인 작업 결과물들과 기술을 포함한다
Specification	명세서(사양)	제품의 요건들과 제품이 그것을 만족하는지를 판정하기 위해 사용되는 절차와 제품의 다른 특징들을 분명하고 정확하게 설명하는 문서

영문 용어	한글 용어	해석과 설명
Sponsor	스폰서	시스템 엔지니어링 평가를 확약하거나 또는 요청하는 현장 선임 임원. 일반적으로 이 사람은 시스템 엔지니어링 조직의 재무적인 자원과 기타 자원을 통제한다
Staff	직원	예를 들어, 소프트웨어 개발, 소프트웨어 형상관리 같이 부여된 기능의 완수를 책임지는 과업 리더들을 포함한 개인들, 그러나 관리자들은 아니다
Stage	단계	시스템 관리를 촉진하기 위해 사용되는 고수준의 수명주기 분류
Staged architecture	단계적 아키텍처	초점 영역들의 집합이 성숙도 수준으로 정의되는 역량 모델로, 이것은 다른 집합들이 시도되기 전에 완료되어야만 한다. 이런 초점 영역들의 명백한 우선순위는 모델 개발자들 또는 커뮤니티가 생각하는 기반구조 또는 기타 의존관계를 수립한다. 모든 초점 영역들이 명백히 동등한 우선순위를 갖고, 증대하는 프로세스 역량이 개선의지를 가진 조직이 선택한 초점 영역 안에 있는 지속적인 아키텍처와 비교하라
Stakeholder	이해당사자	제품 또는 시스템의 성공에 관심을 두는 개인 또는 조직. 이해당사자의 예로는 고객, 개발자, 엔지니어링 담당, 경영진, 제조 담당, 현업을 포함한다. 이들 사람과 조직은 의사결정 또는 활동에 영향을 미치거나, 영향을 받으며, 또는 그들 자신이 영향을 받는다고 여길수 있다
Stakeholder requiremer	이해당사자 요건	이해당사자의 니즈와 기대를 나타낸 것
Standard	표준	합의에 의해 채택되거나 권위에 의해 정해진 프로세스, 절차, 프랙티스, 방법론을 위한 엔지니어링 요건과 기술적인 요건을 정한 문서
Standard process	표준 프로세스	조직에서 공통 프로세스의 수립을 안내하는 기본 프로세스에 대한 조직적 정의
Standard software acquisition process	소프트웨어 구매 표준 프로세스	소프트웨어 획득 프로세스를 보라
State	상태	상태 지시자
Statistical quality control	통계적 품질 관리	프로세스에 대한 통계 기반의 분석; 프로세스 내 변이들의 공통 원인과 특별 원인들 식별과 제거를 포함한 프로세스 성능 측정; 고객의 가치 증진 또는 운영 효율성의 방향으로 프로세스 성능을 변경하기 위한 개선사항들의 지정과 실행
Subcontractor	하도급업자	계약하는 조직의 제품 수명주기(제품 또는 부산물의 관리, 요건(분석), 설계, 개발, 산출, 인도, 지원, 처분)의 일부분을 수행하거나 수행하는 것을 돕는 조직과 계약을 맺는 개인, 파트너십, 기업, 협회
Submitter	제출자	후보 FSM(기능점수 산정) 방법과 컴플라이언스 평가를 위한 문서를 제출하는 개인 또는 조직
Subsystem	서브시스템	특별한 최종 제품 내에서 논리적인 기능 묶음을 수행하는 항목들의 그루핑

영문 용어	한글 용어	해석과 설명
Supplier	공급자	계약 조항하에서 시스템, 소프트웨어 제품, 소프트웨어 서비스의 공급에 대해 구매자와 계약을 체결하는 조직
Support / Maintenance environment	지원/유지개선 환경	운영 소프트웨어의 변경과 개선을 완료하기 위해 필요한 일련의 자동화 툴, 펌웨어 장비, 하드웨어. 이 환경은 문제를 시뮬레이션하거나 변경 영향을 시뮬레이션 하기 위해 운영 환경으로부터 데이터와 프로그램을 복사할 수 있게 해준다. 이 환경은 운영 환경의 모든 동작을 시뮬레이션 하는 것을 가능케 한다. 이곳은 개발과 운영으로부터 독립적인 공간이다. 유지개선 담당자가 자신의 과업을 수행하기 위해 예약하고 관리하는 환경이다
Supporting function	지원 기능	기술, 툴, 경험, 관리 기술의 제공을 통해 소프트웨어 평가 활동 지원을 책임지는 조직
Sustainability	지속성	제품이 사용 중인지 여부와 관계없이 고객과 현업들이 운영 가능한 상태로 유지되는지에 관한 제품의 속성. 만약 제품이 재료를 소비한다면 공급 측면을 포함한다
Synthesis	합성	입력 요건들(성능, 기능, 인터페이스 포함)을 그런 입력들을 만족시키는 가능한 솔루션(자원과 기술)으로 변환시키는 일. 어떤 한 요건들(성능, 기능, 인터페이스)의 논리적인 그룹을 위해서 사람, 제품, 프로세스 솔루션의 물리적인 아키텍처를 정의하고 그 다음에 그 솔루션들을 설계한다.
System	시스템	상호연관되거나 상호작용하는 요소들로 구성되는 객체. 하나의 특수한 기능 또는 기능들의 집합을 달성하기 위해 조직된 구성요소들의 모음. 또한 상호연관되거나 상호작용하는 요소들로 구성된 객체
System architecture	시스템 아키텍처	시스템 기능성을 달성하는 데 필요한 시스템 구성요소들에 의해 제공되는 인터페이스와 서비스를 명시하는 논리적이고 물리적인 구조
System component	시스템 컴포넌트	시스템의 기본적 부분. 시스템 구성요소들은 인력, 하드웨어, 소프트웨어, 시설, 데이터, 재료, 서비스, 기능적 아키텍처의 가장 낮은 수준에 있는 하나 또는 그 이상의 요건들을 만족하는 기술들이 될 수 있다. 시스템 구성요소들은 하부 시스템들과(또는) 형상 항목들이 될 수도 있다
System design process	시스템 설계 프로세스	이해당사자의 요건들을 설계 솔루션으로 변환하는 프로세스
System engineering group	시스템 엔지니어링 그룹	시스템 요건들을 특정하는 책임을 갖는 개인들(관리자와 기술 인력)의 집합; 시스템 요건을 하드웨어, 소프트웨어, 기타 구성요소들에 할당하는 것; 하드웨어, 소프트웨어, 기타 구성요소 간의 인터페이스를 명시하는 것; 그것들 명세에 맞도록 이런 구성요소들의 설계와 개발을 감시하는 것
System integrity level	시스템 무결성 수준	시스템의 완전무결한 정도

영문 용어	한글 용어	해석과 설명
System requirement	시스템 요건	문제를 해결하기 위해 필요한 조건 또는 역량을 만족하기 위해 시스템 또는 시스템 구성요소가 충족하거나 보유해야만 하는 조건 또는 역량
System requirements allocated to software requirements	소프트웨어 요건에 할당된 시스템 요건	시스템의 소프트웨어 구성요소들 안에 구현되는 시스템 요건들의 부분집합. 할당된 요건들은 소프트웨어 개발 계획에 주요 입력이 된다. 소프트웨어 요건분석은 그 할당된 요건들을 정제하고 잘 다듬으며, 문서로 정리한다
System technical requirement	시스템 기술 요건	기술적인 용어로 설명되어 있는 주요 이해당사자 요건들의 일치된 집합
System test	시스템 테스트	이 테스트의 목적은 모든 데이터 변환, 인터페이스, 기능이 명시된 대로 작동하고 서로 통합되는 것을 보장하는 것이다. 고객이 작동되기를 원하는 대로 시스템이 수행함을 보장하는 것이다. 이 테스트의 초점은 결함과 장애를 조기에 찾아내서 빠르게 그것들을 고치는 것이다. 테스트는 기능테스트(모든 인터페이스 포함), 성능테스트, 인수테스트, 설치 테스트를 포함한다. 어떤 테스트는 제한된 데이터 세트(이 테스트를 위해 생성됨)를 가지고 개발환경에서 수행되며, 다른 테스트는 특정 사양과 조건에 부합하는지 평가하기 위해 실제 데이터를 가지고 운영 환경에서 수행된다. 이 테스트가 성공하면 운영 소프트웨어로 이어진다
Systematic error	시스템적 오류	동일한 대상에 대한 수많은 측정 과정들을 통해, 일정하게 유지되거나 또는 예측가능하게 변하는 측정오류의 구성요소
Systematic failure	시스템적 장애	어떤 원인에 결정적으로 관련이 있는 장애이고, 이것은 설계의 변경이나 제조 프로세스, 운영 절차, 문서화, 기타 관련 요인들의 변경을 통해서만 제거될 수 있다
Systems engineering	시스템 엔지니어링	성공적인 시스템 구현을 가능하게 하는 범영역 간 접근과 수단
Systems engineering process group(SEPG)	시스템 엔지니어링 프로세스 그룹(SEPG)	조직에 의해 사용되는 시스템 엔지니어링 프로세스를 개선하는 데 집중하는 그룹. 시스템 엔지니어링 프로세스 그룹(SEPG)은 시스템 엔지니어링 프로세스를 정의하고 문서화하며, 프로세스 지표들을 정의하고 수립하며, 프로그램 데이터 수집을 지원하고, 데이터를 분석하는 프로그램을 지원하며, 더 주의를 요하는 관리 영역에 대해 조언한다
Tailor	조정하다	프로세스 또는 제품 요건들에 더 잘 들어맞게끔 프로세스, 표준, 절차를 수정하는 것
Tailored process	조정된 프로세스	표준 프로세스 정의를 조정함으로써 개발된 프로세스
Tailoring	조정	특정한 애플리케이션 또는 프로그램에 적합하도록 명세서, 표준, 관련 문서들의 요건들을 수정하는 프로세스

영문 용어	한글 용어	해석과 설명
Target capability	목표 역량	프로세스 역량 판정 후원자가 결정하는 프로세스 역량은 특정한 요건의 성공적인 구현까지 수용할 수 있는 프로세스 리스크를 나타낼 것이다
Target computer	목표 컴퓨터	인도되는 소프트웨어가 동작하도록 예정된 컴퓨터(비교를 위해 호스트 컴퓨터를 보라)
Task	작업	프로세스의 산출물 상태를 가시적으로 점검할 수 있는 잘 정의된 프로세스 내의 작업 단위. 과업들은 준비(입구) 기준과 완료(출구) 기준을 갖는다. 활동들은 비공식 과업들이거나 과업 내 단계들이다
Task kick-off meeting	작업 개시 회의	과업 활동들을 효과적으로 수행하기 위해 참여 인력들을 준비시킬 목적으로 개최하는 프로젝트 초기의 회의
Task leader	작업 리더	과업을 수행하는 직원에게 기술적인 지침을 제공하고 기술적 책임을 갖는, 특정 과업을 위한 기술팀의 리더
Team	팀	목표를 달성하는 데 상호 책임을 지는 개인들의 그룹. 보통 팀들은 5~9명의 구성원으로 한정되지만, 팀의 목표에는 이해당사자를 위한 인터페이스 대표를 포함할 수도 있으며, 예를 들어 팀 대표들의 팀들처럼 훨씬 더 클 수도 있다
Technical objectives	기술 목표	항목 특성들에 대해 "목표값"을 제공하는 개발 노력을 지도하는 기술적 목표 또는 목적. 이것은 비용, 일정, 중요하다고 간주되는 성능 속성들을 포함할 수 있다. 기술적인 목표가 명세 요건들은 아니다
Technical performance measurement(TPM)	기술 성능 측정(TPM)	최종 시스템을 구성하는 시스템들의 현재 평가에 기반하여 최종 시스템의 핵심 기술 파라미터의 미래값을 예측하는 기법. 참조: 1. 기술 파라미터들의 예측된 그리고 실제 성취 정도를 지속적으로 검증하는 것을 포함한다. 진도를 확인하고 최종시스템 요건 충족을 위협할지도 모르는 변수들을 식별한다. 수립된 허용치를 벗어나는 평가값은 평가와 교정 활동에 대한 필요를 나타낸다 2. TPM의 핵심 특징들은 (a) 현재까지의 성취는 추정 또는 실제 측정에 기반하여 기술적 파라미터의 성취된 값을 보여준다 (b) 현재의 추정은 남아 있는 자원(일정과 예산을 포함하는)을 동원하여 기술적 노력을 다하면 성취할 것으로 예측되는 기술적 파라미터의 값이다 (c) 기술 이정표는 TPM 평가가 달성되거나 보고되는 어느 한 지점이다 (d) 예정 가치 프로파일은 개발의 시작에서부터 기술적 파

영문 용어	한글 용어	해석과 설명
Technical performance measurement(TPM)	기술 성능 측정(TPM)	라미터에 대해 투사되거나, 또는 고쳐진 투사의 결과로 다시 계획된 시간국면의 성취이다 (e) 허용 폭은 예정 가치 프로파일을 포함하는 외피이고, 허용되는 변이와 투사된 추정 에러를 나타낸다 (f) 목표는 기술적 노력의 궁극적인 목적 또는 원하는 가치이다 (g) 임계값은 수용가능한 한계값으로, 충족되지 않으면 프로그램을 위험에 빠뜨린다 (h) 변이는 계획값과 현재까지의 성취값 간의 차이이다
Technical requirements	기술 요건	소프트웨어의 개발, 유지개선, 지원, 실행을 위한 기술과 환경 관련 요건들
Technical software requirements	기술 소프트웨어 요건	소프트웨어에 배정된 시스템 요건들
Techniques	기법	특수한 과업을 수행하는 데 필요한 방법과 기술
Technology	기술	특별한 결과를 성취하기 위한 과학, 그리고(또는) 엔지니어링의 적용
Test	테스트	시스템, 제품, 구성요소가 특정한 조건하에서 사용되고, 결과들이 관찰되거나 기록되고, 그것이 요건들의 일부 또는 전부를 적절하게 충족하는지에 관한 평가가 이루어지는 활동. 또한 특정한 절차에 따라 주어진 제품, 프로세스, 서비스의 하나 또는 그 이상의 특징을 판정하는 것으로 구성되는 기술적인 작업
Test case	테스트케이스	테스터를 위해 기능 또는 기능들의 조합이 어떻게 테스트되어야 하는지를 명시하는 문서화된 지시
Test coverage	테스트 커버리지(적용범위)	시스템 또는 소프트웨어 제품의 요건들을 테스트하는 테스트케이스의 범위
Testability	테스트 가능성	(1) 시스템 또는 구성 요소가 테스트 기준의 수립 및 그 기준이 충족되었는지를 결정하기 위한 테스트의 수행을 용이하게 하는 정도, (2) 테스트 기준의 수립 및 테스트의 수행을 허용하는 조건으로 요구 사항의 정도가 명시되어 있어 그 기준에 부합하는지 여부를 결정한다
Third-level support	3단계 지원	이 책에서 이것은 컴퓨터 운영에 소속된 기술지원 조직을 나타낸다(워크스테이션 하드웨어와 소프트웨어, 케이블링, 전화, 중앙 서버들, 기본 소프트웨어, 데이터베이스). 특별한 지원을 위해서 오퍼레이션을 협력사에 의존할 수밖에 없을 수도 있다
Threat	위협	하나 또는 그 이상의 주어진 리스크 차원에서 부정적인 효과를 초래할 수 있는 시스템 또는 시스템 환경의 상태

영문 용어	한글 용어	해석과 설명
Ticket	티켓	요원들에게 전달되는 소프트웨어 유지개선 요청의 기록. 다음의 형태가 될 수 있다: (a) 사용자 지원 요청들, (b) 변경 요청들, (c) 문제 보고서(PRs). 요청 관리 시스템에서 생성되는 티켓들은 종종 다른 IT 조직들과 공유되거나 소유된다(헬프데스크, 1선 지원, 운영). 티켓들은 종종 서비스에 대한 서비스 수준 협약 규칙에 의해 제한된다. 특정 입력은 티켓 번호라고 불리는 고유한 번호를 부여받는데, 이것은 고객 요청 또는 문제에 대한 번호이다
Tool	도구	일반적으로 시스템 구성요소들과 연관된 정의, 통합, 테스트, 분석, 모델의 유지개선, 설계, 문서화 관련 과업들을 자동화하는 것을 돕기 위해 사용하는 컴퓨터 프로그램
Top management	최고 경영진	최고 높은 위치에서 조직을 통제하고 지시를 내리는 사람 또는 사람들의 그룹
Total quality management(TQM)	전사적 품질 관리	일반적으로 측정을 사용하여 프로세스 개선에 집중하는 다양한 개선 방법들과 기술들을 일컫는 업계 용어
Traceability	추적성	순방향과 역방향 둘 다, 1단계 시작과 뒤따르는 정제로부터 소프트웨어 제품 및 관련 문서의 구현까지 요건의 계보를 추적하는 능력
Trade study	대안 연구	동일한 기본 규칙과 기준을 사용하여 대체 요건들, 아키텍처, 설계 방안들, 솔루션들을 객관적으로 평가하는 것
Trade-off	대체안	이해당사자에게 순 이득을 준다는 가정하에서 다양한 요건들과 대체 솔루션들에서 선택하는 의사결정 행위
Train	훈련하다	특별한 명령 또는 프랙티스에 능숙하게 만드는 것
Training	훈련	필요한 과업들을 달성하는 데 요구되는 기술과 지식을 획득하고 보유하기 위한 훈련과 응용
Training group	훈련 그룹	조직의 교육활동을 조직하고 준비하는 책임을 갖는 개인들(관리자들과 직원)의 집합. 일반적으로 이 그룹은 교육 과정의 대부분을 준비하고 시행하며 다른 교육 수단의 사용을 조직한다
Training program	훈련 프로그램	조직의 교육 니즈를 대처하는 데 집중하는 관련 요소들의 집합. 이것은 조직의 교육 계획, 교육 자료, 교육 개발, 교육 수행, 교육 시설, 교육 평가, 교육 기록의 유지를 포함한다
Training waiver	훈련 면제	특정한 역할을 위해 필요하다고 지정된 교육에 어떤 개인을 제외하는 것에 대한 서면 승인. 면제는 그 개인이 해당 역할을 수행하는 데 필요한 기술을 이미 보유하고 있다고 객관적으로 판정이 되었기 때문에 허락된다
Transition	이전	구매한 소프트웨어 제품에 대한 책임을 프로젝트 관리자로부터 소프트웨어 지원 조직으로 전환하는 프로세스

영문 용어	한글 용어	해석과 설명
Transitioned	이전된	어떤 도구, 기술, 방법, 프로세스, 또는 제품이 전에는 그것이 사용되지 않았던 운영 환경에서 사용되기 위해서 배치된 것을 시사한다. 함축하는 의미는 사람들과 사용자들이 교육받았고, 그 방법이나 제품이 사실상 사람들이 지금 일하는 방법이고 사람들이 지금 사용하는 대상물이란 것이다
Unit	단위	(1) 컴퓨터 소프트웨어 구성부품의 설계에 표시되어 있는, 분리해서 테스트할 수 있는 단위. (2) 컴퓨터 프로그램의 논리적으로 분리할 수 있는 단위. (3) 더 이상 다른 부품으로 쪼개지지 않는 소프트웨어의 구성부품
User	사용자	특정한 기능을 수행하는 운영시스템을 사용하는 개인 또는 조직. 또는 기능적 사용자 요건들을 설명하는 개인과(또는) 어느 때라도 소프트웨어와 통신하거나 상호작용하는 개인 또는 사물. 또한 시스템 사용의 예정된 수혜자인 개인 또는 그룹(현업을 살펴보라). 과업을 성취하기 위해 시스템 또는 산출물(인공물)을 동원하는 개인
User documentation	사용자 문서화	제품의 적용을 위해 제공되는 문서, 출력물로든 비출력물의 형태로든 사용가능한 문서들의 완전한 집합이며, 또한 제품의 필수 구성 부분이다
User requirements baseline	사용자 요건 기준선	사용자 요건들의 형상 베이스라인. 이 베이스라인은 분명하게 구별되는 단일 사용자 또는 고객이 존재하지 않는 시스템 엔지니어링 도메인에 필요하다
User support	사용자 지원	운영 지원과 동의어. 소프트웨어 유지개선 서비스의 하나. 현업들이 소프트웨어 기능성, 문서, 데이터, 업무 규칙을 이해하는 것을 돕는 것으로 구성된다. 지원 활동이라는 것은 운영 소프트웨어에는 영원히 적용되는 변경이 없음을 암시한다. 1회성 활동들처럼 임시 쿼리의 작성, 보고서, 데이터 추출은 유지개선 인력에 의한 지원 활동으로 간주된다
Validation	확인	소프트웨어가 특정한 요건들을 충족하는지 여부를 판정하기 위해 개발 프로세스 동안에 또는 개발 프로세스 종료시에 소프트웨어를 평가하는 프로세스(IEEE STD 610)
Value	값(가치)	어떤 활동의 산출물들의 바람직한 정도의 척도, SECM값(가치)은 최저한계, 적절, 중대, 측정가능한 중대, 그리고 최적으로 구분하고 있다.
Variation	변이	기술적 파라미터의 예상값(계획값)과 분석, 테스트, 시연으로부터 도출된 최신 결과값(달성값) 간의 차이
Verification	검증	특정 개발단계의 제품이 그 단계 시작시에 부과된 조건을 만족하는지 여부를 판정하기 위한 소프트웨어 평가 프로세스(IEEE STD 610). 선택된 설계 솔루션이 상세한 기술 요건들을 만족시키는지 보증하는 활동

영문 용어	한글 용어	해석과 설명
Verify	검증하다	시연, 증빙, 증언 등으로 진실임을 밝히는 것
Version	버전	변경 이력을 밝힐 목적의 스키마 내에서의 SCI(소프트웨어 형상 항목)의 식별된 사례. 초안 잡기, 검토, 변경을 위해 소프트웨어 엔지니어들에게 배포된, 또는 구매자가 사용할 수 있게 배포된 특수한 인증을 갖는 SCI
Waiver	면제 증서	어떤 요건의 취소 또는 삭감을 서술한 문서
Well-defined process	잘 정의된 프로세스	문서화되고, 일관성 있고, 완전한 프로세스. 진입 기준, 입력, 임무 기술, 검증 기술과 기준, 출력, 및 종료 기준을 갖고 있다
Work breakdown structure(WBS)	작업분해도(WBS)	시스템 엔지니어링 노력으로부터 산출되고 프로그램을 완전히 정의하는 하드웨어, 소프트웨어, 서비스, 데이터, 시설들로 구성되는 제품 지향의 가계도. 개발되어야 하는 또는 산출해야 하는 제품(들)을 정의하고 표시하며, 달성해야 하는 작업의 요소들을 서로서로 그리고 최종 산출물과 관련짓는다
Work environment	작업 환경	사람이 주어진 전제하에 운영하는 조건들의 집합
Work product	작업 산출물	프로세스에 의해 산출된 그 무엇. 이것은 고객 또는 사용자에게 인도되는 제품뿐만 아니라 프로세스 수행 중에 생성되는 파일, 문서, 구성요소, 진행 중인 작업, 명세서, 송장, 기타 등등을 포함한다
Written procedure	문서화된 절차	절차를 살펴보라

참고자료
___

Abran, A., Nguyenkim, H., 1991: Analysis of Maintenance Work Categories Through Measurement. In Proceedings of the IEEE Conference on Software Maintenance, Sorrento, Italy, October, pp. 104-113.

Abran, A., Nguyenkim, H., 1993a: Measurement of the Maintenance Process from a Demand-Based Perspective. Journal of Software Maintenance: Research and Practice, 5, 2, 63-90.

Abran, A., 1993b: Maintenance Productivity & Quality Studies: Industry Feedback on Benchmarking. In Proceedings of the Software Maintenance Conference (ICSM93), Montréal September 27-30, 1993, Invited paper pp. 370.

Abran, A., Maya, M., 1995: A Sizing Measure for Adaptive Maintenance Work Products. In ICSM-95, Opio, France, October 1995, pp. 286-294.

Abran, A., Molinié, L. 1996: Design de modèles de mesures pour les ententes de services en support et maintenance, Projet de recherche Bell Canada - UQAM, 10 décembre 1996.

Abran, A., Silva, I. et Primera, L. 2002: Estimation Models for Functional Maintenance Projects: Field Studies, Journal of Software Maintenance: Research and Practice, vol. 14, 2002:31-64.

Abran, A., Moore, J.W., Bourque, P., Dupuis, R., 2005: Guide to the Software Engineering Body of Knowledge (SWEBOK), IEEE Computer Society Press, Los Alamitos, CA. http://www.swebok.org [25 April 2007].

April, A., Coailier, F. Trillium. 1994: A Model for the Assessment of Telecom Software Development Capability, Proceedings of the international SPICE Conference, Australia, 1994.

April, A., 2002a: Revue Critique de la Littérature: La Maintenance du Logiciel, Internal Technical Report 02-001, Montréal, ÉTS Software Engineering Laboratory, 10-11-2002.

April, A., 2002b: Revue Critique de la Littérature: Partie 2, Les Modèles de Référence Pour l'évolution des processus du logiciel, Internal Technical Report 02-002, Montréal, ÉTS Software Engineering Laboratory, 30-12-2002.

April, A., Al-Shurougi, D., 2000: Software Product Measurement for Supplier Evaluation. In Proceedings of the Software Measurement Conference (FESMA-AEMES), Madrid, Spain, October 18-20, 2000. Available at: http://s3.amazonaws.com/publicationslist.org/data/a.april/ref-222/583.pdf [link verified on February 10, 2017].

April, A.,.Bouman, J., Abran, A., Al-Shurougi, D., 2001: Software Maintenance in an SLA: Controlling the Customer Expectations. In Proceedings of the Fourth European Software Measurement Conference (FESMA2G01), Fieidieberg, Germany, pp. 39-47.

April, A., Abran, A., Dumke, R., 2005: What Do You Need to Know about Software Maintenance, the Maintenance and Asset Management Journal 20(2): Summer 2005. Available at: http://s3.amazonaws.com/publicationslist.org/data/a.april/ref-202/952.pdf [link verified on February 10, 2017].

April, A., Abran, A., Dumke, R., 2004b: Assessment of Software Maintenance Capability: A Model and its Architecture. In Proceedings of the 8th European Conference on Software Maintenance and Reengineering (CSMR2004). Tampere, Finland, March, pp. 243-248.

April, A., Abran, A., Dumke, R., 2004c: Software Maintenance Productivity Measurement:

April, A., Abran, A., Dumke, R., 2004d: Assessment of Software Maintenance Capability: A Model and its Design Process, Conference on Software Engineering, Innsbruck Austria, February.

April, A., Dumke, R., Abran, A., 2004e: SMmm Model to Evaluate and Improve the Quality of the Software Maintenance Process, Preprint Nr. 13, Facultät fur Informatik, University of Magdeburg, November.

April, A., Abran, A., Dumke, R., 2004f: What You Need to Know about Software Maintenance, Maintenance Journal, 17, l, pp. 10-13.

April, A., Coallier, F., 1995a: TRILLIUM V3.0: A Model for the Assessment of Telecom Software Development Capability. In Proceedings 2nd International SPICE Symposium, edited by T.P. Rout, AQRI, Brisbane, Australia, June, pp. 79-88.

April, A., Coallier, F., 1995b: TRILLIUM: A Model for the assessment of Telecom Software System Development and Maintenance Capability. In Proceedings of the IEEE International Software Symposium, IEEE Computer Society Press, Los Alamitos, CA, pp. 175-183.

Arnold, R.S., Bohner, S., 1996: Software Change Impact Analysis, Wiley-IEEE Press, New York.

Arnold, R.S., 1994: Software Reengineering, IEEE Computer Society Press, Los Alamitos, CA.

Arthur, L.J., 1988: Software Evolution: A Software Maintenance Challenge, Wiley, New York.

Australian Public Service Commission, 2001: The Human Resource Capability Model, Available at: https://resources.apsc.gov.au/pre2005/hrmodel.pdf [link verified on January 25, 2017].

Azuma, M., Mole, D., 1994: Software Management Practices and Metrics in the European Community and Japan: Some Results of a Survey, Journal of Systems Software, 26, 1, 5-18.

Bajers, F., 1998: How to Introduce Maturity in Software Change Management, Technical Report no. 6, June, pp. 112-114, Prentice-Hall, Upper Saddle River, NJ.

Banker, R., Datar, S., Kemerer, C., Zweig, D. Software Complexity and Maintenance Costs, Communications of the ACM, 36(11), 1993:81-94.

Barghouti, N., Rosenblum, D., et al. (1995). Two case studies in modeling real, corporate processes, Software Process: Improvement and Practice, 1(1), 17-32.

Barry, T., 2002: Outsourcing and the Capability Maturity Model (CMM), http://www. keane.eom/keane_ideas/whitepapers/l 176_1192.htm (available on demand).

Basili, V., Briand, L., Condon, S., Kim, Y., Melo, W., Valett, J., 1996: Understanding and Predicting the Process Software Maintenance Releases. In Proceedings of the International Conference on Software Engineering, IEEE, New York.

Basque, R., 2004: Un Itinéraire Fléché vers le Capability Maturity Model Integration, Dun-od, Paris.

Bell Canada, 1995: DATRIX, A Tool for Software Evaluation, Reference Guide, version 2.3, 1995.

Bennett, K.H., 2002: Software Maintenance: A Tutorial. In Software Engineering, edited by Dorfman and Thayer, IEEE Computer Society Press, Los Alamitos, CA, pp. 289-303.

Bevans, N., 2000: Introduction to Usability Maturity Assessment (TRUMP), Serco Usability Services, UK. Available at: http://www.usabilitynet.org/trump/trump/index.htm [link verified on February 10, 2017].

Boehm, B.W., 1981: Software Engineering Economics, Prentice-Hall, Upper Saddle River, NJ.

Boehm, B.W., 1987: Industrial Software Metrics Top 10 List, IEEE Software, 4, 5, September, pp. 84-85.

Bohner, S.A., 1990: Technology Assessment on Software Reengineering, Technical Report, CTC-TR-90-001P, Chantilly, VA. Contei Technology Center.

Bollinger, T., McGowan, C., 1991: A Critical Look at Software Capability Evaluations, IEEE Software, July, 25-41.

Boloix, G., Robillard, P. A Software System Evaluation Framework, Computer Magazine, December 1995, p. 17-26.

Booch, G., Bryan, D., 1994: Software Engineering with Ada, Third Edition, Benjamin/Cum- mings, Redwood City, CA.

Bouman, J., Trienekens, J., Van der Zwan, M., 1999: Specification of Service Level Agreements, Clarifying Concepts on the Basis of Practical Research. In Proceedings of Software Technology and Engineering Practice '99.

Bourque, P., Failey, R. E., 2004: Guide to the Software Engineering Body of Knowledge (SWEBOK), version 3, IEEE Computer Society Press, Los Alamitos, CA. http://www.swebok.org [link verified on January 25, 2017].

Bourque, P., Maya, M., Abran, A. A sizing Measure for Adaptive Maintenance Work Products, Proceedings of the IFPUG Conference, Atlanta USA, April 22-26, 1996.

Bourque, P. Maintenance Benchmarking Projects: An Overview, in International Software Benchmarking: Engineering and Measurement Issues, Montréal Canada, UQAM, 1996.

Briand, L., Melo, W., Seaman, C., Basili, V. Characterizing and Assessing a Large-Scale Software Maintenance Organization, Proceedings of the 17th International Conference on Software Engineering, 1995, pp. 133-143.

British Telecommunications, 1990: Telstar, Software Development Methodology, Pocket Reference Guide, UK, Release II.l.

Brito, E., Abreu, F., 1999: Avalialio da Maturitade do Processo, Qualidade no Software, FCT/UNL e INESC.

Buchman, C., Thomson, H., 1998: The Assessment Model, in SPICE : An Empiricist's Perspective. In Proceedings of the Second IEEE International Software Engineering Standards Symposium, pp. 139-169.

Burnstein, I, Homyen, A. et al. 1998: A Model to Assess Testing Process MaturitY, Crosstalk Journal, November, pp. 26-30. Available at: https://pdfs. semanticscholar.org/2146/a68c4ff6cafaa3fd84015c8e9d78a4105a57.pdf [link verified on February 24, 2017].

Bumstein, I., Suwannasart, T., Carlson, C., 1996a: Software Test Process Evaluation and Improvement. In Test Conference Proceedings International, October 20-25, 581-589.

Bumstein, I, Suwannasart, T, Carlson C., 1996: Developing a Testing Maturity Model: Part I, Crosstalk Journal, August, available at : https://pdfs.semanticscholar.

org/ebd7/7d4611876e981ab41a559b977525378d63c6.pdf. [link verified on January 25, 2017].

Camélia, 1994: Modèle devolution des Processus de Développement, Maintenance et d'exploitation de Produits Informatiques, Version 0.5. Projet France-Québec, Montréal, Canada.

Card, D., Glass, R. Measuring Software Design Quality, Prentice Hall, 1990.

Card, D. Learning from our mistakes with defect causal analysis, IEEE Software, IEEE Computer Society Press, Los Alamitos, CA, USA, 15(1), 1998:56-63.

Cardow, J. You cannot teach software maintenance, Proceedings of the 6th annual meeting and conference of the Software Management Association, 1992.

Carey, D., 1994: Executive Round-Table on Business Issues in Outsourcing: Making the Decision. CIO Canada, 2(3), 20-29.

Cassavecchia, D. Reality Configuration Management, ACS Defense, Crosstalk Journal, November 2002, 15(11):17-20.

Central Computer and Telecommunications Agency, 2003c: Application Management. Information Technology Infrastructure Library (ITIL). Controller of Her Majesty's Stationery Office: Norwich, England.

Chan, T., Ho, T., 1996: An Economic Model to Estimate Software Rewriting and Replacement Times, IEEE Transaction on Software Engineering, 22, 8, 580-598.

Chapin, N., Hale, J., Khan, K., Ramil, J., Tan, W., 2001: Types of Software Evolution and Software Maintenance, Journal Software Maintenance Evolution: Research Practice, 13 1, pp. 3-30.

Chikofsky, E.J., Cross II, J.H. Reverse Engineering and Design Recovery: A Taxonomy, IEEE Software, IEEE Computer Society Press, Los Alamitos, CA, USA, January 1990, 7(1): 13-17.

Chillarege, R. et al. Orthogonal Defect Classification: A concept for in process measurement. IEEE Transactions on Software Engineering, IEEE Computer Society Press, Los Alamitos, CA, USA, 1992, 18(11):943-956.

Coailier, F., Mayrand, F., Lagüe, B., 1999: Risk Management In Software Product

Procurement. In Elements of Software Process Assessment and Improvement, IEEE Computer Society Press, Los Alamitos, CA, pp. 23-44.

Colter, M., 1987: The Business of Software Maintenance. In Proceedings of 1st Workshop on Software Maintenance, University of Durham, Durham, England.

Crawford, J.K., 2002: Project Management Maturity Model, Providing a Proven Path to Project Management Excellence. Marcel Dekker/Center for Business Practices, New York.

Crosby, P.B., 1979: Quality is Free: The Art of Making Quality Certain, McGraw-Hill, New York.

Curtis, B., 1979: In Search of Software Complexities. In Proceedings of IEEE/PINY Workshop on Quantitative Software Models, IEEE Catalog No. TH0067-9, 1979, pp. 95-106.

Curtis, B., Hefley, W., Miller, S., 1995: People Capability Maturity Model, Software Engineering Institute, CMU/SEI-95-MM-02.

Curtis, B., Kellner, M., Over, J. (1992). Process modelling, Communications of the ACM, 35(9), 75-90, September issue.

Bell Canada, DATRIX, A Tool for Software Evaluation, Reference Guide, version 2.3, 1995.

Debou, C., Stainer, S. Improving the Maintenance Process: A quantitative approach, In proceedings of the 6th International Conference on Software Engineering and its Applications, Paris France, 1993, pp. 273-282.

Dache, G. 2001 : IT Companies Will Gain Competitive Advantage by Integrating CMM with ISO 9001, Quality Systems Update, 11, 11, November.

DeBaud, J.M., Moopen, B.M., Rugaber, S., 1994: Domain Analysis and Reverse Engineering. In Proceedings of the International Conference on Software Maintenance, Victoria, BC, Canada, September 19-23, pp. 326-335.

Dekleva, S.M., 1992: Delphi Study of Software Maintenance Problems. In Proceedings of the IEEE Conference on Software Maintenance (ICSM 1992). IEEE Computer Society, Orlando, FL, pp. 10-17.

DeMarco, T., Lister, T., 1985: Programmer Performance and the Effects of the Workplace. In Proceedings of the 8th International Conference on Software Engineering.

Deming, W.E., 1986: Out of the Crisis, MIT Press, Cambridge, MA.

Derider, D., 2002: A Concept-Oriented Approach to Support Software Maintenance and Reuse Activities. In Proceedings of Workshop on Knowledge-Based Object-Oriented Software Engineering, 16th European Conference on Object-Oriented Programming (ECOOP 2002), Màlaga, Spain.

Deshamais, J.-M., Paré, F., St-Pierre, D., 1997: Implementing a Measurement Program in Software Maintenance—an Experience Report Based on Basili's Approach. In IFPUG Conference, Cincinnati, OH.

DESMET, 1994: Guidelines for Evaluation Methods Selection, DES/WP2.2/7, Deliverable 2, Version 2.0, NCC Services Ltd., June.

de Souza, S.C.B., Anquetil, N., de Oliveira, K.M., Which documentation for software maintenance, Journal of the Brazilian computer society, 12(3), 2006: 31-44.

Dias, M.G., Anquetil, N., Oliveira, K.M., 2003: Organizing the Knowledge Used in Software Maintenance, Journal of Universal Computer Science, 9, 7, 641-658.

Dorfman, M., Thayer, R.H., 1997: Software Engineering. IEEE Computer Society Press, Los Alamitos, CA.

Dorfman, M., Thayer, R.H., 2002: Software Engineering, Second Edition, Volume 2—The Supporting Processes, edited by Richard H. Thayer and Mark Christensen, IEEE Com¬puter Society Press, Los Alamitos, CA.

Dove, R., Hartman, S., Benson, S., 1996: A Change Proficiency Maturity Model—An Agile Enterprise Reference Model with a Case Study of Renimele Engineering, Agility Forum, New Mexico.

Ducroc, Meilleur, Roy. DMR Application Maintenance and Support Services, Service Level Agreements Metrics and Benefits presentation, October 1st, 1996.

Duijnhouwer, F.-W., 2003: Open Source Maturity Model, Cap Gemini Ernst & Young. Available : http://aresu.dsi.cnrs.fr/spip.php?article205 [link verified on

February 24, 2017].

Dumke, R., Schmietendorf, A., Zuse, H., 2005: Formal Descriptions of Software Measurement and Evaluations, Preprint, Fakultät für Informatik, University of Magdeburg.

Dutta, S., Van Wassenhove, L., Kulandaiswamy, S., 1998: Benchmarking European Software Management Practices, Communications of the ACM, 41, 6.

Fagan, M.E. Desin and Code Inspections to Reduce Errors in Program Development, IBM Systems Journal, 15(3), 1976:182-210.

Earthy, J., 1998: Usability Maturity Model: Processes, Process Contracting Limited, version 1.2, 27/12/98. Available at: http://www.idemployee.id.tue.nl/ g.w.m.rauterberg/lecturenotes/usability-maturity-model[1].pdf [link verified on February 24, 2017].

Ebert, C., Dumke, R., 2004: Best Practice in Software Measurement. Springer, Berlin.

El Emam, K., Drouin, J-N., Melo, W., 1998a: SPICE: The Theory and Practice of Software Process Improvement and Capability Determination. IEEE Computer Society Press, Los Alamitos, CA.

El Emam, K., Goldenson, D.R., 1998b: Empirical Evaluation of SPICE, in SPICE: The Theory and Practice of Software Process Improvement and Capability Determination, pp. 287-305. IEEE Computer Society Press, Los Alamitos, CA.

Emmons, B. 2000: Function Point Maturity Model: How FPs Support the Maturity Model. Presentation to IFPUG, IFPUG 2000 Conference.

Erlikh, L., 2000: Leveraging Legacy System Dollars for E-business, IT Pro, May/June, 17-23.

European Commission, 1993: Bootstrap: Global Questionnaire, Esprit Project #5441, European Commission, Brussels, Belgium.

European Software Institute (ESI), 1998a: Terminology Guide, http://www.tecnalia.com (available through Tecnalia partners only).

European Software Institute (ESI), 1998b: Baselll, Building a Software

Engineering Infrastructure for Improvement and Innovation Using EQFM Model for Business Excellence.

European Software Institute (ESI), 1998c: TeleSpice andR-Spice (models removed from ESI portfolio during 2002).

Federal Aviation Administration, 1999: FAM, Federal Aviation Administration Integrated Capability Maturity Model Appraisal Method. Available at: http://citeseerx.ist.psu.edu/viewdoc/download?doi=10.1.1.625.5081&rep=rep1&type=pdf [link verified on February 24, 2017]

Federal Aviation Administration, 2001: The Federal Aviation Administration Integrated Capability Maturity Models (FAA-iCMM), v2, 2001. Available at: http://onlinelibrary.wiley.com/doi/10.1002/j.2334-5837.2002.tb02529.x/full [link verified on February 24, 2017].

Federal Aviation Administration, 2006: Integrated Capability Maturity Model Appraisal Method, v2.0. Http://www.faa.gov/about/office_org/headquarters_offices/aio/documents/ media/FAMv2-0-FINAL.pdf [November 16, 2007].

Federal Information Processing Standards Publications, 1984: Guideline on Software Maintenance, July, pp. 106-1984.

Feiler, P. H., Humphrey, W. S., 1992: Software Process Development and Enactment: Concepts and Definitions, CMU/SEI-92-TR-4, Software Engineering Institute, Carnegie Mellon University, Pittsburgh.

Finkelstein, 1992: A Software Process Immaturity Model. In Association for Computer Machinery SIGSOFT International Symposium on the Foundations of Software Engineering, Vol. 17, No. 4, October, 1992, pp. 22-23.

Fontana, J. Shopping for Software Maintenance, Network World. Available at: https://www.networkworld.com/article/2321050/software/shopping-for-software-maintenance.html [link verified on February 24, 2017].

Foster, J.R., Jolly, E.P. An Overview of Software Maintenance, British Telecom Technology Journal, 7(4), 1989:37-46.

Fowler, M., 1999: Improving the Design of Existing Code, Addison-Wesley,

Reading, MA. Fuggetta, A., Wolf, A., 1996: Software Process, Wiley, New York.

Fusaro, P., El Emam, K., Smith, R., 1997: The Internal Consistencies of the 1987 SEI Maturity Questionnaire and the SPICE Capability Dimension, International Software Engineering Research Network Technical Report ISERN-97-01 (revised).

Garcia, S., 1993: Principles of Maturity. Modeling. In Proceedings of SEI Symposium, Pittsburgh, August, pp. 23-26.

Garcia Diez, A.B., Lerchundi, R., 1999: TeleSpice Process Model, ESI White Paper, European Software Institute (ESI-l'999-telespice-ext), December.

Gilb T. 1995: What We Fail to Do in Our Current Testing Culture, Available at: https://www.gilb.com (available on demand).

Glass, R.L., 1992: Building Quality Software, Prentice-Hall, Englewood Cliffs, NJ.

Grady, R., Caswell, D., 1987: Software Metrics: Establishing a Company-wide Program, Prentice-Hall, Englewood Cliffs, NJ.

Grant, G., 1997: IS Administration Course, Implication of the IS Capability Model, Course 273-432/636, McGill University, Montréal, December.

Gaydon, A.W., Nevalainen, R., 1998: The Reference Model, in SPICE: An Empiricist's Perspective. In Proceedings of the Second IEEE International Software Engineering Standards Symposium, 75-97.

Grubb, P., Takang, A., 2003: Software Maintenance Concepts and Practice, Second Edition, World Scientific, Singapore.

Halstead, M.H., 1978: Software Science: A Progress Report. In Proceedings, U.S. Army/IEEE Second Software Life Cycle Management Conference, Atlanta, GA, August 1978, pp. 174-179.

Hall, R.P., Seven Ways to Cut Software Costs, Datamation Journal, Barrington, June 15, 1987.

Hanna, M. Maintenance Burden Begging for a Remedy, Datamation, April 1993 Journal, pp. 53-63.

Harel, D., Politi, M., 1998: Modeling Reactive Systems with State Charts: The Stalemate Approach, McGraw-Hill, New York.

Harrison, W., Cook, C., 1990: Insights on Improving the Maintenance Process Through Software Measurement. In Proceedings of the International Conference on Software Maintenance, San Diego, November, pp. 37-44.

Huffman-Hayes, J., Patel, S., Zhao, L., 2004: A Metrics-Based Software Maintenance Effort Model. In Proceedings of the 8th European Conference on Software Maintenance and Reengineering, CSMR 2004, IEEE Computer Society, Tampere, Finland, pp. 254-258.

Hayes, S., 1994: Project Management: How It Can Improve The Maintenance Process, Application Development Trends, October 1994.

Hayhurst, K.J., Veerhusen, D.S., et al. 2001: A Practical Tutorial on Modified Condition/Decision Coverage, NASA/TM-2001-210876. Available at: https:// people.eecs.ku.edu/~hossein/Teaching/Fa09/814/Lectures/structural-testing-mcdc-tut.pdf [link verified on February 24, 2017].

http://shemesh.larc.nasa.gov/fm/papers/Hayhurst-2001-tm210876-MCDC.pdf [Consulté le 18 Février 2015].

Hazeyama, A., Hanawa, M. A Problem Report Management System for Software Maintenance, Proceedings of the IEEE International Conference on Man and Cybernetics, volume1, 1999, pp. 1019-1024.

Hiles, A. Service Level Agreements, Institute for International Research, 2 day course content, May 6-8, 2001.

Hopkinson, J.P., 1996: System Security Engineering Maturity Model, EWA-Canada. http://www.sse-cmm.org/docs/sse-cmm.pdff25 April 2007].

Humphrey, W., 1990: Managing the Software Process, Software Engineering Institute, Addison-Wesley, Reading, MA.

Humphrey,W., Kitson, D., Gale, J., 1991: A Comparison of U.S. and Japanese Software Process Maturity. In Proceedings of the 13 th International Conference on Software Engineering, Austin, May, pp. 38-49.

Ibrahim, L., 1998: The Federal Aviation Administration Integrated Capability Maturity Models (FAA-CMMi), Smart Buying with the FAA's ICMM, Crosstalk, 11, 9, pp. 15-19. Available at: https://pdfs.semanticscholar.org/18ff/e49f9583535da4ba52 b1f3a24ff4a34dcd05.pdf [link verified on February 24, 2017].

Ibrahim, R., Hirmanpour, I., 1995: The Subject Matter of Process Improvement: A Topic and Reference Source for Software Engineering Educators and Trainers, CSMU/SEI-95-TR- 003, Software Engineering Institute, Carnegie Mellon University, Pittsburgh. IEC, 1994: Reliability and Maintainability Management, Second Edition, IEC Standard Publication 300, Geneva.

Institute of Electrical and Electronics Engineers, 1990: IEEE Standard Glossary of Software Engineering Terminology, Standard 610.12-1990, Institute of Electrical and Electronics Engineers, New York.

Institute of Electrical and Electronics Engineers, 1997: IEEE Standard for Developing Software Life Cycle (Software), Standard 1074-1997, Institute of Electrical and Electronics Engineers, New York.

Institute of Electrical and Electronics Engineers, 1998a: IEEE Standard for Software Maintenance, Standard 1219, Institute of Electrical and Electronics Engineers, New York.

Institute of Electrical and Electronics Engineers, 1998b, IEEE Standard for a Software Quality Metrics Methodology, Standard 1061-1998, Institute of Electrical and Electronics Engineers, New York.

Institute of Electrical and Electronics Engineers, 1998c: IEEE Guide for the Use of the IEEE Standard Dictionary of Measures to Produce Reliable Software, Standard 982.2-1988, Institute of Electrical and Electronic Engineers, New York.

International Organisation for Standardization, 1995: ISO/IEC Standard 12207. Standard for Information Technology: Software Lifecycle Processes. International Organisation for Standardization/International Electrotechnical Commission, Geneva.

International Organisation for Standardization, 2001: Software Engineering— Product Quality. Part 1: Quality Model, ISO/IEC Standard 9126. International Organisation for Stan¬dardization—International Eletrotechnical Commission,

Geneva.

International Organisation for Standardization, 2002: ISO/IEC 15939. Practical Software and System Measurement, ISO/IEC 15939:2002, International Organisation for Standardization, Geneva.

International Organisation for Standardization, 2002a: Guidelines for the Quality and/or Environmental Management System Auditing, ISO 19011:2002, International Organisation for Standardization, Geneva.

International Organisation for Standardization, 2003: Information Technolog,'— Process Assessment. Part 2: Performing an Assessment, ISO/IEC 15504-2:2003. International Organisation for Standardization/Intemational Electrotechnical Commission, Geneva.

International Organisation for Standardization, 2004a: Software Engineering: Guidelines for the Application of 1509001:2000 to Computer Software, ISO/IEC Standard 90003:2004. International Organisation for Standardization/Intemational—Electrotechnical Commission, Geneva.

International Organisation for Standardization, 2004b: Information Technology: Process Assessment—Part 1: Concepts and Vocabulary, ISO/IEC 15504-1:2004. International Organisation for Standardization/Intemational—Electrotechnical Commission, Geneva.

International Organisation for Standardization, 2004c: Information Technology: Process Assessment—Part 3: Guidance on Performing Assessments, ISO/IEC 15504-3:2004. International Organisation for Standardization/Intemational—Electrotechnical Commission, Geneva.

International Organisation for Standardization, 2004d: Information Technology: Process Assessment—Part 4: Guidance on Use for Process Improvement and Process Capability Determination, ISO/IEC 15504-4:2004. International Organisation for Standardization/ International—Electrotechnical Commission, Geneva.

International Organisation for Standardization, 2004e: ISO/IEC 17011.

Conformity Assessment, General Requirements for Accreditation Bodies Accrediting Conformity Assessment Bodies, ISO/IEC 17011:2004, International Organisation for Standardization, Geneva.

International Organisation for Standardization, 2006: Standard for Information Technology: Software Maintenance, ISO/IEC Standard 14764, International Organisation for Standardization—International Eletrotechnical Comission, Geneva.

International Software Benchmarking Standards Group, 2007: Data Collection Questionnaire: Application Software Maintenance and Support. Version 1.2.2, International Software Benchmarking Standards Group: Victoria, Australia, http:// www.isbsg.org/isbsg. nsf/weben/Downloads [November 27, 2007].

IT Governance Institute, 2017: COBIT, Governance, Control and Audit for Information and Related Technology. ISACA: Rolling Meadows, Illinois, Release 5. Available at: http://www.isaca.org/cobit/pages/default.aspx [link verified on February 24, 2017].

ITIL (Office of Government Commerce. Information Technology Infrastructure Library), 2007a: Service Strategy, Controller of Her Majesty's Stationery Office, Norwich, UK.

ITIL (Office of Government Commerce. Information Technology Infrastructure Library), 2007b: Service Design, Controller of Her Majesty's Stationery Office, Norwich.

ITIL (Office of Government Commerce. Information Technology Infrastructure Library), 2007c: Service Transition, Controller of Her Majesty's Stationery Office, Norwich, UK.

ITIL (Office of Government Commerce. Information Technology Infrastructure Library), 2007d: Service Operation, Controller of Her Majesty's Stationery Office, Norwich, UK.

ITIL (Office of Government Commerce. Information Technology Infrastructure Library), 2007e: Continual Service Improvement, Controller of Her Majesty's

Stationery Office, Norwich, UK.

Jarzabek, S., 2007: Effective Software Maintenance and Evolution, Auerback Publications, Boca Raton, FL.

Jones, C., 1994: Assessment and Control of Software Risks, Prentice-Hall, Upper Saddle River, NJ.

Kajko-Mattsson, M., 2001a: Corrective Maintenance Maturity Model, partial fulfilment of the requirements for Ph.D., report 01-015, Stockholm University.

Kajko-Mattsson, M., Forssander, S., Westblom, U., 2001b: Corrective-Maintenance Maturity Model (Cm3): Maintainer's Education and Training ICSE, pp. 610-619.

Kajko-Mattsson M., Ahnlund, C., Lundberg, E., 2004: CM3: Service Level Agreement. In Proceedings of the IEEE International Conference on Software Maintenance (ICSM 2004). Chicago, pp. 432-436.

Kajko-Mattsson, M., Forssander, S., Olsscn, U., 2001: Corrective Maintenance Maturity' Model (Cm3): Maintainer's Education and Training. In Proceedings of the 23rd International Conference on Software Engineering, May, Toronto, pp. 610-619.

Kaner, C., Falk, J. et al. Testing Computer Software, John Wiley and Sons, 1999.

Kaplan, C., Clark, R., Tang, V. Secrets of Software Quality: 40 innovations from IBM, McGraw-Hill, 1995.

Karten, N., 2007: Establishing Service Level Agreements. Karten Associates, http:// www.nkarten.com/slaservices.html [25 April 2007].

Karten, N. Establishing Service Level Agreements, Karten Associates, Massachusetts USA, www.nkarten.com/sla.html [5 Février 2015].

Kellner, M., Rombach, H. (1990). Comparisons of software process descriptions, In Proceedings of the Sixth International process workshop : Support for the Software Process, Hakodate, Japan, October.

Kerzner H., 2002: Strategic Planning for Project Management Using a Project Management Maturity Model. Wiley, New York.

Khan, K., Zhang, Y., 2005: Managing Corporate Information Systems Evolution and Maintenance. Idea Group, IGI Global, Hershey, PA.

Kitchenham, B., Guilherme, H., et al., 1999: Towards an Ontology of Software Maintenance, Journal Sofware Maintenance: Research and Practice, 11, pp. 365-389.

Koltun, P, Hudson, A., 1991 : A Reuse Maturity Model, In Proceedings of the Fourth Annual Workshop on Software Reuse, L. Latour, Editor, Department of Computer Science, University of Maine, Orono, ME 04469, pp. 1-4.

Koskinen, J., Ahonen, J.J., Sivula, H., Tilus, T., Lintinen, H., Kankaanpää, I., 2005a: Software Modernization Decision Criteria—An Empirical Study. In The Ninth European Conference on Software Maintenance and Reengineering (CSMR 2005). Manchester, UK, March.

Koskinen, J., Salminen, A., 2005b: Supporting Impact Analysis in HyperSoft and Other Maintenance Tools. In Twenty-Third IASTED International Multi-Conference on Applied Informatics (SE 2005), Innsbruck, Austria, February, pp. 187-192.

Krasner, H., Terrel, J., et al., (1992). Lessons learned from a software process modelling system. Communications of the ACM, 35(9), 91-100, September issue.

Krause, M.H., 1994: Software—A Maturity Model for Automated Software Testing. Medical Devices and Diagnostic Industry Magazine, December, p. 8. Available at: https://www.mddionline.com/software-maturity-model-automated-software-testing [link verified on February 24, 2017].

Kubicki, C., 1993: The System Administration Maturity Model. In Proceedings of the Seventh System Administration Conference (LISA'93), Monterey, California, November. http://www.usenix.org/publications/library/proceedings/lisa93/kubicki.html [November 16,2007].

Kwack, Y. H., Ibbs, C. W., 1997: Project Management Maturity (PM)2 Model. Available at: http://dis.unal.edu.co/~icasta/GGP/_Ver_2013_1/Documentos/PMPM_Model.pdf [link verified on February 24, 2017].

Laguë, B., April, A., 1996: Mapping of the ISO9126 Maintainability Internal Metrics to an Industrial Research Tool. In Proceedings of SES 1996, Montreal, October 21-25. Available at: http://s3.amazonaws.com/publicationslist.org/data/

a.april/ref-190/944.pdf [link verified on February 24, 2017].

Layzell, P., Macaulay, L. 1990: An Investigation into Software Maintenance Perception and Practices. In Proceedings IEEE International Conference on Software Maintenance, pp. 130-140.

Lehman, M.M., 1980: Programs, Life-Cycles and the Laws of Software Evolutions, Proceedings of the IEEE, 68, 9, 1060-1076.

Lientz, B., Swanson, E., 1980: Software Maintenance Management, Addison-Wesley, Reading, MA.

Liso, A., 2001: Software Maintainability Metrics Model: An Improvement on the Coleman- Oman Model, Crosstalk, August, 15-17.

Luftman J., 2001: Assessing Business-IT Alignment Maturity. Communications of the Association for Information Systems, Vol. 4, Article 14. Available at: http://aisel.aisnet.org/cais/vol4/iss1/14/ [link verified on February 24, 2017].

Maclennan, F., Ostrolenk, G., et al., 1998: Introduction to the SPICE Trials, in SPICE: An Empiricist's Perspective. In Proceedings of the Second IEEE International Software Engineering Standards Symposium, pp. 269-286.

Madhavji, N., Hoeltje, D., Hong, W., Bruchhaus, T., 1994: Elicit: A Method for Eliciting Process Models. In Proceedings of the Third International Conference on the Software Process, pp. 111-122, IEEE Computer Society Press, Los Alamitos, CA.

Malcolm Baldrige National Quality Program, 2017: Criteria for Performance Excellence, NIST. Available at: https://www.nist.gov/baldrige [link verified on February 24, 2017].

Martin, J., McClure, C., 1983: Software Maintenance: The Problem and Its Solutions. Prentice-Hall, Englewood Cliffs, NJ.

Maya, M., Abran, A., Bourque, P., 1996: Measuring the Size of Small Functional Enhancement to Software. In 6th International Workshop on Software Metrics, University of Regensburg, Germany.

Mayrand, J., 1995: Software Engineering Bibliography on Software Assessment

Using Static Source Code Analysis, École Polytechnique de Montréal, Montréal, Québec, September.

McBride, D. 1995: Successful Deployment of IT Service Management in the Distributed Enterprise. In 21st International Computer Measurement Group Conference, December, Nashville, pp. 1036-1045.

McCabe, T.J., 1976: A Complexity Measure, IEEE Transactions on Software Engineering, SE-2, 4, November, 308-320.

McClure, C.L., 1997: Managing Software Development and Maintenance. Van Nostrand Reinhold, New York.

McGarry, J., 1995: Practical Software Measurement: A Guide to Objective Program Insight, Department of Defense, September 1995.

Menk, C.G.: System Security Engineering Capability Maturity Model (SSE-CMM), Department of Defense. Available at: http://www.dtic.mil/dtic/tr/fulltext/u2/a393329.pdf [link verified on February 24, 2017].

Moore, J.W., 1998: Software Engineering Standards: A User's Road Map. IEEE Computer Society Press, Los Alamitos, CA.

Moore, J.W., 2005: The Roadmap to Software Engineering: A Standards-Based Guide, Wi- ley-IEEE Computer Society Press, Hoboken, NJ.

Moriguchi, S., 1996: Software Excellence: A Total Quality Management Guide, Productivity Press.

Mullins C., 2002: The Capability Model—From a Data Perspective. Data Administration Newsletter, http://www.tdan.com/i003fe04.htm [25 April 2007].

NASCIO, 2003: NASCIO Enterprise Maturity Model, version 1.3, December 2003. www.nascio.org/publications/documents/NASCIO-EAMM.pdf [25 April 2007].

Nelson, R.R., Winter, S.G., 1982: An Evolutionary Theory of Economic Change, Belknap Press, Cambridge, MA.

Niessink, F., van Vliet, H., 1999: The Vrjie Universiteit IT Service Capability Maturity Model, technical report IR-463, release L2-1.0. http://www.cs.vu.

nl/~hans/publications/ y 1999/ITSCMM-VUrapport.pdf [30 November 2007].

Niessink, F., 2000: Perspectives on Improving Software Maintenance, SIKS Ph.D. dissertation, Dutch Graduate School for Information and Knowledge Systems.

Niessink, F., Clerk, V., van Vliet, H., 2005: The IT Service Capability Maturity Model, 1.0 release candidate 1, Software Engineering Research Centre, Utrecht, The Netherlands. http://www.itservicecmm.org/ [25 April 2007].

Nord, W.R., Tucker, S., 1987: Implementing Routine and Radical Innovations, Lexington Books, Lexington, MA.

Osborne, W.M., Chikofsky, E.J., 1990: Fitting Pieces to the Maintenance Puzzle, IEEE Software, 7, 1, 10-11.

Paquette, D-A., April, A., Abran, A., 2006: Assessment Results Using the Software Maintenance Maturity Model (S3m). In Proceedings of the 16th International Workshop on Software Measurement (IWSM-Metrikom 2006), Postdam, Germany, pp. 147-160.

Parikh, G., Kajko-Mattsson, M., 2002: Are We Making Enough Progress within Software Maintenance? Software Dioxide, http://www.softwaredioxide.com/ Channels/ConView. asp?id=7155 [25 April 2007].

Paulk, M., 1995: The Evolution of the SETs Capability Maturity Model for Software, Software Process, 1, August, 50-60.

Paulk, M.C., Curtis, B., 1991: Capability Maturity Model for Software, CMU/SEI-91-TR-24, ADA240603, Software Engineering Institute, Carnegie Mellon University, Pittsburgh.

Paydarfar, S., 2001: An Integration Maturity Model for the Digital Enterprise, MCS Software Corporation http://www.mcsoftware.com/support/library/ joumal/sum2001_maturi- tymodel.pdf [30 November 2007].

Pfleeger, S.L., 2001: Software Engineering—Theory and Practice, Second Edition, Prentice- Hall: Englewood Cliffs, NJ.

Pigoski, T.M., 1994: Software Maintenance, Encyclopedia of Software Engineering, Wiley, New York.

Pigoski, T.M., 1997: Practical Software Maintenance: Best Practice for Managing Your Software Investment, Wiley, New York.

Pigoski, T.M., April, A., 2005: Software Maintenance, Chapter 6, "Ironman Version of the Guide to the Software Engineering Body of Knowledge," pp. 6-1-6-15, IEEE Computer Society Press, Los Alamitos, CA.

Polo, M., Piattini, M., Ruiz, F., 2002: Maintenance Management: Technologies and Solutions, Idea Group Publishing, ICI Global, Hershey, PA.

Pressman, R.S., 1992: Software Engineering: A Practitioner's Approach. Third Edition. McGraw-Hill, New York.

Pressman, R.S., 2001: Software Engineering: A Practitioner's Approach, Fourth Edition, McGraw-Hill, New York.

Pressman, R.S., 2004: Software Engineering: A Practitioner's Approach. Sixth Edition. McGraw-Hill, New York.

Raffoul, W., 2002: The Outsourcing Maturity Model, Meta Group, http.7/ techupdate.zdnet. com/techupdate/stories/main/0°/o2C 14179%2C2851971 -2%2C00.html#level 1 [25 April 2007].

Rayner, P., Reiss, G., 2001: The Programme Management Maturity Model. The Programme Management Group, http://www.12manage.com/methods_reiss_ pmmm.html [November 16, 2007].

Ream, S.W., 2003: The Business Continuity Maturity Model, Virtual Corporation, http:// www.virtual-corp.net/html/business_continuity.html [25 April 2007].

Rogers, E.M., 1995: Diffusion of Innovations, Free Press, New York.

Ruiz F., Vizcaino Barceló, A., Piattini, M., Garcia, F., 2004: An Ontology For The Management Of Software Maintenance Projects. International Journal of Software Engineering and Knowledge Engineering 14, 3, 323-349.

Sahin I., Zahedi, M., 2001 : Policy Analysis for Warranty, Maintenance and Upgrade of Software Systems, Journal of Software Maintenance: Research and Practice, 13, 469M93.

Satriani, G., 1997: A European Software Best Practice Repository, Software

Process: Improvement and Practice, 3, 4, 243-245.

Schekkerman, J., 2003: Extended Enterprise Architecture Maturity Model, Institute for Enterprise Architecture Development, http://www.enterprise-architecture.info/Images/Extended%20Enterprise/Extended%20Enterprise%20 Architecture.htm#e2amm [25 April 2007].

Scheuing, A.Q., Fruhauf, K., 2001: Maturity Model for IT Operations (MITO), http://ieeex- plore.ieee.org/Xplore/login.jsp?url=/iel5/9013/28613/01281425. pdf? amumber=1281425 [25 April 2007].

Schlichter, I, 2002: An Introduction to the Emerging PMI Organisational Project Management Maturity Model, http://www.pmi.org/prod/groups/public/ documents/info/pp_opm3.asp [25 April 2007].

Schmidt, M,, 2000: Implementing the IEEE Software Engineering Standards, Sams Publishing, Indianapolis, Indiana.

Schmietendorf, A., Scholz, A., 1999: The Performance Engineering Maturity Model at a Glance, Metrics News, 4, 2, 342.

Schneidewind, N.F., 1987: The State of the Maintenance, IEEE Transactions on Software Engineering, 13, 3, 303-310.

Schorsch, T., 1996: The Capability Imm-Maturity Model, Crosstalk, November, http://www.stsc.hill.af.mil/crosstalk/frames.asp7uriM996/ll/xt96dllh.asp [25 April 2007].

Seacord, R., Plakosh, D., Lewis, G., 2003: Modernizing Legacy Systems: Software Technologies, Engineering Process, and Business Practices, Addison-Wesley, Reading, MA.

Sellami, A., 2001: Analyse Comparative des Modèles de Maintenance du Logiciel entre SWEBOK, ISO/IEC 14764 et la Littérature, Mémoire de Maîtrise, UQAM, April.

Seybold, C., Keller, R.K., Aligning Software Maintenance to the Offshoring Reality, Proceedings of 12th European Conference on Software Maintenance and Reengineering, 1-4 April 2008, pp. 33-42.

Sharpley, W.K., 1977: Software Maintenance Planning for Embedded Computer Systems. In Proceedings of the IEEE COMPSAC, November, 520-526.

Sheard, S., 1997: The Frameworks Quagmire, Software Productivity Consortium. http://www.stsc.hill.af.mil/crosstalk/1997/09/ffameworks.asp [November 16, 2007].

Sink, D.S., 1985: Productivity Management: Planning, Measurement and Evaluation, Control and Improvement, Wiley, New York.

Sivaguru, S., Murthy, K., 1994: A TQM Roadmap for ISO9Q01/SEICMM Organisations, Integra Techsoft Pvt. Ltd., Bangalore India. http://www.softwaredioxide.com/Channels/ conView.asp?id=3773 [25 April 2007].

Software Engineering Institute, 1993 a: Evolutionary Model Practices for CCM, version 1.1, CMU/SEI-93-TR-25, ESC-TR-93-177. Software Engineering Institute, Carnegie Mellon University, Pittsburgh.

Software Engineering Institute, 1993b: Capability Maturity Model for Software (CMM), version 1.1, CMU/SEI-93-TR-24, ESC-TR-93-177. Software Engineering Institute, Carnegie Mellon University, Pittsburgh.

Software Engineering Institute, 1995: System Engineering Capability Maturity Model (SE- CMM), version 1.1, SECMM-95-01, CMU/SEI-95-MM-003. Software Engineering Institute, Carnegie Mellon University, Pittsburgh.

Software Engineering Institute, 1996a: SE-CMM Appraisal Method, version 1.1, CSMU/SEI-96-HB-004, Software Engineering Institute, Carnegie Mellon University, Pittsburgh.

Software Engineering Institute, 1996b: Software Capability Evaluation (SCE): Method Description, version 3.0, CMU/SEI-96-TR-002. Software Engineering Institute, Carnegie Mellon University, Pittsburgh.

Software Engineering Institute, 2000: Standard CMMi Appraisal Method for Process Improvement (SCAMPI): Method Description, version 1.0, CMU/ SEI-2000-TR-009. Software Engineering Institute, Carnegie Mellon University, Pittsburgh.

Software Engineering Institute, 2001a: Appraisal Requirements for CMMi (ARC), Version 1.1, CMU/SEI-2001-TR-034. Software Engineering Institute, Carnegie Mellon University, Pittsburgh.

Software Engineering Institute, 2001b: CMM Based Appraisals for Internal Process Improvement (CBA IPI), version 1.2, CMU/SEI-2001-TR-033. Software Engineering Institute, Camegie Mellon University, Pittsburgh.

Software Engineering Institute, 2002: Capability Maturity Model Integration for Software Engineering (CMMi), version 1.1, CMU/SEI-2002-TR-028. Software Engineering Institute, Camegie Mellon University, Pittsburgh.

Software Productivity Consortium, 1992: Process Definition and Modeling Handbook, SPC, Herndon, VA.

Sommerville, I.; Sawyer, P., 1997: Requirements Engineering: A Good Practice Guide, Wiley, Chichester.

Sribar, V.; Vogel, D., 2001: The Capability Maturity Model for Operations. Metagroup, acquired by Gartner on 1 April 2005, Continue to Metagroup.com: http://www.meta- group.com/metaview/mv0452/mv0452.html [April 11, 2005].

Staab, T.C., 2002: Using the SW-TMM to Improve Testing Process, Crosstalk, November, pp. 13-16.

Stark, G.E., Kern, L.C., Vowell, C.V., 1994: A Software Metric Set for Programme Maintenance Management, Journal of Systems and Software, March, 239-249.

Stark, G.E.; Oman, P., 1997: Software Maintenance Management Strategies: Observations from the Field. Journal of Software Maintenance: Research and Practice, 99, 6, 365-378.

St-Pierre, D., 1993: Integration of Maintenance Metrics. In IEEE International Conference on Software Maintenance—ICSM1993. Montréal, Québec, pp. 374-375.

Stratton, R.W.: The earned value management maturity model. http://www.mgmt-technologies.com/evmtech.html, 2000 [25 April 2007].

Swanson, E.B., 1976: The Dimensions of Maintenance. In Proceedings of the 2nd International Conference on Software Engineering, pp. 492-497. October, San

Francisco.

Swanson, E.B., Beath, C.M., 1989: Maintaining Information Systems in Organizations. Wiley, New York.

Tajima, D., Matsubara, T., 1981:The Computer Software Industry in Japan, Computer, May.

Thayer, R.H., Dorfman, M.: Software Engineering Essentials, Volume 1 - The Development Processes. Software Management Training Press, Carmichael, California, 2013, ISBN 0-9852707-0-5.

Thompson, P., 1992: The Twelve Best Practices in Software Maintenance, white paper, 2004, www.risglobal.com/Publications/BestPracticesInASM.pdf [25 April 2007].

TICKIT Project Office, 2001: Guide to Software Quality Management System Construction and Certification Using EN29001, Issue 5, UK Department of Trade and Industry and BCS, UK.

Tobia, E., Glynn, M., 2001: E-business, Can We Control It? E-business Maturity Model. In 14th Utility Coal Conference, Price Waterhouse Coopers, New York.

Topaloglu, Y., Dikenelli, O., Sengonca, H., 1998: A Four Dimensional Reuse Maturity Model. In Symposium on Computer and Information Sciences, www.ie.inf. uc3m.es/grupo/Investigacion/LineasInvestigacion/Congresos/RMM97_Docum_Final.doc [25 April 2007].

Tomatzy, L.G.; Fleischer, M., 1990: The Process of Technological Innovation, Lexington Books, Lexington, MA.Trillium, 1991: Model for the Telecom Product Development & Support Process Capability, Bell Canada, version 1.0, 91/08.

Trillium, 1994: Model for the Telecom Product Development & Support Process Capability, Bell Canada, version 3.0, 1994, http://www2.umassd.edu/swpi/BellCanada/trillium-html/ trillium.html [November 11, 2007].

U.S. Department of Commerce, 2003: IT Architecture Capability Maturity Model (ACMM). Currently version 8.1.1 Http://www.opengroup.org/architecture/togaf8-doc/arch/p4/maturity/mat.htm [November 30, 2007].

Van Bon, J. (Ed.), 2000: World Class IT Service Management Guide 2000, ten Hagen & Stam Publishers, Amsterdam, The Netherlands.

van Herwaarden, C.J., Grift, F.U., 1999: IPW & IPW Stadia Model, version 1.0, Quint Wellington Redwood, Amsterdam, The Netherlands.

van Zuylen, H., 1993: The REDO Compendium: Reverse Engineering for Software Maintenance, Wiley, New York.

Veenendaal, V., Swinkels, R., 2002: Guideline for Testing Maturity: Part 1 : The TMM Model, Professional Tester, 3, 1. http://www.tmmi.nl/pdf/TMM%20 testing%20profession- al%20vl.pdf [25 April 2007].

Vetter, R., 1999: The Network Maturity Model for Internet Development, IEEE Computer, 132, 10, 117-118.

Visaggio, G., 2000: Value-Based Decision Model for Renewal Process in Software Maintenance, Annals of Software Engineering 9, 215-233.

Visconti, M., Cook, C., 1992: Software System Documentation Process, Computer Science Department, Oregon State University, Technical Report 92-60-11, http:// web.engr.ore- gonstate.edu/~cook/doc/Papers.htm [November 30, 2007].

Vizcaino, A., Favela, J., Piattini, M., 2003: A Multi-Agent System for Knowledge Management in Software Maintenance, Vol. 2773, Springer, Berlin, pp. 415-421.

von Mayrhauser, A., 1990: Software Engineering: Methods and Management, Academic Press, San Diego CA.

Wang, Y., King, G., 2001: Software Engineering Processes—Principles and Applications. CRC Press, Boca Raton, FL.

Welker, K., Oman, P.W., Atkinson, G., 1997: Development and Application of an Automated Source Code Maintainability Index, Journal of Software Maintenance, May/June, 127-159.

Welker, K., 2001: The Software Maintainability Index Revisited, Crosstalk, August, http:// www.stsc.hill.af.mil/crosstalk/2001/08/welker.html [November 18,2007].

Wichita State University, 1999: Enterprise Engineering Presentation—Capability Model of Business Process Reengineering. Course IE80I. Wichita, KS.

Widdows, C., Duijnhouwer, F-W., 2003: Open Source Maturity Model. Cap Gemini Ernst & Young. http://www.seriouslyopen.org/nuke/html/modules/ Downloads/osmm/GB_Expert_ Letter_Open_Source_Maturity_Model_1 .5.1 .pdf [25 April 2007].

Windley, P.J.: eGovemment Maturity, CIO State of Utah. 2002. http://www. windley.com/ docs/eGovemment%20Maturity.pdf [25 April 2007].

Yau, S.S., Collofello, J.S., MacGregor, T.M., 1978: Ripple Effect Analysis for Software Maintenance. In Proceedings Second International Computer Software and Applications Conference (COMPSAC '78), November, pp. 60-65.

Yu, E., Mylopolous, J., 1994: Understanding "Why" in Process Modeling, Analysis and Design. In 16th International Conference on Software Engineering, Sorrento, Italy, May, pp. 159-168.

Zitouni, M.; Abran, A.; Bourque, P., 1995: Élaboration d'un outil d'évaluation et d'amélioration du processus de la maintenance des logiciels: une piste de recherche, Le génie logiciel et ses applications, Huitièmes Journées Internationales (GL95), EC2 & Cie , Paris, La Défense, 727-739.

Zitouni, M., Abran, A., 1996: A Model to Evaluate and Improve the Quality of the Software Maintenance Process. In Proceedings of 6th International Conference on Software Quality Conference, ASQC—Software Division, Ottawa, pp. 238-258.